"十二五"普通高等教育本科国家级规划教材

人大芸窗
RENDAYUNCHUANG
·数字教材版·

教育部普通高等教育精品教材
全国普通高等学校优秀教材一等奖

21世纪市场营销系列教材

U0874051

市场营销学通论

（第8版）

郭国庆 编著

FUNDAMENTALS OF MARKETING

中国人民大学出版社
·北 京·

前言 PREFACE

在庆祝中华人民共和国成立70周年大会上，习近平发表重要讲话，深情礼赞新中国70年取得的伟大成就，庄严宣示前进征程上再创辉煌的坚强决心和坚定信心，汇聚起团结奋斗的磅礴力量，激荡起中国人民再创历史伟业的豪情壮志。

今天的中国既是“世界工厂”，也是“世界市场”。中国已经成为世界第二大经济体、第一大货物贸易国、第一大外汇储备国，对世界经济增长贡献率连续多年超过30%，拥有世界上规模最大的中等收入群体，人均国内生产总值即将超过1万美元，消费升级正在加速，消费增长潜力巨大。绿色、定制、智慧、差异化和高品质已成为我国消费结构升级的重要特征。所有这些，都为市场营销学的应用和发展提供了千载难逢的机会。

古人云：“君子之学必日新，日新者日进也。不日新者必日退，未有不进而不退者。”当今的营销教育，最忌抱残守缺、故步自封，必须吐故纳新、与时俱进。只有不断创新，才能赢得社会各界对营销教育的认同感，吸引更多优秀学子学习营销专业知识。正是基于上述考虑，我们密切跟踪国内外营销理论与实践的最新进展，以习近平新时代中国特色社会主义思想为指导，对《市场营销学通论》（第7版）进行了修订和完善。呈现给读者的第8版体系结构更加完整，概念界定更加精准，案例更具中国元素也更加新颖。

首先，本书郑重提出市场营销学是致力于满足人民日益增长的美好生活需要的学问，强调营销让生活更美好，让世界更美好。这在国内外同类教材中是绝无仅有的，一定意义上彰显了市场营销学这门科学应有的本质特征，体现了营销教育改革发展的社会需求和公众期待。

其次，为了精简篇幅，完善结构，第 8 版将原“新产品开发战略”一章删减为一节并入“产品与服务策略”一章，并调整或删减了该章关于品牌归属、品牌扩展、服务质量、服务有形展示等内容。在“分销策略”一章新增了“物流与供应链管理”等内容。修订后的第 8 版由 16 章构成，按照每周讲授一章的进度，刚好符合一学期的教学要求，从而更加贴近读者需求。此外，为简洁明了，本书约定俗成地将“市场营销”改用“营销”，敬请读者留意。

再次，为了充分反映营销理论的创新发展，第 8 版增加了变革营销、伙伴关系管理、顾客浸入营销、客户管理关系、数字营销、顾客份额、营销洞见、口碑效应、大客户导向、系统销售、品牌价值链、感知地图、参照价格、PWYW 定价、价值递送网络、全渠道营销、程序化广告、数据洞察、用户画像等数十个营销新概念、新术语以及相应的新图表。

最后，为了体现国内外营销实践的最新趋势，第 8 版增加了苏宁易购的电商扶贫、马云和抖音的成功、阿里巴巴的科技扶贫、华冠的绿色营销、小米的直供渠道、字节跳动公司的营销环境、小米的人性化体验、美团助力餐饮企业购买决策、vivo 手机的新产品开发、多点 Dmall＋链商平台的全面数字化、2019 年城外圈的新战略、天猫大数据的价值、小红书的魅力、2019 年惠氏电商的营销组织创新、聊天机器人的新用途等全新案例。这些案例以“延伸阅读”、“营销视角”或“案例分析”的形式呈现。为了节省篇幅，一些案例还采用了二维码的形式。读者只需用手机扫二维码，就可以在线阅读。线上与线下的融合，使读者更容易获得多层次、全方位、宽领域的阅读资源。

总体上，修订后的第 8 版具有如下特点：

（1）系统性。由浅入深，分量适中，结构合理，全面系统地介绍营销的基本概念、理论和方法。

（2）科学性。采用定性与定量相结合的方法，准确地阐述营销原理，充分体现营销学科的科学性。

（3）前瞻性。阐述营销学的最新理论及其发展，充分考虑到数字化给营销带来的新机会和新挑战。

（4）实践性。在充分借鉴国内外营销学界最新成果的基础上，面对中国企业营销实践的现实，论述营销的基本概念、原理和方法，便于读者掌握、消化、吸收和应用。对各章节的重点难点问题都配有相应的最新案例。

本书由郭国庆编著。在修订过程中，参考了多位学者的著述，得到了广大营销学同行的诸多帮助。许多同行还提供了案例遴选、数据查验、译文校正等帮助，在此表示衷心感谢。尤其需要感谢的是：钱明辉、刘彦平、牛海鹏、魏海蓉、赵怡君、李瑞芹、魏福元、陈凯、安卫康、李光明、姬春华、郭玉梅、雷羽尚、安立刚、车良静、任锡源、郭溪月、张中科、汪晓凡、姚亚男、孙乃娟、周健明、杨海龙、李佳、杨学成、王玉玺。

由于水平所限，本书疏漏之处在所难免，真诚希望有识之士提出宝贵意见，以使教材不断完善，更好地服务培养高质量营销人才的现实需要。

郭国庆

目 录 CONTENTS

第Ⅰ篇 01 绪 论

第 1 章 营销与营销学 /3

第 1 节 营销与变革营销 /3

第 2 节 营销的重要性 /12

第 3 节 营销学的性质、研究对象与发展历程 /16

第 2 章 营销哲学的演变 /21

第 1 节 营销观念 /21

第 2 节 营销组合的演变 /30

第 3 节 营销哲学新视野 /33

第 3 章 战略计划与营销管理 /37

第 1 节 战略计划与市场导向 /37

第 2 节 营销管理 /47

第 3 节 营销管理过程 /48

第 4 节 营销信息系统 /50

第Ⅱ篇 02 市场分析

第 4 章 营销环境分析 /57

第 1 节 营销环境概述 /57

第 2 节 营销微观环境 /60

第 3 节 营销宏观环境 /62

第 5 章 营销调研与市场需求预测 / 74
第 1 节 营销调研过程 / 74
第 2 节 营销数据分析 / 81
第 3 节 市场需求测量 / 82
第 4 节 估计当前市场需求 / 85
第 5 节 市场需求预测 / 87
第 6 章 消费者市场及其购买行为 / 94
第 1 节 消费者市场 / 94
第 2 节 影响消费者购买行为的因素 / 95
第 3 节 消费者购买行为与决策 / 103
第 7 章 组织市场购买行为 / 112
第 1 节 组织市场 / 112
第 2 节 产业市场购买行为 / 115
第 3 节 中间商购买行为与政府采购 / 122

第Ⅲ篇 03 营销战略
第 8 章 目标营销战略 / 129
第 1 节 市场细分 / 129
第 2 节 目标市场选择 / 138
第 3 节 市场定位 / 142
第 9 章 市场竞争战略 / 149
第 1 节 竞争者分析 / 149
第 2 节 基本竞争战略 / 154
第 3 节 市场地位与竞争战略 / 159

第Ⅳ篇 04 营销策略
第 10 章 产品与服务策略 / 169
第 1 节 产品组合策略 / 169
第 2 节 产品生命周期 / 175
第 3 节 新产品开发 / 178
第 4 节 服务与服务营销 / 187
第 5 节 服务质量管理 / 189

第 11 章 品牌策略 / 195
第 1 节 品牌与品牌资产 / 195
第 2 节 品牌策略选择 / 202
第 12 章 定价策略 / 210
第 1 节 影响定价的因素 / 210
第 2 节 定价方法 / 213
第 3 节 定价策略 / 218
第 4 节 价格变动与企业对策 / 223
第 13 章 分销策略 / 228
第 1 节 分销渠道的职能与类型 / 228
第 2 节 分销渠道策略 / 235
第 3 节 物流与供应链管理 / 240
第 14 章 促销策略 / 243
第 1 节 促销组合 / 243
第 2 节 广告策略 / 247
第 3 节 推销策略 / 249
第 4 节 销售促进策略 / 252
第 5 节 公共关系策略 / 255

第V篇 05

营销管理与大数据营销

第 15 章 营销管理 / 261
第 1 节 营销计划与执行 / 262
第 2 节 营销组织 / 263
第 3 节 营销控制 / 269
第 16 章 大数据营销 / 278
第 1 节 大数据营销的价值 / 278
第 2 节 大数据营销的主要模式 / 282
第 3 节 大数据营销的程序 / 287
第 4 节 大数据营销的新发展 / 290

参考文献 / 294

01

第Ⅰ篇

绪　论

FUNDAMENTALS OF MARKETING

第1章

营销与营销学

01

本章要点

- 营销学的产生与发展
- 营销与变革营销的内涵
- 营销职能在企业中的地位
- 当代营销面临的新环境

营销学是一门研究营销活动及其规律的应用科学，更是一门致力于满足人民日益增长的美好生活需要的学问。借助人工智能、移动通信、物联网、区块链、语言识别、机器人、互联网等现代科技，消费者随时、随地、随处、随支付、随渠道、随心所欲地消费，已成为日益明显的商业趋势。准确把握营销的内涵，正确认识营销在企业中的应有地位，有效地实施变革营销，对于增强企业核心竞争力，提高经济效益具有重要意义。

第1节　营销与变革营销

企业要生存和发展，就必须按照市场需求组织生产。市场可以理解为具有特定需要和欲望，愿意并能够通过交换来满足其需要或欲望的全部潜在顾客。市场规模的大小，取决于那些存在某种需要，并拥有使别人感兴趣的资源，同时愿意以这种资源来换取其所需要物品或服务的人的数量。

一、市场

（一）从多角度理解市场

“市场”一词，最早是指买主和卖主聚集在一起进行交换的场所。经济学家则将市场这一术语表述为卖主、买主及双方交易规则的集合。而在营销学者看来，卖主构成行业，买主则构成市场（如图1-1所示）。每一个国家的经济乃至整个世界经济都是由各种市场所构成的复杂体系，而这些市场之间则由交换过程所形成的流程来连接。

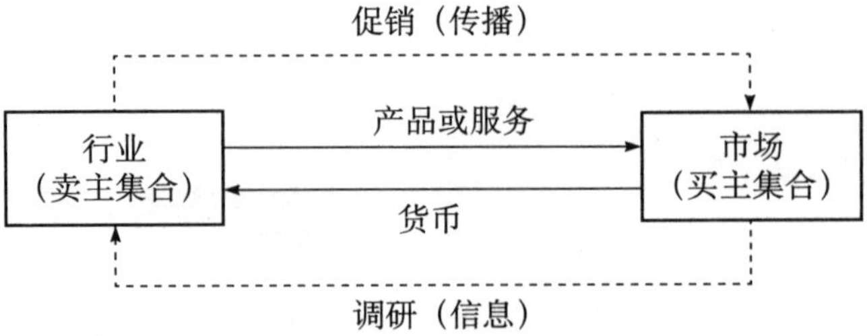

图1-1　市场的内涵

由图1-1可知，买卖双方由四种流程相连：卖主通过调研获得买主的需求信息，并将买主需要的产品或服务投放市场，进而开展促销（传播）活动，买主将货币支付给卖主获得自己所需要的产品或服务。图1-1中，内环表示货币与产品或服务的交换，外环则表示信息的沟通、传播和交流。

由于存在劳动分工，生产者之间的各类交换活动使市场形成相互连接的复杂体系。图1-2所描述的是基本的市场类型及其交换关系。其中，生产者从资源市场购买原材料、劳动力、资金等资源，生产出产品或服务之后，销售给中间商，再由中间商转卖给消费者。消费者为资源市场提供劳动力赚取金钱，再换取所需的产品或服务。政府为公众需要提供各种服务，对各市场征税，同时也从资源市场、生产者市场和中间商市场采购产品或服务。

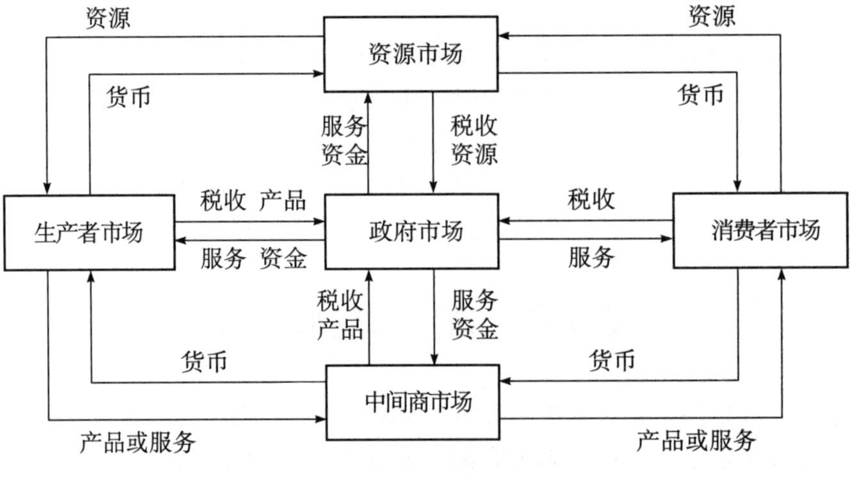

图1-2　基本的市场类型及其交换关系

营销学主要研究组织（特别是企业）的营销活动，即研究组织如何通过整体营销活动适应并满足买方的需求，从而实现管理目标。因此，这里的市场是指某种产品的现实购买者与潜在购买者需求的总和。

（二）市场的构成要素

市场包含三个主要因素：有某种需要的人、满足这种需要的购买能力和购买欲望。这三个因素是相互制约、缺一不可的，只有三者结合起来才能构成现实的市场，才能决定市场的规模和容量。

（三）中国市场的容量

中国的人口数量超过全球发达经济体的总和。2018年，中国人均国内生产总值接近1万美元，社会消费品零售总额由1978年的1 559亿元增长到超过38万亿元，年均增速约为15%，消费能力提升带动消费升级的趋势日益明显。只要生产者牢牢把握居民消费升级大趋势，努力增加高品质产品和服务供给，持续提升传统消费，大力培育新兴消费，不断激发潜在消费，就能极大地开拓和升级国内消费市场。[①] 诚如习近平在第二届中国国际进口博览会开幕式上的主旨演讲中所指出的，“中国市场规模巨大、潜力巨大，前景不可限量”[②]。

延伸阅读　中国市场潜力为新技术的发展助力

近14亿中国人形成了世界上最大的统一大市场，这个“巨市场”将使新兴产业变得成本低廉，易于取得率先突破，并引领全球的产业潮流。2019年，中国消费市场有望跨入6万亿美元，中国市场规模很有可能超越美国，成为世界第一大消费市场。这个变化意味着未来世界企业会将更多的目光放到中国。支撑中国新技术发展的最基础最强劲的动力，依然是中国近14亿人口的市场规模。任何一项创新技术和产品要想发展起来，必须有足够规模的市场潜力做依托。巨大的市场潜力，不但可以降低成本，而且是吸引资本持续投资的关键因素。目前，中国中等收入群体已经超过4亿人，几乎等于美国和日本人口总和。这个仍然在持续快速增长的数字所蕴集的能量，爆发力空前。从这个意义上，无论是5G、高铁还是新能源、大数据、人工智能等等，每一项革命性技术在中国的大规模商用都同时意味着世界性影响。

营销视角　顾客终身价值的经典阐释

某超市老板曾经谈到他对顾客终身价值的理解。他说，每当见到一位顾客不满意，就仿佛眼睁睁瞧着5万元飞出他的超市。为什么呢？按每位顾客平均每周在他的超市里花100元，在这个地区生活或工作10年，一年购物50周计算，倘若某顾客因为不愉快的体验而转向其他超市，该老板的超市无疑就会失去5万元的顾客终身价值。如果顾客在与其他顾客交流互动时谈论起不愉快的经历再导致别的客人离开，则超市的损失更大。有鉴于此，为了鼓励更多顾客的重复购买，实现顾客终身价值最大化，该超市老板为全体员工做出如下规定：

规定1　顾客永远是对的。

规定2　如果顾客错了，请再读一遍规定1。

---

① 何立峰．促进形成强大国内市场 大力推动经济高质量发展．求是，2019（2）：22.

② 习近平在第二届中国国际进口博览会开幕式上的主旨演讲（全文）．（2019-11-05）．新华网．

二、营销

营销是指以满足人民日益增长的美好生活需要为目的，通过市场变潜在交换为现实交换的一系列活动和过程。营销让生活更美好，让世界更美好。也可以这样讲，营销就是企业为顾客创造价值并且建立牢固的顾客关系，进而从顾客那里获得价值回报的过程。[①] 营销就是要对市场进行调节和管理，以形成有价值的顾客关系。人们通常认为只有卖者才开展营销活动，其实，买者也是如此，当有支付能力的消费者寻求所需产品时，就是在营销；同样，采购员在寻求货源并与供货方讨价还价时，也是在营销。图1－3展示了营销过程的五个步骤。在前四步中，企业努力去了解顾客，为顾客创造和传递价值，并建立牢固的顾客关系。最后一步企业收获创造卓越价值的回报。通过为顾客创造价值，企业以销售量、利润和长期顾客资产的形式从顾客身上获取回报。

延伸阅读　市场营销：关于美好生活的学问

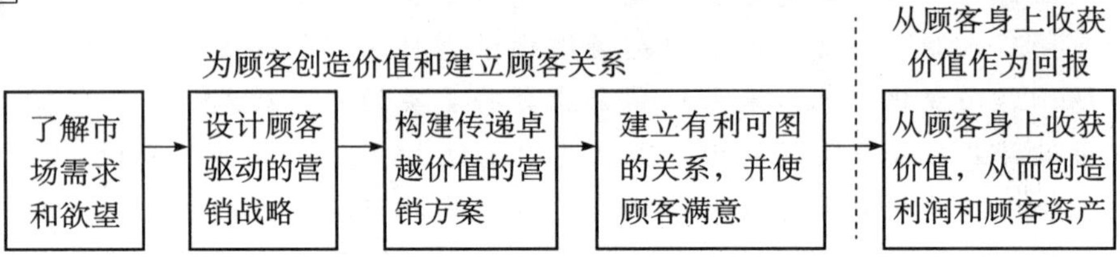

图1－3　营销过程

图1－4展示了现代营销系统的主要参与者。供应商为企业和竞争者提供生产性资源，企业和竞争者将产品信息直接地或借助营销中介间接地传递给最终用户。所有的系统参与者都受人口、经济、自然、技术、政治、法律、社会、文化等环境因素的影响。[②]

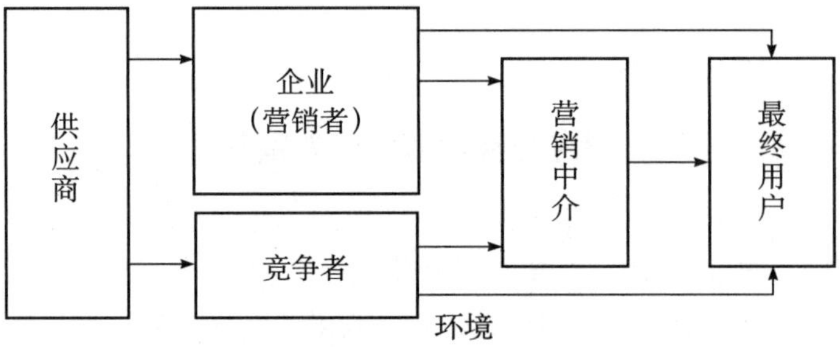

图1－4　现代营销系统的参与者

数字化时代是一个洗牌、颠覆、“弯道超车”的时代。菲利普·科特勒曾指出“市场变得比营销更快”。营销1.0是工业化时代以产品为中心的营销，营销2.0是以消费者为导向的营销，营销3.0是以价值观驱动的营销，是以人为本的营销；营销4.0则是以大数据、社群、价值观营销为基础，企业将营销的中心转移到与消费者积极互动、尊重消费者作为“主体”的价值观，让消费者更多地参与营销价值的创造。[③]

---

① Kotler P，Armstrong G. Principles of Marketing. 17th ed. Harlow：Pearson Education Limited，2018：33.

② 科特勒，阿姆斯特朗．市场营销原理：第15版．北京：清华大学出版社，2019：6.

③ 科特勒，卡塔加雅，塞蒂亚万．营销革命4.0：从传统到数字．北京：机械工业出版社，2018：35－43.

（一）营销不同于推销或促销

营销活动包括营销调研、市场需求预测、新产品开发、定价、分销、物流、广告、公共关系、人员推销、销售促进、售后服务等，而推销或销售仅仅是营销活动的一部分，还不是最重要的部分。李胜等依据中华人民共和国职业分类大典，提出了“市场营销类岗位能力分级模型”，认为营销类工作可分为4大类、13个中类、22个小类。[①] 彼得·德鲁克（Peter F. Drucker）曾指出，“营销的目的就是使推销成为不必要。”[②] 海尔集团董事局主席张瑞敏曾指出，“促销只是一种手段，而营销才是一种真正的战略”，营销的本质不是“卖”，而是“买”。买进来的是用户的意见，然后根据用户的意见改进，达到用户满意，最终赢得用户忠诚，这样企业才能获得成功。在某种意义上，营销意味着企业应该“先开市场，后开工厂”。根据张之洞的思想，就是“商为主，工为使”。

（二）营销部和销售部的冲突

在管理实践中，有的企业往往同时设有营销部和销售部，而这两个部门之间有时会存在观点冲突。产生冲突的原因是营销人员与销售人员具有不同的思维方式，即观察事物的视角不同，处理问题的方式不同。

1. 产品还是顾客。销售的重点和相应的报酬制度以产品和地区为基础，而营销则更侧重于顾客和品牌。

2. 人际关系还是数据分析。销售更具人际导向并以关系为中心，而营销则强调数据集成和抽象分析。

3. 现场还是办公室。销售面对当前的客户和预算压力，要在现场尽量解决客户的全部问题，而营销则可以远离这种环境，除去实地调研、现场观察、客户访谈等，大部分工作是在办公室完成的。

4. 结果还是过程。销售注重销售努力所能达成的迅速而直接的结果，而营销活动不太容易与短期结果直接联系，更看重过程和阶段性成果。

5. 短期导向还是长期导向。销售强调当月的结果，而营销则重视长期的竞争地位。

这些思维方式上的差异既为营销-销售协作提供了可能，也埋下了营销和销售发生冲突以至于各执一词、不好协调的隐患。

（三）营销部与销售部出现不和谐的征兆

以下要点是企业营销部与销售部亟须沟通的征兆：（1）营销战略无法指导销售的运营；（2）新推出的营销战略忽略了由销售人员开发的顾客和对于竞争者的洞察；（3）执行其他职能的管理者不理解销售部门应该实现的目标；（4）销售经理与营销经理之间冲突不断；（5）日趋严重的销售人员流失问题和日益上涨的替代成本；（6）销售人员履行的营销职责与企业的评价和报酬体系之间存在严重冲突；（7）销售人员所追求的是离开市场，离开顾客，进入行政或管理领域；（8）销售人员对自己扮演的角色模糊不清，勉强为之；（9）公司不太支持销售人员从交易型转变为关系销售型；（10）销售人员对其

---

① 李胜，李媛媛．市场营销类岗位能力分级模型．北京：北京师范大学出版社，2018：1-3.

② 邝鸿．现代市场学．北京：中国人民大学出版社，1989：5.

他进入市场的路径，例如“互联网+”、电商、大数据营销等抱有敌意和抵触情绪；（11）客户关系正在变弱。

根据对以上方面的评估，企业可以及早发现营销部和销售部之间即将出现的裂痕，未雨绸缪，将问题消灭在萌芽状态。否则，各种不和谐会持续潜伏，日积月累，最终演变成有效跨职能合作的严重障碍。

（四）营销的核心概念是交换

营销的含义不是固定不变的，它随着营销实践的发展而发展。美国营销协会（AMA）于1985年将其定义为：营销是关于构思、产品和服务的设计、定价、促销和分销的规划与实施过程，目的是创造能实现个人和组织目标的交换。在交换双方中，如果一方比另一方更主动、更积极地寻求交换，则前者称为营销者，后者称为潜在顾客。

2004年8月，AMA发布了营销的新定义：营销既是一种组织职能，也是为了组织自身及利益相关者的利益而创造、沟通、传递客户价值，管理客户关系的一系列过程。

企业承诺传递给顾客以满足其需求的一组利益和价值，叫作价值主张，而企业所有现有和潜在顾客的终身价值，叫作顾客资产。①

（五）营销者

所谓营销者是指希望从别人那里取得所需资源并愿意用某种有价之物来交换的人。营销者可以是卖主，也可以是买主。假如有几个人同时想买正在市场上出售的某种奇缺产品，每个准备购买的人都尽力使自己被卖主选中，这些购买者就都在进行营销活动。在另一种场合，买卖双方都在积极寻求交换，那么，我们就把双方都称为营销者，并把这种情况称为相互营销。

在新商业时代，人们的消费偏好渐渐从节俭原则向快乐原则转变，每个人都更注重过程的体验和感受，更注重通过消费展现个性。一切以消费者的需求为核心，发挥自己的优势，与网上零售错位发展，着力增加个性娱乐体验业态的比例，成为很多企业奉行的生存之道。这种取材于小说、电影，结合沉浸式戏剧、大型互动的全新的现场娱乐体验广受追捧，正好印证了新商业时代消费者需求的大转变。而是否能够全方位地满足人们的消费需求，成为市场检验的唯一标准。

三、关系营销

与交易有关的营销活动，即交易营销，只是另外一个大概念即关系营销的一部分。

（一）交换、交易与转让

1. 交换。所谓交换是指通过提供某种东西作为回报，从别人那里取得所需物的行为。

交换的发生必须具备五个条件：（1）至少有两方；（2）每一方都有被对方认为有价值的东西；（3）每一方都能沟通信息和传递物品；（4）每一方都可以自由接受或拒绝对方的产品；（5）每一方都认为与另一方进行交换是自觉自愿的。

---

① 郭国庆，陈凯．市场营销学．6版．北京：中国人民大学出版社，2019：16-17.

具备了上述条件，就有可能发生交换行为。但交换能否真正发生，取决于双方交换的结果，即交换以后双方都比交换以前好，至少不比以前差。

2. 交易。交换应看作一个过程而不是一个事件。如果双方正在进行谈判，并趋于达成协议，就意味着他们正在进行交换。一旦达成协议，我们就说发生了交易行为。交易是交换活动的基本单元，是由双方之间的价值交换所构成的行为。一次交易包括三个可以量度的实质内容：（1）至少有两个有价值的物品；（2）买卖双方所同意的条件；（3）协议时间和地点。

3. 转让。交易与转让不同。在转让过程中，甲将某物给乙，甲并不接受任何物质回报，如赠与、捐助等。营销学不仅要考察交易行为，也要研究转让行为。

（二）关系与关系营销

精明的营销者为确保交易的成功需要与其顾客、分销商、供应商等建立起长期的互信互利关系。这就要求营销者以公平的价格、优质的产品、良好的服务与对方交易，相互之间加强经济、技术及社会等各方面的联系与交往。

关系营销是指企业与其顾客、分销商、供应商乃至竞争者等相关组织或个人建立、保持并加强关系，通过互利交换及共同履行诺言，确保达成各自目标的营销活动。企业与顾客之间的长期关系是关系营销的核心概念。交易营销能使企业获利，但企业更应着眼于长远利益，因而保持并发展与顾客的长期关系是关系营销的重要内容。建立关系是指企业向顾客做出各种承诺。保持关系的前提是企业履行诺言。发展或加强关系是指企业履行诺言后，向顾客做出一系列新的承诺。

（三）营销网络

营销网络是指企业及与之建立起牢固的互相信赖的商业关系的其他企业所构成的网络。在营销网络中，企业可以找到战略伙伴并与之联合，以获得更广泛、更有效的地理占有。借助该网络，企业可在全球各地的市场上同时推出新产品，并减少由于产品进入市场的时间滞后而被富有进攻性的模仿者夺走市场的风险。借助网站、手机 App、博客、微博、微信、在线视频和社交媒体等现代数字技术，营销者正亲自、直接、互动式地与战略伙伴沟通、接触，加强联系，努力由过去追求单项交易的利润最大化，转变为追求与对方互利关系的最佳化。

借助营销网络，企业可以随时研究分析浩如烟海的顾客数据，观察线上线下的顾客购物和互动的实时状态，及时调整营销战略、战术。互联网、智能手机、平板电脑、移动互联网和社交媒体的日益普及，使消费者得到赋权，营销成为企业与顾客双向互动的行为。企业不仅要加强客户关系管理（customer relationship management），还要善于处理“客户管理关系”（customer-managed relationships），了解客户是如何接触企业的，以及客户之间是如何互动的，以便相机采取正确的营销手段。

四、变革营销

（一）变革营销的提出

2018 年，库马尔（V. Kumar）提出了变革营销（transformative marketing）的概

念。它是指企业为了应对市场变化和未来趋势，通过营销策略、营销活动等手段为客户提供超值的产品以打败竞争对手，从而为企业和利益相关者赚取利益的营销活动。[①]

早在2015年，库马尔就曾提出，未来营销理论和实践的发展将受到学术研究、市场行为和社会发展的三重影响。[②] 这三者的交互作用会影响营销领域的整体变革。与此同时，消费者的角色也发生了转变：他们不再是营销活动的旁观者，而是营销活动的参与者。这种现象就是变革营销，将会持续影响营销领域未来20年的发展。

由于社交网络成为企业与顾客交流的重要工具，营销环境中的线下交流渠道逐步让位于线上渠道，企业越来越重视通过筛选数据与特定的顾客交流以提高消费者体验质量。当消费者进行网络购物时，天猫、京东等线上平台会根据消费者先前的搜索记录和购买记录为顾客推荐感兴趣的产品，不再像线下超市一样只根据大众的购买偏好来陈列货架。大数据技术的引入使得营销环境更加个性化、精准化。[③] 营销职能不仅受到日新月异的营销环境的影响，也在一定程度上影响了营销环境的发展变化。

（二）变革营销的内涵

库马尔认为，变革营销的定义涉及三个核心问题，分别是创新（creation）、目的（purpose）和过程（procedure）。简单来说，变革营销就是企业采取多渠道的营销手段来应对变化的营销环境，但如何协同各渠道合作进行变革，就需要企业的创新意识。变革营销中的创新，并不仅仅是想法、策略的创新，更是结合当时的营销环境做出创新性且关键性的决策。

所谓目的，是指变革营销的主要目的就在于比竞争对手更能触及目标顾客并且提供更优质的服务，让人类生活更美好。企业一切营销手段都是为了在消费者心中创造出独特的竞争优势，如果企业进行变革却无法带来竞争优势的提升，那么变革就是无效的。

所谓过程，是指变革营销的整个营销过程和方法与结果一样重要，换言之，无法为企业或者利益相关者带来好处的变革很有可能是短命的变革。因此，企业进行变革营销不能一味重视最终的产品是否足够创新，也不能完全依赖技术作为变革的唯一驱动力，需要在进行营销策略的过程中注重变革，不断增进社会福祉。

（三）企业进行变革营销需要具备的条件

企业通过营销手段进行变革，而消费者通过企业提供的新产品来认识到变革。企业进行变革营销，需要具备三个条件：

1. 当企业面临紧迫的状态时，应该进行变革营销。库马尔认为这种紧迫感能够为企业和利益相关者带来增益，直面并解决企业所处的紧张形势才能使企业长久生存下去。[④]

2. 当企业考虑是否进行变革营销时，营销环境必须作为重要因素加以考虑。当考

---

① Kumar V. Transformative Marketing: The Next 20 Years. Journal of Marketing, 2018, 82 (7): 1 - 12.

② Kumar V. Evolution of Marketing as a Discipline: What Has Happened and What to Look Out for. Journal of Marketing, 2015, 79 (1): 1 - 9.

③ 郭国庆，高菡．变革营销研究的最新进展及启示．当代经济管理．2019 (4): 19 - 22.

④ Kumar V, Rajan B. What's in It for Me? The Creation and Destruction of Value for Firms from Stakeholders. Journal of Creating Value, 2017, 3 (2): 142 - 56.

虑企业是否需要对供应商管理系统进行变革的时候，必须分析企业的供应商管理系统是处于地区性行业还是全国性行业——如果只是地区性行业，那么变革只是改变了结算方式，而全国性行业的变革就会涉及商业职能的变革，比如将供应商的结算方式改为电子结算，这意味着供应商管理系统进入电子商业时代。

3. 不论多么重大的变革营销，都只在一段时间内存在。历史表明，企业的营销方法几乎每20年发生一次重大变化。20世纪60年代，美国企业热衷于重视销量的大众营销（mass marketing）。随着经济水平的持续提高，企业开始重视目标营销（target marketing），只针对特定的目标市场进行营销活动，这受益于电视节目和名人效应的发展。当数字技术发展到一定程度，比如数字录像机TiVo的出现，企业转向了个性化营销（personalized marketing），更多地针对个人的特殊需要开展营销活动。① 变革营销正在我们身边润物细无声地缓慢而稳定地发生着。

（四）影响变革营销的因素

企业进行变革营销还存在一定的外界推力，这些外界因素创造出了挑战企业现状的环境，并敦促企业进行改变以适应新的营销环境（如图1-3所示）。换句话说，这些外界因素对企业的影响之大是企业做决策时无法忽略的。这种企业对环境变化的回应就是变革营销的核心所在，它决定了企业处理外界因素的效率和效果。

库马尔认为，推动变革的环境因素有：

1. 技术。由于技术进步，企业营销已经发生了巨大的变化，仅仅利用技术去设计高质量的产品已经不足以满足消费者需求，消费者需要的是更加有记忆性的体验，比如与商家建立更为紧密的联系。

2. 环境资源。企业可以利用的环境资源越来越稀少。近年来气候变化、石油危机、植被覆盖率降低等环境问题层出不穷，企业需要更加精确地辨别目标用户，以减少营销成本、减少对环境资源的浪费。

3. 经济推力。随着国民经济的发展，居民可支配收入逐年上升，消费升级已是大势所趋，企业需要提升自己的产品等级来适应消费者消费水平的变化。

4. 消费者偏好。消费者偏好是所有企业最为关心的话题，但是消费者偏好又会受到多重因素影响，比如社会规范的变化、国家政策的变化等，因而准确观测消费者偏好成为企业的关注重点。消费者偏好也存在变化快的特点，很有可能这段时间还流行的产品到新的阶段就不再受消费者欢迎。企业需要时刻关注消费者偏好，据此做出改变。②

5. 政府监管。任何商业行为都必须遵循政府的监管，比如政府会制定反垄断法来抑制不正当的商业行为。每次出台新的政策，企业都要重新审视自己的产品策略、营销策略，否则新的政策很可能会抑制企业的扩张。政府对于企业商业行为的监管会随着环境而变化，企业也需要随之进行变革。

---

① Wu T. The Attention Merchants：The Epic Scramble to Get inside Our Heads. New York：Vintage Books，2017.

② Varadarajan R. A Commentary on "Transformative Marketing：The Next 20 Years". Journal of Marketing，2018，82（7）：15-18.

6. 竞争者阻力。竞争者是除了消费者以外企业最为看重的因素之一。随着经济全球化的深入，企业越来越多地面对各国的竞争者，原本的分销渠道需要重新构建。一些跨国公司例如联合利华、宝洁开始寻找分销地的供应商，以节省成本和时间，争取更多的竞争资源。此外，企业也发现寻求产品的独特性优势越来越困难，除了拥有绝对技术优势的行业，大部分行业都难以凭借独特的产品技术赢得消费者的偏好。这就需要企业根据目标消费者的偏好变化不断更新产品，不断提升消费者体验。这也是变革营销存在的意义。

变革营销框架如图 1-5 所示。

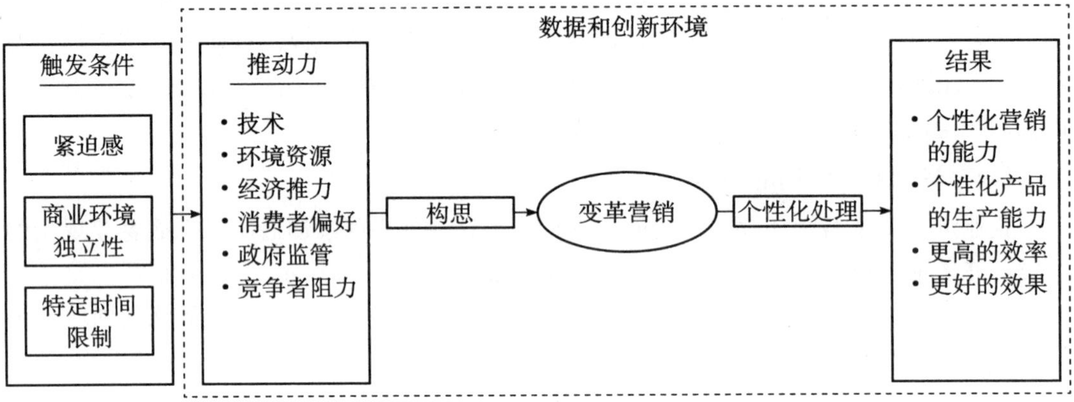

图 1-5　变革营销框架

第 2 节　营销的重要性

一、营销日渐受到重视

彼得·德鲁克精辟地指出，现代企业最重要的职能只有两个：一个是创新；另一个是营销。最先认识到营销重要性的是日用消费品公司，然后是耐用消费品公司，之后是工业设备公司。后来，服务行业，尤其是航空业、银行业等，逐渐接受了营销思想。

营销理念还渗入世界各国的非营利组织，如学校、医院、博物馆等。营销在这些组织中引起了不同程度的兴趣，得到了不同程度的采纳。

促使企业认识到营销重要性的主要因素有：（1）销售额下降。（2）增长缓慢。（3）购买行为改变。消费者欲望的急速改变导致了市场的不稳定。为了保证从购买者身上获得足够的利润，许多企业不得不采取营销导向。（4）竞争加剧。（5）营销成本提高。

二、营销职能在企业中地位的升迁

上述种种原因迫使企业努力提高营销能力。然而，营销很少受到由衷的欢迎。即使在市场经济发达的国家，也时常出现这种现象。财务部、生产部的经理往往将营销当作一种小贩叫卖的伎俩，看成是对自己权力、地位的威胁。之所以产生这种现象，是由于有些营销人员过分积极进取，总是强调营销的功劳。

营销的地位演变如图1－6所示。最初，营销职能与其他部门同等重要，处于平等的地位，见图1－6（a）。在需求不足的情况下，企业高层管理人员意识到营销职能要比其他部门的职能重要，见图1－6（b）。更有甚者，那些高度重视营销的企业高层管理人员提出，没有顾客也就意味着企业的消亡，所以营销应是企业的主要职能。他们将营销置于核心，而将其他职能当作营销的辅助职能，见图1－6（c）。这种创新激起了其他职能部门经理的不满，他们不甘心当营销部门的配角。一些热心于顾客服务的高层管理人员则主张，企业关注的核心应当是顾客，而不是营销，见图1－6（d）。因此他们认为，必须采取顾客导向，而且所有职能性业务部门都必须协同配合，以更好地为顾客服务，使顾客需要得到满足。最后，随着营销实践的发展和市场竞争的加剧，越来越多的企业高层管理人员达成共识：营销部门与其他职能部门不同，它是连接市场需求与企业反应的桥梁、纽带，要想有效地满足顾客需要，就必须将营销置于企业的中心地位，见图1－6（e）。

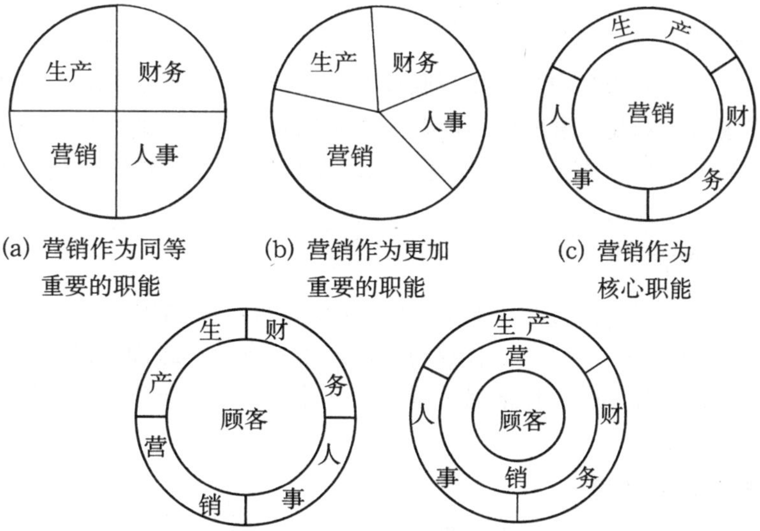

(a) 营销作为同等重要的职能　(b) 营销作为更加重要的职能　(c) 营销作为核心职能

(d) 顾客作为管理职能的核心　(e) 顾客作为管理职能的核心，而营销作为整合性职能

图1－6 营销的地位演变

三、营销影响力的扩展

当今，营销对每个人和每个组织都会产生不同程度的影响，营销的广度与深度可以从五个方面来理解。

（一）营销主体

营销主体是指为顾客提供产品或服务的个人或组织，是营销活动的担当者。产品的制造商、批发商、电商平台、零售商、服务商、非营利机构、政府招商宣传旅游部门等，几乎每个组织都在从事营销活动，甚至一些地方（城市、国家）以及个人也在通过营销手段来获取关注与支持。这些个人或组织构成了营销主体。

（二）营销供给物

消费者的需要和欲望借助营销供给物得以满足。营销供给物是提供给某个市场来满足某种需要和欲望的产品、服务、体验、信息和创意的组合。产品是指有形的物体，例如手机、电脑等。服务是无形的东西，例如售后维修、理财建议等。创意是指关于某个行为或者事情的无形的想法。总之，营销供给物并不限于实体产品，还包括服务、活动、利益、人物、地点、组织和思想（计策）等。其中，组织营销是指营销者为建立、维护或改变目标市场对个组织的态度而开展的一系列活动。人物营销是指营销者为建立目标市场对一个人有利的反应、印象、认同、回报等所开展的一系列营销活动。地点营销是指营销者为了建立、维持或改变目标市场对具体某个地方的感知、观感或行为而进行的一系列活动，包括建立明晰的、具有吸引力的定位与形象，为现有和潜在的客户提供激励机制，通过适宜的渠道向目标客户分销、传递该地点能提供的价值与优势，开展高效的宣传推广活动等。

（三）营销客体

营销客体是指在市场上购买产品与服务的个人与组织，是营销活动的服务对象。最终消费者指那些因个人或者家庭使用而购买产品和服务的人。组织购买者是那些为了自用或者转售而购买产品和服务的制造商、批发商、零售商和政府机构、非营利机构等组织。

（四）营销获益者

在营销活动中，有三个特定的群体会从有效的营销活动中受益：进行购买的消费者、从事销售的组织和整个社会。有效的营销强化了竞争，进而提高了产品和服务的质量，降低了它们的价格，进一步增强了国家在全球市场上的竞争力，同时也提高了人们的生活水平。

（五）营销创造的效用

营销能够创造新的价值和效用，具体来说，营销活动能在适当的空间（空间效用）、时间（时间效用）为顾客提供恰当的产品或服务（形式效用），以便消费者最终能使用或者消费（占有效用）。因此营销通过适时地提供产品与服务，为消费者带来空间效用、时间效用和占有效用，让生活更美好。

借助大数据、云计算、物联网、机器人、人工智能等现代科技，营销可以消除生产者与消费者在如下方面的分离或矛盾：（1）供需总量；（2）供需结构；（3）时间；（4）空间；（5）所有权；（6）产品或服务的价值；（7）信息。在现代社会，营销的主要职能是交换、物流和便利（facilitating）。现代科技与营销的有机结合将会在方方面面改变人类的生存环境。数字化时代为顾客关系的建立、维持和加强提供了诸多工具和手段，网站、在线广告、在线视频、手机广告、手机 App、博客、在线社区、视频网站、微信等为顾客浸入营销、消费者生成内容营销以及伙伴关系管理创造了有利的环境和条件。顾客浸入营销是指通过在形成品牌对话、品牌体验和品牌社区时培育直接、持续的顾客卷入，使品牌成为消费者沟通和日常生活的一部分。消费者生成内容营销是指由消费者创造品牌交流的情境，并在形成自己和他人的品牌体验中发挥作用，推动营销走向成功的过程。伙伴关系管理是指营销者与企业内部的其他部门密切合作，结成伙伴关系共同应对挑战，共享市场机会，共同为顾客创造价值。

四、当代营销面临的新环境

随着市场竞争不断加剧，追求实惠的消费者的要求日趋苛刻，企业面临着愈加不确定的营销环境。

1. 产品转型升级的要求越来越高。顾客渴望以合理的价格和快捷的服务满足自己的需求，而不同顾客的欲望和需求并不一样。正因为如此，企业才有机会选择一个使产品尽可能与需求吻合或接近的市场，集中资源创建竞争优势。而且从长期来看，顾客需求缺乏稳定性。产品如果没有持续的创新、优化和升级，消费者就会转向其他供应商。

2. 顾客不愿为产品或服务支付高价。在营销实践中，与无品牌产品相比，精心打造和妥善维护的品牌产品能收取更高的价格，然而这种区别较之过去变得越来越微不足道。由于大数据、云计算、物联网、人工智能等创新技术的应用，信息壁垒被打破，消费者越来越依靠口碑信息制定购买决策。而且，顾客越来越能看透商家的营销技巧。低质低价产品和几张广告图片很难吸引那些经验丰富的顾客。价格比较网站能使顾客迅速比较相互竞争的产品，了解零售商不同网点同种产品的价格。因此，企业必须向顾客提供显而易见的高价值，以此为基础实施差异化营销。

3. 竞争范围不断扩大，强度不断提升。互联网在产品和服务营销中得到广泛运用，这意味着沟通无国界，市场范围空前扩展。越来越多的企业开始以全球化视野来实施营销战略，从快餐、玩具、电脑到汽车等各种产品和服务均出现了跨国细分市场。竞争者的不断加入不仅使得市场竞争更为激烈，而且使那些有幸存活下来并持续发展的企业更加富有竞争力。一些弱小公司则因缺乏明确的定位和足够的规模而在市场上相形见绌，日渐衰退。这意味着，不管是国内市场还是国外市场，竞争都愈发激烈，企业需要更加谨慎地选择业务领域和目标市场。诚如习近平 2015 年 10 月访英前接受路透社采访时所指出的，同世界上老牌的大公司对比，中国企业走出去还缺乏经验，在适应各国法律制度、技术标准、市场营销、人员管理、当地文化等方面的能力需要不断提高。[①]

4. 合作共赢与企业社会责任意识逐渐增强。随着市场需求更加苛刻，竞争越来越残酷，企业需要与其他机构谋求合作。近年来，企业与供应商、消费者甚至竞争者之间的协作日渐增多。顾客在要求生产者提供价廉物美产品的同时，还要求企业能够证明其道德水准。企业在应对激烈的市场竞争的同时，还要善于谋求合作共赢，在提供受顾客欢迎的优质产品或服务的同时，自觉承担社会道义和环境责任。经济效益和社会责任的有机融合可以为企业创造更加可持续的竞争优势。[②]

营销视角　企业社会责任新模式

① 习近平：不要带着偏见看待中国企业．(2015-10-19)．中国日报网．

② Kotler P, Kartajaya H, Setiawan I. Marketing 4.0: Move from Traditional to Digital. New York: Wiley, 2017: 13-14.

延伸阅读 **2019年中国企业社会责任十大趋势**

中国社会责任百人论坛发布了2019年度中国企业社会责任十大趋势：（1）用务实和创新攻克脱贫攻坚这一“难啃的硬骨头”。（2）乡村振兴破解城乡发展不平衡、农村发展不充分难题。（3）污染防治方面守住“发展”与“生态”两条红线。（4）资本尽责方面社会责任投资从理念到现实。（5）“一带一路”倡议与全球贸易体系下全面履行社会责任成为企业战略新抉择。（6）高层关注、明星参与、社会推动，社会责任众人拾柴火焰高。（7）信息披露方面强化社会责任的透明属性。（8）改革开放再出发，社会责任不缺位。（9）深化政治责任，献礼新中国成立七十周年。（10）经济下行趋势下企业体现担当坚守底线。

资料来源：徐蔚冰．2019中国企业社会责任十大趋势发布．（2019-01-01）．中国经济时报．

第3节 营销学的性质、研究对象与发展历程

一、营销学的性质与研究对象

（一）营销学的性质

营销学是一门以经济学、行为学、管理学和现代科学技术为基础，研究以满足人民日益增长的美好生活需要为中心的营销活动及其规律的综合性应用科学。

营销学于20世纪初从经济学的母体中脱胎而出，现在已成为一门属于管理学范畴的应用科学。

（二）营销学的研究对象

营销学的研究对象是以满足人民日益增长的美好生活需要为中心的企业营销活动过程及其规律。具体来讲，营销学要研究作为卖主的企业如何在动态的市场上有效地管理其与买主的交换过程和交换关系及相关营销活动过程，其终极目标是增进人类社会的福祉，让生活更美好，让世界更美好。

二、营销学的产生

彼得·德鲁克认为，营销作为企业的自觉实践最早起源于17世纪的日本。他指出：最早的营销实践者是日本三井家族的一位成员。17世纪50年代，他在东京创建了世界上第一家百货商店，并为该商店制定了一些经营原则。250年之后，美国的西尔斯·罗巴克公司才提出类似的原则。该原则的基本内容是：公司充当顾客的采购员；为顾客设计和生产适合其需要的产品；保证满意，否则原款奉还；为顾客提供丰富多样的产品；等等。

直到19世纪中叶，营销才在美国国际收割机公司出现。第一个把营销当作企业的中心职能，并把满足顾客需求当作管理的专门任务的是美国国际收割机公司的赛勒斯·麦考密克（Cyrus H. McCormick，1809—1884）。历史书中只提到他是收割机的发明

者，事实上，他还创造性地提出了现代营销的一些基本工具和理念——市场研究与市场分析、市场定位观念、定价政策、向顾客提供各种相关服务、提供分期付款信贷等。

又过了50年，营销才成为美国学术界的一个研究领域，进而登上企业经营管理的舞台。直到20世纪初期，“营销”一词才首次用于大学课程的名称。1904年，克鲁希（W. E. Kreusi）在宾夕法尼亚大学讲授了一门名为“产品营销”的课程。1910年，拉尔夫·斯达·巴特勒（Ralph Starr Butler）在威斯康星大学讲授了一门名为“营销方法”的课程。

在营销思想的发展过程中，美国的大学教师起了十分重要的作用。尽管当时尚不存在“营销”这个术语（而是更多地采用“分销”），但正是这些早期的营销教师最先洞察到营销的未来发展趋势，坚信随着社会经济的不断发展营销必将有远大的发展前途，并为营销思想的发展做出了历史性的贡献。1900—1910年间美国开设工业分销课程的教师和大学如表1-1所示。

表1-1　1900—1910年间美国开设工业分销课程的大学和教师

年份	大学	教师
1902	密歇根大学	爱德华·D. 琼斯（Edward D. Jones）
1902	加州大学	西蒙·李特曼（Simon Littman）
1902	伊利诺伊大学	乔治·M. 费斯克（George M. Fisk）
1904	宾夕法尼亚大学	克鲁希
1904	宾夕法尼亚大学	帕森（H. S. Parson）
1905	俄亥俄州立大学	詹姆斯·E. 海杰蒂（James E. Hagerty）
1909	哈佛大学	保罗·T. 切林顿（Paul T. Cherington）
1910	威斯康星大学	拉尔夫·斯达·巴特勒

资料来源：郭国庆．营销思想史论．北京：高等教育出版社，2019：55.

三、营销学的发展历程

习近平指出：“历史是最好的教科书，历史是人类最好的老师。历史记述了前人的成功和失败，重视、研究、借鉴历史，了解历史上治乱兴衰规律，可以给我们带来很多了解昨天、把握今天、开创明天的启示。”① 营销学始于20世纪初，迄今已有百年历史。这期间，营销学大体经历了四个发展阶段。

1. 萌芽时期（1900—1920年）。20世纪初，分销体系作为商业系统中的一个快速发展、大有作为的领域逐渐为学术界所关注。当时，传统经济学家的关注点是具有经济价值的产品（还有土地、劳动力以及资本），基本上忽略了分销所提供的服务。当市场范围限于国内时，这种做法是可以理解的。然而，随着20世纪的到来，外来移民涌向美国各大城市中心，产品以及技术、交通、物流的进步等使得市场形势急剧变化，分销体系迅速发展和改进。在这种形势下，美国高校承担大学商科教学的教师开始注意到交换领域的定价、分销和广告问题的研究，开设了一些新课程，譬如密歇根大学开设的“产业分销”、纽约大学开设的“商业制度”等。

① 习近平．努力造就一支忠诚干净担当的高素质干部队伍．求是，2019（2）：4.

2. 规范时期（1920—1950 年）。在这一时期，营销学由一个初创、尚未成形的研究领域发展成为一个欣欣向荣、具有强大而广泛影响力的学术领域。营销学科的独立性、系统性和完整性日趋明显。不过，与其后的研究相比，这一时期营销学者的研究更多地侧重于对营销实践的描述而较少考虑解决管理方面的问题。

3. 迅速发展时期（1950—1980 年）。在此期间，创新与发展受到普遍的欢迎，营销思想领域得到了迅速扩展，行为科学、心理学、数学等相关学科的概念、理论陆续应用于营销学教学、研究，对营销思想的发展起到了很大的促进作用。这一时期，营销学的主要特征是：（1）更加强调营销管理。（2）广泛吸收其他学科（包括自然科学和社会科学）的概念、原理，使理论体系更加充实，并注重营销决策研究和定量研究。（3）倡导营销活动必须适应消费者需求的变化，强调目标营销、营销信息和营销系统的重要作用。（4）从原来的总论性研究转变为区别不同研究对象的具体性研究，分化出许多子学科，譬如服务营销、全球营销及非营利组织营销等。（5）开始强调企业营销活动所关联的社会责任、社会义务、社会福祉和社会公益，力求让生活更美好，让世界更美好。

4. 重构时期（1980 年至今）。在此期间，经济全球化的趋势愈加明显，知识经济迅速发展，现代科学技术日新月异。习近平指出："进入 21 世纪以来，全球科技创新进入空前密集活跃的时期，新一轮科技革命和产业变革正在重构全球创新版图、重塑全球经济结构。以人工智能、量子信息、移动通信、物联网、区块链为代表的新一代信息技术加速突破应用，以合成生物学、基因编辑、脑科学、再生医学等为代表的生命科学领域孕育新的变革，融合机器人、数字化、新材料的先进制造技术正在加速推进制造业向智能化、服务化、绿色化转型，以清洁高效可持续为目标的能源技术加速发展将引发全球能源变革，空间和海洋技术正在拓展人类生存发展新疆域。"① 科学和文明的发展给营销领域带来了更为复杂的概念和方法，营销学界也日益重视高新技术、文化等对营销的影响和渗透。数据库营销、口碑营销、体验营销、云营销、大数据营销、社交媒体营销等新的营销理论不断涌现和发展，极大地丰富了营销学的理论内容。总之，探索营销在新经济、新技术革命条件下的走向，研究变革营销的新发展及其对营销管理的影响，成为这一时期营销教学与研究的热点。②

重要概念

市场	营销	价值主张	顾客资产
营销者	相互营销	交易营销	关系营销
营销网络	变革营销	客户管理关系	营销学
营销主体	营销供给物	营销客体	营销获益者
顾客浸入营销	人物营销	消费者生成内容营销	伙伴关系管理
组织营销	地点营销		

① 习近平．在中国科学院第十九次院士大会、中国工程院第十四次院士大会上的讲话．北京：人民出版社，2018：6-7.

② Kumar V. Transformative Marketing：The Next 20 Years. Journal of Marketing，2018，82（4）：1-12.

复习题

1. 如何理解数字化对营销的影响?
2. 营销在企业中的地位有怎样的变化?这些变化带来了什么启示?
3. 从宏观的角度看,营销的重要性体现在哪些方面?
4. 如何看待当代营销所面临的新环境?
5. 营销和销售有哪些不同?营销部和销售部经常会出现哪些冲突?
6. 如何理解新零售对营销的影响?
7. 营销创造哪些效用?

案例分析

马云和抖音的成功

中国当下最成功的创业者是谁?马云,资产上千亿,拥有天猫、淘宝、支付宝、蚂蚁金服、菜鸟网络等几大法宝,开创了方便快捷的互联网生活时代。中国当下最火的App是哪一个?抖音,活跃用户数达5亿以上,男女老少,城市农村,随处可见,在国外也拥有巨大市场。截至2019年1月11日,抖音的日活跃用户已经超过2.5亿,其中35岁以下用户占比超90%。抖音在全球范围内覆盖超过150个国家和地区。

怎么会把马云和抖音联系到一起?虽然淘宝跟抖音有合作,但这里谈的不是这件事,而是想探讨一下他们成功的关键。

首先来分析一下淘宝、支付宝、抖音是怎么发展起来的。互联网普及之后,人们花在网上的时间就多了,网络能聊天,于是很多线下活动自然也可以搬到网上来,比如买东西卖东西,淘宝应运而生,这样,好多事情一台电脑就能搞定,人们就不用东奔西跑了。

最开始尝试网购的都是年轻人,他们口口相传,网购的人越来越多,就涉及资金转账的问题,简单快捷的支付宝随之诞生。起初大部分人不敢使用支付宝,觉得不安全,但是学生和白领们没有那么多顾虑,大胆使用,支付宝逐渐推广开来。

同样,抖音最先在电影院里打广告,瞄准的就是年轻群体。当年长者还怀着鄙夷的心情不屑一顾的时候,抖音已经进入青年人的生活,无处不在了。顺便说一句,QQ和微信也是这样发展起来的。

新事物的出现,开始都是被怀疑和抗拒的,如果很快就销声匿迹,说明它并不适合在这个世界上生存,如果长时间存在,而且势不可当,就说明它已经成功了。抖音并不是凭空创造出来的,而是移动互联网时代的必然产物。科技的日新月异,智能手机的出现和宽带的普及,加上人类对内容和娱乐的需求,小视频这种短平快的传播方式自然成为最好的选择。抖音以年轻人展示风采的小视频为突破口,所以它成功了。当用户达到一定规模,其传播推广速度就在以几何级数增长,抖音最终被大众接受。

通过以上分析,我们很容易得出结论,马云和抖音的成功,其关键在于:年轻人的关注点在哪里,风口就在哪里。

马云在这方面的认识是相当清晰的,他的演讲经常提到年轻人,认为要重视年轻人、起用年轻人，可能很多人以为他是在唱高调，博个好名声，其实人家是真正理解透了。

无论你愿不愿意，科技的发展是不可阻挡的，这是源于人类对未知和美好追求的天然本性。年轻人充满活力，充满好奇心，接受能力也超强，注定是新事物的发现者、最初使用者和传播者。所以，谁抓住了年轻人，谁就赢得了未来。

资料来源：费倩文．抖音启动“2019看见音乐”计划，全面扶持原创音乐人．(2019-01-14)．新浪财经．

思考题

从营销学的角度看，马云和抖音的成功带给我们哪些有益的启示？

第 2 章

营销哲学的演变 02

本章要点

- 营销观念的概念与特点
- 营销组合的概念及其扩充与演变
- 21 世纪营销哲学的新视野

营销哲学，就是企业在开展营销活动的过程中，在处理企业、顾客和社会三者利益方面所持的态度、思想和理念。习近平指出：“理念是行动的先导，一定的发展实践都是由一定的发展理念来引领的。发展理念是否对头，从根本上决定着发展成效乃至成败。实践告诉我们，发展是一个不断变化的进程，发展环境不会一成不变，发展条件不会一成不变，发展理念自然也不会一成不变。”① 了解营销哲学的演变，对于企业更新观念，自觉适应快速变化的市场新形势，加强营销管理，具有十分重要的意义。

第 1 节　营销观念

一、传统观念

在所有营销哲学观念中，生产观念、产品观念和推销观念通常称为传统观念。

（一）生产观念

生产观念是指导企业市场行为的最古老的观念之一。生产观念认为，消费者喜欢那些可以随处买得到而且价格低廉的产品，企业应致力于提高生产效率和分销效率，扩大生产，降低成本，以扩展市场。显然，生产观念是一种重生产、轻营销的商业哲学。

---

① 习近平．习近平谈治国理政：第 2 卷．北京：外文出版社，2017：197.

（二）产品观念

产品观念认为，消费者最喜欢高质量、多功能和具有某种特色的产品，企业应致力于生产高附加值产品，并不断加以改进。正如习近平指出的，质量体现着人类的劳动创造和智慧结晶，体现着人们对美好生活的向往。中华民族历来重视质量。千百年前，精美的丝绸、精制的瓷器等中国优质产品就走向世界，促进了文明交流互鉴。今天，中国高度重视质量建设，不断提高产品和服务质量，努力为世界提供更加优良的中国产品、中国服务。① 最容易滋生产品观念的莫过于当企业发明一项新产品时，此时企业最容易产生“营销近视”，即把注意力不恰当地放在产品上，而不是放在市场需要上，在营销管理中缺乏远见，只看到自己的产品质量好，看不到市场需求在变化，致使企业经营陷入困境。

（三）推销观念

推销观念（或称销售观念）也有许多企业采用。这种观念认为，消费者通常表现出一种购买惰性或抗衡心理，如果顺其自然，消费者一般不会主动购买某一企业的产品，尤其是那些非渴求品。因此，企业必须积极推销和大力促销，以刺激消费者大量购买本企业产品。所谓非渴求品是指购买者一般不会想到要去购买的产品或服务。企业在产品过剩时，常常奉行推销观念。

二、营销观念

（一）营销观念

营销观念是作为对上述诸观念的挑战而出现的一种新型哲学理念。营销观念认为，实现企业各项目标的关键在于正确确定目标市场的需要和欲望，并且比竞争者更有效地传送目标市场所期望的产品或服务，进而比竞争者更有效地满足目标市场的需要和欲望，让人类生活更美好。② 西奥多·莱维特（Theodore Levitt）曾对推销观念和营销观念做过比较，他指出，推销观念注重卖方需要，营销观念则注重买方需要。推销观念以卖方需要为出发点，考虑如何把产品变成现金；而营销观念则考虑如何通过制造、传送产品以及与最终消费产品有关的所有事物来满足顾客的需要。从本质上说，营销观念是一种以顾客需要和欲望为导向的哲学。③

（二）营销观念与顾客让渡价值

在营销观念的指导下，企业应致力于顾客服务和顾客满意。而要实现顾客满意，需要在多方面开展工作，并非人们所想象的“只要价格低，则万事大吉”。事实上，消费者在选择卖主时，价格只是考虑的因素之一，消费者真正看重的是顾客让渡价值（如图2-1所示）。

顾客让渡价值是指顾客总价值与顾客总成本之间的差额。顾客总价值是指顾客购买某一产品与服务所期望获得的一组利益，包括产品价值、服务价值、人员价值和形

---

① 习近平向第二届中国质量（上海）大会致贺信．（2017-09-15）．新华网．

② Kotler P，Armstrong G. Principles of Marketing. 17th ed. Harlow：Pearson Education Limited，2018：30-37.

③ 科特勒，阿姆斯特朗．市场营销原理：全球版：第15版．北京：清华大学出版社，2019：11.

象价值等。顾客总成本是指顾客为购买某一产品所耗费的时间、精力、体力以及所支付的货币资金等。因此，顾客总成本包括货币成本、时间成本、精力成本和体力成本等。

顾客在购买产品时，总希望把有关成本，包括货币、时间、精力和体力等，降到最低，同时又希望从中获得更多的实际利益，以使自己的需要得到最大限度的满足。因此，顾客在选购产品时，往往从价值与成本两个方面进行比较分析，从中选择出顾客让渡价值最大的产品作为优先选购的对象。

企业为战胜竞争对手，吸引更多的潜在顾客，就必须向顾客提供比竞争对手具有更多顾客让渡价值的产品，这样才能使消费者注意本企业的产品，进而购买本企业的产品。为此，企业可从两个方面改进自己的工作：一是通过改进产品、服务、人员与形象，提高产品的总价值；二是通过降低生产与销售成本，减少顾客购买产品的时间、精力与体力的耗费，从而降低货币与非货币成本。

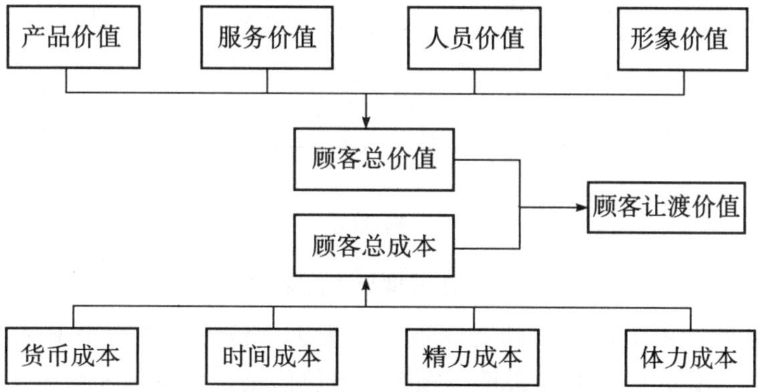

图2-1 顾客让渡价值

(三）营销观念与顾客满意、顾客忠诚

1. 顾客满意。顾客满意是指顾客将产品和服务满足其需要的绩效与期望进行比较所形成的感受。顾客是否满意，取决于其购买后实际感受到的绩效与期望（顾客认为应当达到的绩效）的差异：若绩效小于期望，顾客会不满意；若绩效与期望相当，顾客会满意；若绩效大于期望，顾客会十分满意。

顾客期望的形成，取决于顾客以往的购买经验、朋友和同事的影响以及营销者和竞争者的信息与承诺。若一个企业使顾客的期望过高，则容易引起购买者的失望，降低顾客满意程度。但是，如果企业把期望定得过低，虽然能使买方感到满意，却难以吸引大量的购买者。顾客将这种感受（评价）同期望进行比较，就会形成自己对某种产品、品牌满意、十分满意或不满意等感觉。

2. 顾客忠诚。满意的顾客会变得忠诚并向他人正面传播企业，积极推荐企业的品牌。研究表明，不满意的顾客、稍微满意的顾客和完全满意的顾客在忠诚度方面存在很大差别。满意度轻微的下降，会导致忠诚度巨大的下滑。总体而言，顾客忠诚和

延伸阅读　新时代营销九大趋势

顾客满意是正相关的关系。不过，在不同行业和不同竞争环境下，顾客满意和顾客忠诚之间的关系也会有差异。在高度竞争市场，一般满意和完全满意的顾客之间忠诚度有巨大差异；而在非竞争市场（如电信、石化等行业），顾客无论满意与否都会保持高度忠诚（如图2-2所示）。

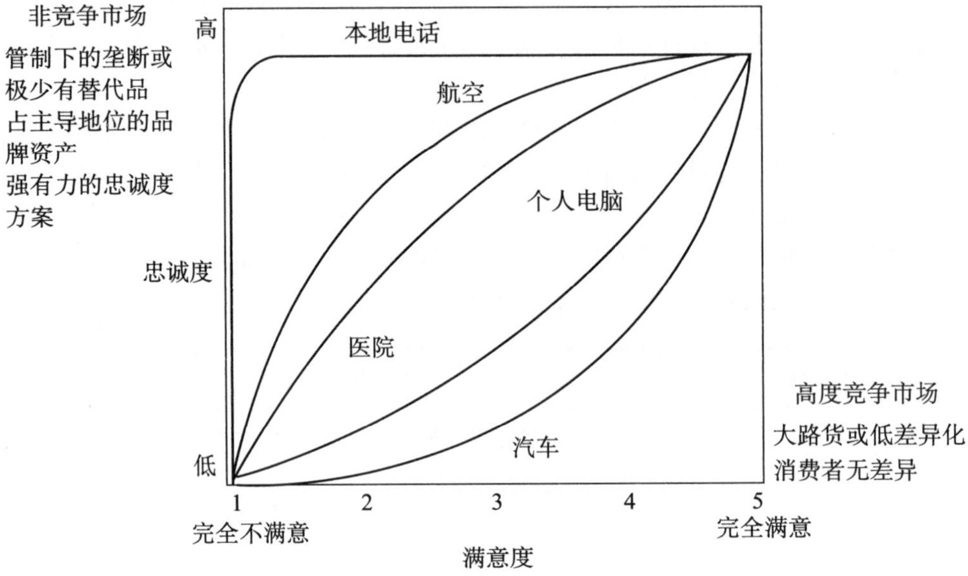

图2-2 忠诚度与满意度的关系

忠诚顾客的花销更多，逗留的时间更长。失去一位顾客不仅意味着失去一份销售额，还意味着失去顾客终身的购买量。顾客终身价值是指一位顾客购买企业产品或服务总量的价值。除了吸引和保留住顾客，许多企业还希望不断提高其顾客份额。顾客份额是指企业产品或服务在一个顾客该类消费中所占的比重，即在顾客钱袋子里所占的份额。企业所追求的目标不再是赢得大量顾客的部分业务，而是争取现有顾客的全部业务，例如，通过成为顾客购买产品的独家供应商，或说服顾客购买更多的本公司产品，或向现有产品和服务的顾客交叉销售别的产品和服务，以获得所属产品类别中更大的顾客购买量。

三、客户观念与整体营销观念

随着现代营销战略由产品导向转变为客户导向，客户需求及其满意度逐渐成为营销战略成功的关键。事实上，不同子市场的客户存在不同的需求，甚至同属一个子市场的客户的个别需求也会经常变化。为了适应不断变化的市场需求，企业的市场营销战略必须及时调整。在此背景下，越来越多的企业开始由奉行营销观念转变为奉行客户观念。

（一）客户观念

所谓客户观念（customer concept），是指企业注重收集每一位客户以往的交易信息、人口统计信息、心理活动信息、媒体习惯信息以及分销偏好信息等，根据由此确认的不同客户终身价值，分别为每一位客户提供不同的产品或服务，传播不同的信息；通过提高客户忠诚度，增加每一位客户的购买量，从而确保企业的利润增长。营销观念与之不同，它强调的是满足每一个细分市场的需求，而客户观念则强调满足每一位客户的特殊需求。

奉行客户观念、重视客户关系管理的终极目标是产生高额的顾客资产。顾客资产是企业现有和潜在顾客的顾客终身价值之和。给企业带来利润的顾客越忠诚，顾客资产就越高。顾客资产可能是比销售额和市场份额更好的企业绩效测量指标。销售额和市场份额反映的是过去，而顾客资产反映的是未来。

需要注意的是，客户观念并不适用于所有企业。一对一营销需要以工厂定制化、运营电脑化、沟通网络化为前提，因此，贯彻客户观念要求企业在信息收集、数据库建设、电脑软件和硬件购置等方面大量投资，而这并不是每一个企业都能够做到的。有些企业即使舍得花钱，也难免会出现投资花费大于由此带来的收益的局面。客户观念最适用于那些善于收集单个客户信息的企业，这些企业所经营的产品能够借助客户数据库的运用实现交叉销售，其产品或者需要周期性地重购或升级，或者价值很高。客户观念往往会给这类企业带来异乎寻常的效益和收获。

延伸阅读　个性化营销

交叉销售是指借助 CRM，发现现有客户的多种需求，并通过满足其需求而销售多种相关服务或产品的一种新兴营销方式。即充分利用一切可能的资源来开展营销，服务市场，赢得客户，甚至在很大范围内与合作伙伴共享市场。

（二）整体营销观念

在互联网背景下，消费者可低成本地获取即时而全面的信息，能够与卖方和其他买方互动，有更多的产品和服务可选择，并可积极主动地寻找卖方，使得交易能力不断增强，交易地位日益提高，在一定意义上已成为营销者。企业也获得了前所未有的新能力，如在获取和传播信息方面可以做到更及时、更准确、更全面，成本也更低，还能实现互动，使个性化服务成为可能，对客户做出迅速反应成为现实，真正做到了企业与市场紧密相连。伴随着互联网、云计算、物联网、人工智能等新技术的发展，企业的合作伙伴不仅可提高运营效率，还能强化企业创造价值的能力。现代竞争往往不是发生在企业之间，而越来越多的是在合作网络之间进行。上述新趋势已大幅度地改变了市场结构。除传统的实体市场外还出现了虚拟市场，并且后者的比重和影响都在扩大。塑造市场的三大推动要素是客户价值、核心能力和合作网络。这些因素客观上催生了一个全新的营销范式，即整体营销观念（见图 2－3）。

整体营销观念（holistic marketing concept）指企业针对个别客户的需求，整合企业的全面关系网络，通过提升客户占有率、客户忠诚度和客户终身价值来实现利润增长。它与客户观念有许多类似之处，而与营销观念则有着明显的不同。其起点是单个客户的需求，焦点是客户价值、企业的核心能力和合作网络，手段是资料库管理、合作网络企业的价值链，目标是通过提升客户占有率、客户忠诚度和客户终身价值实现企业利润增长。

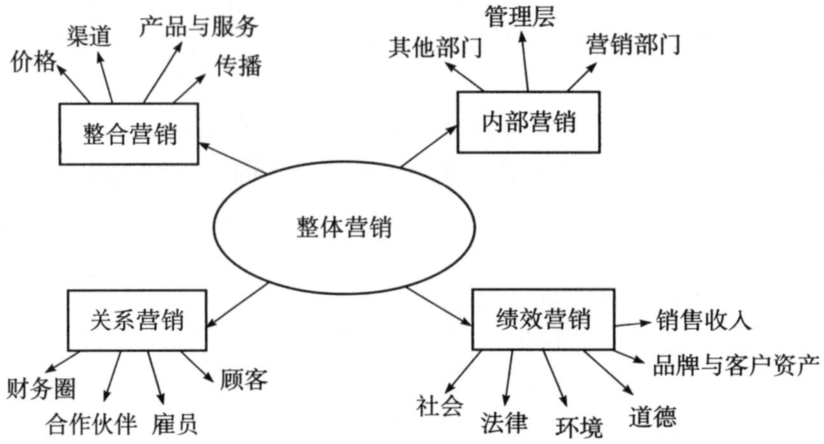

图 2-3　整体营销观念

（三）几种观念的联系与区别

如果说推销观念立足于企业的现有资源（产品），是以资源为焦点的，营销观念立足于满足客户的能力（营销组合），是以能力为焦点的，那么整体营销观念则是立足于企业的全面关系（顾客、企业和合作网络企业的关系），以全面关系为焦点的。几种观念的联系与区别如图 2-4 所示。

	起点	焦点	手段	目标
推销观念	工厂	产品	推销和促销	通过增加销售量，实现利润增长
营销观念	客户需求	产品和服务营销组合	市场细分、目标市场选择和市场定位	通过提高客户满意度，实现利润增长
客户观念	单个客户	客户需要和客户价值	一对一营销整合和价值链	通过提升客户份额、客户忠诚度和客户终身价值，实现利润增长
整体营销观念	单个客户需求	客户价值、企业核心能力和合作网络	数据库管理、合作网络企业的价值链整合	通过提升客户占有率、客户忠诚度和客户终身价值，实现利润增长

图 2-4　几种观念的联系与区别

随着互联网的发展，大规模定制（mass customization）的应用日趋广泛。大规模定制是指以大规模生产的价格向单个消费者销售定制的产品和服务。这一策略广泛应用于日益增多的产品和服务中。美国玛氏公司推出了 M&M's 巧克力豆脸，以建立消费者与巧克力豆的联结：在 mymms.com 网站上，消费者可以上传一张照片，然后定制一批在糖衣上印有个人信息和脸部表情的 M&M's 巧克力豆。① 一般消费者都喜欢与数码

① Kotler P，Kartajaya H，Setiawan I. Marketing 4.0：Move from Traditional to Digital. New York：Wiley，2017：45-47.

产品相关的事物，而现代移动通信技术则为那些试图让客户互动交流的营销者提供了便利，由此引致了数字营销（digital marketing）的发展。所谓数字营销，就是企业借助网站、社交媒体、在线视频及其数字平台，与消费者直接接触以获得即时响应，建立持久的客户关系，让消费者通过电脑、智能手机、平板电脑、互联网电视及其他数字设备随时随地交流互动，借以将适当的产品或服务以适当的价格送达消费者的过程。

四、社会营销观念

营销视角 顾客参与助推数字化

（一）社会营销与社会营销观念

杰拉尔德·扎特曼（Gerald Zaltman）和菲利普·科特勒（Philip Kotler）最早提出了“社会营销”（social marketing）的概念，促使人们将营销原理运用于保护环境、改善营养、使用安全带等具有重大意义的社会目标。

鉴于营销观念回避了消费者需要、消费者利益和长期社会福利之间隐含冲突的现实，社会营销观念（societal marketing concept）提出，企业的任务是确定各个目标市场的需要、欲望和利益，并以保护消费者或提高社会福利的方式，比竞争者更有效、更有利地向目标市场提供能够满足其需要、欲望和利益的物品或服务。社会营销观念要求企业在制定营销策略时统筹兼顾三方面的利益，即企业利润、消费者需求的满足和社会利益，让人类生活更美好，让世界更美好（如图2－5所示）。①

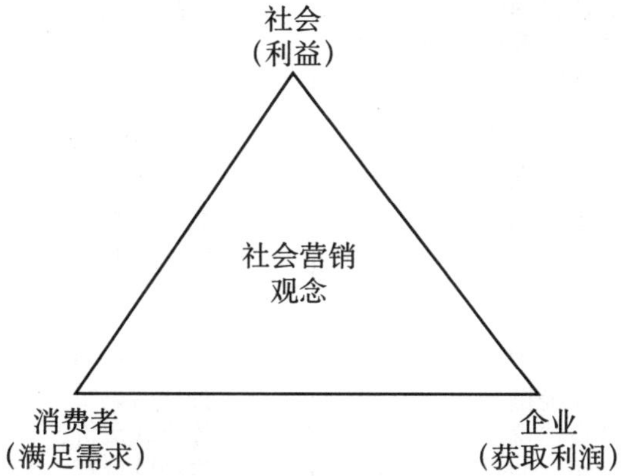

图2－5 社会营销观念

营销视角 苏宁易购的电商扶贫

促使经理人员越来越关注企业社会责任的主要因素有：（1）消费者、公共权力机构和投资者的关注和预期。（2）日益影响个人和机构投资决策的社会准则。（3）经济和商业行为对环境的破坏日益受到关注。（4）由网站、社交媒体、手机App、在线

① Kotler P，Armstrong G. Principles of Marketing. 17th ed. Harlow：Pearson Education Limited，2018：33－37.

视频、智能手机、平板电脑、互联网电视等现代信息传播技术带来的商业活动的日益透明化。

（二）宏观营销

随着对保护消费者权益和保护生态环境等社会问题的关注，学术界日益重视营销的宏观效果，更加强调宏观营销问题。宏观营销与微观营销的差异在于：前者是指引导经济物品从生产者流转到消费者，有效地使供给与需求相适应，以促进社会目标实现的社会经济过程；后者是指一个企业或组织为实现其目标而预测顾客需要，并引导满足其需要的物品从生产者流转到顾客的经营活动过程。宏观营销强调社会福利和人类生活质量，微观营销强调企业或组织福利。

（三）营销中的道德问题

伦理涉及的是个人道德准则和价值观，而法律则是由法院强制执行的社会价值观与标准。

根据伦理与法律的关系可以把营销决策归为四类：道德且合法、道德但不合法、不道德但合法、不道德也不合法。各种营销决策涉及的营销道德问题示例见图 2－6。在现实中，以下四种因素会对营销道德行为产生影响。

销售决策 贿赂？ 偷窃商业秘密？ 轻视顾客？ 表述错误？ 泄露顾客信息的权利？ 歧视？	**产品决策** 产品增加和删除？ 专利权的保护？ 产品质量和安全性？ 产品保证？
广告决策 欺骗性的广告？ 诱惑性的广告？ 促销折扣？	**包装决策** 合理的包装和标签？ 额外成本？ 稀缺资源？ 污染？
分销决策 独家经销？ 联合协议？ 经销商的权利？	**价格决策** 价格合谋？ 掠夺式定价？ 价格歧视？ 最低定价？ 价格上涨？ 欺骗性定价？
竞争关系决策 反竞争的收购？ 进入壁垒？ 掠夺式竞争？	

图 2－6　营销决策涉及的营销道德问题

1. 社会文化规范。文化是指群体成员习得并共享的一系列价值观、观念与态度。文化扮演着判定什么是道德上正确与公平的社会性力量角色。同时，社会价值观和态度也同样影响个人、群体、商业机构和组织间的伦理和法律关系。

2. 商业文化与行业惯例。商业文化是由有效的游戏规则、竞争行为与非道德行为间的界限以及商业活动的运作准则构成的。商业文化不仅影响买卖双方交易关系中的伦理行为（交换伦理、竞争伦理），也影响卖方之间的竞争行为。交换伦理要求买卖双方之间的交换能实现双赢。

有两种不道德的行为最为常见——经济间谍和贿赂。经济间谍指的是从公司竞争对手处收集商业秘密或私有信息。这种行为是不合法并且不道德的，当事人或企业也会受到严厉的惩罚。间谍活动包括非法入侵、偷窃、诈骗、误传、搭线窃听、翻查竞争者的废旧文件，以及违法的不完整的用人合同。给予和收受贿赂与回扣是另一种形式的非道德竞争行为。贿赂与回扣通常伪装成礼物、咨询费和赞助费等。相较于消费者营销领域，这种行为在企业间电子商务（B2B）及对政府营销中更为普遍。

3. 企业文化。企业文化对伦理行为也存在一定的影响。企业文化是指企业全体成员习得并共享的一套价值观，它体现在正式规范中对伦理行为的预期以及管理高层与同事的伦理行为中。

4. 个人道德观念。伦理选择最终建立在决策者个人道德观念的基础上，主要有两种个人道德观念指导着营销行为的发生：道德理想主义与实用主义。道德理想主义是一种认为无论结果如何，个人的权利及义务均为天赋的个人道德观念。这种观念被道德家及消费者利益团体所推崇。实用主义是通过评估伦理行为后果的成本与收益，专注于“最大多数人的最大化利益”的个人道德观念。

营销视角　阿里巴巴的科技扶贫

（四）绿色营销的兴起

绿色营销是指以促进可持续发展为目标，为实现经济利益、消费者需求和环境利益的统一，市场主体根据科学性和规范性的原则，通过有目的、有计划地开发及同其他市场主体交换产品价值来满足市场需求的一种管理过程。

绿色营销的实质是强调企业营销要努力把经济效益与环境效益结合起来，尽量保持人与环境的和谐，不断改善人类的生存环境。诚如习近平指出的：“绿水青山既是自然财富、生态财富，又是社会财富、经济财富。保护生态环境就是保护自然价值和增值自然资本”，“环境就是民生，青山就是美丽，蓝天也是幸福。发展经济是为了民生，保护生态环境同样也是为了民生。既要创造更多的物质财富和精神财富以满足人民日益增长的美好生活需要，也要提供更多优质生态产品以满足人民日益增长的优美生态环境需要”。[①] 与传统营销相比，绿色营销强调营销组合中的“绿色”因素，例如注重绿色消费需求的调查与引导，开发和经营符合绿色标准的绿色产品等。

---

① 习近平．推动我国生态文明建设迈上新台阶．求是，2019（3）：11－12.

第2节　营销组合的演变

营销视角　华冠的绿色营销

尼尔·博登（Neil Borden）率先提出了“营销组合”（marketing mix）这一术语，意思是说市场需求在某种程度上会受到“营销变量（营销要素）”的影响，为了达到既定的营销目标，企业需要对这些要素进行有效的组合。此后，学者们围绕“营销组合”展开了深入的研究，推动营销组合不断扩充、演变。

一、营销组合的扩充

（一）营销组合的基本框架：4P

1. 营销组合的构成。麦卡锡（E. J. McCarthy）于1960年在《基础营销》一书中提出4P组合，将营销要素概括为4类：产品（product）、价格（price）、渠道（place）和促销（promotion）。由于这4个词的英文首字母都是P，所以称为4P组合。①

2. 营销组合的特点。

（1）营销组合因素对企业来说都是“可控因素”。企业根据目标市场的需要，可以决定自己的产品结构（产品组合），制定产品价格，选择分销渠道（地点）和促销方法等。

（2）营销组合是一个复合结构。4个P之中又各自包含若干小的因素，形成各个P的亚组合，因此，营销组合是至少包括两个层次的复合结构。企业在确定营销组合时，不仅要求这4个P之间实现最佳搭配，而且要注意安排好每个P内部的搭配，使所有这些因素实现灵活运用和有效组合。

（3）营销组合是一个动态组合。每一个组合因素都是不断变化的，是一个变量；同时又是互相影响的，每个因素都是另一个因素的潜在替代者。

（4）营销组合要受企业市场定位战略的制约，即根据市场定位战略设计、安排相应的营销组合。

（二）大营销：6P

菲利普·科特勒提出，企业能够影响自己所处的营销环境，而不应单纯地顺从和适应环境，营销组合除4P之外，应该再加上两个P，即权力（power）与公共关系（public relations），成为6P。这就是说，要运用政治力量和公共关系，打破国际或国内市场上的贸易壁垒，为企业营销开辟道路。他把这种新的战略思想称为“大营销”（mega marketing）。

大营销具有如下特点：（1）大营销的目的是打开市场之门，进入市场。（2）大营销的涉及面比较广。在一般营销活动中，企业营销主要与顾客、经销商、广告公司、供应商、营销调研机构发生联系。而大营销还涉及更为广泛的社会集团和个人，如立法机构、政府部门、政党、社会团体、工会组织等，企业必须争取各方面的支持与合作。

---

① Kotler P，Armstrong G. Principles of Marketing. 17th ed. Harlow：Pearson Education Limited，2018：695.

(3) 大营销的手段较为复杂。在一般营销活动中，企业营销的基本手段是4P及其组合；在大营销条件下，企业的营销组合是6P因素的组合。(4) 大营销既采用积极的诱导方式，也涉及消极的诱导方式。(5) 大营销投入的资本、人力、时间较多。

(三) 营销战略分析框架：10P

科特勒曾提出战略营销计划过程必须优先于战术营销组合（即4P组合）的制定，而战略营销计划过程也可以用4P来表示，分别是：探查（probing）、分割（partitioning）、优先（prioritizing）和定位（positioning）。

探查是指营销调研，其含义是在营销观念的指导下，以满足消费者需求为中心，用科学的方法，系统地收集、记录、整理与分析有关营销的情报资料，从而提出解决问题的建议，确保营销活动顺利进行。

分割是指市场细分，即根据消费者需要的差异性，运用系统的方法，把整体市场划分为若干消费者群的过程。

优先是指对目标市场的选择，即在市场细分的基础上，企业选择所要进入的那部分市场，或要优先最大限度地满足的那部分消费者。

定位是指市场定位，其含义是根据竞争者在市场上所处的位置，针对消费者对产品的重视程度，强有力地塑造出本企业产品与众不同的、给人印象深刻的个性或形象。

科特勒认为，只有在做好战略营销计划的基础上，战术性营销组合的制定才能顺利进行。因此，企业首先必须做好探查、分割、优先和定位四项营销战略计划，并精通产品、渠道、价格和促销四种营销战术。此外，企业还要有善于运用公共关系和政治力量两种营销技巧的能力。这样，一个包含10P要素的全面的营销战略分析框架就清晰可见了。

(四) 服务营销组合：7P

随着服务业的迅速发展，服务营销日益受到重视。产品营销组合的要素构成并不完全适用于服务营销。布姆斯（Bernard H. Booms）和比特纳（Mary J. Bitner）将服务营销组合扩充为七个因素，即产品、价格、渠道、促销、人员（people）、有形展示（physical evidence）和过程（process）。

在服务企业担任生产或操作性角色的人员，在顾客看来其实就是服务产品的一部分，其贡献和其他销售人员相同。有形展示会影响消费者和顾客对于一家服务企业的评价。有形展示包含的因素有：实体环境（装潢、颜色、陈设、声音），服务提供时所需用的装备实体（比如汽车租赁公司所需要的汽车），以及其他实体性信息标志（如航空公司所使用的标识，干洗店给洗后的衣物加上的“包装”等）。服务的传递过程，对于服务营销的绩效提升非常重要。表情愉悦、专注和关切的工作人员，可以减少必须排队等待服务的顾客的不耐烦情绪，还可以平息技术上出问题时的怨言或不满。

二、4P组合的新视角：4C

罗伯特·劳特朋（Robert Lauterborn）提出用新的4C组合取代4P组合。[①] 其主要内容包括：

---

① Lauterborn R. New Marketing Litany: 4P's Passé C-Words Take Over. Advertising Age. October 1, 1990: 26.

1. 顾客（customer）。顾客要求是企业营销管理的核心。

2. 成本（cost）。顾客购买成本不仅指货币支出，还包括时间、体力和精力耗费以及风险承担（指消费者可能承担的因购买到质价不符或假冒伪劣产品而带来的损失）。

3. 便利（convenience）。企业提供给消费者的便利比营销渠道更重要。便利原则应贯穿营销的全过程：在产品销售前，企业应及时向消费者提供充分的关于产品性能、质量、使用方法及使用效果的准确信息；顾客前来购买商品，企业应给顾客以最大的购物方便，如自由挑选、方便停车、免费送货等；产品售出以后，企业更应重视信息反馈，及时答复、处理顾客意见，对有问题的商品要主动包退包换，对产品使用故障要积极提供维修方便，对大件商品甚至要终身保修。

4. 沟通（communication）。企业应重视与顾客的双向沟通，以积极的方式适应顾客的情感，建立基于共同利益的新型的企业与顾客关系。双向沟通有利于协调矛盾，融合感情，培养忠诚的顾客。

三、基于关系营销的4R组合

唐·舒尔茨（Don Shultz）提出了基于关系营销的4R组合，受到广泛的关注。4R阐述了全新的市场营销四要素，即关联（relevance）、反应（response）、关系（relationship）和回报（return）。

1. 与顾客建立关联。要提高顾客的忠诚度，赢得长期稳定的市场，重要的营销策略是通过某些有效的方式在业务、需求等方面与顾客建立关联，形成一种互助、互求、互需的关系。

2. 提高市场反应速度。

3. 关系营销越来越重要。

4. 回报是营销的源泉。营销的真正价值在于其为企业带来短期或长期的收入和利润的能力。

需要强调的是，4R组合专门用于关系营销，它不属于普通营销组合的延展，与原来的4P组合没有逻辑上的对应和延续关系。

四、营销组合的最新发展

毋庸置疑，企业营销环境的变化，将促使营销组合进一步发展、演变。科特勒在2018年出版的《营销原理》（第17版）一书中提到将4P要素换作4A的观点，即可接受的产品（acceptability）、付得起的价格（affordability）、可到达的地点（accessibility）、可获悉的促销信息（awareness），旨在强调站在顾客立场上，理解营销组合因素及其运用。①

科特勒还指出："在互联互通时代，营销组合更加需要用户的参与。4P元素的营销组合如今应该被重新定义为4C元素——共同创造（co-creation）、物有所值（currency）、相互激活（communal activation）、对话沟通（conversation）。"②

---

① Kotler P，Armstrong G. Principles of Marketing. 17th Edition. Harlow：Pearson Education Limited，2018：80.

② Kotler P，Kartajaya H，Setiawa I. Marketing 4.0：Move from Traditional to Digital. New York：Wiley，2017.

第3节 营销哲学新视野

当21世纪的第一个十年伴随知识经济来临时，世界营销舞台发生了巨大的变化。全球化与逆全球化的角力，社会对企业营销道德和社会责任的更高要求，以及信息技术对营销的深远影响等，不断跃入营销哲学的视野。

一、来自营销道德和社会责任的要求

随着全球消费者保护运动和环保运动的成熟，营销者需要为社会和环境负起更大的责任。因此，越来越多的企业开始关注提升消费者福祉（consumer well-being）。消费者福祉是与消费品相关的处于消费生命周期的不同阶段中主观幸福和客观幸福的一种理想状态，它连接着消费者对消费品的满意度和消费者的生活质量。消费生命周期指消费者从购买产品到产品废弃处置的整个过程，包括产品获得（购买）、准备（安装）、消费（使用）、所有权（占有）、维修（修理）、处置（产品卖出、折价或是报废）。主观幸福感与客观幸福感也是不同的，主观幸福感指消费者对自身经历的一种评价，客观幸福感指由专家对消费生命周期中消费者成本与获利的一种评价。[①]

从消费者福祉的角度，企业不仅要给消费者带来满意，而且要致力于提升消费者福祉，就是要致力于改善消费者整个消费过程的各个环节，真正为提高消费者的生活质量、增进人类福祉做出贡献。同时，在营销过程中，还要保护利益相关者的利益，这在一定程度上为企业塑造了一个好的内外部环境，不仅有利于企业的长期发展，也能为企业带来长期利润。早在日本工业化初期，著名企业家涩泽荣一就曾谈到算盘和儒学的关系。他认为，一个好的商人应该一手拿算盘，一手拿《论语》，即要在商业利益和道德原则之间、在私利和公益之间取得平衡。

二、全球化背景下的营销

习近平指出："经济全球化是人类社会发展必经之路，多边贸易体制为各国带来了共同机遇。在各国相互依存日益紧密的今天，全球供应链、产业链、价值链紧密联系，各国都是全球合作链条中的一环，日益形成利益共同体、命运共同体。"[②]全球化使得世界越变越小，几乎所有的公司，无论大小，不管它们愿意不愿意，都或多或少地参与到国际贸易和全球竞争当中。跨国公司把它们的触角伸到了世界每一个角落，而发展中国家的中小企业除了面对来自海外的竞争，也获得了在家门口得到国际订单的机会。

营销视角　苏宁的2019年公益战略

因此，世界各国的管理人员现在都以全球化而不是本地视角看待公司所在的行业、

① Sirgy M J, Lee D-J, and Rahtz D. Research on Consumer Well-Being (CWB): Overview of the Field and Introduction to the Special Issue. Journal of Macromarketing. 2007 (27): 341－349.

② 习近平．同舟共济创造美好未来：在亚太经合组织工商领导人峰会上的主旨演讲（2018年11月17日，莫尔兹比港）．人民日报，2018－11－18.

竞争者和营销机会。越来越多的市场营销者开始思考与国际市场营销相关的命题，而对这些命题的追索，又往往引发营销哲学层面的更多讨论。

三、数字时代的到来

新兴技术创造了新数字时代，计算机、电信、信息、交通和其他连接技术领域的快速发展对公司向顾客让渡价值的方式产生巨大影响。营销者利用强大的计算机工具，可以开发出非常详细的数据库，并利用这些数据库定位每一位顾客，以便为他们提供专门满足其个性化需要以及购买模式的产品或服务。

2018年6月，麦肯锡公布了决定未来的12项技术，包括物联网、3D打印、移动互联网、自动化交通工具、云计算、可再生能源、新材料、人工智能、能源存储技术、机器人、基因组技术、非常规油气勘探技术。这些领域将带来一系列重大变革，有许多新技术会对营销产生不可低估的影响。例如，技术带来了新一代的沟通和广告工具，从手机、微博、微信到在机场和购物中心使用的交互式电视，营销人员可以利用精心定位的信息与选定的顾客沟通。顾客利用手机客户端可以在自己家里设计产品或服务，完成订购和付款。最后通过快递，他们可以在24小时之内收到自己采购的商品。从测试新产品所使用的虚拟现实显示技术，到销售这些产品的在线虚拟商店，技术的巨大进步对营销的各个领域都有影响。

互联网的迅猛发展和迅速普及，使得世界各地各种各样的个人或商务计算机用户相互连接，并让他们接触各类信息。5G时代将带来互联互通的新机遇，尤其体现在精细农业、实时运输、智能物流、无人驾驶、沉浸式购物、协作工作空间、灵活制造、无人机运输、沉浸式娱乐、社会可持续发展等方面。

新兴的数据技术和信息技术的发展为营销人员提供了激动人心的新机会，使得云营销、大数据营销、网络营销、体验营销、社交媒体营销、交叉销售等全新的营销概念呈现于营销者面前，不断地影响着他们的营销观念，为营销哲学的发展带来新的启示。

延伸阅读

2019年中国数字营销趋势

精硕科技公司发布《2019中国数字营销趋势》，指出高达60%的数字营业者认为，大数据驱动的自动化营销/营销云将是2019年最受欢迎的营销技术。此外，颠覆性的人工智能技术和企业数据管理与决策的“最强大脑”DMP（数据管理平台）也备受关注。人工智能最广泛的应用就是语音识别、无人驾驶、医疗影像识别、智慧零售等领域。DMP作为数据集成、管理和应用的中枢，是企业数字化转型的重器。大数据和人工智能正在重塑数字营销格局，随着未来物联网的普及，媒体环境将愈发碎片化，但数据技术创新和内容创新始终是不变的营销引擎，企业未来增长要提质增效，一定要靠数据、智能和内容三轮驱动。

资料来源：AdMaster发布2019中国数字营销趋势：79%广告主增加数字营销预算．武汉晚报，2018-12-07.

重要概念

营销哲学	非渴求品	顾客让渡价值	客户观念
整体营销观念	社会营销观念	顾客终身价值	顾客满意
顾客忠诚	大规模定制	数字营销	宏观营销
微观营销	顾客份额	营销近视	绿色营销
营销组合	交叉销售	大营销	商业文化
经济间谍	消费者福祉	消费生命周期	实用主义
道德理想主义			

复习题

1. 营销哲学的演变经历了哪几个阶段?
2. 4P营销组合有哪些特点?
3. 营销组合发生了怎样的扩充和演变?
4. 新时代营销哲学有哪些新的关注点?
5. 变革营销将会出现哪些新趋势?
6. 如何理解互联网对营销的影响?

案例分析

七彩人生家具的营销观念

深圳七彩人生家具集团是亚洲最大的青少年儿童家具生产基地，被推荐为2019年中国十大儿童家具品牌。其业务领域涵盖实木家具、板木家具、板式家具、软体家具四大类产品，旗下拥有9条国际先进的彩色家具生产线及亚洲最大的青少年儿童家具研发中心、展示体验中心。七彩人生集团是国内首家达到E1级环保标准，并获得欧洲TUV环保认证的家具企业，率先采用目前最环保的不含香蕉水的水性漆涂装工艺。“英伦小屋”“卡乐屋”“七彩人生·城堡”“七彩人生HOME”“Q-SEVEN”“七彩城堡”“Veg微稚”“北欧木语”在中国成为家喻户晓的品牌。

进入2019年，多数企业面临着市场竞争加剧、生存困难、品牌意识不够、周转资金困难等问题。七彩人生高管提出，解决这些问题必须注重营销观念创新，切实把企业的营销管理与儿童的幸福生活紧密联系在一起。于是，在儿童家具领域，七彩人生率先提出全屋设计的概念，根据消费者不同的房屋结构、儿童房的大小，结合家装设计的主流元素及相关需求，设计不同的家具、配件和装饰。为了更好地满足消费者需求，还设计出一批适合儿童生活成长的样板房，根据儿童的兴趣爱好、年龄变化、生活需要来置换房间的部分配置，以利于客户制定购买决策。

尼尔森发布的2018年中国消费市场研究显示，39%的消费者愿意进行持续的消费升级，购买品质更好价格相对较贵的产品，15%的消费者愿意购买满足基本功效而价格相对便宜的产品，仅有1%的消费者愿意牺牲产品质量而购买低价产品。七彩人生高管认为，中国的家具企业要创造价值而不是创造价格。创造价格的企业无法保证产品的品质和研发，价值是消费者在使用产品的过程中不断体现出来的。二孩政策的实施带来了更大的市场需求，消费者以往偏重家具材质和风格，现在更看重产品带来的生活氛围。为此，七彩人生在设计中注重体现“一切为了孩子”的设计理念，综合运用人体工程学、结构力学、美学、心理学、生态学等科学知识，产品的尺寸、比例经过严格测算，满足少年儿童成长发育需要。在功能上可以自由组合，根据孩子的喜好任意搭配，可培养孩子动脑动手的习惯，激发孩子的创造力和想象力。七彩人生的家具色彩活泼、明快、自然，而且色彩与款式可以互换，可以给孩子更多的选择，培养他们的审美情趣。

资料来源：2019年将是家居行业高质量发展结构转型期．（2019－01－02）．腾讯网；七彩人生黄锦彬：专注打造更有品质的儿童生活空间．（2018－06－17）．新浪家居；七彩人生黄锦彬：从创造价格到创造价值的制造业．（2017－03－09）．新浪家居．

思考题

七彩人生家具在营销观念创新方面有何特点？

第3章

战略计划与营销管理 03

本章要点

- 战略计划与市场导向
- 企业评价战略业务单位的主要方法
- 企业发展新业务的主要方法
- 营销管理的任务
- 营销信息系统的构成

随着5G时代的到来，市场购买行为的数据量将迅速扩大，数据维度将拓宽，数据技术和人工智能（AI）技术的不断升级将实现对客户更全面、更深刻的洞察，对购买者行为和市场需求更加精准的预测。企业必须适应不断变化的市场，制定战略计划，开展营销管理。战略计划过程为营销管理过程勾画出基本的活动框架，而营销管理则为战略计划导向以及战略计划的实施奠定坚实的基础，进而促进和确保战略计划的实现。市场导向的战略计划是现代企业在动态的市场环境中成功经营的重要基础。而营销信息系统及现代统计技术则为了解市场信息、满足市场需求提供了便利条件。

第1节　战略计划与市场导向

一、战略、战术与逆向营销

（一）战略与战术的含义

战略（strategy）是指企业为了实现预定目标所做的全盘考虑和统筹安排。亨利·明茨伯格（Henry Mintzberg）指出，战略由计划（plan）、政策（policy）、模式（pattern）、定位（position）和观念（perspective）组成。

战术（tactic）是指为实现目标而采取的具体行动。如果说战略明确了企业努力的方向，战术则决定由何人、在何时、以何种方式、通过何种步骤将战略付诸实施。

（二）战略与战术的关系

战略谈的是如何赢得一场战争，战术谈的则是如何打赢一场战役；战术是一种单一的主意或谋略，战略则包含很多因素，但其重点是战术；战术具有某种竞争优势，战略则用以保持这种优势；战术相对于产品或企业具有外在性，甚至不是企业自己制定的，战略则是内在的，通常需要进行大量的内部组织工作；战术是沟通导向的，战略则是产品导向或企业导向的。

习近平指出："正确的战略需要正确的战术来落实和执行，落实才能出成绩，执行才能见成效。"① 这一科学论断对于我们正确理解战略与战术的关系，取得营销管理的成功，具有重要的指导意义。

（三）逆向营销

按照传统理论，最高管理层先确定营销战略，管理人员接受指令后选择一组相应的战术去实现它。简言之，战略应当支配战术。然而，商场如战场，市场营销环境的变幻莫测有时会使得"战略支配战术"的营销方式"失灵"。有鉴于此，国内外学者陆续就战略与战术的关系问题提出新见解。逆向营销（bottom-up marketing）这一新概念的提出可以说是对传统理论的一大挑战。按照这一理论，战略应当自下而上地制定，即先找到一个行之有效的战术，再把该战术发展为战略。换言之，逆向营销意味着"战术应当支配战略，然后战略推动战术"。战术是直接对经营产生影响的创意，细节决定成败；战略则为战术增添双翼，从而使企业经营顺利进行。

二、战略计划及其过程

计划是一种事先的安排，用以正确地指导企业实现自己的目标。战略计划是企业根据外部营销环境和内部资源条件制定的涉及企业管理各方面（包括生产管理、营销管理、财务管理、人力资源管理等）的全局性的重大计划。战略计划强调企业组织的整体性，而不仅限于市场营销一个方面。尽管如此，市场营销部门在战略计划中仍起着重要作用。

战略计划过程是指企业的最高管理层通过制定企业的任务、目标、业务组合计划和新业务计划，在企业的目标、资源、能力与迅速变化的经营环境之间发展和保持一种切实可行的适应战略的管理过程。换言之，战略计划过程是企业及其各业务单位为生存和发展而制定长期总战略所采取的一系列重大步骤，包括规定企业使命、确定企业目标、安排业务组合、制定新业务计划（如图 3-1 所示）。②

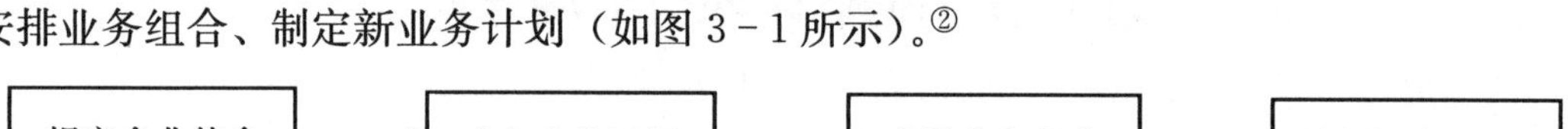

图 3-1 战略计划过程

（一）规定企业使命

企业在规定其使命时，可向股东、顾客、经销商等有关方面广泛征求意见，并且需

---

① 习近平．之江新语．杭州：浙江人民出版社，2007.

② Kotler P，Armstrong G. Principles of Marketing. 17th ed. Harlow：Pearson Education Limited，2018：65-72.

考虑企业历史的突出特征、业主和最高管理层的意图、企业周围环境的发展变化、企业的资源情况、企业的特有能力等因素。

通常，企业要通过使命陈述或使命宣言具体阐述企业的使命。有效的使命宣言应具备如下特点：

1. 市场导向。企业在使命宣言中要按照其目标顾客的需要来规定和表述企业使命。

2. 切实可行。企业在使命宣言中要根据本企业的资源特长来规定和表述其业务范围，不要把业务范围规定得太窄或者太宽，也不能太笼统。

3. 鼓动性和感召力。企业的使命宣言要能够提高士气，鼓励全体人员为实现企业的使命而奋斗。

4. 具体明确。企业的使命宣言中要规定明确的方向和指导路线，以缩小每个人的自由处理权限和范围。例如，在企业的使命宣言中要明确规定有关人员如何对待供应商、顾客、经销商和竞争者，使全体人员在处理一些重大问题时有统一的准则可以遵循。

企业的使命一旦确定，就成为至少一二十年内企业努力的方向。一般来说，企业的使命不能随着环境变化或无关的新机会出现而每隔两三年就变更一次。环境变化越快，企业就越需要经常检查其使命的规定和表述是否适当。

（二）确定企业目标

企业使命还需要具体化为一系列各组织层级的目标（如图3-2所示）。各级经理应当对其目标胸中有数，并对其目标的实现完全负责，这种制度叫作目标管理。企业的目标必须符合以下要求。

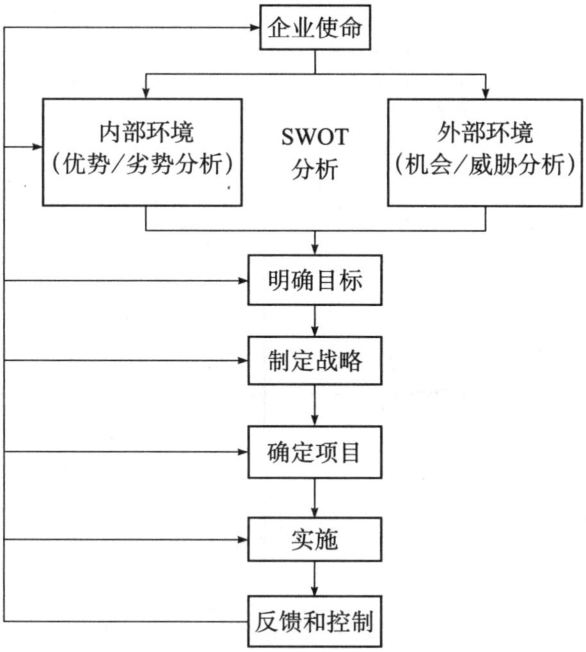

图3-2　战略计划过程中的使命和目标

1. 层次化。一个企业（尤其是大企业）通常有许多目标，但是这些目标的重要性不一样，应当按照各种目标的重要性来排列，显示出哪些是主要的，哪些是派生的。

2. 数量化。企业的各层次目标应尽量有明确的量化指标。

3. 现实性。企业的高层不能根据其主观愿望来规定目标水平，而应当根据对市场机会和资源条件的调查研究和分析来规定适当的目标水平。这样规定的目标水平才能实现。

4. 一致性。各种目标必须是相互一致的，而不能互相矛盾，以致失去指导作用。

（三）安排业务组合

大企业一般都有各种产品大类、产品、品牌等，也有许多业务部门。由于企业的资金有限，各个业务单位的增长机会、经营效益大不相同，因此，必须对现有的业务加以分析、评价，看看哪些应当发展、维持、减少、淘汰。就是说，必须合理安排业务组合，把企业有限的资金用于经营效益最高的业务。

1. 战略业务单位的划分。企业在安排业务组合时，首先要把所有业务分成若干战略业务单位（strategic business unit，SBU）。一个 SBU 具有如下特征：（1）有独立的业务或一组相关的业务。（2）有不同的使命。（3）有竞争者。（4）有认真负责的经理班子。（5）掌握一定的资源。（6）能从战略计划中得到好处，例如，能按照贡献多少分得应有的利益。（7）可以独立计划其他业务，如扩展相关业务或新的业务等。

一个 SBU 可能包括一个或几个部门，或者是某部门的某类产品，或者是某种产品或品牌。

2. 战略业务单位的评价。企业在安排业务组合的过程中还要对各个 SBU 的经营效益加以分析、评价，以便确定哪些单位应当发展、维持、减少或淘汰。最著名的分类和评价方法有以下两种。

（1）波士顿矩阵法（BCG approach）。波士顿矩阵法就是用“市场增长率-相对市场份额矩阵”来对其 SBU 加以分类和评价[①]（见图 3－3）。

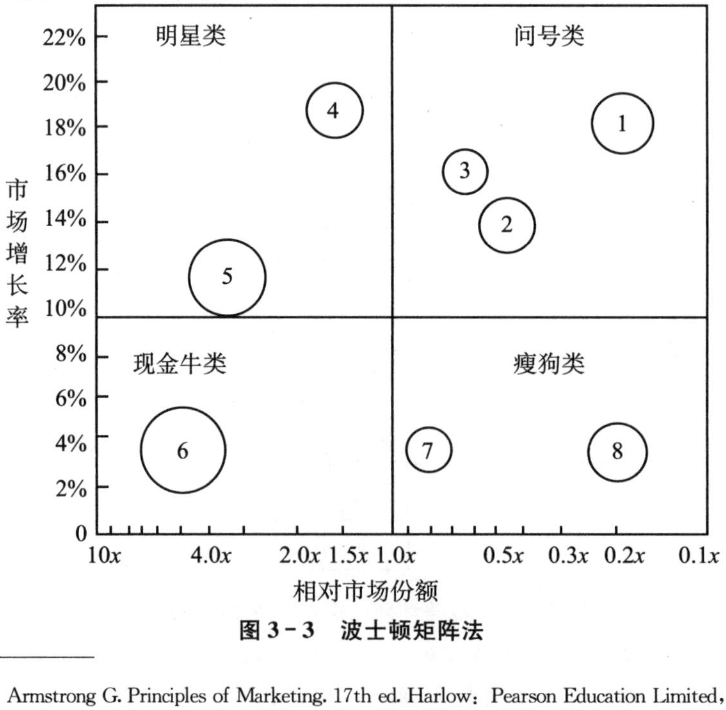

图 3－3 波士顿矩阵法

① Kotler P，Armstrong G. Principles of Marketing. 17th ed. Harlow：Pearson Education Limited，2018：65－72.

矩阵图 3－3 中的纵坐标表示企业的各 SBU 的市场增长率（特定地域及时间区间内销售额的增长速度）。市场增长率越高，越需要投入更多的资源，以应对竞争者的挑战。假设以 10%为分界线（当然，在实际应用中也可以其他点作为分界线），10%以上为高增长率，10%以下为低增长率。

矩阵图 3－3 中的横坐标代表相对市场份额。市场份额也叫“市场占有率”，是指企业某产品的销售量或销售额在市场同类产品销售总量或总额中所占的比重，通常以“%”来表示。而相对市场份额则是指企业 SBU 的市场份额与同行业最大的竞争者的市场份额之比。相对市场份额越高，意味着企业 SBU 的市场地位越稳固。假设以 1.0 为分界线，1.0 以上为高相对份额，1.0 以下为低相对份额。

矩阵图 3－3 中的 8 个圆圈代表企业的 8 个 SBU。这些圆圈的位置代表各 SBU 的市场增长率和相对市场份额的高低，各个圆圈的面积大小表示各 SBU 销售额的大小。

该矩阵图把企业所有的 SBU 分为四种不同类型。

一是问号类。这类 SBU 需要大量现金，因为企业需提高其相对市场份额，而且必须增添一些工厂、设备和人员，才能适应快速增长的市场。因此，企业要慎重考虑经营这类单位是否合算；如果不合算，就应精简或淘汰。从图 3－3 看，企业有 3 个问号类 SBU，与其把有限的资金分散用于 3 个问号类 SBU，不如集中力量用于其中一两个单位。

二是明星类。问号类的 SBU 如果经营成功，就会转入明星类。这类单位因为增长迅速，同时要击退竞争对手的进攻，就需要投入大量现金，因而是使用现金较多的单位。由于任何产品都有其生命周期，这类单位的增长速度会逐渐降低，最后转入现金牛类。

三是现金牛类。这类 SBU 因为相对市场份额高，盈利多，现金收入多，可以提供大量现金。企业可以用这些现金来支付账单，支援需要现金的问号类、明星类和瘦狗类单位。

四是瘦狗类。这类 SBU 盈利少或有亏损。

如果一个企业中瘦狗类或问号类 SBU 多，明星类和现金牛类 SBU 少，这样的业务组合是不合理的，应当加以适当调整。企业对其所有的 SBU 加以分类和评价之后，就应采取适当的战略。可供选择的战略有四种。

一是发展，即努力提高 SBU 的相对市场份额。这种战略特别适用于问号类单位。

二是保持，即努力维持 SBU 的相对市场份额。这种战略特别适用于现金牛类单位。

三是收割，即努力增加 SBU 的短期现金流量，而不管长期效益。这种战略特别适用于弱小的现金牛类单位，因为这类单位很快要从成熟期进入衰退期，其前途黯淡，企业又需要从这类单位抽取更多的现金。此外，这种战略也可以用于问号类和瘦狗类单位。

四是放弃，即致力于清理、变卖某些 SBU，以把有限的资源用于经营效益较高的业务，从而增加盈利。这种战略特别适用于那些没有前途或妨碍企业增加盈利的问号类和瘦狗类单位。

上述四类 SBU 在矩阵图中的位置不是固定不变的。任何产品都有其生命周期，随着时间的推移，这四类 SBU 在矩阵图中的位置就会发生变化。例如，起初处于问号类的 SBU 如果经营成功，就会转入明星类；随着市场增长率降到 10%以下，又会从明星类转入现金牛类；最后，到产品的衰退期，产品销售量下降，又从现金牛类转入瘦狗类。

（2）通用电气矩阵法（GE approach）。通用电气矩阵法较波士顿矩阵法有所发展。它用“多因素投资组合矩阵”来对企业的SBU加以分类和评价（见图3-4）。矩阵图中的7个圆圈代表企业的7个SBU。圆圈大小表示各个单位所在行业（市场）大小，圆圈内的阴影部分表示各个单位的市场份额。例如，圆圈D表示SBU所在行业是一个相当大的行业，其市场份额也较高（37.5%）；圆圈B表示SBU所在行业是中等的，其市场份额为25%。

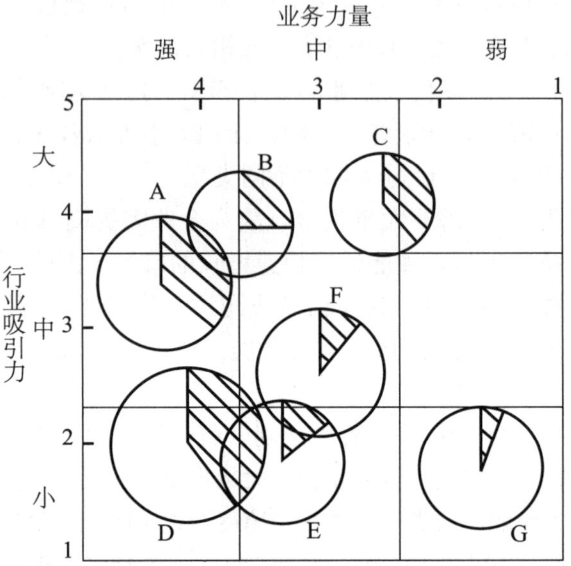

图3-4 通用电气矩阵法

企业在对其SBU加以分类和评价时，除了要考虑市场增长率和市场份额，还要考虑许多其他因素。这些因素可以分别包括在以下两个主要变量之内。

一是行业吸引力，涉及企业外部的环境因素、所在行业因素以及市场因素等，包括市场大小、市场年增长率、历史利润率、竞争强度、技术要求、抵御通货膨胀的能力、能源要求、环境影响以及社会、政治、法律等因素。矩阵图3-4中的纵坐标代表行业吸引力，以大、中、小概括表示。

二是业务力量，即企业自身的SBU在本行业中的竞争力，包括市场份额、市场增长率、产品质量、品牌信誉、分销网络、社会网络、信息基础设施、促销力、生产能力、生产效率、单位成本、原料供应、研究与开发成绩以及管理人员等方面。矩阵图3-4中的横坐标代表SBU的业务力量或竞争力，以强、中、弱概括表示。如果行业吸引力大，企业的SBU的业务力量又强，显然这种SBU是最好的。

企业对上述两大变量中的各个因素都要给出分数（最高为5分），而且各个因素都要加权，求出各个变量的加权平均分数。

多因素投资组合矩阵图分为三个地带。

左上角地带（又叫作“绿色地带”）。对这个地带的行业吸引力和SBU要“开绿灯”，采取增加投资和发展的战略。

从左下角到右上角的对角线地带（又叫作“黄色地带”）。这个地带的行业吸引力和SBU的业务力量总的说来是“中中”。因此，企业对这个地带的SBU要“亮黄灯”，采取维持原来的投资水平的战略。

右下角地带（又叫作“红色地带”）。总的说来，这个地带的行业吸引力偏小，SBU的业务力量偏弱。因此，企业对这个地带的SBU要“亮红灯”，采取“收割”或“放弃”的战略。

根据上述分类、评价和战略，企业还要绘制出各个SBU的计划位置图，并经常对各SBU的优势或劣势进行分析、评估、检查（如表3-1所示），进而据此决定各SBU的目标和资源分配预算。各个SBU的营销人员的职责是执行好最高管理层的决定和计划。

表3-1 SBU优势/劣势评估表

	绩效					重要性		
	主要优势	次要优势	一般	次要劣势	主要劣势	高	中	低
营销								
1. 企业声誉								
2. 市场份额								
3. 顾客满意								
4. 顾客挽回								
5. 产品质量								
6. 服务质量								
7. 定价效果								
8. 分销效果								
9. 促销效果								
10. 销售人员效果								
11. 创新效果								
12. 地理区域覆盖								
财务								
13. 资本可获得性								
14. 现金流								
15. 财务稳定性								
制造								
16. 设备								
17. 规模经济								
18. 生产能力								
19. 优秀员工								
20. 即时生产能力								
21. 技术与制造工艺								
组织								
22. 远见卓识的领导								

（四）制定新业务计划

企业在制定了业务组合计划之后，还应对未来的业务发展方向做出战略计划，即制定企业的新业务计划或增长战略。企业发展新业务的方法有以下三种。

1. 密集增长。如果企业尚未完全开发潜伏在其现有产品和市场中的机会，则可采取密集增长战略。根据产品与市场的对应关系，可将这一战略分为以下三种（见图3-5）：（1）市场渗透，即企业通过改进广告、宣传和推销工作，在某些地区增设商业网点，借助多渠道将同一产品送达同一市场以及短期削价等措施，在现有市场上扩大现有产品的销售。包括：千方百计使现有顾客多购买本企业的现有产品；把竞争者的顾客吸引过来，使之购买本企业的现有产品；想办法在现有市场上把产品卖给从未买过本企业产品的顾客。（2）市场开发，即企业通过在新地区或国外增设新商业网点或利用新分销渠道，加强广告促销等措施，在新市场上扩大现有产品的销售。（3）产品开发，即企业通过增加花色、品种、规格、型号等，向现有市场提供新产品或改进产品。[①]

	现有市场	新市场
现有产品	市场渗透	市场开发
新产品	产品开发	多元化增长

图3-5 产品/市场发展矩阵

2. 一体化增长。如果企业所处行业很有发展前途，而且企业在供、产、销等方面实行一体化能提高效率，加强控制，扩大销售，则可实行一体化增长战略。这种战略包括以下三种（见图3-6）：（1）后向一体化，即企业通过收购或兼并若干供应商，或者拥有和控制其供应系统，实行供产一体化。（2）前向一体化，即企业通过收购或兼并若干中间商，或者拥有和控制其分销系统，实行产销一体化。（3）水平一体化，即企业收购、兼并同类产品生产经营企业，或者在国内外与其他同类企业合资生产经营等。

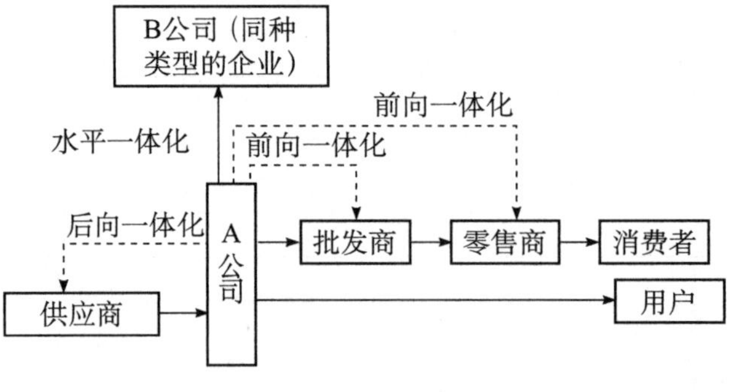

图3-6 一体化增长战略

3. 多元化增长。多元化增长就是企业有选择地增加产品种类，跨行业生产经营多种产品和服务，扩大企业的生产范围和市场范围，使企业的特长得到充分发挥，人力、物力、财力等资源得到充分利用，从而提高经营效益。多元化增长包括如下主要方式：

① Kotler P, Armstrong G. Principles of Marketing. 17th ed. Harlow: Pearson Education Limited, 2018: 65-73.

(1) 同心多元化，即企业利用原有的技术、特长、经验等发展新产品，增加产品种类，从同一圆心向外扩大业务经营范围。(2) 水平多元化，即企业利用原有市场，采用不同的技术来发展新产品，增加产品种类。(3) 集团多元化，即大企业收购、兼并其他行业的企业，或者在其他行业投资，把业务扩展到其他行业中去，新产品、新业务与企业的现有产品、技术、市场几无关系。

三、战略计划过程中的市场导向

（一）营销部门对战略计划的贡献

战略计划人员至少在五个方面要依赖营销部门：(1) 依靠营销部门获得有关新产品和市场机会的启迪。(2) 依靠营销部门来评估每个新机会，回答有关市场是否足够大，企业是否有足够的营销力量来利用这一机会等问题。(3) 营销部门还要为每一个新机会制定详尽的营销计划，具体陈述有关产品、价格、分销和促销的战略和战术。(4) 营销部门对实施的每项计划都负有一定的责任。(5) 营销部门必须对随时出现的情况做出评价，并在必要时采取改正措施。总之，营销部门在战略计划的制定和实施过程中担负着关键性的任务。

（二）市场导向的含义

市场导向既可以从“以顾客为中心”和“以竞争对手为中心”的几种对应关系的角度进行考察（如图 3-7 所示），也可以从宏观和微观的角度加以区分。从宏观角度看，市场导向表明了整个经济的运行机制和运行规则，以及整个经济体系的运作范围和重点；从微观角度看，市场导向是指营销观念在组织运作中的执行，是旨在提高运营效率、提高顾客满意度和获得优势竞争地位的一种手段，是以提供优越顾客让渡价值、实现顾客满意为目的的价值观及建立于其上的一系列组织内相互协调的行为，是价值观与执行力的统一。市场导向的概念基本可分为行为观和文化观两大类。

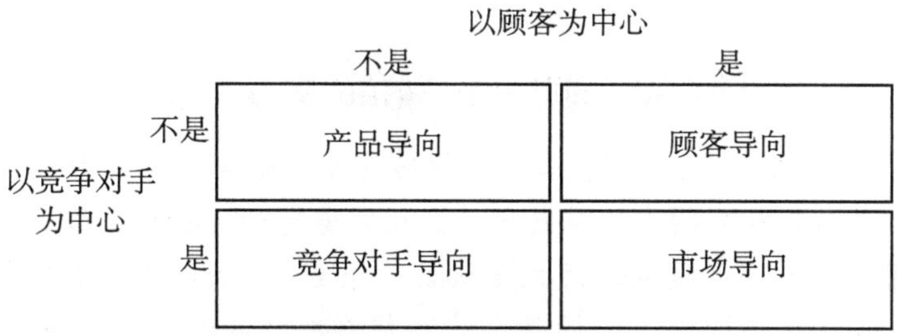

图 3-7 市场导向

1. 市场导向行为观。“以顾客为中心”是市场导向的核心环节，企业内各部门行为的协调一致具有重要意义。市场导向包括信息生成、信息传播以及信息响应三个维度。信息生成是指企业通过各种方式搜索顾客当前和潜在的需求和偏好，也包括收集间接影响顾客需求和偏好的外部因素，譬如政府规制、技术发展、竞争对手以及其他一些环境因素等；信息传播指企业通过正式和非正式的渠道，将信息传递给企业内的所有相关部门和成员的过程；信息响应是指企业针对所收集市场信息采取的应对行动，包括选择目标市场，设计、生产并提供符合目标市场需要的产品和服务等。

2. 市场导向文化观。市场导向由三个行为要素构成——顾客导向、竞争者导向和部门间协调。顾客导向是指企业能充分地了解目标市场顾客的需求特点和偏好，并能预测顾客需求的变化；竞争者导向是指企业对竞争者短期内的优缺点及长期能力与战略进行信息收集与分析判断，据此制定竞争对策；部门间协调指整合企业资源的使用，强调部门间的协调与协作，以创造优越的顾客价值。

研究表明，市场导向水平高的企业具有更好的财务绩效，市场导向、顾客满意和企业财务绩效之间存在着直接联系。图 3－8 说明了市场导向对企业活动和绩效的影响。在一个高度市场导向的企业中，所有的职能部门都将各自的任务和努力集中于为顾客创造卓越的价值，进而影响了这些职能部门的管理方式以及它们所追求的目标。例如，人力资源的管理和培训是为了了解顾客并为顾客服务，薪酬结构的设计是为了鼓励员工实现顾客满意。在高度市场导向的企业中，员工对工作的满意度和努力程度都很高，从而产生了一支自觉性很强的员工队伍来满足顾客需要。作为一种企业文化，市场导向能最有效地激发企业为购买方创造卓越的价值，进而持续实施高绩效所必需的行为。

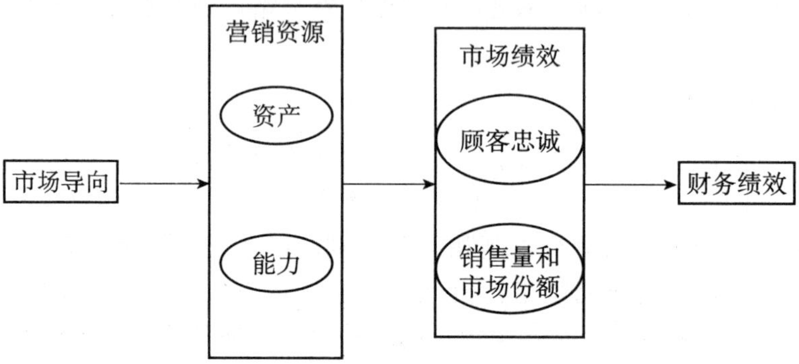

图 3－8　市场导向与企业绩效

|营销视角|　部门间协调：微信的魔力

2019 年，腾讯高管指出："只有当企业微信延伸到企业外部的时候，它才会产生更大的价值。企业微信后续新的变化是基于一个新的理念——希望让每一个企业员工都成为企业服务的窗口。人就是服务，而且是认证的服务。"企业微信将给企业带来"人即服务"的优势。所谓人即服务，指的是企业微信将把"温度"带进与 C 端客户的关系中。企业微信在打通个人微信后，不但满足了客户个性化服务的体验要求，也以企业微信的实名认证带来信任感。同时通过小程序等应用的引入，在与客户采用微信形式沟通时，还能够将企业全套的专业服务平台带给客户。企业微信作为一个企业级的办公平台，也是腾讯和各行业的连接器。这个连接器是离产业最近的互联网工具，它的使用将会大幅提高跨行业协同的效率，帮助各产业实现跨越式发展。

资料来源：企业微信推出"定制红包封面"，打响腾讯 2019 全面 TO B"第一枪"．(2019－01－24)．https://www.toutiao.com/i6649961042082267656/．

第2节 营销管理

企业为了实现战略计划规定的各项任务、目标，必须重视营销管理，根据市场需求的现状与趋势制定计划、配置资源。通过有效地满足市场需求来赢得竞争优势，求得生存与发展。

一、营销管理的实质

营销管理是指为了实现企业目标，创造、建立和保持与目标市场之间的互利交换关系，而对设计方案进行的分析、计划、执行和控制。营销管理的实质是需求管理。企业在开展营销的过程中，一般要设定一个在目标市场上预期要实现的交易水平，然而，实际需求水平可能低于、等于或高于这个预期的需求水平。换言之，在目标市场上，可能没有需求、需求很小或需求超量。营销管理就是要应对这些不同的需求情况。

二、营销管理的任务

营销管理的任务，就是为促进企业目标的实现而调节需求的水平、时机和性质。在目标市场上，根据需求水平、时间和性质的不同，可归纳出八种不同的需求状况。在不同的需求状况下，营销管理的任务有所不同。

（一）负需求

负需求是指绝大多数人对某个产品感到厌恶，甚至愿意出钱回避它的一种需求状态。在负需求的情况下，营销管理的任务是转化营销，即分析市场为什么不喜欢这种产品，以及是否可以通过产品重新设计、降低价格和积极促销的营销方案，来改变市场的观念和态度，将负需求转变为正需求。

（二）无需求

无需求是指目标市场对产品毫无兴趣或漠不关心的一种需求状态。通常，市场对下列产品无需求：人们一般认为无价值的废旧物资；人们一般认为有价值，但在特定市场环境下无价值的东西；新产品或消费者平常不熟悉的物品等。在无需求情况下，营销管理的任务是刺激营销，即通过宣传、沟通、大力促销及其他营销措施，努力将产品所能提供的利益与人的各层次相关需要和兴趣联系起来。

（三）潜伏需求

潜伏需求与潜在需求不同。潜在需求是指消费者对某些产品和服务有消费需求而无购买力，或虽有购买力但并不急于购买的需求状态。而潜伏需求是指相当一部分消费者对某物有强烈的需求，而现有产品或服务又无法使之满足的一种需求状态。在潜伏需求的情况下，营销管理的任务是开发营销，即开展营销研究和潜在市场范围的测量，进而开发有效的产品和服务来满足这些需求，将潜伏需求变为现实需求。

（四）下降需求

下降需求是指市场对一个或几个产品的需求呈下降趋势的一种需求状态。在下降需求的情况下，营销管理的任务是重振营销，即分析需求衰退的原因，改进产品特色和外观，以及采用更有效的沟通手段来重新刺激需求，使老产品开始新的生命周期，并通过创造性的产品再营销来扭转需求下降的趋势，进而谋求开拓新的目标市场。

（五）不规则需求

不规则需求是指某些产品或服务的市场需求在一年的不同季节，或一周的不同日子，甚至一天的不同时间上下波动很大的一种需求状态。在不规则需求的情况下，营销管理的任务是协调营销，即通过灵活定价、策略促销及其他刺激手段来调适或改变需求的时间模式，使产品或服务的市场供给与需求在时间上协调一致。

（六）充分需求

充分需求是指某种产品或服务的目前需求水平和时间等于预期的需求水平和时间的一种需求状态。这是企业最理想的一种需求状态。但是，在现实的动态市场上，消费者偏好不断变化，竞争也会日益激烈。因此，在充分需求的情况下，营销管理的任务是维持营销，即努力保持及改进产品质量，经常测量消费者满意程度，以保持并改进服务质量，通过降低成本来保持合理价格，同时大力推销，千方百计维持目前的需求水平。

（七）过量需求

过量需求是指某种产品或服务的市场需求超过了企业所能供给或所愿供给的水平的一种需求状态。在过量需求的情况下，营销管理的任务是降低营销，即通过提高价格、合理分销产品、减少服务和促销等措施，暂时或永久地降低市场需求水平，或者设法降低盈利较少的市场的需求水平。需要强调的是，降低市场需求并不是杜绝需求，而是降低需求水平。

（八）有害需求

有害需求是指市场对某些有害物品或服务的需求。对于有害需求，营销管理的任务是反营销，即劝说喜欢有害产品或服务的消费者放弃这种爱好和需求，大力宣传有害产品或服务的严重危害性，大幅度提高价格，以及停止生产供应等。降低市场需求与反市场需求的区别在于：前者是采取措施减少需求，后者是采取措施消灭需求。

第3节　营销管理过程

战略计划过程明确了企业重点经营的业务，而营销管理过程则用系统的方法寻找市场机会，进而把市场机会变为有利可图的企业机会。所谓营销管理过程，就是企业为实现其任务和目标而发现、分析、选择和利用市场机会的管理过程。更具体地说，营销管理过程包括如下步骤：分析市场机会、选择目标市场、设计营销组合和管理营销活动。

一、分析市场机会

由于市场需求不断变化，任何产品都有其生命周期，因此任何企业都不能永远依靠现有产品过日子，每一个企业都必须经常寻找、发现新的市场机会。营销人员可采取以下方法来寻找、发现市场机会：（1）收集市场信息。（2）分析产品/市场矩阵（如图3-3所示)。(3) 进行市场细分。(4) 进行协同分析。协同分析是指通过寻找营销效率和研发-生产效率之间的最佳平衡来发现市场机会。这种寻找市场机会的方法不仅可以用于通过兼并和收购来获得外部协同,也同样适用于产品开发或寻找新市场的内部协同。

营销人员还要善于对所发现的各种市场机会加以评价,决定哪些市场机会能成为本企业有利可图的机会。某种市场机会能否成为企业机会,不仅要看利用这种市场机会是否与该企业的使命和目标相一致,而且取决于该企业是否具备利用这种市场机会、经营这种业务的条件,取决于该企业是否在利用这种市场机会、经营这种业务上比其潜在的竞争者有更大的优势,即"差别优势"(differential advantage)。

二、选择目标市场

在发现和评价市场机会之后,还要进行进一步的营销研究和信息收集工作,如市场测量和市场预测工作等,据以决定企业应当生产经营哪些新产品,决定企业应当以哪个或哪些市场为目标市场。①

企业选择目标市场可以考虑下列策略(如图 3-9 所示)。

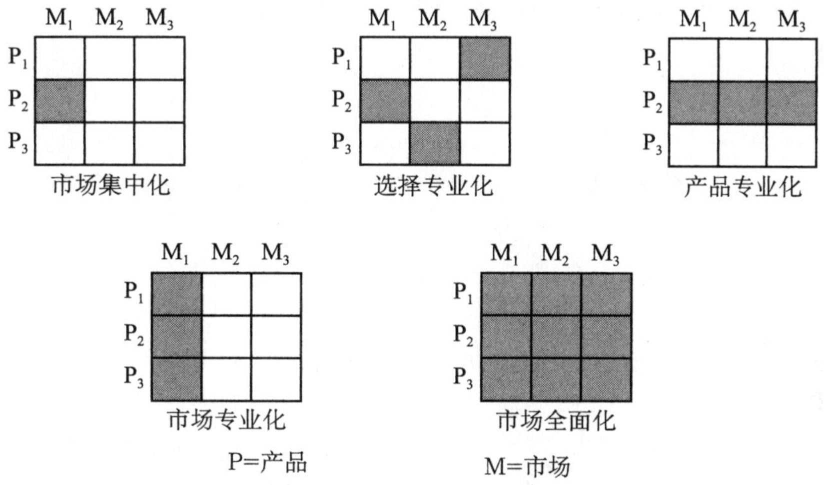

图 3-9 目标市场选择策略

1. 市场集中化。企业只选择一个目标市场,只生产一类产品,供应单一的顾客群。

2. 选择专业化。企业有选择地进入几个不同的子市场。每个子市场都具有良好的盈利潜力,且与企业的目标和资源条件相符合。

3. 产品专业化。产品专业化指企业同时向几个子市场销售一种产品。企业通过这种战略可在特定的产品领域树立良好的形象。

4. 市场专业化。市场专业化指企业集中力量满足某一特定顾客群的各种需要。这种模式能更好地满足顾客的需求,树立良好的信誉,还可以向这类顾客群推销新产品。

5. 市场全面化。市场全面化指企业为所有顾客群提供他们需要的所有产品。只有实力强大的大公司才能采取这种策略。

---

① Kotler P, Armstrong G. Principles of Marketing. 17th ed. Harlow: Pearson Education Limited, 2018: 75-82.

三、设计营销组合

营销组合是企业营销战略的一个重要组成部分。营销战略包括两个不同而又互相关联的部分：一是目标市场，即一家企业拟投其所好、为之服务而且其需求偏好颇为相似的顾客群；二是营销组合，即企业为了满足目标顾客群的需要而加以组合搭配、灵活运用的可控变量。

所谓营销战略，就是企业根据对市场机会的预测、分析和判断，选择目标市场，并为目标市场安排行之有效的营销组合。

四、管理营销活动

企业营销管理过程的第四个主要步骤是管理营销活动，即营销计划、组织执行和控制。这是整个营销管理过程中的一个关键的、极其重要的步骤。企业制定营销计划是为了指导营销活动，实现既定的战略任务和目标。但制定营销计划仅仅是营销管理工作的开始。彼得·德鲁克说过，计划等于零，除非它变成工作。因此，企业制定营销计划之后，要花很大力气执行和控制营销计划（如图 3－10 所示）。

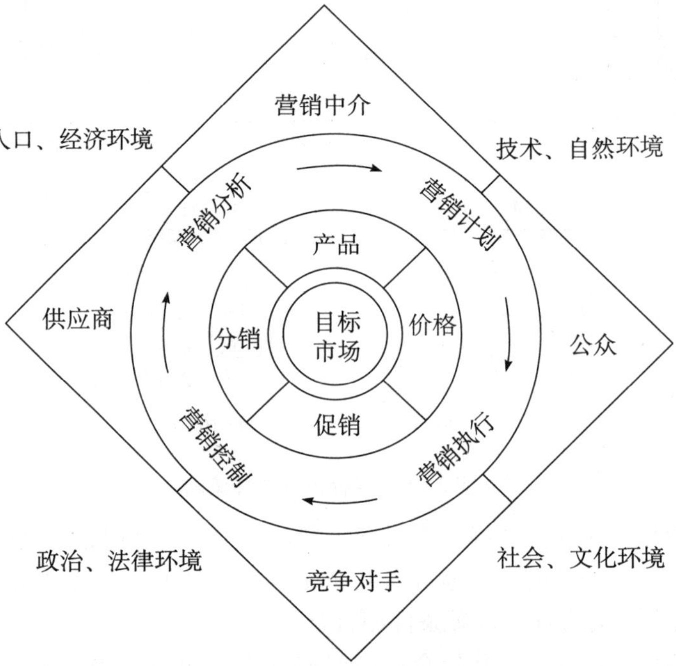

图 3－10　营销战略与营销组合

第 4 节　营销信息系统

营销信息系统是指由人员、计算机程序及相关数据所构成的相互作用的复合体，企业借以收集、挑选、分析、评估和分配适当、及时和准确的相关信息，为营销者改进市场营销计划、执行和控制工作提供依据。营销信息系统处于环境与营销管理者（即信息使用者）之间。各种营销数据由环境流向企业营销信息系统，营销信息系统则将数据加以转换，并通过营销信息流程传导给管理者，管理者依据这些数据制定各种计划、方案，由此形成的各种数据又通过营销沟通流程回到环境（如图3-11所示）。

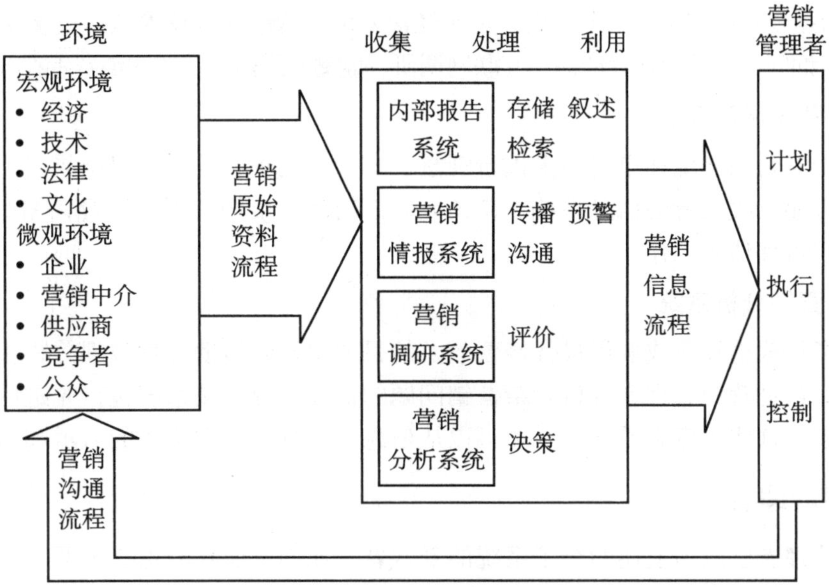

图3-11 营销信息系统的构成

一、营销环境

营销信息系统是企业收集、处理并利用相关环境数据的工具。相关环境包括宏观环境与微观环境，十分广泛且经常变化。企业在制定决策时必须明确哪些范围内的环境最值得研究。随着信息技术的发展，企业可以获得大量营销信息。通过网站、手机App、电子邮件、社交媒体、短信、博客、微博、微信等数字化渠道，消费者给企业创造了大量的信息，包括消费者之间的互动信息。企业应收集与人口、价格水平、消费方式等相关的数据，以及竞争者的过去、现在与未来等有关信息。自信息收集到传送给管理者再到向环境做出反应，整个过程的时间性很重要。有效的营销信息系统应能向决策者提供迅速、准确、可解释的信息。

二、营销信息系统的构成

营销信息系统由四个子系统构成。

（一）内部报告系统

它是指向管理者提供有关销售、成本、存货、现金流量、应收账款等各种反映企业经营现状的信息的系统。许多企业建立了行之有效的内部数据库（internal database）。内部数据库是指从企业网络数据资源中收集的关于消费者和市场信息的集合。市场部提供有关顾客特征、销售交易和网站访问的信息。会计部提供有关销售、成本、现金流量的记录。生产部提供生产计划、装运和存货情况等。管理者必须以产品、地区、推销员为基础进行分类，并深入分析有关目前与过去销售及成本的信息。

（二）营销情报系统

它是指营销管理者用以了解有关外部环境发展趋势的信息的各种来源与程序。借助该系统，营销管理者将环境最新发展的信息传递给有关管理者。企业一般比较重视普查数据、各企业统计数据及营销调研这三个方面。企业经常采用的营销情报技术包括直接观察消费者、向企业员工询问、参照竞争者产品、互联网调研、监测网络热点、监测消费者在线聊天等。

（三）营销调研系统

它是指对营销环境和市场需求进行观察、实验和调查，并对调研结果进行收集、评价，进而传递给决策者的信息系统。营销调研部门负责市场调查、消费者偏好测验、销售研究、广告评估等工作。

（四）营销分析系统

它是指从改善经营或取得最佳经营效益的目的出发，借助各种数理分析模型和信息处理技术，帮助营销管理者分析复杂营销问题的信息系统。该系统包括先进的统计程序和模型，借助这些程序和模型，企业可以从信息中发掘出更有价值的启示和结论。

三、营销管理者

营销管理者已成为上述四个子系统的受益者。他们所面临的主要难题是，在冗繁的信息堆里如何抽出足够的时间去从事计划、决策活动。许多管理者面临着信息负荷过重的问题，以致无法阅读全部数据。许多信息系统在设计方面最容易出现的错误，就是没有考虑到管理者能否有效地利用众多的信息。

1. 信息获取模式。管理者在获取信息方面所表现出来的模式、风格是有明显差别的。所谓信息获取模式是指管理者决定收集何种数据、以何种方式收集以及需要多少信息。营销信息系统的设计人员、营销人员以及采购人员，在向营销信息系统投资之前，必须慎重地考虑该系统的可靠性和易用性，以便充分发挥其效用。

2. 有效的营销信息系统。一个有效的营销信息系统一般应具备如下特征：（1）它能向各级管理者提供从事工作所必需的一切信息。（2）它能够对信息进行选择，以使各级管理者获得与他能够且必须采取的行为有关的信息。（3）它提供信息的时间限于管理者能够且应当采取行动的时间。（4）它提供所要求的任何形式的分析、数据与信息。（5）它所提供的信息一定是最新的，并且所提供信息都是有关管理者最易了解和消化的。

重要概念

逆向营销	战略计划过程	战略业务单位	市场增长率
相对市场份额	营销管理	差别优势	营销战略
营销信息系统	市场渗透	市场导向	顾客导向
竞争者导向	内部报告系统	营销情报系统	营销调研系统
营销分析系统	信息生成	信息传播	信息响应
营销管理过程	协同分析	内部数据库	目标市场
信息获取模式			

复习题

1. 什么是市场导向？
2. 怎样用波士顿矩阵法对企业的SBU进行评价？
3. 企业实现密集增长的方式有哪些？
4. 营销信息系统的构成如何？
5. 在不同需求情况下营销管理的任务有哪些？

案例分析

互联网巨头的战略计划

2019年，阿里巴巴集团董事局主席张勇提出了“阿里操作系统”新战略，百度、腾讯、京东、小米等互联网巨头开始将战略重点转向AIoT、5G、云智能、新零售供给侧改革。AIoT是由AI和IoT合并而来的新词，即人工智能＋物联网平台。京东推出“京鱼座”品牌，将原有IoT业务全面整合升级为小京鱼AIoT生态，主打的就是“AI＋IoT”的概念。京东与华为消费者业务部实施战略合作，京东旗下AIoT生态中的所有智能硬件产品可与华为终端产品实现互联。

继宣布“AI＋IoT是小米未来10年核心战略”之后，雷军又在2019年1月10日的年会上透露了未来5年100亿元押宝AIoT的战略计划。雷军认为，5G时代的到来，将会带动智能手机行业新一波的换机潮。其战略规划是：在5G到来之前，小米手机会打持久战，手机业务站稳全球第一阵营就是胜利。小米发布独立品牌红米Redmi及首款产品Redmi Note 7，以和竞争对手“死磕”性价比为卖点。这也意味着，“小米＋红米Redmi”双品牌实施差异营销，即小米专注中高端和新零售，Redmi主打性价比和电商市场。

阿里巴巴的“新零售”、腾讯的“智慧零售”以及京东的“无界零售”都标志着新零售改革开始向供给侧挺进。阿里巴巴和京东也致力于从渠道、物流、支付、云等多层面推进供给侧改革。阿里巴巴灵活组合品牌、商品、销售、营销、渠道、制造、服务、金融、物流供应链、组织、信息管理系统等11大商业要素，通过操作系统实现在线化、数字化。

无独有偶，将零售科技像“积木”一样植入供给侧，也在成为京东“无界零售”战略的实施重点。为了让新技术落地，百度与腾讯的智能驾驶商用已分别采取了各自的战略举措。腾讯与广汽研究院、伟世通宣布战略合作，三方共同开发的智能一体化驾驶座舱将于2020年实现商业化量产。百度发布智能驾驶商业化解决方案Apollo Enterprise并吸引威马汽车加入，双方的L3高速自动驾驶解决方案将在2021年实现量产。百度Apollo车路协同方案已经与长沙展开合作，2019年将有无人出租车队跑上长沙街头，实现试运营。

无论是面向AIoT，还是新技术落地、新零售供给侧变革，BATJ（百度、阿里巴巴、腾讯、京东）组织架构的战略调整都已经先行。百度将智能云事业部（ACU）升级为智能云事业群组（ACG），同时承载AI to B和云业务的发展。京东则打破事业群模式，变为以客户为中心的前、中、后台模式，与阿里巴巴“大中台、小前台”的组织机制颇具共性。阿里巴巴则将原云事业群升级为阿里云智能事业群。腾讯新成立了云与智慧产业事业群（CSIG），整合腾讯云、互联网十、智慧零售，推动教育、医疗、安全等产业数字化升级。

资料来源：温婷．组织架构调整释放出改革信号 互联网五大巨头2019要这么干．上海证券报，2019-01-15.

思考题

1．互联网巨头的战略计划适应了哪些营销环境因素的发展变化？

2．互联网巨头为实现其战略计划采取了哪些具体行动？效果如何？

02

第Ⅱ篇

市场分析

FUNDAMENTALS OF MARKETING

第4章 营销环境分析 04

本章要点

- 环境威胁和营销机会对企业营销的影响
- 营销微观环境的构成
- 营销宏观环境的构成

企业必须建立适当的系统，指定专业人员采取适当的措施，经常监视和预测营销环境的发展变化，并善于分析和识别由于环境变化而造成的主要机会和威胁，及时采取适当的对策，使其经营管理与营销环境的发展变化相适应。

第1节 营销环境概述

一、营销环境及其发展趋势

（一）营销环境与相关环境

营销环境是指影响企业营销活动及其目标实现的各种因素和动向，可分为宏观营销环境和营销微观环境。[①] 对于企业管理者来说，宏观是必须接受的，微观才是可以有所作为的。宏观环境只能承受，而微观环境则是奋斗后可以改变的。每个企业都和营销环境的某个部分相互影响、相互作用，我们将这部分环境称为相关环境。企业的相关环境总是处于不断变化之中。在一定时期内，经营最为成功的企业一般是能够适应其相关环境的企业。企业得以生存的关键，在于它在环境变化需要新的经营行为时所具有的自我调节能力。适应性强的企业总是随时关注环境的发展变化，及时获取有价值的营销洞见（marketing insights），通过事先制定的计划来控制变化，以保证现行战略对环境变化的

① Kotler P，Armstrong G. Principles of Marketing. 17th ed. Harlow：Pearson Education Limited，2018：91－102.

适应。所谓营销洞见，就是有关市场现象背后的原因及其对营销者具有启示性的诊断信息。

（二）环境威胁与营销机会

营销环境发展趋势基本上分为两大类：一类是环境威胁；另一类是营销机会。所谓环境威胁，是指环境中一些不利的发展趋势所形成的挑战，若不采取相应果断的营销行动，这种不利趋势将损害企业的市场地位。营销者应善于识别所面临的威胁，并按其严重性和出现的可能性进行分类，为严重性水平高且可能性大的威胁制定应变计划。

所谓营销机会，是指市场上出现的对企业营销富有吸引力的动向和趋势。这些机会可以按其吸引力以及每一个机会可能获得成功的概率来加以分类。企业在每一特定机会中成功的概率，取决于其业务实力是否与该机会所需要的成功条件相符合。

假设某烟草公司通过其营销信息系统和营销调研了解到以下动向足以影响其业务经营：(1) 有些国家政府颁布了法令，规定所有的香烟广告包装都必须印上关于吸烟危害健康的警示语。(2) 有些国家的地方政府禁止在公共场所吸烟。(3) 许多发达国家的吸烟人数下降。(4) 本企业的研究实验室发明了电子烟。(5) 发展中国家的吸烟人数迅速增加。

显然，(1)，(2) 和 (3) 给这家烟草公司造成了环境威胁；(4) 和 (5) 带来了使公司可能享有差别优势的市场机会。

（三）分析营销环境的方法

如上所述，任何企业都面临若干环境威胁和市场机会。然而，并不是所有的环境威胁都一样大，也不是所有的市场机会都有同样的吸引力。企业高层可以用环境威胁矩阵图和市场机会矩阵图来加以分析、评价（见图 4-1）。

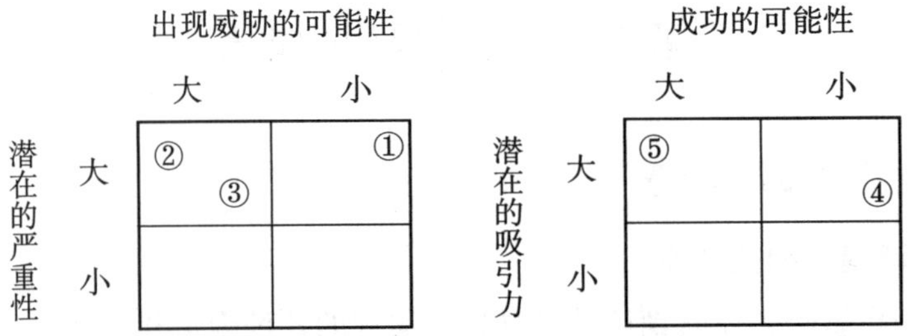

(a)环境威胁矩阵图　(b)市场机会矩阵图

图 4-1　营销环境的分析、评价

环境威胁矩阵图 4-1 (a) 的横行代表出现威胁的可能性，纵列代表潜在的严重性，表示盈利减少程度。上述烟草公司在环境威胁矩阵图上有三个“环境威胁”，即动向①～③。其中威胁②和威胁③潜在严重性大，出现威胁的可能性也大。所以，这两个环境威胁都是主要威胁，公司对这两个主要威胁应十分重视；威胁①的潜在严重性大，但出现的可能性小，所以这个威胁不是主要威胁。

市场机会矩阵图 4-1 (b) 的横行代表成功的可能性，纵列代表潜在的吸引力，表示潜在盈利能力。上述烟草公司在市场机会矩阵图上有两个“市场机会”，即动向④和⑤。其中最好的市场机会是⑤，其潜在的吸引力和成功的可能性都大；市场机会④的潜在的吸引力虽然大，但其成功的可能性小。

用上述方法来分析和评价企业所经营的业务，可能会出现四种不同的结果：(1) 理想业务，即高机会和低威胁的业务。(2) 风险业务，即高机会和高威胁的业务。(3) 成熟业务，即低机会和低威胁的业务。(4) 困难业务，即低机会和高威胁的业务。

上例中，烟草公司面临两个主要威胁，即②和③，以及一个最好的机会，即⑤。这就是说，该公司的业务属风险业务。

|营销视角|　中国的营销环境与市场机会

中国是世界第二大经济体，有13亿多人口的大市场，有960多万平方公里的国土。中国经济是一片大海，而不是一个小池塘。中国大市场让全球艳羡。“买东西手机扫码就可以”“外卖、快递都非常快”“坐上高铁半日千里”，这些网络投票中外国人最想带回自己国家的中国创新，无不依托着巨大的市场成长壮大。这个大市场还在不断裂变：到2020年，全球20%的数据总量在中国；到2022年，全球24.3%的物联网市场在中国；到2025年，全球50%以上的新能源车市场在中国……从供给端看，中国大市场将为新技术、新业态提供海量的数据基础、多样的应用场景、充足的成长机会。促进约1亿农业转移人口落户城镇，改造约1亿人居住的城镇棚户区和城中村，引导约1亿人在中西部地区就近城镇化，新型城镇化扎实推进，着力解决好“三个1亿人”问题；超过4亿人的中等收入群体规模世界最大，仍在稳步扩容；全国居民恩格尔系数已降至28.4%，通信、教育、旅游、休闲、健身等新兴消费快速发展，多样化、个性化、高端化需求与日俱增……从需求端看，体量和档次也日益“高大上”。大海般广阔的中国大市场，既孕育着供给提升的无限可能，也蕴含着需求释放的无穷潜力。只要我们在供给与需求之间搭好桥梁，以更多更优质的供给回应更大更高端的需求，就能形成更强大的国内市场，在更高层次上实现供需结构再平衡。

资料来源：加快经济结构优化升级：把握我国发展重要战略机遇新内涵述评之一．人民日报，2019-02-18.

二、企业对机会和威胁的反应

对企业所面临的市场机会，管理者必须慎重地评价其质量。西奥多·莱维特曾警告企业家们，要小心地评价市场机会。他说：“这里可能有一种需要，但是没有市场；或者这里可能是一个市场，但是没有顾客；或者这里可能有顾客，但目前不是一个市场。例如，这里对新技术培训是一个市场，但是没有那么多的顾客购买这种产品。那些不懂得这种道理的市场预测者对于某些领域（如闲暇产品、住房建筑等）表面上的机会曾做出惊人的错误估计。”在营销实践中，企业自身的能力是有限的。营销的成功有赖于企业与微观环境中的各构成要素协同配合。

企业对所面临的主要威胁有三种可能的对策：(1) 反抗，即试图限制或扭转不利因素的发展。(2) 减轻，即通过调整营销组合等来改善环境适应，以减轻环境威胁的严重性。(3) 转移，即决定转移到其他盈利更多的行业或市场。

第2节　营销微观环境

营销微观环境是指对企业服务其顾客的能力构成直接影响的各种力量，包括企业本身、供应商、营销中介、市场、竞争者和公众。这些都会影响企业为其目标市场服务的能力。分析营销微观环境的意义在于，明确企业在整个价值链或营销系统中的位置和角色，促使企业与各微观环境因素紧密配合，协调行动，力求取得 1＋1＞2 的效果。事实上，数字技术的进步使企业能够与不同利益相关群体，包括下游的顾客和上游的供应商，建立协作关系。①

一、企业

企业本身包括营销部、其他职能部门和管理高层（如图 4－2 所示）。企业为实现其目标，必须进行生产、采购、研发、财务、营销等业务活动。而营销部一般由营销副总裁、销售经理、推销人员、广告经理、营销调研经理、营销计划经理、定价专家等组成。营销部在制定决策时，不仅要考虑企业外部环境力量，而且要考虑企业内部环境力量。首先，要考虑其他业务部门（如制造部门、采购部门、研发部门、财务部门等）的情况，并与之密切协作，共同研究制定年度和长期计划。其次，要以高层确定的企业任务、目标、战略和政策等为依据，制定营销计划，并报最高管理层批准后执行。

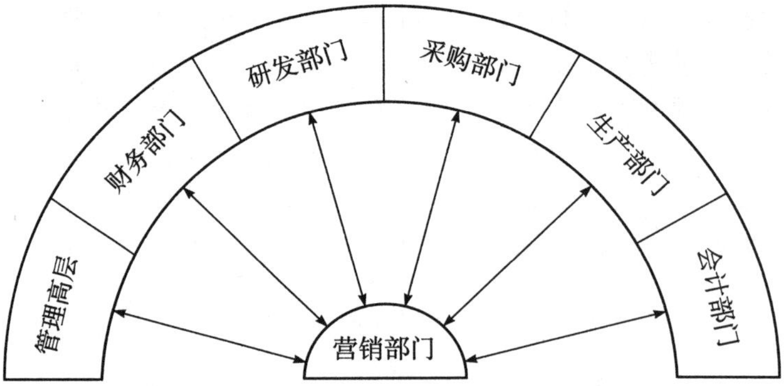

图 4－2　营销微观环境：企业

二、供应商

企业越来越重视与供应链的其他成员（如供应商、经销商、代理商、最终顾客等）展开深度合作，努力提升顾客价值传递网络的性能。所谓顾客价值传递网络，是指为了提升营销系统的整体绩效，由企业、供应商、经销商、代理商、最终顾客等构成的相互密切合作、致力于顾客价值传递的网络系统。供应商是企业整个顾客价值传递网络中的重要环节，它是指向企业供应原材料、部件、能源、劳动力和资金等资源的企业和组织。营销经理必须关注供应品的及时性和成本变动、供应短缺或延迟会导致企业销售业

① 科特勒，卡塔加雅，许丁宦．营销制胜．北京：中国人民大学出版社，2019：84.

绩下滑，顾客满意度和忠诚度降低。供应品的成本提高会导致企业产品售价上升，进而影响产品的市场竞争力和销售量。许多企业把供应商视为创造和传递顾客价值过程中的合作伙伴。

三、营销中介

营销中介是指帮助企业销售、促销并将产品送达最终购买者的经销商、代理商、辅助商等机构。营销中介包括：(1) 经销商，即从事商品购销活动，并对所经营的商品拥有所有权的中间商，如批发商、零售商等。(2) 代理商，即协助买卖成交，推销产品，但对所经营的产品没有所有权的中间商，如经纪人、生产者代表等。(3) 辅助商，即辅助执行中间商的某些职能，为商品交换和物流提供便利，但不直接经营商品的企业或机构，如运输公司、仓储公司、快递公司、物流公司、电商平台、银行、保险公司、广告公司、营销调研公司、营销咨询公司等。

四、市场

市场既是企业服务的对象和目标，又是影响企业营销绩效的一个微观环境因素。只有更好地了解市场，才能有效地服务市场。营销学是根据购买者及其购买目的进行市场划分的（如图4-3所示），市场的类型包括：(1) 消费者市场，即为了个人消费而购买的个人和家庭所构成的市场。(2) 生产者市场，即为了生产、取得利润而购买的个人和企业所构成的市场。(3) 中间商市场，即为了转卖、取得利润而购买的批发商和零售商所构成的市场。(4) 政府市场，即为了履行职责而购买的政府机构所构成的市场。(5) 国际市场，即由国外的消费者、生产者、中间商、政府机构等所构成的市场。

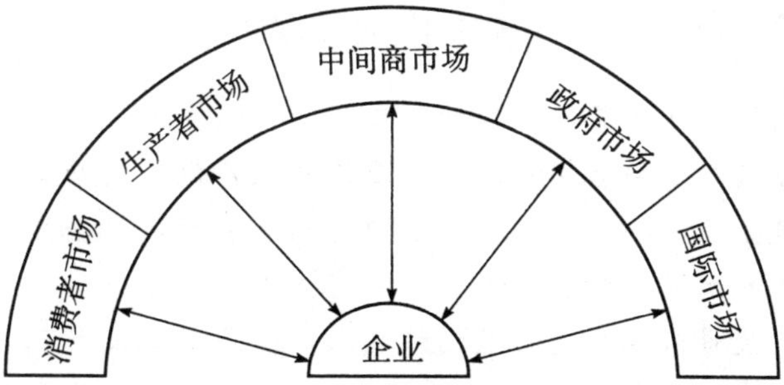

图4-3 市场

五、竞争者

企业要想在市场竞争中获得成功，就必须比竞争者更有效地满足消费者的需要与欲望。因此，企业所要做的不是仅仅迎合目标顾客的需要，而是要通过有效的产品定位，使得企业产品与竞争者产品在顾客心目中形成明显差异，从而取得竞争优势。竞争者包括：(1) 愿望竞争者，即能够满足消费者目前的各种愿望的提供者。(2) 一般竞争者，即能够以各种方法满足购买者某种愿望的产品提供者。(3) 产品形式竞争者，即能满足购买者某种愿望的各种产品型号提供者。(4) 品牌竞争者，即能满足购买者某种愿望的同种产品的各种品牌提供者。

六、公众

公众是指对企业实现其营销目标构成实际或潜在影响的任何团体（如图4-4所示），包括：（1）金融公众，即影响企业取得资金能力的任何集团，如银行、投资公司等。（2）媒体公众，即报纸、杂志、广播、电视等具有广泛影响的大众传播媒体。（3）政府公众，即对企业生产经营活动负有服务、监管等职能的有关政府机构。（4）民间组织公众，即各种消费者权益保护组织、环境保护组织、少数民族组织等。（5）地方公众，即企业所在地的居民、地方官员等。（6）一般群众。（7）企业内部公众，如董事、经理、员工等。

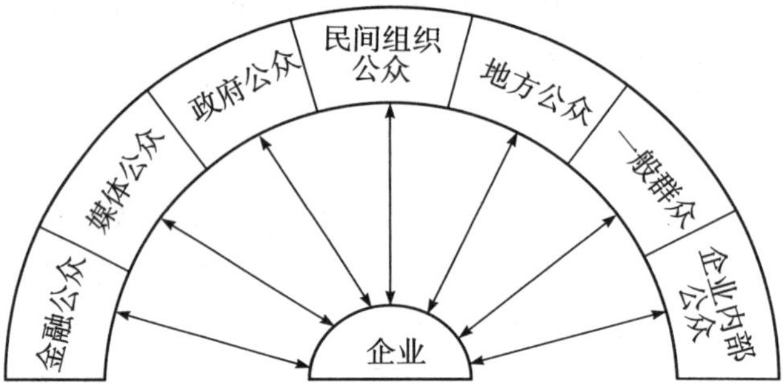

图4-4 公众

> 延伸阅读
>
> **新媒体下的公司声誉**
>
> 在微博、微信等迅速发展的新媒体环境下，任何个人或团体都可以随时随地发布信息，企业必须及时了解客户的诉求和反馈并及时做出反应，以维护企业的良好声誉。公司声誉是企业与公众在社会交往中自然形成的，是企业行为能力和公众认知两方面相互作用的结果。对企业而言，顾客是产品、服务的直接受用者，雇员是公司的形象载体，投资者是公司收益的权益人，政府是职能部门，非政府组织是企业社会责任的监督者。在以互联网为中心的新媒体环境下，企业行动受到以上各利益相关者的时时监督，企业行为稍有差错就可能一石激起千层浪。相反，若企业能够积极主动地及时了解客户和市场需求变动并为己所用，公司的声誉必将得到有效提升。

第3节 营销宏观环境

营销宏观环境是指那些给企业造成市场机会和环境威胁，能够影响企业运作和绩效的自然及社会力量的总和，包括人口环境、经济环境、自然环境、技术环境、政治和法律环境以及社会和文化环境（如图 4-5 所示）。这些主要的自然及社会力量代表企业不可控制的变量。

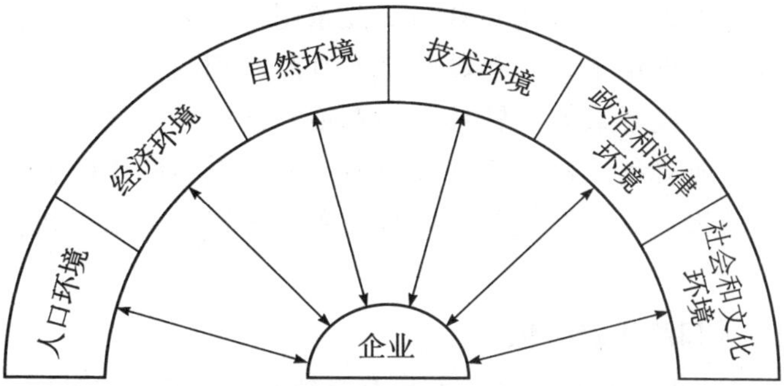

图 4-5 营销宏观环境

一、人口环境

企业必须密切关注人口环境方面的动向，因为市场是由那些想买东西并且有购买力的人（即潜在购买者）构成的，这样的人越多，市场的规模就越大。目前人口环境方面的主要动向如下。

（一）世界人口迅速增长

2030 年前，世界人口将达到 85 亿。世界人口迅速增长的主要原因是：随着科学技术进步、生产力发展和人民生活条件改善，人的平均寿命大大延长，死亡率下降；发展中国家的人口出生率上升，人口迅速增加。世界人口尤其是发展中国家的人口将继续增长，这意味着世界市场将继续增长。

在欧美国家，60 岁以上的人口占总人口的比例达 20%左右，并且这个比例预计会在 2050 年前上升至 1/3。这些年老的顾客相对富裕，50 岁以上的人群占有近 3/4 的世界财富，并且控制着一半的可自由支配预算。然而，值得关注的是，目前 95%的消费品促销都是针对 50 岁以下人群的。展望未来，营销者应更加清醒地意识到老年人市场的潜在价值，并为其设计和提供更多的服务和促销。这类人口变化在全球范围内因不同的国家、地区而异，但它值得作为一个会对不同产品和服务的需求产生深刻影响的因素来认真研究。例如，在日本，据预测，到 2030 年 37%的人口将超过 65 岁，而超过 65 岁的人口在 1950 年只有 5%，2000 年为 19%。

营销视角　中国老年消费者

在中国，老年消费者的生活方式很有特色。公园里踏着晨曦轻舒臂膀的太极英姿，身披霞衣飘然跃动的广场舞步，都给人留下美好印象。从东北平原唢呐相和的大秧歌，到岭南丝竹声声的茶楼酒肆，都有老年人的身影。随着中国经济的崛起，中国社会正经历着历史性的转型与变迁，人口老龄化所孕育的老年消费需求及其巨大的市场规模与潜力，致使企业再也无法漠视这一消费群体的存在。到 2050 年，每四个中国人中就有一位银发族。

（二）人口出生率下降

人口出生率下降的主要原因是：越来越多的女性参加工作，避孕知识增加且技术提高。一方面，这种人口动向对儿童食品、儿童用品、儿童服装、儿童玩具等行业是一种环境威胁。因此，近年来，一些经营儿童食品和用品的公司，或者到人口出生率高的国家去寻找市场，或者采取“转移”的对策，改行经营其他业务。另一方面，这种人口动向对某些行业有利。例如，许多年轻夫妇有更多的闲暇和收入用于旅游、外出就餐、娱乐，这给旅游业、餐饮业、体育娱乐业等提供了市场机会，促进了第三产业的发展。

（三）许多国家人口趋于老龄化

许多国家的人口死亡率普遍下降，平均寿命延长。这种人口动向，无论对社会的影响还是对企业的市场营销的影响都是深刻的。由于人口老龄化，一方面，市场对摩托车、体育用品等年轻人用品的需求将日益减少；另一方面，老年人的医疗和保健用品、助听器、眼镜、旅游、娱乐等方面的市场需求会迅速增加，这就给经营老年人用品或提供相关服务的行业如旅游业、医疗保健行业、娱乐业等提供了市场机会，今后这些行业将快速发展。

（四）家庭结构发生变化

一些国家离婚率高，许多人婚后少生或不生孩子，女性婚后参加工作的人数也在增加。家庭结构的这种变化，引起了市场需求的相应变化。由于普遍晚婚，市场对结婚用品的需求减少；由于离婚率很高，很多人离婚后不愿再婚，市场对住房、汽车、日托服务等产品或服务的需求增加。

（五）非家庭住户迅速增加

非家庭住户有三种：(1) 单身成年人住户。包括未婚、分居、丧偶、离婚等情形。这种住户需要较小的公寓、较小的食品包装和较便宜的家具、日用品、陈设品等。(2) 两人同居者住户。这种住户是暂时同居，需要较便宜的租赁的家具和陈设品。(3) 集体住户。如若干大学生等住在一起共同生活。

（六）许多国家的人口流动性大

许多国家的人口流动性较大，人口流动具有两个主要特点：(1) 人口从农村流向城市。(2) 人口从城市流向郊区。由于一些城市交通日益拥挤，污染日益严重，同时交通运输大大发展，许多人从城市迁往郊区，在大城市周围出现了郊区住宅区，甚至在郊区住宅区周围出现了郊区的郊区。城市商业中心区百货商店为了生存和发展，纷纷在郊区购物中心开设分店。

二、经济环境

企业还必须密切注意经济环境方面的动向。进行经济环境分析时，要着重分析以下经济因素。

（一）消费者收入的变化

消费者收入包括消费者个人工资、红利、租金、退休金、馈赠等收入。习近平在庆祝改革开放 40 周年大会上的讲话中指出，改革开放 40 年来，“全国居民人均可支配收入由 171 元增加到 2.6 万元，中等收入群体持续扩大”[①]。消费者的购买力来自消费者收入，所以消费者收入是影响社会购买力、市场规模大小以及消费者支出规模和支出模式的一个重要因素。

消费者并不是将其全部收入都用来购买产品或服务。消费者的购买力只是其收入的一部分。因此，要区别可支配个人收入和可随意支配个人收入。可支配个人收入是指扣除消费者个人缴纳的各种税款和交给政府的非商业性开支后可用于个人消费和储蓄的那部分个人收入。可支配个人收入是影响消费者购买力和消费者支出的决定性因素。可随意支配个人收入是指可支配的个人收入减去消费者用于购买生活必需品的固定支出（如房租、保险费、分期付款、抵押借款）所剩下的那部分个人收入。可随意支配个人收入一般用来购买奢侈品、汽车、大型器具及度假等，所以这种消费者个人收入是影响奢侈品、汽车、旅游等商品销售的主要因素。

在进行经济环境分析时，还要区别名义收入和实际收入，因为实际收入会影响实际购买力。企业不仅要分析研究消费者的平均收入，而且要分析研究各个阶层的消费者收入。此外，由于各地区的工资水平、就业情况不同，不同地区消费者的收入水平和增长率也有所不同。

（二）消费者支出模式的变化

营销视角　中国消费市场的新趋势

消费者支出模式主要受消费者收入的影响。随着消费者收入的变化，消费者支出模式也会发生相应变化。

消费者支出模式除了主要受消费者收入影响，还受以下因素影响。

（1）家庭生命周期的阶段。有孩子与没有孩子的年轻人家庭的支出情况有所不同。没有孩子的年轻人家庭负担较轻，往往把更多的收入用于娱乐、旅游等消费，用于购买家具、陈设品等耐用消费品。而有孩子的家庭收支预算会发生变化。十几岁的孩子不仅吃的多，而且服装、娱乐、运动、教育方面的花销也较多，所以在家庭生命周期的这个阶段，家庭用于购买耐用消费品的支出会减少，而用于食品、服装、文娱、教育等方面的支出会增加。等到孩子独立生活以后，父母就有大量可随意支配的收入，有可能把更多的收入用于医疗保健、旅游、购置奢侈品或储蓄，因此这个阶段的家庭收支预算又会发生变化。

（2）消费者家庭所在地点。所在地点不同的家庭用于住房、交通、食品等方面的支出情况也有所不同。例如，住在中心城市的消费者和住在农村的消费者相比，前者用于交通方面的支出较少，用于住房方面的支出较多；后者用于食品方面的支出较多。

---

① 习近平：在庆祝改革开放 40 周年大会上的讲话（2018 年 12 月 18 日）．（2018－12－18）．新华网．

（三）消费者储蓄和信贷情况的变化

进行经济环境分析时还应看到，社会购买力、消费者支出不仅受消费者收入的影响，而且受消费者储蓄和信贷情况的影响。

大多数家庭都有一些流动资产，即货币及其他能迅速变现的资产，包括银行储蓄存款、理财产品、基金、保险率、债券、股票等。储蓄来源于消费者的货币收入，其最终目的还是为了消费。但是在一定时期内，储蓄多少会影响消费者的购买力和消费支出。在一定时期内货币收入不变的情况下，如果储蓄增加，购买力和消费支出便减少；反之，如果储蓄减少，购买力和消费支出便增加。

消费者不仅以其货币收入购买他们需要的商品，而且可以用贷款来购买房地产、汽车等商品。所谓消费者信贷，就是消费者凭借信用先取得商品使用权，然后按期归还贷款。

（四）共享经济带来的变化

共享经济是指以获得一定报酬为目的，基于陌生人的、存在物品使用权暂时转移的一种新的经济模式。其本质是整合线下的闲散物品、劳动力、教育医疗资源等。这种共享是通过互联网媒介实现的。共享经济和随经济的蓬勃发展，使“所有权”意义下降，而随时随地的“使用权”意义上升。使用不必拥有，凡事皆可出租。“随经济”是台湾科技大学信息管理系特聘教授卢希鹏首创的术语，指运用智能科技，让消费者随时、随地、随处、随支付、随渠道、随心所欲消费的商业趋势。[1]

营销视角　云南的绿色产业

三、自然环境

自然环境（或物质环境）的发展变化也会给企业带来环境威胁和市场机会，所以，企业还要分析研究其自然环境方面的动向（如图4-6所示）。

	内部	外部
明天	新的环保技术 产品环保绩效是否受制于现有技术？ 新技术是否有潜力使企业绩效获得明显改进？	可持续发展理念 企业现行理念是否有利于解决社会问题和环境问题？ 现行理念是否有利于企业在技术、市场、产品和流程等方面的创新？
今天	消除污染 现有生产过程是否产生了废气、废水、废渣？ 企业能否从根源上消除废弃物或通过循环利用来降低成本和风险？	产品功用 假如企业在产品的整个生命周期都要负责任，那么在产品设计和开发阶段应重视哪些问题？ 企业能否在消除污染的同时创造价值并降低成本？

图4-6　营销与自然环境

① Kotler P，Kartajaya H，Huan H D. Marketing for Competitiveness：Asia to the World in the Age of Digital Consumers. Singapore：World Scientific Publishing Co. Pte. Ltd.，2017：7-17.

值得关注的自然环境方面的主要动向如下。

（一）某些自然资源短缺或即将短缺

地球上三大类自然资源都不同程度地存在短缺或趋于短缺。

1. 取之不尽、用之不竭的资源，如空气、水等。现代化城市用水量增加很快（估计世界用水量每20年增加1倍）；与此同时，世界各地水资源分布不均，而且每年和各个季节的情况各不相同，所以目前世界上许多国家面临缺水的困境。这种情况不仅会影响人民生活，而且对企业是一种环境威胁。

2. 有限但可以更新的资源，如森林、粮食等。

3. 有限但不能更新的资源，如煤、铀、锡、锌和石油等矿物。由于这类资源供不应求或在一段时期内供不应求，造成资源的过度开发。需要这类资源的企业正面临或曾面临威胁，必须寻找替代品。在这种情况下，就需要研究与开发新的资源和原料，这又给某些企业创造了新的市场机会。

（二）环境污染日益严重

随着工业化和城市化的发展，环境污染日益严重，公众对此越来越关心，纷纷指责环境污染的危害性。一方面，这种动向对那些造成污染的行业和企业是一种环境威胁，它们在社会舆论的压力和政府的干预下，不得不采取措施控制污染；另一方面，这种动向也给控制和消除污染的包装行业和企业带来了新的市场机会。

（三）政府对自然资源管理的干预日益加强

我国能源发展和改革的战略导向，主要集中在能源消费总量控制、煤炭清洁高效利用、大力发展清洁能源以及能源体制改革方面，通过加快建设水电、核电项目，推进风能、太阳能、生物质能等可再生能源的转化利用来推进能源结构的优化调整。保障能源安全、提高能源利用效率将是“十三五”能源规划的核心内容，而环境资源问题和节能减排压力迫使传统能源产业加快转型升级。习近平指出，要“树立‘绿水青山，就是金山银山’的强烈意识，努力走向社会主义生态文明新时代”①。

四、技术环境

企业必须密切关注技术环境的发展变化，了解技术环境和互联网经济的发展对企业营销的影响，以便及时采取适当的对策。

（一）新技术的创造性推动力

随着高新技术的不断发展，科技力量对产业结构升级和创新的影响日趋明显。一方面，新技术的产生给某些创新性企业带来了新的市场机会，促进新行业的诞生和发展；另一方面，颠覆性技术会给某些行业的企业造成严重的冲击，不断威胁其生存和发展（如表4-1所示）。

---

① 习近平．树立“绿水青山就是金山银山”的强烈意识．(2018-01-03)．中国共产党新闻网．

表 4-1 颠覆性技术的影响

颠覆性技术	受影响的产品
数码摄影	胶卷相机
移动电话	邮件、电报、固定电话
平板电脑	台式机
电子书	纸质书

延伸阅读

AI驱动未来

埃森哲曾推出《AI驱动未来》的研究报告，指出在AI环境下，人类生活将呈现如下八大趋势：(1) 短故事，每个人都是故事的讲述者；(2) 重新连接人，让人们成为你所做一切的中心；(3) 混合的现实，超越AR、VR和MR；(4) 自动驾驶汽车成为人们日常生活的一部分；(5) 无界家庭或互联家庭 (connected home) 成为现实；(6) 品牌内容升级，双向交流的消费者迅速增多；(7) 我、自我和AI，AI呈指数级发展，有感情的智能像人类一样理解和回应；(8) 意外收获。

（二）新技术革命有利于企业改善经营管理

世界经济发展史表明，每一次新技术革命都会极大地推动经济增长。近年来，互联网和移动网络的普及推动了以云计算、物联网、大数据、人工智能为代表的新一代信息技术的飞跃发展，促进了电子商务与实体经济的融合。在这样一个传统产业与虚拟经济、网络经济全面结合的时代，一些领先企业已经在经营管理中使用云计算、大数据等新一代信息技术，这对于改善企业资源配置、提升企业经营管理水平具有很大的促进作用。①

|营销视角|

人工智能养猪

雷宗雄，北京邮电大学计算机系毕业生，是阿里云的人工智能工程师，从2014年入职开始，就参与一个机器学习算法平台的研发，工作可谓“高大上”。2018年年初，他被分配到四川宜宾市麻衣村养猪。一同去的，还有20多位工程师。

雷宗雄去了猪场才发现：猪场不像工厂，根本没有完善的IT基础设施和自动化设备，除了饲料可以自动化送到食槽，剩下的脏活累活基本全靠人工。无线网，没有；环控设备接口，没有；安装智能传感设备，拉电线、组网络、调试中控设备系统都得从零开始。

一个个看上去非常高级的方案，都被否定。比如，让机器人在过道里不断走动，完成巡检、清扫卫生、加料等工作，彻底取代人。谁想到试验了几个方案后发现，行走机器人根本迈不过横亘在它面前的猪粪。再如，他们试图用无人机定时在猪场内起飞、巡逻，完成对每头猪情况的盘点、记录。谁料伸手就能摸到的房顶和凌乱的水管就把无人机拦了下来。

最后，受“盒马”外卖传输索道的启发，工程师们自己爬猪栏，在猪场顶部搭建了

① Kotler P，Kartajaya H，Setiawan I. Marketing 4.0：Move from Traditional to Digital. New York：Wiley，2017：33-35.

一个滑轨，在上面安装了自动巡查系统。这套系统能够实现对每头猪信息的近乎100%的准确判断，记录它一天的食量、运动、饮水、精神状态、体型、产仔、断奶等数据，成为后续各类算法的基础。

以前，由于技术和资金问题，普通农户养猪顶多养10头左右。现在他们跟阿里巴巴合作，每户一年可以养猪500～1 000头，如果没有疫情损失，可以拿到9万～18万元不等的收入，一般能在3年内收回成本。

资料来源：刘少华．阿里巴巴蹚出一条技术扶贫路．人民日报海外版，2019-01-17.

（三）新技术革命将影响零售商业结构和消费者购物习惯

进入21世纪，信息技术引发零售业变革，网络零售发展迅速，不断挤压传统零售企业的市场份额。网络零售在我国快速发展，呈现出以下特点。

1. 移动网上零售快速普及。在中国，美团每天有2 000万份订单，要靠60万个外卖员配送，高峰期一小时要进行29亿次路径规划。美团所依靠的就是自己开发的一套叫作“超脑”的人工智能管理系统。

2. 网络购物人数不断攀升。随着一系列扶持和规范电子商务发展的政策措施出台，网络购物市场日趋健康有序发展。电子商务改变了传统的零售方式，网络零售成为新的消费增长点。随着互联网技术和设备的提升和普及，网络购物规模持续增加，用户人群不断增多。

3. 方便快捷的网购模式越来越受到消费者的认同。对于工作、生活节奏较快的人群，网上购物具有独特的吸引力。足不出户，消费者就可以在网上将众多商品一览无余，节约时间，节省精力，免去逛街购物之累，还能享受送货上门的便捷服务。不仅如此，相比传统零售企业，网络商家具有库存压力小、经营成本低、经营规模不受场地限制等优势，因而具有非常明显的价格优势，折扣幅度大于实体店。

五、政治和法律环境

延伸阅读　移动互联网时代的消费行为

企业的营销决策还要受其政治和法律环境的强制和影响。政治和法律环境主要指那些强制和影响社会上各种组织和个人的法律、政府机构和压力集团。这里着重阐述以下两个方面。

（一）与企业营销有关的经济立法

企业必须了解本国和有关国家的法律和法规，才能做好国内和国际营销工作，否则就会受到法律制裁。

（二）公众利益团体发展情况

营销视角　免税政策促2019年元旦销售新高

公众利益团体是一种压力集团。在发达的市场经济国家，影响企业营销决策的公众利益团体主要是保护消费者利益的公众团体以及保护环境的公众团体等。这些公众团体游说议会及政府，给企业施加压力，使消费者利益和环境等得到保护。因此，这些国家的许多公司都设立法律和公共关系部门来负责研究和处理与这些公众利益团体的关系问题。

（三）“互联网＋”国家战略

我国政府制定了“互联网＋”行动计划，推动移动互联网、云计算、大数据、物联网等与现代制造业结合，促进电子商务、工业互联网和互联网金融健康发展，引导互联网企业拓展国际市场。“互联网＋”战略的提出，迅速推动了互联网与传统行业的融合，带动了产业升级和创新。

六、社会和文化环境

社会文化是指一个社会的民族特征、价值观念、生活方式、风俗习惯、伦理道德、教育水平、语言文字、社会结构等的总和。它主要由两部分组成：一是全体社会成员所共有的基本核心文化；二是随时间变化和外界因素影响而容易改变的社会次文化或亚文化。人类在某种社会中生活，必然会形成某种特定的文化。

（一）教育水平

教育水平是指消费者受教育的程度。一个国家、一个地区的教育水平与经济发展水平往往是一致的。不同的文化修养表现出不同的审美观，购买商品的选择原则和方式也不同。一般来讲，教育水平高的地区，消费者对商品的鉴别力强，容易接受广告宣传和接受新产品，购买的理性程度高。

（二）语言文字

语言文字是人类交流的工具，它是文化的核心组成部分。不同国家、不同民族往往有自己独特的语言文字，即使在一个国家，也可能有多种不同的语言文字，即使语言文字相同，表达和交流的方式也可能不同。

延伸阅读

语言文字对营销活动的影响

语言文字的不同对企业的营销活动有巨大的影响。一些企业由于其产品命名与产品销售地区的语言含义等相悖，遭受了巨大损失。例如，美国汽车公司的马塔多（Matador）牌汽车，通常是刚强、有力的象征，但在波多黎各，这个名称意为“杀手”，在交通事故死亡率较高的地区，名称带有这种含义的汽车肯定不受欢迎。可见，语言文字的差异对企业的营销活动是有重大影响的。企业在开展营销时，应尽量了解所在国家的文化背景，掌握其语言文字的差异，这样才能使营销活动顺利进行。

（三）价值观念

价值观念是人们对社会生活中各种事物的态度、评价和看法。不同的文化背景下，人们的价值观念差别很大，而消费者对商品的需求和购买行为深受其价值观念的影响。

（四）审美观

审美观通常指人们对事物的好坏、美丑、善恶的评价。不同的国家、民族、阶层和个人，往往因社会文化背景不同，其审美标准也不一致。

（五）风俗习惯

风俗习惯是人们根据自己的生活内容、生活方式和自然环境，在一定的社会物质生产条件下长期形成并世代相袭的风尚和由于重复练习而巩固下来并变成需要的行为方式等的总称。它在饮食、服饰、居住、婚丧、节日、人际关系等方面，都表现出独特的心理特征、伦理道德、行为方式和生活习惯。

延伸阅读

企业微信助力给员工发红包

2019年1月21日，企业微信“定制红包封面”功能正式上线，企业可以为员工定制微信红包封面，员工领取后，可以在微信发出带有定制封面的特色红包。该功能一经推出就引来众多企业“刷屏”，纷纷“晒”出自己的专属微信红包封面。

发红包是中国人重要的传统民俗。对于企业而言，给员工发红包就是一种“刚需”。员工很重视这种“仪式”性活动带来的心理满足感，而企业也需要用这种方式带给员工一种我在乎你的心理慰藉。此外，企业定制的红包封面，把发红包这个行为与企业形象、公司上下同事间的关系联系到了一起。通过这个平台发出和领到的红包，都会打上公司文化的标记。同时，由于每一封红包都把公司形象印在了“封面”上，也能借助节日的流量效果，让公司文化得到更好的传播。可以预见的是，今年春节期间又将有一波“典型”的企业红包刷屏案例出现。因此，在用户习惯+节日应景推广的模式下，企业微信将在2019年迎来一次大爆发。

资料来源：企业微信推出“定制红包封面”，打响腾讯2019全面TO B“第一枪”.（2019-01-24）. https://www.toutiao.com/i6649961042082267656/.

七、营销环境的新变化

1. 经济变化节奏不断加快。在工业革命期间，人均生产率翻一番需要60年，而中国和韩国的人均生产率翻一番只用了10年时间。

2. 创新和知识爆炸趋势明显。每年因研发而产生的新知识量与20世纪60年代以前人类所有的知识总量相当。

3. 市场竞争压力持续加大。以计算机制造业为例，只有不断降低成本，每年以30%的速度提高产品性能才能保持竞争力。

4. 生产制造可以随处进行。企业一直都在寻找更为有利的生产地点以获得更多的经济利益，现在可以做到在世界上任何一个地方从事生产制造。英国制造业的劳动力成本是德国的一半，却是韩国的2倍。而波兰、泰国、中国和印度尼西亚的劳动力成本更低。

5. 组织结构创新效果明显。伴随对竞争力的不懈追求，新的企业组织结构不断出现，越来越多的企业通过重组、降低营业费用、减少组织层级、合并、创建联盟和伙伴关系等手段来建立优势。

6. 环境保护意识日益增强。企业行为对环境的影响受到更多机构或群体的关注。顾客在要求更多经济利益的同时，越来越注重环境保护。

重要概念

营销环境	营销洞见	营销机会	环境威胁
营销宏观环境	营销微观环境	代理商	经销商
辅助商	供应商	营销中介	价值观念
审美观	社会文化	共享经济	随经济
生产者市场	中间商市场	政府市场	可随意支配个人收入
风俗习惯			

复习题

1. 怎样理解营销环境？营销环境对企业的重要性体现在什么地方？
2. 面对营销环境所带来的机会和威胁，企业可以采取哪些有针对性的策略？
3. 营销微观环境的分析应包含的内容有哪些？
4. 影响消费者支出模式的因素有哪些？它们是怎样影响消费支出的？
5. 在移动互联网时代企业将面临哪些机会与挑战？
6. 营销环境正在发生哪些重大变化？

案例分析

宇节跳动公司的营销环境

2019年1月17日，宇节跳动公司召开会议，指出越来越多的跨国企业将首席营销官（CMO）的职位改为首席增长官（CGO），说明营销的作用日益体现为增长。可眼下，营销环境的巨大变化让增长变得更难，因此营销需要适应环境变化不断创新。

有鉴于此，会议提出了“激发（trigger）-行动（action）-共鸣（sympathizing）”的TAS营销新模型。(1) 激发。通过数据激发和创意激发，形成营销的最短路径。数据激发主要基于用户的兴趣特征、内容需求、场景需求等的数据，提供高精度、高时效、高融合的洞察与发现。(2) 行动。基于内容消费场景和主动探索场景，促成用户的高效行动，并借助企业蓝V等平台与工具实现更有效的粉丝管理。(3) 共鸣。通过创作联盟、平台自制及合作生态等模式，实现UGC内容、PGC内容以及OGC内容[①]，深度沟通品牌与用户，构建移动营销的全生态闭环。

---

① UGC（user-generated content，用户生产内容，也称UCC（user-created content））指通过筛选，从用户那里得到优质的内容，例如新浪博客的草根名博、新浪微博以及各类社区论坛等。随着移动互联网的发展，网上内容的创作又被细分出PGC（professionally-generated content，专业生产内容，也称PPC（professionally-produced content））和OGC（occupationally-generated content，职业生产内容）。UGC和PGC的区别在于有无专业的学识、资质，在所共享内容的领域是否具有一定的知识背景和工作资历。PGC和OGC的区别在于是否领取相应报酬，PGC往往是出于“爱好”，义务地贡献自己的知识，形成内容；而OGC是以职业为前提，其创作内容属于职务行为。

字节跳动公司有今日头条、抖音短视频、火山小视频、西瓜视频、穿山甲等多个产品线。基于营销环境的发展变化，各产品线负责人展示了各自的2019年营销计划。重点内容如下：

（1）今日头条将从内容生产到内容分发，全面释放营销新势能。今日头条将通过社会化生产，无缝连接品牌与创作者；以自制内容打造平台级内容生态；携手顶级内容平台，共建生态合作。今日头条将贴合内容消费场景，通过图文内容、短视频、话题、搜索、小程序等多个流量入口，实现用户的规模化覆盖，构建营销闭环。

（2）抖音将在内容生态建设上投入更多精力，实现明星达人共建、原创音乐扶持、娱乐IP打造及内容深耕。在产品创新上不断衍进，“抖音榜单”如抖音热搜、明星爱DOU榜、DOU听音乐榜助力热门内容持续发酵。在内容生态建设上，抖音将推出更多充满年轻、流行、美好、正能量等元素的IP和计划，打造优质文化内容的发源地。2019年抖音实现营销原点三重助力：感染助力的TV计划、口碑助力的Link计划、承载助力的超级品牌计划，实现抖音营销体系全能布局，营销场景全面贯通。

（3）火山小视频将聚焦城镇休闲、中坚力量、职业技能三大人群圈层，力求实现规模增长（expanse）、娱乐为先（entertainment）、乐于互动（engagement）、圈层影响（elevation）和消费力强（expense）五大目标，为撬动新线市场价值提供全新思路。

资料来源：2019引擎大会：探寻移动营销的增长之道．（2019-01-21）．中国日报网．

思考题

1. 字节跳动公司面临的营销环境有哪些市场机会和威胁？
2. 适应营销环境的发展变化，字节跳动公司制定了哪些营销计划？

第5章

营销调研与市场需求预测 05

本章要点

- 营销调研的主要步骤
- 营销数据分析的主要方法
- 市场需求的含义及相关概念
- 估计当前市场需求的主要方法
- 市场需求预测的主要方法

营销的目的是通过比竞争者更好地满足市场需求，赢得竞争优势，进而取得合理的利润收入。要做到这一点，就必须从研究市场出发，了解市场需求及竞争者的最新动态，开展营销调研，广泛收集营销信息，据此制定营销战略决策。需求测量与预测就是从量的角度将定性分析准确地转换成以产品、区域、顾客等分类来表示的特定需求的定量估计，这是制定营销决策的重要依据，对于正确地进行市场机会分析、营销资源配置、营销控制具有特殊的重要意义。

第1节　营销调研过程

一、营销调研

（一）营销调研的含义与内容

营销调研的真正价值是获得顾客洞察（customer insights）。顾客洞察是由营销信息生成的对顾客和市场的全新理解，企业以此为基础创造顾客价值，建立和维系顾客关系。

所谓营销调研，是指系统地设计、收集、分析并报告与企业营销有关的数据和研究结果的营销活动。企业最主要的研究活动有：市场特性的确定、市场潜量的开发、市场占有率分析、销售分析与竞争分析等。

（二）营销调研技术

调研技术的日益进步为营销调研活动的开展创造了有利条件。在这些调研技术中，凝结着数学、经济学、统计学、社会学、心理学、计算机科学、数据科学与大数据技术等学科的研究成果，营销调研人员要善于学习和引进这些研究技术，并努力将之创造性地应用到营销调研实践中去。

营销调研是一个复杂的过程，包括界定营销问题和调研任务、编制调研计划、收集信息、分析信息、展示调研结果和制定营销决策等（如图5-1所示）。在此过程中，既有定量研究又有定性研究。

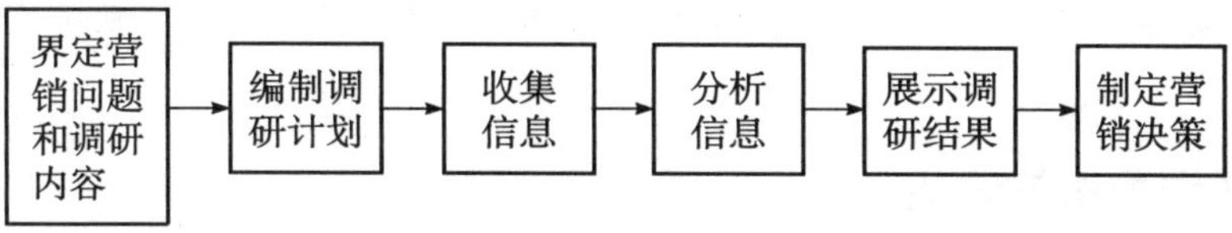

图5-1　营销调研过程

定量研究一般是为了对特定研究对象的总体得出统计结果而进行的。300多年前，牛顿的《自然哲学的数学原理》和配第的《政治算术》开辟了自然科学和社会科学数量化的时代。马克思在评述配第的理论时说："他不是把一连串比较级和最高级词汇同空论拼凑在一起，而是立志要用 terms of number，weight or measure［数字、重量和尺度］来说话，只利用从感观的经验中得出的论据，只研究 as have visible foundations in nature［在自然界中具有可见的根据的原因］。"① 马克思认为：一种科学只有在成功地运用了数学以后，才算达到了完善的地步。②将数学运用于营销学，可以深入揭示仅靠定性分析难以表达的现代市场错综复杂的相互关系及其变动趋势（特别是动态、非线性、不确定的关系），可以提出营销决策的性质、方向、力度和边界，并预测其直接效果和间接效果。在营销调研中，必须高度重视定量研究，以便使收集到的信息和调研得出的结论能够充分反映市场需求和营销环境的客观现实。

定性研究具有探索性、诊断性和预测性等特点，它并不追求精确的结论，而只是了解问题之所在，摸清情况，得出感性认识。定性研究的主要方法包括焦点小组、深度访谈以及各种投影技术等。

二、二手营销数据的收集

营销调研部门将大量的时间与精力用在收集数据上，因为只有收集到充足的原始数据，才有可能得出正确的营销调研结果。所以，营销管理人员必须对收集数据的主要方法有所了解。解决某一问题所需要的信息，也许已经存在，也许尚不存在。经过编排、加工处理的数据，称为二手数据；企业必须亲自收集的数据，称为一手数据或原始数据。一般地，营销调研人员首先考虑的是利用二手数据，因而对二手数据的收集和评价

---

① 马克思，恩格斯．马克思恩格斯全集：第13卷．北京：人民出版社，1962：42.

② 拉法格．忆马克思//拉法格，等．回忆马克思恩格斯．北京：人民出版社，1960：7.

至关重要。

（一）二手数据的主要来源

二手数据主要有四种来源：一是企业内部的信息系统；二是经销商、广告代理商、行业协会的信息系统；三是政府出版物或商业、贸易出版物；四是提供营销信息的企业。

（二）评估二手数据的标准

审查与评估二手数据的标准有三个：(1) 公正性，是指提供该项数据的人员或组织不怀有偏见或恶意。(2) 有效性，是指研究人员是否利用了科学的测量方法来收集数据。(3) 可靠性，是指从某一群体中抽出的样本数据能否准确反映整个群体的实际情况。

三、原始营销数据的收集

当现有数据来源不能提供解决营销问题所需的数据时，企业必须进行原始数据的收集。收集原始数据的主要方法有以下四种。

（一）观察研究

所谓观察研究，是指通过观察相关的人、行为和环境以及正在进行的某一特定营销过程，来收集原始数据的方法。例如，在超市的天花板上安装摄像机，追踪顾客在店内的购物过程，据此考虑重新陈列产品，以便顾客选购；还可以在商店内某些罐头产品货架上安装摄像机，跟踪顾客目光的移动过程，以弄清顾客如何浏览各种品牌产品。此外，观察研究还借助大数据、云计算、物联网、人工智能、脑科学等新兴科技来研究售货技术、顾客行为、顾客反应等营销问题。其主要优点在于客观实在，能如实反映问题。不足之处是运用这种方法很难捕捉到被观察者的内在信息，譬如他们的收入水平、受教育程度、心理状态、购买动机以及对产品的印象等。此外，对被观察者的行为或环境无法加以控制。

（二）实验研究

为了测试特定营销刺激对顾客行为的影响，必须引进若干控制方法。实验研究就是这样一种方法。

1. 实验研究与实验过程。所谓实验研究，是指将选定的刺激措施引入被控制的环境中，进而系统地改变刺激程度，以测定顾客的行为反应。由于排除或控制了许多没有研究意义的因素，研究人员所观察到的影响可以认为是某些刺激措施所致。控制环境的目的在于将那些也可能解释被观察现象的竞争性假设排除掉。如果我们把实验本身视为一个由许多投入影响主体并导致产出的系统，可对实验法有一个更清楚的认识。

(1) 实验主体，是指可被施以行动刺激，以观测其反应的单位。在营销实验中，主体可能是消费者、商店及销售区域等。由于人是营销实验的最后主体，因此必须注意处理好如下问题：测量仪器问题，即如何找到一个能准确地测量知觉、偏好或购买行为的工具；配合组问题，即在实验开始之前如何找到一组可供比较的主体；一致性问题，即在实验中对相同的环境投入因素如何确保其可比性的展露度；反应偏差问题，即如何从参与实验的群体中获得可信赖的行为。

（2）实验投入，是指研究人员将测试其影响力的措施变量。在营销实验中，实验投入可能是价格、包装、陈列、销售奖励计划或其他市场营销变量。

（3）环境投入，是指影响实验投入及其主体的所有因素。在营销实验中，环境投入包括竞争者行为、天气变化、不合作的经销商等。一般来讲，许多环境投入因素对于实验结果并无太大影响，而那些对结果有影响的环境投入则得到了某种程度的控制或至少可加以测量。比较难办的是那些尚未被觉察或虽已被觉察但其对结果的影响不能控制或测量的环境投入。解决这一难题的办法有两种：一是扩大样本量，淡化例外环境因素造成的影响；二是设立一个相当于实验组大小但不接受实验投入因素的控制组，这是因为该控制组能掌握所有非控制投入因素的影响，以利于调整被混淆的实验组产出。

（4）实验产出，也就是实验结果。在营销实验中，这种结果主要包括销售额的变化、顾客态度与行为的变化等。在评估营销刺激的影响时，销售额既是最后的产出也是最有力的产出。为便于对实验结果进行评估，在实验前就应预先制定决策准则。例如，如果两种包装所导致的销售差异等于或大于某数值，则企业应选择那种较受欢迎的包装投入生产；如果两种包装的销售差异小于某一数值，则任何一种包装都可投入生产。在这里，选择销售差异的数值是关键。

2. 实验设计的主要类型。所谓实验设计，是指决定主体数目的多少、实验时间的长短以及控制的类型等。实验设计主要有五种类型。

（1）简单时间序列实验。其主要步骤是：首先，选择若干经销商并检查其每周销售情况；其次，举办展销会并测量其可能的销售额；最后，将该销售额与以前的销售额相比较，做出最后决策。

（2）重复时间序列实验。即将展销会时间延长数周，然后在一段时间内停止展销，再展销一段时间后又停止，如此进行几个循环，在每一个循环期间内都要注意销售额变化，并求出其平均值。在这一过程中，要注意剔除特殊事件的影响。

（3）前后控制组分析。即在展销前首先选定两组经销商，并分别检查其销售状况；其次，只让其中一组举办展销会，同时检查两组的销售状况；最后，比较控制组与实验组的销售状况，并对其销售差异进行统计显著性分析。

（4）阶乘设计。除了举办展销会，营销调研人员还可对其他营销投入措施的影响力量进行实验。这样，实验结果会更具说服力。例如，某企业试图对三种展销会、三种价格水平、三种保证措施进行实验。在这里，有 27 种（即 $3\times3\times3$）实验投入组合，我们可以找到 $27n$ 个（n 为正整数）厂家同时进行实验，以估计不同的展销会、不同的价格水平以及不同的保证措施的个别影响。

（5）拉丁方格设计。上面谈到，阶乘设计法涉及 27 种不同的实验投入组合。如果实验投入因素之间不存在相互联系、相互影响的关系，则可用拉丁方格设计法，仅实验 9 种（即 $3+3+3$）组合，简单估计投入的个别影响。这样，就可以减少多因素实验设计的成本费用。

从本质上说，营销调研的实验活动与自然科学的实验活动是相同的。但是，市场测试、新产品试销等并不是在周密控制的实验室里进行的，而是在现实市场上以鲜活的人群为对象来进行的。因此，在进行实验设计时必须注意那些在实验室实验中无须考虑的因素。

（三）调查研究

企业借助调查研究可以获得较为广泛的数据，它们对许多问题的研究都较具实用性。通过调查可以收集的信息包括社会经济特征，消费者态度、意见、动机以及公开行为等。在营销调研中，调查研究是收集有关产品特征、广告文稿、广告媒体、促销及分销渠道等信息的有效方法。整个调查研究过程由四个主要步骤组成（如图5-2所示）。

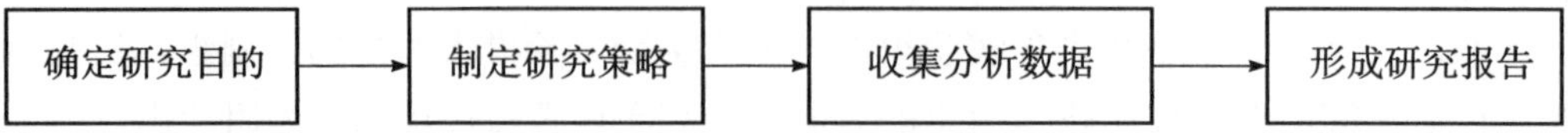

图5-2　调查过程

1. 确定研究目的。研究目的可能是进一步了解市场，也可能是寻求增加销售额的构想，还可能是寻找数据证实或推翻原有的见解。确定研究目的可以使问题进一步简化。

2. 制定研究策略。为实现业已确定的研究目的，研究人员还必须确定调查方法、研究工具与抽样方式。这三方面的内容构成了一套研究策略。

（1）调查方法。调查方法有多种，其中一些调查方法的适宜时间、相对优缺点如表5-1所示。

表5-1　不同调查方法的相对优缺点比较

调查方法	适宜时间	相对优点	相对缺点
入户访问	最多1个小时	可以展示产品或服务； 可以进行较为深入的访问； 访问环境轻松，反馈率高； 较容易控制访问的进行	访问成本高，需要大量的人力和时间； 入户困难； 被调查者容易受到访问人员的影响
街头拦截访问	5～15分钟	访问地点集中，易于监督访问人员的工作； 成本相对于入户访问来说较低	访问环境复杂，可能会影响被调查者作答； 不适合调查复杂或不便公开的问题
传统电话调查	15分钟	费用较为合理； 容易控制访问过程	调查对象受限； 调查内容较为浅显
计算机辅助电话调查	15～20分钟	减少了人工访问的错误； 数据即时输入	需要相应设备
全自动电话调查	15分钟	被调查者自行控制访问； 调查报告生成迅速	对被调查者的要求较高，要会使用电脑
邮寄调查	5～15分钟	调查范围广； 保密性强	调查周期长； 问卷回收率低
网络调查	根据情况而定	不受时间和空间限制； 收集数据迅速	调查对象受限； 被调查者必须会使用电脑及网络

（2）研究工具。研究工具的选择，主要取决于所要收集的信息类型与收集方法。如果只需少量答案，则最好用电话访问或邮寄问卷。拟定一份完善的问卷需要有相当的技巧与学问，并要特别注意问题的类型、措辞、形式以及次序。在问题类型上易发生的错误，主要是提一些无法回答的问题、不愿回答的问题、不必回答的问题，而忽略了必须回答的问题。每个问题都应根据研究目的来确定是否必要。纯属趣味性的问题应予以删除，因为它们只会引起答卷者的厌烦。问题类型确定后，问题形式的不同也会导致不同的调查结果。问题形式有开放式和封闭式两种。开放式问题是指反应者（被访者）可自由回答的问题。反应者的回答方式可能是二选一（称为二元化问题），也可能是多选一（称为多重选择问题），还可能是选择一个数量指标（称为量表化问题）。开放式或封闭式问题的选择，会影响反应者的思路、访问成本以及将来的分析质量。在问题形式确定后，问题措辞也必须慎重处理。问卷设计人员必须力求措辞简明扼要、没有偏见、不引人误答。“是否”“曾否”等措辞与提问的次序有关。一般来讲，开始的提问必须能引起回答者的兴趣，所以开放式问题适宜放在前面提问。凡是困难问题或私人问题都应留在后面，以免回答者因产生厌烦情绪而中断回答。涉及品牌或支持者的问题也应留在后面。中立性问题应合理安排，以免扰乱回答者的思考过程。分类性的问题也应留在后面，因为这类问题一般很难引起人们的兴趣。

（3）抽样方式。抽样调查是一种非全面调查，它是从研究对象中抽取部分单位进行调查，并用调查结果来推断总体的一种调查方法。根据抽取样本单位的方式不同，抽样调查大致可以分为两类：一类是概率抽样，或称随机抽样；另一类是非概率抽样。我国一般只把概率抽样称作抽样调查，而把非概率抽样称为典型调查、重点调查等。抽样调查涉及三个问题：抽样单位、抽样方式及样本数目。抽样单位是指总体中所有被调查的对象或范围。例如对消费者调查的抽样单位可能是某省（或市、县、乡等）的所有消费者家庭。抽样方式随研究目的不同而有所不同，探索性研究仅用非概率抽样程序就可以了，但为了对总体进行正确的定量估计，必须使用随机抽样，使总体中的每一成员被抽中的机会均等，并使总体中的次数分布与样本分布相适应。通常从两方面评价某种抽样方式的优劣：一是精确度标准；二是调查费用的多少。

3. 收集分析数据。在确定了研究策略之后，营销调研人员还需进行数据的实地调查、收集工作。分析数据是指对数据进行整理、编码、分类、制表、交叉分析及其他统计分析的工作过程。

4. 形成研究报告。调查研究的最后一项工作是从大量数据中抽象出重要的证据来证实研究的结果，进而形成系统、完整的研究报告。报告的开始部分要有摘要，把主要发现和建议写出来，而将详细的技术性问题留在报告正文内，待管理人员有时间或有兴趣时再仔细阅读。

（四）专家估计

当企业没有充足的时间来进行一项严谨的科学抽样调查，或即使用科学研究方法也不能收集到适当的数据时，采取专家主观估计的数据不失为一种好办法。

营销调研人员需要从专家那里收集如下判断性信息：点估计（如市场规模的估计

等）、销售反应函数（销售额随营销因素的变化而变化的关系）、某一事件的不确定性、对某些变数的评分或赋予的权数。

营销调研人员在询问上述估计值时，既应清楚地表达出自己需要哪些数据，又要使回答的人容易回答。例如，下面的三个问题初看好像问的是同一件事，但事实上意义不同：（1）你估计最可能达到的销售量是多少？（指众数）（2）假如你有相同机会推销，你估计能销售多少？（指中位数）（3）根据以往的经验，你估计能销售多少？（指算术平均数）

在得到各专家的估计值后，有时还会遇到一个如何平均的问题。如果各估计值很相近，则研究人员可用算术平均数法或中位数法算得综合估计值。如果各估计值相差太大，则研究人员需另找办法。可以邀请专家一起讨论其差异原因，也可以运用某种加权平均法来综合各专家的估计值。权数的确定有四种方式：（1）对各专家的估计值给予相同的权数。（2）对研究人员认为比较高明的专家给予较高的权数。（3）根据专家自己认为的高明程度给予相应的权数。（4）对过去估计较准的专家给予较高的权数。

四、在线营销调研

在线营销调研是指通过互联网调查、在线焦点小组、基于网络的实验或者追踪消费者在线行为来收集原始数据的营销调研过程。其主要方式有：

1. 以互联网作为媒介开展营销调研。企业可以把调查问卷放到网站或社交平台上，也可发送电子邮件邀请人们回答提问。

2. 创建在线面板，提供定期反馈，组织现场讨论，或安排在线焦点小组讨论，借以收集营销信息。

3. 网上实验调研。企业可以在不同的网站、不同的时间进行实验，以不同的价格、头条新闻或产品特征，来调研、测试、了解消费者的反应，比较各种营销决策的相对优势。

4. 建立虚拟购物环境。利用虚拟购物环境来测试顾客对新产品的反应，调研相应营销计划的可行性。当顾客访问虚拟网站或转向其他网站时，企业可以根据点击率了解其购买行为特征。

在线营销调研比传统的调研方式收到调研结果的回复率高、速度快，而花费的成本低，尤其是省去了邮资、电话、采访和数据处理的成本。样本规模对成本的影响微乎其微。一旦调查问卷设置完毕，10个受访者和10万个受访者的在线成本差别不大。调研人员借助电子邮件或在特定网站上发布信息的方式，轻松快速地同时对数以千计的受访者进行调查。由于受访者自己输入信息，回复可以瞬间完成。信息一到，调研人员就可以汇总、审核、共享调研数据。基于互联网的调查往往更具有趣味性、互动性和吸引力，更容易得到受访者的配合与支持，因而回复率更高，受访者的覆盖面更广。

在线营销调研既可以基于互联网开展定量调查和收集数据，又可以通过在线焦点小组、微信、博客和社交网络开展定性研究。利用网络会议在世界任何地方、任何时间都可以和偏远地区的参与者进行焦点小组访谈。所谓在线焦点小组，就是指在网络上聚集一组人，与训练有素的主持人讨论产品、服务或组织，以便获得有关消费者态度和行为的定性洞察。在线焦点小组的参与者可以使用自己的网络摄像头，在家里或办公室登录焦点小组会议，了解访谈内容，进行实时互动和面对面的讨论。在线焦点小组可以在任何语言环境中进行，并可同声传译，将来自不同国家和地区的人有效地联系在一起。调研人员几乎可以在任何地方实时查看访谈现场，省去了旅行、住宿和设备成本。

在线营销调研的不足之处是无法控制样本。如果看不到受访者，调研人员很难知道受访者是些什么样的人。为解决这一问题，不少企业使用选定社区和受访者面板的方法进行在线调研，也有企业致力于开发自己的社交网络，用以获取顾客信息和顾客洞察。

第2节　营销数据分析

在收集了大量数据之后，营销调研人员还必须借助多变量统计技术将数据中潜在的各种关系揭示出来。

一、多变量统计技术

多变量统计技术包括分析两个或两个以上变量间关系的各种技术，可归纳为两大类：一类是为综合评价服务的方法，即分析某一事物的各种特性以及这些特性之间的相互关系，并将有关数据归纳为少数几个综合特征值的方法，包括因素分析、主成分分析、聚类分析、多维尺度分析、潜伏结构分析等。另一类是为预测服务的方法，即把列举出的特性区分为说明变量和基础变量，根据从说明变量中得出的信息来预测基础变量的方法，包括多元回归分析、方差分析、协方差分析、虚变量多元回归分析、自动干扰探测分析、判别分析、虚变量判别分析、联合测定分析、规范关联分析、多元方差分析等。

二、测定尺度

在定量研究中，信息都是用某种数字来表示的。在对这些数字进行处理、分析时，首先要明确这些信息数据是依据何种尺度进行测定、加工的。一般来讲，可以将尺度分为四种类型。

1. 定类尺度。定类尺度（nominal scale）也称列名尺度、类别尺度、名目尺度、名义尺度，是测量尺度中层次最低的计量尺度，遵循互斥和穷尽两个原则。定类尺度是指按照某种属性对事物进行分类，且各类是并列平行关系的一种测量尺度，是判断“属于/不属于”的基准。它用于测量定类变量，如性别分为男和女两类，可以用编号 1 表示男，编号 2 表示女。但这里的数字（如 1 和 2）并不能区分大小或进行加减乘除数学运算，只能计算各类别的频数或频率。在市场调查中，定类尺度常被用来度量被访问者、品牌、商店、属性等对象。

2. 定序尺度。定序尺度（ordinal scale）也称顺序尺度、次序尺度、序列尺度、等级尺度，比定类尺度高级，不仅能将事物分成不同的类别，还可以确定这些类别的优劣或顺序，是判断“A比B……”的基准。它是对事物之间等级差别和顺序差别的一种测量尺度。它不仅可以测量类别差，还可以测度次序差。如文化程度分为大专及以上、高中、初中、小学及以下四类，编号分别为4，3，2，1。这里的数字除了可以计算各类别的频数或频率外，还可以比较大小，但不能进行加减乘除数学运算。在市场调查中，定序尺度常被用来度量相对态度、意见、感觉、偏好等。

3. 定距尺度。定距尺度（interval scale）也称间隔尺度、间距尺度、区间尺度、等距尺度，度量层次高于定序尺度，不仅能将事物分成不同类别进行排序，还可以准确地计量它们之间的差距。定距尺度是测量事物之间等级差别和顺序差别的一种尺度。例如考试成绩，90分比80分高10分。这里的数据除了可以分类或比较大小外，还可以进行加减运算。由于没有“绝对零点”，因此不能进行乘除运算。在市场调查中，等级量表中的态度经常被作为定距变量处理。

4. 定比尺度。定比尺度（ratio scale）也称比率尺度、等比尺度、比例尺度，是最高层次的度量尺度，除具有以上三种尺度的所有特性外，还具有“绝对零点”。因此，定比尺度除了可以分类、比较大小以及进行加减运算外，还可以进行乘除运算，计算测度值间的比值。总之，定比尺度是一种具备定类、定序和定距尺度的所有特性，而且可以进行加减乘除运算的测量尺度。例如收入，0表示“没有收入”，这样的0称为“绝对零点”，这时不仅可以说1 000元比800元多200元，还可以说1 000元是500元的2倍。而对于定距变量，如温度是0℃就不能说是“没有温度”，也不能说温度为30℃是15℃的2倍。一般来说，定比尺度的数据不可能取负值。在营销调研中，销售额、成本、市场份额、消费者数量等都是定比变量。

在营销调研中，很多内容或研究项目都不具备比例尺度或间距尺度的条件，应注意在处理这些问题时，不要出现失误。[①]

第3节　市场需求测量

企业从事需求测量，主要是进行市场需求和企业需求两个方面的测量和预测。市场需求和企业需求的测量都包括需求函数、预测和潜量等重要概念。

一、市场需求

估计某个产品的市场需求是评价营销机会的重要步骤，但在大多数情况下，人们对市场需求含义的理解并不准确。市场需求的确切定义应当是：某个产品的市场需求是指一定的顾客在一定的地理区域、一定的时间、一定的营销环境和一定的营销方案下购买的总量（如图5-3所示）。

---

① 郭国庆．市场营销管理：理论与模型．北京：中国人民大学出版社，1995：124.

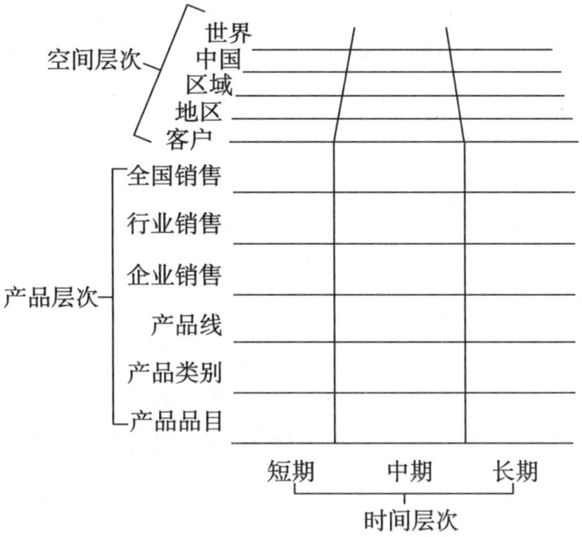

图 5－3 99 种（6×5×3）市场需求

（一）营销力量与市场需求

营销视角 2019 年中国 PC 市场预测

市场需求一般对产品价格、产品改进、促销和分销等都表现出某种程度的弹性。因此，预测市场需求必须掌握对产品价格、产品特征以及营销预算等的假设。我们可用营销力量（marketing efforts）来描述企业所有刺激市场需求的活动。其影响力可分为四个层次：（1）营销费用水平，即所有花费在营销上的支出。（2）营销组合，即在特定期间内企业所用营销工具的类型与数量。（3）营销配置（marketing allocation），即企业营销力量在不同顾客群体及销售区域的配置。（4）营销效率，即企业运用营销费用的投入产出比。

（二）市场反应函数

市场需求不是一个固定的数值，而是一个函数，即市场需求受以上讨论的诸因素的影响。因此，市场需求也称为市场需求函数或市场反应函数（见图 5－4）。在图 5－4 中，横轴表示在一定时间内行业营销费用，纵轴表示受市场营销费用影响的市场需求的大小，曲线表示所估计的行业营销费用与市场需求之间的对应关系。

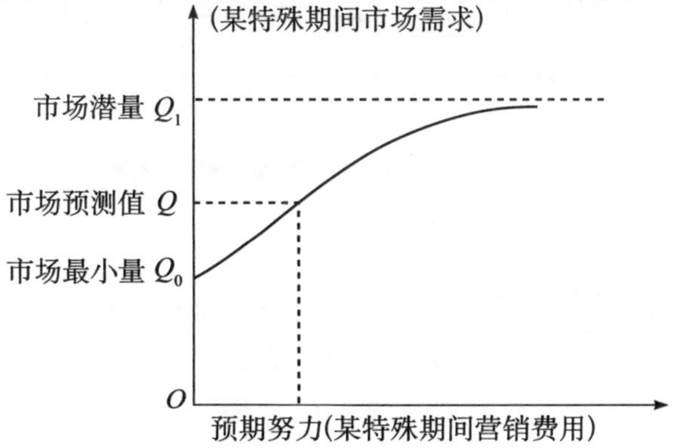

图 5－4 行业营销费用

可以想象，即使没有任何需求刺激，不开展任何营销活动，市场对某种产品的需求仍会存在，我们把这种情形下的销售额称为基本销售量（亦称市场最小量）。随着行业营销费用的增加，市场需求一般亦随之增加，且先以逐渐增加的比率增加，然后以逐渐降低的比率增加。在营销费用超过一定数量后，即使营销费用进一步增加，市场需求也不再随之增长。一般把市场需求的最高界限称为市场潜量。

市场最小量与市场潜量之间的距离表示需求的营销灵敏度，即表示行业营销对市场需求的影响力。市场有可扩张市场和不可扩张市场之分。可扩张市场是指需求规模受营销费用水平的影响很明显的市场，如服装、家电、旅游市场等。不可扩张市场是指几乎不受营销水平影响，其需求不会因营销费用增长而大幅度增长的市场，如食盐、医疗市场等。需要指出的是，市场需求函数并不是随时间变化而变化的需求曲线，即它并不直接反映时间与市场需求的关系。市场需求曲线只表明当前营销力量与当前需求的关系。

二、市场预测与市场潜量

行业营销费用可以有不同的水平，但是在一定的营销环境下，考虑到企业资源及发展目标，行业营销的费用水平必须是有计划的。与预定的营销费用相对应的市场需求称为市场预测。这就是说，市场预测表示在一定的环境条件和营销费用情况下估计的市场需求。

市场预测是估计的市场需求，但它不是最大的市场需求。最大的市场需求是指对应于最大的营销费用的市场需求，这时，进一步增强营销力量，不会刺激产生更大的需求。市场潜量是指在一定的营销环境条件下，当行业营销费用逐渐增高时，市场需求达到的极限值。营销环境变化深刻地影响着市场需求的规模、结构以及时间等，也深刻地影响着市场潜量。例如，对于某种产品来说，市场潜量在经济繁荣时期要比在萧条时期高。这种关系可以用图5-5表示。企业一般无法改变市场需求曲线的位置，因为这是由营销环境决定的，企业只能根据营销费用水平，确定市场预测在函数曲线上的位置。

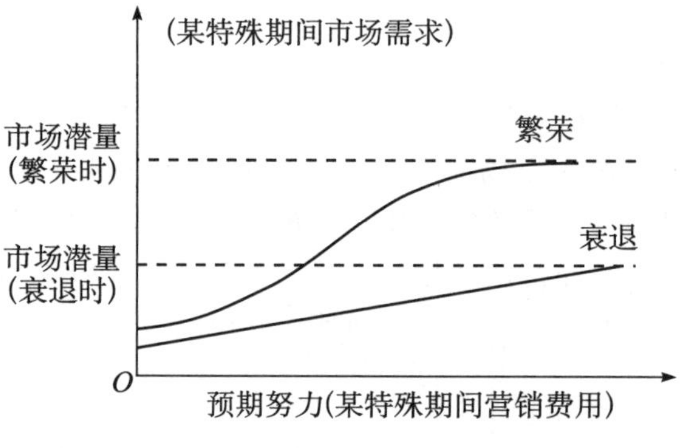

图5-5 营销环境对市场潜量的影响

三、企业需求

营销视角 展望2019：职业教育市场需求旺盛

企业需求就是在市场总需求中企业所占的需求份额，公式为：

$$Q_i = S_i Q$$

式中，Q_i 为企业 i 的需求；S_i 为企业 i 的市场占有率，即企业在特定时间内，在特定市场上某产品销售额占总销售额的比例；Q 为市场总需求。与市场需求一样，企业需求也是一个函数，称为企业需求函数或销售反应函数。根据上式，可以看出，它不仅受市场需求决定因素的影响，还受任何影响企业市场占有率因素的影响。营销理论认为，各个竞争者的市场占有率同其营销力量成正比。

四、企业预测与企业潜量

企业需求表示受不同水平的企业营销力量刺激所产生的企业预计销售额。也就是说，营销力量的大小决定了销售额的大小。与计划水平的营销力量相对应的一定水平的销售额，称为企业销售预测。因此，企业销售预测就是根据企业确定的营销计划和假定的营销环境确定的企业销售额的估计水平。

企业潜量是指当企业的营销力量相对于竞争者不断增加时，企业需求所达到的极限。很明显，企业需求的绝对极限是市场潜量。如果企业的市场占有率为 100%，即企业成为独占者时，企业潜量就等于市场潜量。但这只是一种极端状况。在大多数情况下，企业销售量小于市场潜量。这是因为，每个企业都有自己的忠诚购买者，他们一般不会转而购买其他企业的产品。

第 4 节　估计当前市场需求

企业估计当前市场需求，就是要测量总市场潜量、区域市场潜量、实际销售额和市场占有率。

一、总市场潜量

总市场潜量就是指在一定时期内，在一定水平的行业市场营销力量下，在一定的环境条件下，一个行业中所有企业可能达到的最大销售量。用公式表示为：

$$Q=nqp$$

式中，Q 为总市场潜量；n 为既定条件下特定产品的购买者数量；q 为平均每个购买者的购买数量；p 为产品价格。

企业计算出总市场潜量后，还应把它同现有市场规模进行比较。现有市场规模是指目前实际购买的数量或金额。显然，它总是小于总市场潜量。估计现有市场规模占总市场潜量的比例，对于制定正确的营销决策十分重要。在图 5 - 6 中，A、B 表明现有市场规模占总市场潜量的很大比例，也就是说，可能购买该产品的顾客大部分都已经购买了。C、D 表明现有市场规模只占总市场潜量的一半左右，这是典型的新产品进入市场的情形。

从市场占有率来看，A、C 表示企业的市场占有率很低，B、D 表示企业的市场占有率较高。无论企业的市场占有率高还是低都有两种选择：一是争取竞争者的顾客；二是争取尚未开发的市场潜量。在 D 的情况下，企业的市场占有率已经很高，所以，它的最佳选择是争取尚未开发的市场潜量。而在 C 的情况下，企业可以采取上述二者之一。

还有一个重要概念，即可达市场（served market）。所谓可达市场，是指企业产品可达并可吸引到的所有购买者。在图 5 - 6 中 C 的情况下，由于企业的价格对其他竞争者的顾客没有吸引力，因此，它无法渗透到其他竞争者的市场。然而，由于企业产品只销售到全国某一区域，尽管其现有市场占有率极低，其可达市场占有率却很高。因此，企业的最佳选择是争取其可达市场中尚未开发的部分，而不是去争取竞争者的顾客。

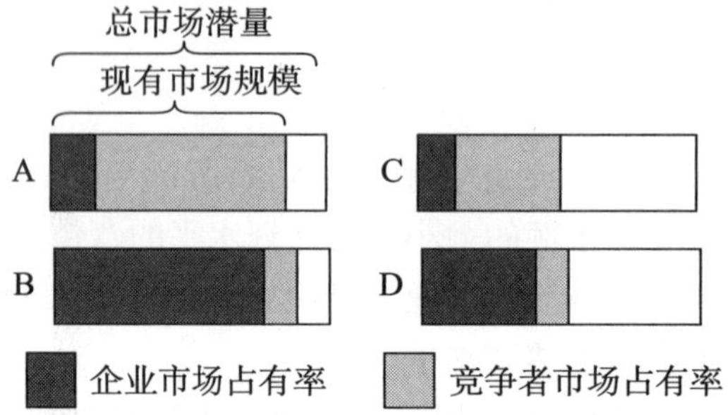

图 5-6　总市场潜量、现有市场规模和企业市场占有率

二、区域市场潜量

企业不仅要计算总市场潜量，还要选择欲进入的最佳区域，并在这些区域内最佳地分配其营销资源，评估其在各个区域的营销效果。为此，企业有必要估计各个不同区域的市场潜量。目前使用较为普遍的有两种方法：市场累加法和购买力指数法。产业用品生产企业一般使用前者，消费品生产企业则多采用后者。

1. 市场累加法。所谓市场累加法，是指先确认某产品在每一个市场的可能购买者，之后将每一个市场的估计购买潜量加总合计。当企业掌握所有潜在买主的名单以及每个人可能购买产品的估计量时，可直接应用市场累加法。

2. 购买力指数法。所谓购买力指数法，是指借助与区域购买力有关的各种指数（如区域购买力占全国总购买力的百分比，该区域个人可支配收入占全国的百分比，该区域零售额占全国的百分比，以及居住在该区域的人口占全国的百分比等）来估计其市场潜量的方法。

延伸阅读

区域市场潜量的计算

在某地区，可利用下面的相对购买力指数公式计算其区域市场潜量：

$$B_i = 0.5Y_i + 0.3R_i + 0.2P_i$$

式中，B_i为i区域购买力占全国总购买力的百分比；Y_i为i区域个人可支配收入占全国的百分比；R_i为i区域零售额占全国的百分比；P_i为居住在i区域的人口占全国的百分比。

上述公式可用于反映许多消费品的市场潜量，但不包括奢侈品。而且，这种加权也不是一成不变的，产品不同，权数应有所调整。企业可以利用回归分析法求出最适合其产品的权数，来估计其产品的区域市场潜量。

需要说明的是，区域市场潜量的估计只能反映相对的行业机会，而不是相对的企业机会。各企业可以用公式中未考虑的因素来修正所估计的市场潜量。这些因素包括品牌占有率、竞争者类型与数目、销售力量的大小、物流系统、区域性促销成本、当地市场的特点等。

三、估计实际销售额和市场占有率

企业不仅要估计总市场潜量和区域市场潜量，还要了解本行业的实际销售额。也就是说，企业还要识别竞争者并估计它们的销售额。根据国家统计部门公布的统计数字，企业可以了解到本行业总的销售状况，并将企业销售状况与整个行业发展相比较，评价企业发展状况。例如，如果企业的销售额年增长率为 6%，而整个行业的增长率为 10%，这就意味着企业的市场占有率在下降，企业在行业中的地位已被削弱，而竞争者却发展迅速。

第 5 节　市场需求预测

企业从事销售预测，一般要经过三个阶段，即环境预测、行业预测和企业销售预测。环境预测就是分析通货膨胀、失业、利率、消费者支出和储蓄、企业投资、政府开支、净出口以及其他一些重要因素，最终做出对国民生产总值的预测。以环境预测为基础，结合其他环境特征进行行业销售预测。最后，根据对企业未来市场占有率的估计，预测企业销售额。市场需求预测的主要方法有以下几种。

|营销视角|　2020 年中国古玩艺术品销售预测

2018 年是全球投资市场热点多、期望高、变化大的一年，也是中国艺术品市场发展过程中最为牵动人心的一年。进入 2019 年，投资者、资本运作商纷纷将注意力投向古玩艺术品市场，因为各路精英已经嗅到了该领域未来发展硕果的诱惑。古玩艺术品市场的增值趋势，将会影响到未来全球经济的发展以及个人财富的增长。随着社会增量资金不断扩大，民间大量古玩艺术品需求被极大地释放。专家预测，2020 年中国古玩艺术品市场将达到 8 000 亿元。

资料来源：福羲小颖．福羲预测：中国古玩艺术品市场 2020 年将达到八千亿．(2019-01-04)．百家号．

一、购买者意向调查法

购买者意向调查法是指通过一定的调查方式选择一部分潜在购买者，直接向他们征询未来某一时期购买商品的意向，并以此为基础对市场需求做出预测的方法。市场总是由潜在购买者构成的，预测就是预估在给定条件下潜在购买者的可能行为，即要调查购买者。这种调查的结果比较准确可靠，因为只有购买者自己才知道将来会购买什么和购买多少。

在满足以下三个条件的情况下，购买者意向调查法比较有效：(1) 购买者的购买意向是明确清晰的。(2) 这种意向会转化为实际购买行动。(3) 购买者愿意把其意向告诉调查者。

二、销售人员综合意见法

销售人员综合意见法是指将具有丰富的销售经验的人员组织起来，先由预测者向其介绍预测目标、内容和预期的市场形势等背景情况，要求其利用平时掌握的信息再结合提供的背景，对市场需求前景提出自己的预测意见，最后由预测者进行综合分析，得出预测结论的方法。在不能直接与顾客见面时，企业可以通过听取销售人员的意见估计市场需求。销售人员综合意见法的主要优点是：(1) 销售人员经常接近购买者，对购买者意向有较为全面深刻的了解，比其他人有更充分的知识和更敏锐的洞察力，尤其是对受技术发展变化影响较大的高科技产品。(2) 由于销售人员参与企业预测，因而他们对上级下达的销售任务有较大的信心完成。(3) 通过这种方法，也可以获得按产品、区域、顾客或销售人员划分的各种销售预测。

一般情况下，销售人员所做的需求预测必须经过进一步修正才能利用。这是因为：(1) 销售人员的判断总会有某些偏差，受近期销售业绩的影响，其判断可能会过于乐观或过于悲观，即常常走极端。(2) 销售人员可能对经济发展形势或企业的营销总体规划不了解。(3) 为使其下一年度的销售大大超过任务指标，以获得升迁或奖励的机会，销售人员可能故意压低其预测数字。(4) 销售人员也可能对这种预测没有足够的知识、能力或兴趣。

三、专家意见法

专家意见法是指集合有关领域的专家意见、经验、知识和判断能力进行市场预测的一种方法。企业也可以利用诸如分销商、供应商及其他一些专家的意见进行预测。由于这种方法是以专家为索取信息的对象，用这种方法进行预测的准确性，主要取决于专家的专业知识和与此相关的科学知识基础，以及专家对市场变化情况的洞悉程度，因此依靠的专家必须具备较高的专业水平。

利用专家意见有多种方式。如组织一个专家小组进行某项预测，这些专家提出各自的估计，然后交换意见，最后经过综合，提出小组的预测。这种方式的缺点是，小组成员容易屈从于某个权威或者大多数人的意见（即使这些意见并不正确），不愿提出与众不同的看法；或者虽然认识到自己的意见错了，但碍于情面不愿意当众承认。

现在应用较普遍的方法是德尔菲法。其基本过程是：先由各个专家针对所预测事物的未来发展趋势独立提出自己的估计和假设，经调查主持者审查、修改，提出意见，再发回到各位专家手中，这时专家们根据综合的预测结果，参考他人意见修改自己的预测，即开始下一轮估计。如此往复，直到各专家对未来的预测基本一致为止。

专家意见法的主要优点是：(1) 预测过程迅速，成本较低。(2) 在预测过程中，各种不同的观点都可以表达并加以调和。(3) 如果缺乏基本的数据，可以运用这种方法弥补。

专家意见法的主要缺点是：(1) 专家意见未必能反映客观现实。(2) 责任较为分散，估计值的权数相同。(3) 一般仅适用于总额的预测，而用于区域、顾客群、产品大类等的预测时，可靠性较差。

四、市场试销法

市场试销法是指在小范围内进行产品销售试验，调查消费者对试销产品的反应和购买态度，测试其对企业营销计划的反应，收集其购买、重复购买的相关数据，并以此为基础进行市场预测的方法。企业收集到的各种意见的价值，不管是购买者、销售人员的意见，还是专家的意见，都取决于获得各种意见的成本、意见可得性和可靠性。如果购买者对其购买并没有认真细致的计划，或其意向变化不定，或专家的意见并不十分可靠，就需要利用市场试销这种预测方法。特别是在预测一种新产品的销售情况和现有产品在新的地区或通过新的分销渠道的销售情况时，利用这种方法效果最好。

市场试销法预测需求基于这样的原则：购买产品的人或者是新消费者（试用者），或者是重复购买者，通过预测新消费者购买数和重复购买者购买数并加总，就可以预测出新产品的销售量。

预测销售总量＝试用量＋重复量
＝目标人口数×试用率×每次试用购买量
＋重复购买率×试用人口×每个顾客重复购买量×重复次数

式中，试用率＝试用人数/测试总人数。①

五、时间序列分析法

时间序列分析法是指将经济发展的趋势、企业销售额的周期变动和时间变动以及不确定事件等的观察值，按照时间序列加以统计，并运用数理方法进行时间推移研究，以此为基础来预测未来市场需求的方法。很多企业以过去的资料为基础，利用统计分析和数学模型分析预测未来需求。这种方法的根据是：(1) 过去的统计数据之间存在一定的关系，而且这种关系利用统计方法可以揭示出来。(2) 过去的销售状况对未来的销售趋势有决定性影响，销售额只是时间的函数。因此，企业可以利用这种方法预测未来的销售趋势。

时间序列分析法的主要特点是，以时间推移研究和预测市场需求趋势，不受其他外界因素的影响。不过，在环境发生较大变化，如国家政策发生变化时，根据过去的数据进行预测往往会有比较大的偏差。

六、直线趋势法

直线趋势法是运用最小平方法进行预测，用直线斜率来表示增长趋势的一种外推预测方法。其预测模型为：

$$y=a+bx$$

式中，a 为直线在 y 轴上的截距；b 为直线斜率，代表年平均增长率；y 为销售预测的趋势值；x 为时间。

根据最小平方法原理，先计算 $y=a+bx$ 的总和，即

---

① 法里斯，本德勒，普法伊费尔，等．营销量化指标：第2版．北京：中国人民大学出版社，2007：115.

$$\sum y = na + b\sum x$$

然后计算 $\sum xy$ 的总和，即

$$\sum xy = a\sum x + b\sum x^2$$

上述两个公式的共同因子是 $\sum x$。为简化计算，可将 $\sum x$ 取 0，其方法是：若 n 为奇数，则取 x 的间隔为 1，将 $x=0$ 置于资料期的中间一期；若 n 为偶数，则取 x 的间隔为 2，将 $x=-1$ 与 $x=1$ 置于资料期的中间上下两期。

当 $\sum x=0$ 时，上述两个公式分别变为：

$$\sum y = na$$

$$\sum xy = b\sum x^2$$

式中，n 为年份的数目。由此可计算出 a，b 的值分别为：

$$a=\frac{\sum y}{n}, \qquad b=\frac{\sum xy}{\sum x^2}$$

所以 $$y=\frac{\sum y}{n}+\frac{\sum xy}{\sum x^2}\cdot x$$

延伸阅读

直线趋势法的计算示例

假设某企业 2014—2018 年的销售额分别为 480 万元、530 万元、570 万元、540 万元、580 万元，现需运用直线趋势法预测 2019 年的销售额。由于 $n=5$ 为奇数，且 x 的间隔为 1，故可将 $x=0$ 置于资料期的中央一期（即 2016 年），x 的取值依次为 -2，-1，0，1，2；xy 依次为 -960，-530，0，540，1 160；x^2 依次为 4，1，0，1，4，所以

$$\sum y=2\ 700, \qquad \sum xy=210, \qquad \sum x^2=10$$

将有关数据代入计算公式，则得

$$y=\frac{2\ 700}{5}+\frac{210}{10}\cdot x=540+21x$$

由于需预测 2019 年的销售额，所以 $x=3$，代入上式，得

$$y=540+21\times 3=603(\text{万元})$$

即 2019 年的销售额将为 603 万元。

七、统计需求分析法

时间序列分析法把过去和未来的销售都看作时间的函数，即仅随时间的推移而变化，不受其他任何现实因素的影响。然而，任何产品的销售都要受到很多现实因素的影响。统计需求分析法就是运用统计学方法发现影响企业销售的最重要的因素，研究这些

因素与产品销售之间的关系，将产品销售量看作一系列独立的需求变量的函数，运用多元回归分析建立反映需求变量与销售量之间关系的预测模型，进行市场需求预测的一种方法。企业经常分析的因素主要有价格、收入、人口和促销等。

统计需求分析将销售量 Q 视为一系列独立需求变量 X_1，X_2，…，X_n 的函数，即

$$Q=f(X_1, X_2, \cdots, X_n)$$

八、多属性态度模型法

近年来，多属性态度模型在市场调研与需求预测中特别流行。这种类型的模型假设消费者对品牌的态度取决于其对该品牌的多个属性的评价。多属性态度模型的运用意味着可以通过得到特定的信念并将其综合起来，推导出一种测量消费者总体态度的方法，用来预测消费者对一种产品或品牌的态度。

最有影响力的多属性态度模型是费舍宾模型（Fishbein model），该模型是以最初的提出者费舍宾（Fishbein）来命名的。这个模型量化了态度的三个要素：产品属性、属性权重和品牌信念。综合这三个要素，就可以计算出消费者对某一品牌的总体态度，基本公式是：

$$A_O=\sum_{i=1}^{n}B_iE_i$$

式中，B_i 表示消费者对待品牌拥有的第 i 个属性的信念强度；E_i 表示消费者对第 i 个属性的偏好程度；n 代表品牌具有属性的数量；A_O 代表消费者对待品牌的总体态度。通过将消费者对所考虑的所有品牌中每个属性的评价与这一属性的权重相乘，就可以得出消费者总体的态度分数。为了理解这个多属性态度模型如何起作用，让我们预测小李最有可能上哪一所大学。经过几个月的等待，小李收到了四所大学的通知。她必须在其中做出选择。我们首先要知道，哪种属性在小李形成对大学的态度时是首要考虑的。可以让小李在大学的每个属性上做出评价，并且确定这些属性对她的相对重要程度。

通过加权每个属性的分值，即将属性的得分乘以该属性的权重再求和，我们可以得到她对每个学校的态度总体分值。这些假设的评价如表 5－2 所示。根据这些分析，看起来小李对 A 大学的态度最好。她显然是想到一所具有良好学术声誉的女子大学去上学，而不是去一所提供很多运动项目或社交氛围很浓的大学。

表 5－2　多属性态度模型的应用

属性	信念				
	重要程度	A大学	B大学	C大学	D大学
学术声誉	6	8	9	6	3
女校	7	9	3	3	3
费用	4	2	2	6	9
与家距离	3	2	2	6	9
运动项目	1	1	2	5	1
社交氛围	2	1	3	7	9
图书馆设施	5	7	9	7	2
态度分数		163	142	153	131

需要说明的是，需求预测是一项十分复杂的工作。实际上只有特殊情况下的少数几种产品的预测较为简单，如未来需求趋势相当稳定，或没有竞争者存在（如公用事业），或竞争条件比较稳定（如纯粹垄断的产品生产）等。大多数情况下，企业经营的市场环境是不断变化的，由于这种变化，总市场需求和企业需求都是变化的、不稳定的。需求越不稳定，就越需要精确的预测。这时准确地预测市场需求和企业需求就成为企业成功的关键，因为任何错误的预测都可能导致库存积压或存货不足，出现销售额下降或断货等不良后果。

重要概念

营销调研	顾客洞察	实验主体	实验投入
环境投入	实验产出	市场反应函数	总市场潜量
市场累加法	购买力指数法	可达市场	营销灵敏度
市场潜量	营销配置	营销效率	观察研究
实验研究	调查研究	定类尺度	定序尺度
定距尺度	定比尺度		

复习题

1. 企业可以采用哪些方法来收集原始数据？
2. 实验设计的类型有哪几种？
3. 什么是市场需求？它与营销力量之间存在什么关系？
4. 市场潜量与企业潜量之间的区别是什么？
5. 估计区域市场潜量的方法有哪几种？分别怎样使用？
6. 如何用多属性态度模型法进行需求预测？

案例分析

麦当劳奶昔的营销调研

2019年的麦当劳，一上来就给客户送了年度“第一桶金”。名字里有“金”的都可以去麦当劳免费领取“一桶金”。从这“第一桶金”开始，麦当劳就开始走上了金光闪闪的道路。

两年前，麦当劳曾推出一款巧克力三叶草双层奶昔。为了让消费者同时品尝到巧克力和薄荷两种口味，公司请谷歌团队设计了一种吸管，能同时喝到最底下的咖啡、中间层的奶油薄荷以及最上层的奶昔。这根吸管形似秸秆，在弯曲的部分打了三个孔，借助流体力学原理，确保消费者第一口就可以吸到50%巧克力与50%薄荷完美配比的奶昔，而不用等上下两层慢慢融化。

为了增加店内奶昔的销量，麦当劳曾请哈佛商学院教授克莱顿·克里斯坦森(Clayton Christensen)及其团队协助开展营销调研。经过一系列的现场观察、问卷调查和深度访谈，克莱顿团队发现了一个有趣的现象：大约有50%的奶昔是早上卖掉的，而买奶昔的几乎是同一批客户，他们只买奶昔，并且所有购买者基本上是开车打包带走的。

调研团队又开展了更深入的访谈、观察和分析，结果发现，原来这些买奶昔的顾客每天一大早都有同样的事情要做：要开很久的车去上班，路上很无聊，开车时就需要做些事情让路程变得有趣一点；想买东西吃的时候并不是真的饿，但是大约2小时后，也就是大致上午和中午的中间时段他们就会饥肠辘辘了。他们通常会怎样解决这些问题呢？有人试过吃香蕉，但发现香蕉消化得太快，很快又饿了。也有人试过吃面包圈，但面包圈太脆会掉屑，边吃边开车，弄得到处都是。还有人吃过士力架巧克力，但是早餐吃巧克力总觉得对健康不利。而奶昔无疑是最合适不过的。用细细的吸管吸厚厚的奶昔要花很长时间，并且基本上能抵挡住阵阵来袭的饥饿感。有位受访者说："这些奶昔真够稠的！我一般要花20分钟才能用那根细细的吸管吸干净。谁会在意它的营养成分呢！我就不在乎。我就知道整个上午都饱了，而且奶昔杯刚好能与我的茶杯座配套。"

在掌握以上需求信息之后，麦当劳对如何改进奶昔感觉轻而易举。如何才能帮顾客更好地打发无聊的开车时间呢？那就是，让奶昔再稠一些，让顾客食用时间更长一点。为此，可以考虑加上一点果肉，虽然不一定让每个消费者都觉得健康，却能给顾客无聊的旅程增添小小的惊喜。还可以把制作奶昔的机器搬到柜台前，让消费者不用排队，刷卡自助取用等。这些创意付诸实施之后，极大提高了奶昔的销量。

资料来源：麦当劳为了这杯奶昔，竟发明了全新的吸管，一根能喝到多种口味．(2018-09-21)．爱奇艺；麦当劳2019年首支广告，解决人们新年第一个痛点．(2019-01-04)．麦迪逊邦；我居然在麦当劳赚到了2019第一桶金！．(2018-12-26)．搜狐网；为了卖新品奶昔，麦当劳把他们家吸管搞成了苹果风．(2017-02-17)．中关村在线；细分市场怎么找？麦当劳有话说．(2016-10-27)．搜狐网．

思考题

1. 麦当劳是如何开展奶昔需求的营销调研的？

2. 假如你是该调研项目的负责人，你还将采取哪些措施来进一步提升营销调研的准确性？

第6章

消费者市场及其购买行为 06

本章要点

- 消费者市场的含义及特点
- 影响消费者购买行为的因素
- 消费者购买决策过程的主要参与者
- 消费者购买行为的主要类型
- 消费者购买决策过程的主要步骤
- 影响消费者满意程度的主要因素

成功的营销者是那些能够有效地开发对消费者有价值的产品，并运用富有吸引力和说服力的方法将产品有效地呈现给消费者的企业和个人。因而，研究影响消费者购买行为的主要因素及其购买决策过程，对于开展有效的营销活动至关重要。

第1节　消费者市场

一、消费者市场的含义

按顾客购买产品和服务的目的或用途的不同，市场可分为组织市场和消费者市场。消费者市场是指所有为了满足个人消费而购买产品和服务的个人和家庭所构成的市场。生活消费是产品和服务流通的终点，故消费者市场也称为最终产品市场。一般而言，组织市场虽然购买数量庞大，但最终服务对象还是消费者，仍要以满足消费者的需要为中心。

二、消费者市场的特点

1. 分散性。从交易的规模和方式看，消费者市场购买者众多，市场分散，成交次数频繁，但交易数量零星，绝大部分产品和服务都通过中间商销售，以方便消费者购买。因此，面向消费者市场的企业应特别注意分销渠道的选择、设计及管理。

2. 差异性。消费者市场提供生活消费用产品，购买者是受众多不同因素影响的个人或家庭，因而市场需求呈现较大的差异性、多样性。企业应在市场细分的基础上准确选择目标市场，开展有效的营销活动，满足目标顾客的消费需求。

3. 多变性。消费者市场产品的专业技术性不强，同种产品较多，消费者选择余地大，需求多变。

4. 替代性。消费者市场产品种类繁多，不同产品之间往往可以互相替代，这与组织市场的情况差异较大。

5. 非专业性。消费者在决定实施购买行为时，不像组织市场的购买决策那样要经历一套行之有效的审批手续或审批程序，而是具有自发性、冲动性，而且，消费者市场的购买者大多缺乏相应的产品知识和市场知识，其购买行为属非专业性购买，他们对产品的选购受广告宣传的影响较大。

三、消费者市场的购买对象

如果以消费者的购买习惯为划分标准，消费者的购买对象一般分为以下四类：

1. 便利品。又称日用品，是指消费者日常生活所需的需重复购买的产品。消费者在购买这类商品时，一般不愿花很多的时间比较价格和质量，愿意接受其他代用品，多数选择就近购买。因此，便利品的生产者应注意分销的广泛性和经销网点的合理分布，以便消费者能及时就近购买。

2. 选购品。指价格比便利品要贵，消费者花较多时间对许多同类产品进行比较之后才决定购买的产品。消费者在购买前，对不同品牌、厂家的商品的差异了解不多（这一点是区分特殊品和选购品的主要界限），因而在决定购买前总是要对同一类型的产品从价格、款式、质量等方面进行比较。生产经营选购品的企业应将销售网点设在商业网点较多的商业区，并将同类产品销售点加以集中，以便顾客进行比较和选择。

3. 特殊品。指消费者对其有特殊偏好并愿意花较多时间和精力去购买的消费品，如珠宝、古玩、钱币、高档家具等。消费者在购买前对这些商品已经有了一定的认识，偏爱特定的品牌，不愿接受代用品。为此，企业应注意争创名牌产品，扩大本企业产品的知名度。

4. 非渴求品。指消费者不了解或即使了解也未必有购买意愿的消费品。如人寿保险、创新产品、献血等。

如按商品的耐用程度和使用频率分类，消费者的购买对象可分为耐用品和非耐用品。非耐用品是指使用次数较少、消费者需经常购买的商品，如食品、化妆品等。生产这类产品的企业，要特别注意销售点的设置，以方便消费者的购买。耐用品指能多次使用、寿命较长的产品。消费者购买这类商品时，决策较为慎重。生产这类商品的企业，要注重技术创新，提高产品质量，同时要做好售后服务，满足消费者的购后需求。

第2节　影响消费者购买行为的因素

人们的消费行为、购买决策在很大程度上受到文化、社会、个人和心理等因素的影响（见图6-1）。

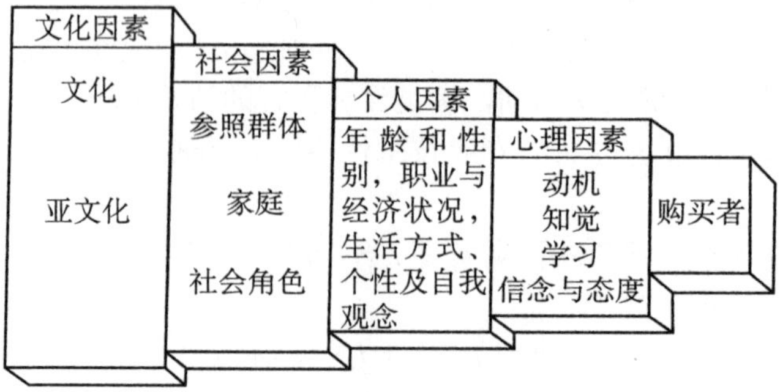

图6-1 消费者购买行为的影响因素

一、文化因素

（一）文化

文化是区分一个社会群体与另一个社会群体的主要因素，是人们通过学习获得的区别于其他群体的行为特征的集合。文化所包含的潜在元素有：价值观、文字、语言、伦理道德、风俗习惯、法律及产品和服务等，它们是人类欲望和行为最基本的决定因素，对消费者的行为具有最广泛和最深远的影响。文化不仅影响人们对特定商品的购买，还作用于消费者的信息收集和价值判断，即文化以多种方式作用于个人购买决策。

（二）亚文化

亚文化是在较大文化内与其他群体共存的一个群体，其成员具有的共同信仰、特征或经历等能提供更为具体的认同感，如民族亚文化、种族亚文化、区域亚文化和社会阶层亚文化等。数字化时代最具影响力的亚文化群是YWN（年轻人、女性和网民）。年轻人是新产品和新技术的最先试用者和变革者。女性是信息的收集者和有大局观的购物者，是管家、财务部长、采购主管、资产主管的结合体。网民是有表现力的传播者、社会的润滑剂以及互联网世界的内容贡献者。①

二、社会因素

人们在做出购买决定时，一般乐于听取所信赖之人的意见以降低购买决策中的潜在风险，并从他人的想法和行为中获取慰藉。因此，消费者购买行为也受到诸如参照群体、家庭、社会角色等一系列社会因素的影响。

（一）参照群体

参照群体是指个人在形成其购买或消费决策时用以作为参照、比较的个人或群体。②参照群体可分为直接参照群体和间接参照群体，如图6-2所示。

---

① 科特勒，卡塔加雅，许丁宦．营销制胜．北京：中国人民大学出版社，2019：181.
② 符国群．消费者行为学．北京：高等教育出版社，2001：313.

参照群体	直接参照群体	首要群体
		次要群体
	间接参照群体	向往群体
		厌恶群体

图6-2 参照群体的划分

营销视角 社会学概念在营销领域的应用

直接参照群体又称为成员群体，即某人所属的群体或与其有直接关系的群体。成员群体又分为首要群体和次要群体。首要群体是指与某人直接和经常接触的一群人，一般是非正式群体，如家庭成员、亲戚朋友、同事、邻居等。次要群体是不经常影响其成员但一般较为正式的群体，如宗教组织、职业协会等。间接参照群体是指某人的非成员群体，即此人不属于其中的成员，但又受其影响的群体。这种参照群体又分为向往群体和厌恶群体。向往群体是指某人推崇的一些人或希望加入的集团，例如体育明星、影视明星就是其崇拜者的向往群体。厌恶群体是指某人讨厌或反对的一群人。一个人总是不愿意与厌恶群体发生任何联系，在各方面都希望与其保持一定距离，甚至经常反其道而行之。

随着信息与网络技术的发展，社会生活中又诞生了一个新的群体——虚拟群体，它主要基于虚拟社区而非地域性社区。网络从时间和空间上根本改变了传统的社会交往和人际沟通的方式，形成了许多独特的观念、准则。[①] 在线社交网络就是供人们社会交往或者交换信息和意见的博客、微信群、社交网络平台和其他在线交流社区。例如，百度贴吧、58同城、赶集网、人人网等。

参照群体可以为消费者带来三个方面的积极效应：(1) 获取信息。面对不确定的消费选择时，消费者通常会搜寻信息以降低风险。为了获取更多信息，消费者会积极地从他们认为具备相应知识的人那里搜集相关的消费信息，包括观察和询问。通常，来自参照群体的信息能够增加消费者对特定产品或在特定情境下的消费知识。(2) 维系关系。消费者总是处在一定的社会关系之中，因此会感受到来自周围群体的压力，可能被迫在消费选择中放弃个体态度、意愿而遵从群体规范。为了与群体成员消费行为一致以赢得参照群体的认可或避免惩罚，消费者在选择产品或品牌时，就会迎合参照群体的偏好、期望或标准，由此缓解不安情绪。(3) 展现价值。倘若个体对参照群体具有强烈的归属感，或者非常向往某参照群体，消费者就会通过与参照群体成员消费行为保持一致以给别人留下自己属于该群体的印象，或是借此与参照群体建立联系，从而能够通过参照群体的形象来表达自我，体现自我价值，使个体实际的自我概念更加接近其理想中的自我概念（如表6-1所示）。

① Kotler P, Kartajaya H, Huan H D. Marketing for Competitiveness: Asia to the World in the Age of Digital Consumers. Singapore: World Scientific Publishing Co. Pte. Ltd., 2017: 43-52.

表6-1 参照群体的三种影响表现

	表现
获取信息	• 个人向专业协会或独立的专家群体寻求关于各种品牌的信息 • 个人向专业生产或销售产品的人寻求信息 • 个人向拥有可靠的品牌信息的朋友、邻居、亲戚或同事寻求相关品牌知识和经验（如A品牌和B品牌哪个更好） • 个人观察的独立测试机构的认同与否会影响个人对品牌的选择 • 个人对专家行为的观察（如维修人员购买的电视机品牌）会影响其对品牌的选择
维系关系	• 为了迎合同事的希望，个人购买某一特定品牌的决策受到同事偏好的影响 • 个人购买某一特定品牌的决策受到与其有社会交往的人的影响 • 个人购买某一特定品牌的决策受到家庭成员偏好的影响 • 为满足他人对自己的期望，个人的品牌选择会受到影响
展现价值	• 个人认为购买某一特定品牌会提高他在他人心目中的形象 • 个人认为购买或使用某一特定品牌的人拥有他所希望拥有的品质 • 个人有时会觉得像广告中使用某一特定品牌的人那样也不错 • 个人认为购买某一特定品牌的人会受到他人的羡慕与尊重 • 个人认为购买某一特定品牌有助于向别人展示他希望成为什么样的人

相对于广告或推销员等商业渠道的推荐，信任的朋友、同事或他人的评价和推荐可能更令人信服，更能影响消费者购买行为，这就是口碑效应。

（二）家庭

家庭是指居住在一起，由拥有血缘、婚姻或者领养关系的两个人或更多人组成的群体。家庭是社会的基本单位，也是社会中最重要的消费者购买组织，它强烈地影响着人们的价值观、人生态度和购买行为。一个人在其一生中一般要经历两个家庭。第一个是原生家庭，也即父母的家庭，在父母的养育下逐渐长大成人，然后组建自己的家庭，即第二个家庭。消费者做购买决策时，必然要受到这两个家庭的影响，其中，受原生家庭的影响比较间接，受现有家庭的影响比较直接。

家庭购买决策大致可分为三种类型：一人独自做主；全家提意见，一人做主；全家共同决定。这里的“全家”虽然包括子女，但主要还是夫妻二人。夫妻二人各自购买决策权的大小取决于多种因素，如各地的生活习惯、妇女就业状况、双方工资及教育水平、家庭内部的劳动分工以及产品种类等。孩子在家庭购买决策中的影响力也不容忽视，尤其是我国的独生子女在家庭中受重视的程度越来越高。随着孩子的成长、知识的增加和经济上的独立，他们在家庭购买决策中的影响力逐渐加大。

（三）社会角色

社会角色是指个人在群体、组织及社会中的地位和作用。一个人在其一生中会参加许多群体，如家庭、俱乐部及其他各种组织。每个人在各个群体中的位置可用角色和地位来确定，其地位随着不同阶层和地理区域而变化。社会角色的不同在某种程度上会影响消费者购买行为。

在集体中人们更容易侥幸逃脱。一个简单的原因是：群体人数越多，单个成员被关注的可能性就会越低。这解释了处于较大群体中的人，或处于不太可能被人识别情况下的人，会较少注意自己，因而对行为的常规约束也会减少。例如，人们在化装舞会或者万圣节的表现比平时要疯狂得多。这种现象称为去个性化（deindividuation），它是指在一个群体中，个体参与群体行为时其原有的个性特征完全消隐在群体之中的过程。社会惰化（social loafing）是一种类似的效应，它指的是当个体置身于群体之中时，会对完成任务不太尽责，因为个体的贡献只是集体努力的一部分，他人的存在降低了个体能力和责任感。美国餐厅服务员对这一点深有感触：几个人一起吃饭，平均下来每个人所给的小费比他们单独就餐时要少。因此，很多饭店都对 6 人以上就餐者自动附加固定小费。

此外，群体决策与个体单独决策有所差别。风险转移（risky shift）是指这样的一些情况：与没有群体讨论的个体决策相比，群体成员在群体讨论之后更愿意考虑有风险的方案。心理学家对这种增加的风险提出两种解释。一是发生了某种类似于社会惰化的情况。随着决策人数的增加，个人对结果应负的责任减少了，这导致责任分散（diffusion of responsibility）。二是价值假定（value hypothesis），即认为冒险行为是文化上被重视的属性，当人们在群体中决策时，他们就遵循这一假定。

三、个人因素

（一）年龄和性别

消费者的年龄和性别会对消费者行为产生明显的影响。消费者的年龄通常是决定其需求的重要因素。人从出生到死亡要经历婴儿期、儿童期、青年期、成年期、中年期和老年期六个阶段，处于不同年龄段的消费者有不同的需求心理和行为，而产品和服务通常只吸引某个特定年龄段的人群。譬如医疗和保健品的主要目标顾客为老年人，而摩托车及体育用品的消费者主要是青少年。需要注意的是，现代社会信息的扩散范围与影响力惊人，使不同年龄段的人群在信息获取、心态和行为上趋同，年龄界限逐渐模糊难分。因此，营销人员不仅应注意消费者的生理年龄，更应关注其心理年龄。

男性和女性生理上的先天差别导致了不同的心理和行为，使两性的消费产品及购买决策过程差异显著。男性消费者购物目的明确，决策比较理性，接受稳重可靠的商品，追求快捷、简单的购物过程；而女性消费者购物目的不够明确，通常有更多的计划外购物，喜欢时尚可爱的商品，决策偏于感性，常常乐于货比三家，在商场里流连忘返。不过，随着社会经济的发展，性别间的消费差异正逐步减小，许多企业已经开始研究如何把与性别有关的产品转变为对两性都适用，从而扩大市场容量。

（二）职业与经济状况

不同职业的消费者扮演着不同的社会角色，承担并履行各异的责任和义务，有不同的价值观和行为准则，对商品的需求和兴趣也各不相同。经济状况的好坏、收入水平的高低对消费者的购买行为有更为直接的影响，人们的消费心理和购买模式往往

营销视角　香港和内地奢侈品购买者的年龄差异

随着其经济状况的变化而变化。不同的收入水平，决定了不同的购买能力，决定了需求的不同层次和倾向。比如现实社会中存在两种人：一种是众多为了省钱而不惜花费大量时间的人；另一种是少数为了节省时间而不惜花费大量金钱的人。他们的消费需求和购买过程差别很大。现在的消费升级就是指消费结构的升级，即各类消费支出在总消费支出中的结构升级和层次提高，它直接反映了消费水平和发展趋势，表现为品牌选择、消费方式、消费观念的升级。

（三）生活方式、个性及自我观念

生活方式是理解消费者行为的通俗概念，是人们生活、花费时间和金钱的方式的统称，它反映了人们的个人活动、兴趣和态度。不同生活方式显然有不同的购买需求。目前，较为完善的细分生活方式的方法有两种：AIO（activity，interest，opinion）模式和 VALS（values and lifestyles）方法。AIO 模式通过描述消费者的活动、兴趣和态度来度量生活方式的实际形式，而 VALS 方法按照自我导向和资源丰缺两个标准，定义了八个类别的生活方式，将消费者细分为现实者、满足者、信念者、成就者、奋斗者、经历者、工作者和挣扎者，这种细分有助于企业选择目标顾客、进行营销沟通、明确产品定位策略。

个性是一个人所特有的心理特征，它导致一个人对其所处环境的相对一致和持续不断的反应。消费者行为学主要采用心理分析、社会心理和品质因素这三种理论对个性进行分析、解释。

自我观念是指人们基于自身特性而进行自我认知的一种方法。不同的人对自己有不同的认知，从而形成自己属于哪类人的观点。自我观念包括理想自我观念和现实自我观念。理想自我观念指个人期望的自己的形象；现实自我观念指个人实际如何看待自己。人们总是不断努力，试图实现理想的自我观念。现实自我观念与理想自我观念之中，哪一个更能影响消费者的购买行为呢？在这一问题上，目前的研究仍有分歧，但较为一致的观点是：现实自我观念与理想自我观念都与购买注意力存在很强的相关性。这表明，二者都是影响消费者选择过程的重要因素。

四、心理因素

（一）动机

动机是一种驱使人满足需要、达到目的的内在动力，是一种升华到足够强度的需要，它能够及时引导人们去探求满足需要的目标。美国心理学家亚伯拉罕·马斯洛认为，人是有欲望的动物，需要什么取决于已经有了什么，只有尚未被满足的需要才影响人的行为，已满足的需要不再是一种动因。人的需要是以层次的形式出现的，按其重要程度的大小，由低级需要逐级向上发展到高级需要。依次为生理需要、安全需要、社会（归属感与爱）需要、尊重需要和自我实现需要（见图 6－3）。

人们也会有满足功利性需要与享乐性需要的动机。功利性需要强调的是产品的客观的、有形的属性，比如一部汽车每升汽油的里程数、一条牛仔裤的耐穿性等。享乐性需要是主观的、经验性的，消费者寻找一种产品来满足对刺激、自信或幻想的需要，许多产品可以满足人们的享乐性需要，譬如电影、网络游戏等。当然，消费者购买一件产品也可能是因为它同时提供了这两种利益。

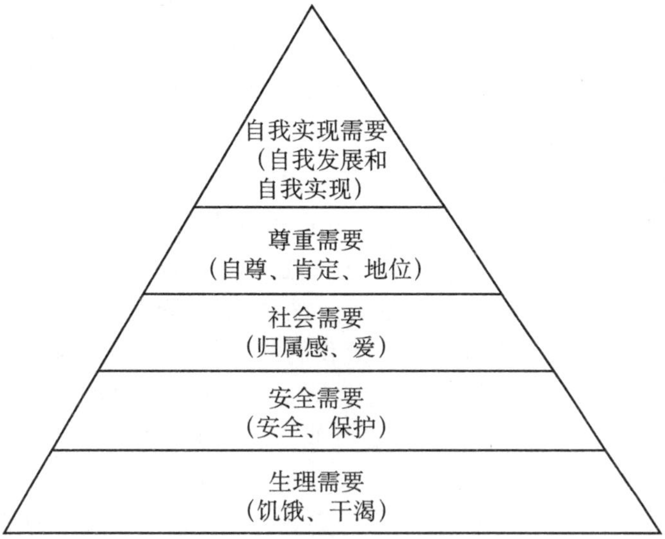

图6-3 马斯洛需要层次理论

（二）知觉

延伸阅读 《2019中国奢华品报告》：消费者行为分析

具有相同的激励和目标的两个人，其行为可能大不一样，这是由于他们对情况的知觉各异。所谓知觉是指感觉器官与大脑对刺激做出解释、分析和整合的创造性过程，它不仅取决于刺激物的特征，而且依赖于刺激物同周围环境的关系以及个人所处的状况。人们之所以对同一刺激物产生不同的知觉，是因为人们要经历三种知觉过程。

1. 选择性注意。人们在日常生活中接受众多的刺激，不可能全部加以注意，而只关注那些自己感兴趣或者对自己有意义的事物和信息。研究表明，人们更多地关注那些与当前需要有关的刺激物、期待的刺激物以及与一般情况相比有较大差别的刺激物。

2. 选择性曲解。它是指人们将接收到的信息加以扭曲，使之合乎自己的认识或意愿的倾向。选择性曲解使顾客对信息的理解不一定符合信息的原貌，营销人员对此往往无能为力。

3. 选择性记忆。它是指人们倾向于保留那些能够支持其态度和信念的信息，而可能忘记所有与自己的信念不一致的信息。

人们对于刺激物的理解是通过感觉进行的。所谓感觉是指通过视觉、听觉、嗅觉、味觉、触觉器官对刺激物的反应。随着感觉的深入，将感觉到的材料通过大脑进行分析综合，从而得到知觉。研究发现，参与者只要触摸一件物品30秒或更短时间，就能对产品产生更强的依赖感。这种感觉提高了他们想购买该产品的意愿。还有研究表明，店铺里地板的样式也能影响购买者对商品的评价：柔软的地毯能带来放松的情绪，而硬瓷砖地板会造成疲劳感，从而引致比较尖锐的批评。

营销视角　超市的知觉策略

（三）学习

人们要行动就得学习。学习是指由于经验而引起的个人行为或行为潜能的持续性改变。[①]人类行为大都来源于学习。一个人的学习是通过驱使力、刺激物、诱因、反应和强化的相互影响而产生的。由于市场营销环境不断变化，新产品、新品牌不断涌现，消费者必须经过多方收集有关信息，才能做出购买决策，这本身就是一个学习过程。

学习自己的文化所认可的信念与行为的过程称为文化赋予（enculturation），学习另一种文化的价值体系与行为的过程则称为文化适应（acculturation），后者对于希望了解外国消费者与市场的人来说尤为重要。这些信念是由社会化中介（socialization agents）（包括父母、朋友和老师）传授给我们的。另一种重要的中介是媒体。通过观察广告所传达的价值观，人们学习到一种文化重视的事物。例如，美国和中国企业的营销策略就有很大差别。美国企业的广告更可能提出有关产品的事实或权威人士的建议，而中国企业的广告则往往更集中于情感诉求，并不厌其烦地证明自己的主张；美国企业的广告往往是年轻导向的，中国企业的广告则更可能突出老年人的智慧。

学习对于营销者来说很重要，因为它涉及习惯的养成——这是常规决策的基础。而且，习惯与品牌忠诚之间有着密切的关系。品牌忠诚是指对某一品牌抱有偏爱态度并持续购买，源于正面的学习强化。

我们可以将学习分为以下两类。

1. 行为学习。行为学习是指由曾重复经历所产生的自动反应过程。消费者是通过驱动、提示、反应与强化四个步骤从重复经验中学习的。驱动可能表现为动机；提示是能被消费者感知到的刺激或标志；反应是消费者为满足驱动而采取的行为；强化是收益。

2. 认知学习。消费者从思考、推理和问题解决等非直接体验中学习，称作认知学习。这种类型的学习是指把两个或多个想法联系起来，或是根据简单观察到的他人行为结果来调整自己的行为。

延伸阅读　视频营销

（四）信念与态度

通过学习，人们获得了自己的信念与态度，而信念与态度又反过来影响人们的购买行为。所谓信念是指一个人对事物所持有的确定性看法。企业应关注人们头脑中对其产品或服务所持有的信念，即本企业产品和品牌的形象。人们根据自己的信念采取行动，如果一些信念妨碍了购买行为，企业就要运用促销手段去影响或修正这些信念。所谓态度是指一个人对某些事物或观念长期持有的好与坏的评价、感受和由此导致的行动倾向。态度能使人们对相似的事物产生相当一致的行为。

---

① 符国群．消费者行为学．北京：高等教育出版社，2001：171.

第 3 节 消费者购买行为与决策

数字革命深刻地影响了消费者行为。消费者从搜索到购买、支付、使用和处理产品的方式都发生了变化。消费者的媒体习惯也发生了巨大改变，这就使得营销人员不得不仔细对待，更有效地与消费者接触和互动。[①] 因此，营销者在分析了影响购买者行为的主要因素之后，还需了解消费者如何真正做出购买决策，即了解谁做出购买决策，以及购买决策的类型等。

一、参与决策的角色

人们在购买决策过程中可能扮演不同的角色，包括：(1) 发起者，即首先提出或有意向购买某一产品或服务的人。(2) 影响者，即其看法或建议对最终决策具有一定影响的人。(3) 决策者，即对是否买、为何买、如何买、何处买等购买决策做出完全或部分最后决定的人。(4) 购买者，即实际采购人。(5) 使用者，即实际消费或使用产品或服务的人。

消费者的购买行为按照购物目的的不同可分为个人购物和家庭购物两种模式。个人购物是为了个人消费而购买产品，而家庭购物则是为了家庭成员共同使用而购买产品。当消费者进行个人购物时，可能同时扮演上述五种角色，而在进行家庭购物时，往往是由家庭成员承担不同的决策参与角色，随着购买环境和产品的不同，家庭成员在购买决策过程中的角色往往也会发生变化。一般而言，以下四个因素决定了家庭决策是由夫妻双方共同制定，还是由其中一方制定：(1) 性别角色印象。坚持传统的性别角色印象的夫妻往往会按照产品的性别类型来做出决策，即产品被分为“男性化的”和“女性化的”。(2) 配偶资源。向家庭贡献更多资源的配偶拥有更大的影响力。(3) 消费经验。夫妻中拥有更多购买经验的一方更多地制定决策。(4) 社会经济地位。中产家庭要比上层和下层家庭做更多共同决策。

当家庭成员认为自己很重要或很有新意，或对备选方案有强烈的看法时，决策容易增加成员之间的冲突。冲突的程度决定了家庭决策的类型。影响家庭购买决策冲突程度的一些特定因素包括：(1) 投入程度。在家居住的青少年比住在集体宿舍的大学生更关心家庭所购买的物品。(2) 产品效用。一位喜欢喝咖啡的妈妈与她特别爱喝可乐的儿子相比，前者显然对于购买新的咖啡机更感兴趣。(3) 责任担当。人们更可能在有长期影响和约束的购买决策上产生意见分歧，例如对于是否养一只狗的家庭决策，家庭成员很可能在谁负责遛狗和喂食等问题上发生冲突。(4) 权力掌控。在传统家庭中，丈夫比妻子拥有更多的决策权，而妻子则比最年长的孩子拥有更多的决策权，依此类推。在家庭决策中，如果一个成员总是利用其所拥有的权力满足自身的优先考虑，便很容易产生冲突。

二、消费者购买行为

消费者购买决策随其购买行为类型的不同而变化。较为复杂和花钱多的决策往往凝

---

① 科特勒，卡塔加雅，许丁宦．营销制胜．北京：中国人民大学出版社，2019：5.

结着购买者的反复权衡和众多人的参与决策。根据参与者的介入程度和品牌间的差异程度，可将消费者购买行为分为四种类型（见表6-2）。

表6-2 消费者购买行为类型

品牌差异	介入程度	
	高度介入	低度介入
品牌差异大	复杂型购买行为	变换型购买行为
品牌差异小	协调型购买行为	习惯型购买行为

1. 习惯型购买行为。它是一种对于价格低廉、经常购买、品牌差异小的产品，不需花时间进行选择，也不进行信息收集、产品评价就进行购买的最为简单的购买行为类型。消费者只是被动地接收信息，出于熟悉而购买，也不一定进行购后评价。企业可以用价格优惠、电视广告、独特包装、销售促进等方式鼓励消费者试用、购买和续购其产品。

2. 变换型购买行为。它是一种对于品牌差异明显的产品，不愿花长时间来选择和估价，而是不断变换所购产品品牌的购买行为类型。消费者这样做并不是因为对产品不满意，而是为了寻求更多的尝试、比较和评价。针对这种购买行为类型，企业可采用销售促进和占据有利货架位置等办法，保障供应，鼓励消费者购买。

3. 协调型购买行为。它是一种对于品牌差异小而购买风险大的产品，花费大量时间和精力去选购，购后又出现不满意、不平衡的心理，为寻求平衡而在使用过程中继续收集产品信息的购买行为类型。有些产品品牌差异不大，消费者不经常购买，而购买时又有一定的风险，所以，消费者一般要比较、看货，只要价格公道、购买方便、机会合适，消费者就会决定购买。购买以后，消费者也许会心理不平衡或不够满意，在使用过程中，会了解更多情况，并寻求种种理由来减轻、化解这种失衡感，以证明自己的购买决定是正确的。经过由不协调到协调的过程，消费者会有一系列的心理变化。针对这种购买行为类型，企业应注意运用定价策略和人员推销策略，选择最佳销售地点，并向消费者提供有关产品评价的充分信息，使其在购买后坚信自己做了正确的决定。

4. 复杂型购买行为。它是一种对于品牌差异大的产品，广泛收集相关信息，慎重选择，仔细比较后才购买，以求降低风险的购买行为类型。当消费者购买一件贵重、不常买、有风险且又非常有意义的产品时，由于产品品牌差异大，消费者对产品缺乏了解，因而需要有个学习过程，以广泛了解产品性能、特点，从而对产品做出某种评价，最后决定购买。对于这种复杂型购买行为，企业应采取有效措施帮助消费者了解产品性能及其相对重要性，并介绍产品优势及其给购买者带来的利益，从而影响其最终选择。

此外，模仿他人的从众购买选择也是一种常见的消费行为。导致从众购买的因素有：(1) 文化压力。不同的文化对服从有或大或小的推动作用。美国社会强调独立、自由、冒险、探索等精神，注重个人利益的追求，反映了脱离服从而推崇个人主义的特点。相反，日本社会则具有集体福利和团队忠诚支配个人需要的特点。(2) 制裁异类。个体有理由相信群体将会运用“制裁”的手段来惩罚与群体行为有所出入的行为。往往可以看到青年躲避“另类”的同龄人，或者是公司或大学对不具备“团队精神”的人不予升迁。(3) 承诺义务。人们对群体的奉献越多，对成员身份越重视，就越有遵循群体规定的动机。摇滚乐迷和影视粉丝可以做任何被要求去做的事。根据最小兴趣原则（principle of least interest），对某种关系承诺最少的个人最有力量。（4）乐群从众。随着群体力量的积累，成员会更加依从。对抗多数人的要求往往比对抗少数人更为困难，特别是在从众心理占上风的时候。（5）彰显特质。那些具有资深、富有或高度自信等特征的个体，总是力图树立或提高自己在大多数人心目中的形象。没有这种特质的消费者是随和角色。斯巴鲁汽车厂商以一种新的沟通策略来吸引随和角色的消费者。在一则广告中说："我想要一部车……不要跟我描述木质面板，也不要告诉我会赢得邻居的尊重。他们只是我的邻居，不是我生活中的主角。"

三、消费者购买决策过程

在复杂型购买行为中，消费者购买决策过程由引起需要、收集信息、评价方案、决定购买以及购后感觉和行为五个阶段构成（见图6-4）。

图6-4 消费者购买决策过程

（一）引起需要

消费者的需要往往由两种刺激引起，即内部刺激和外部刺激。营销人员应注意识别引起消费者某种需要和兴趣的环境，并充分注意到两方面的问题：一是了解那些与本企业的产品有实际或潜在关联的驱使力；二是消费者对某种产品的需求强度会随着时间的推移而变动，并且被一些诱因所触发。在此基础上，企业还要善于安排诱因，促使消费者对企业产品产生强烈的需求，并立即采取购买行动。

（二）收集信息

一般来讲，引起的需要不是马上就能满足的，消费者需要寻找某些信息。消费者的信息来源主要有个人来源（家庭、微信群、朋友圈、邻居、熟人）、商业来源（广告、推销员、网红、平台主播、经销商、包装、展览）、公共来源（互联网、报刊、广播、电视、消费者评审组织等）、经验来源（处理、检查和使用产品）等。营销人员应对消费者使用的信息来源认真加以识别，评价各自的重要程度，询问消费者最初接收品牌信息时有何感觉等。

在互联网、物联网、人工智能、大数据、云计算等数字化技术迅猛发展的时代背景下，大部分消费者更愿意相信朋友、家人、微信圈的人。很多人在社交媒体上向陌生人求助，并采纳他们的建议，而较少依赖广告宣传和专家意见。[①]

最需要收集信息的以及所收集的信息量最大的往往是那些对产品有适度了解的消费者。如图6-5所示，个人已有的产品知识与收集信息所付出的努力之间存在倒U型关系。产品知识极为有限的消费

营销视角 小米的人性化体验

① 菲利普·科特勒，卡塔加雅，塞蒂亚万．营销革命4.0：从传统到数字．北京：机械工业出版社，2018：9-10.

者可能会觉得自己没有能力进行广泛的信息搜寻。实际上，他们可能连从何下手都不知道。

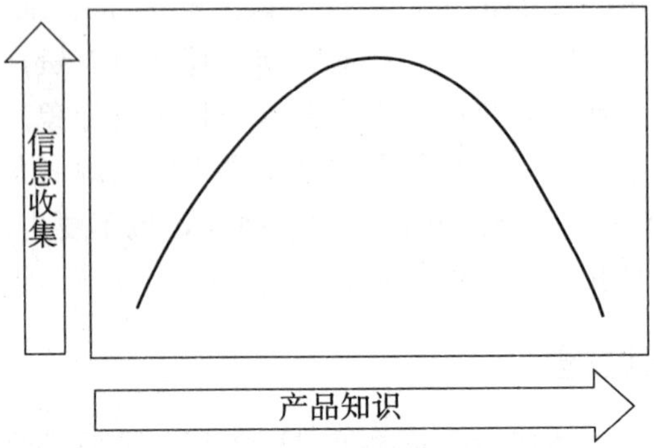

图6-5　信息收集量与产品知识之间的关系

由于行家里手能更准确地判断哪些信息与决策有关，因而他们进行的往往是选择性搜寻（selective search），也就是说，他们的搜寻会更有重点也更有效率。相反，购买新手更多的是依赖他人意见及品牌名称和价格等“非功能性”属性来辨别备选品牌。新消费者处理信息的方式是较少关注细节而更关注总体印象，例如广告中技术信息的绝对数量会比这些技术的实际重要性给他们留下更为深刻的印象。

需要注意的是，由于受文化因素的影响，不同文化背景下的消费者在信息的收集（如寻求信息的来源、寻求信息的密度、寻求信息的持续时间和咨询的信息量等）和使用（如使用的信息量、信息类型、信息排序、信息来源的可信度、信息的挑选方式等）方面存在明显的差异。

（三）评价方案

消费者对产品的判断大都建立在自觉和理性基础之上。消费者的评价行为一般涉及以下几个问题。

1. 产品属性，即产品能够满足消费者需要的特性。例如手表的走时准确性、款式、耐用性等。但消费者不一定将产品的所有属性都视为同等重要。营销人员应分析本企业产品应具备哪些属性，以及不同类型的消费者分别对哪些属性感兴趣，以便进行市场细分，对不同需求的消费者提供具有不同属性的产品。

2. 属性权重，即消费者对产品有关属性所赋予的不同的重要性权数。消费者被问及如何考虑某一产品属性时立刻想到的属性叫作产品的特色属性。但特色属性不一定是最重要的属性。在特色属性中，有些可能被消费者遗忘，而一旦被提及，消费者就会认识到它的重要性。市场营销人员应更多地关心属性权重，而不是属性特色。

3. 品牌信念，即消费者对某品牌优劣程度的总的看法。由于消费者受个人经验、选择性注意、选择性曲解以及选择性记忆的影响，其品牌信念可能与产品的真实属性并不一致。

4. 效用函数，即描述消费者所期望的产品满足感随产品属性的不同而有所变化的函数关系。它与品牌信念的联系是，品牌信念表明消费者对某品牌的某一属性已达到何种水平的评价，而效用函数则表明消费者要求该属性达到何种水平他才会接受。

5. 评价模型，即消费者对不同品牌进行评价和选择的程序和方法。①

消费者选择某种产品而不是另一种的原因可能很简单，需要区别两类主要选择标准：理性的和公开的；情感的和隐蔽的（如图 6－6 所示）。

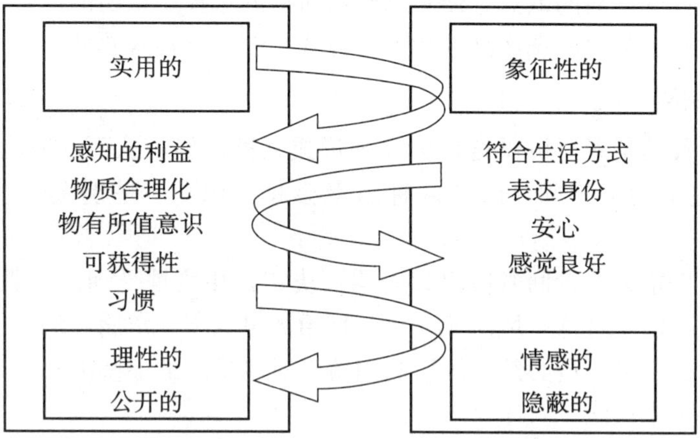

图 6－6　消费者选择产品的标准

在营销调研中，当问及购买决策时，大多数消费者会为自己的选择辩解。他们会为自认为具有逻辑和符合理性的行动找出各种理由，包括产品价格、实际效用、可获得性，或者是购买习惯。这些因素往往是公开的和理性的，以维持自尊的方式解释了消费者对购买情境的反应。

但是，对许多产品而言，隐蔽的和情感的因素发挥的作用同等重要，甚至更加重要。例如，品牌商品往往因为让消费者感到安心而受到追捧。有形产品彼此相仿，“理性”的比较得不出什么差别，但是消费者会为使自己放心的品牌支付更多。消费者选择某种产品，往往因为他们认为它更符合自己的生活方式，或者更好地表达了自己的身份，这就解释了为什么当有便宜手表能够同样精准地实现计时功能时，还有消费者甘愿为劳力士等名表一掷千金。

当消费者必须在两个合意的选择中做出取舍时，就面临着双趋冲突（approach-approach conflict）。双趋冲突是指两种对个体都具有吸引力的需要目标同时出现，而由于条件限制，个体无法同时采取两种行动所表现的动机冲突。双趋冲突有两个条件：两种以上有吸引力的目标；无法同时采取两种行动。一个女生可能会为是回家度假还是和朋友去滑雪旅游而烦恼不已，或者是她不得不选择观看哪场电影。

认知失调理论（theory of cognitive dissonance）的基本要义为，当个体面对新情境，必须表示自身的态度时，个体在心理上将出现新的理解与旧的信念相互冲突的状况，为了消除此种因为不一致而带来紧张的不适感，个体在心理上倾向于采用两种方式进行自我调适：一是对于新认知予以否认；二是寻求更多新认知的信息，提升新认知的可信度，借以彻底取代旧认知，从而获得心理平衡。在现实生活中，人们有对秩序和一致性

① 郭国庆．市场营销管理：理论与模型．北京：中国人民大学出版社，1995：82－91.

的需要，而失调出现在信念与行为互相冲突的情况下。当一位消费者必须在两个各有优缺点的产品中取舍时，就会发生失调。选择一个而放弃另一个，消费者就会得到所选择产品的不良品质，而失去所放弃产品的优良品质。这种损失导致了消费者不愉快的失调状态。在既成事实后，人们往往会特意去寻找恰当的理由支持自己的选择，例如，也许会“发掘”未选择的产品的缺点，使自己确信所做的选择是精明的。营销者可以通过提供产品的积极信息、突出所选产品的优点等方式来解决这种双趋冲突。

（四）决定购买

评价行为会使消费者对可供选择的品牌形成某种偏好，从而形成购买意图。但是，在购买意图和决定购买之间，尚有两种因素会起作用：一是别人的态度；二是意外情况。

消费者修正、推迟或者回避做出某一购买决定，往往是受到了可觉察风险的影响。可觉察风险的大小随着冒这一风险所支付的货币数量、不确定属性的比例以及消费者的自信程度而变化。营销人员必须了解引起消费者有风险感的那些因素，进而采取措施来减少消费者的可觉察风险。

（五）购后感觉和行为

消费者对其购买产品的满意度（S）是其产品期望（E）和该产品可觉察性能（P）的函数，即 $S=f(E, P)$。若 $E>P$，则消费者不满意；若 $E=P$，则消费者会满意；若 $E<P$，则消费者会非常满意。消费者根据自己从卖主、朋友以及其他来源所获得的信息形成产品期望。如果卖主夸大其产品的优点，消费者将会感受到不能证实的期望。这种不能证实的期望会导致消费者不满意。事实上，那些有保留地宣传其产品优点的企业，反倒使消费者产生了高于期望的满意度，并树立起良好的产品形象和企业形象。[①]

消费者对其购买的产品是否满意，将影响到以后的购买行为。如果对产品满意，则在下一次购买中可能继续购买该产品，并向他人宣传该产品的优点。如果对产品不满意，则会尽量减少不和谐感，因为在人的意识中存在着一种在自己的意见、知识和价值观之间建立协调性、一致性或和谐性的驱动力。心理不平衡的消费者可以通过放弃购买或退货来减少失衡感，也可以通过寻求证实产品价值比其价格高的有关信息来减少失衡感。营销人员应采取有效措施尽量减少购买者购后不满意的程度。消费者过去的品牌选择对于未来品牌偏好将起到强化作用。

当消费者对产品或服务不满意时，有三种可能采取的行动：（1）提出索赔。消费者可以直接要求厂商或零售商赔偿、退款。（2）负面传播。向朋友表达对商店或产品的不满，并且抵制这家厂商。（3）投诉反映。消费者可以采取合法行动来反对企业、投诉或给报社写信。

根据一项关于商学院学生给公司写投诉信的研究，那些得到免费样品的学生对这家公司的印象有了明显改善，但那些只收到一封道歉信的人对公司的评价没有改变。而没有得到反馈的学生则表示，他们对这家公司的印象甚至比以前更糟。这表明某种形式的

---

① 科特勒，阿姆斯特朗．市场营销原理：全球版：第15版．北京：清华大学出版社，2019：156.

反馈总会比毫无反馈好。很多因素会影响消费者最终选择的处理方式。当消费者不满的对象是贵重商品，如家庭耐用品、汽车和服装时，与非贵重物品相比，他们采取行动的可能性更大。如果购买者的问题能够得到解决，他们对厂商或商店的感觉甚至会比没出岔子更好。

企业还应跟踪调查顾客如何使用和处置产品（如图6-7所示）。影响顾客购买频率的一个重要因素就是产品的消耗率，顾客消耗产品的速度越快，就越早回到市场上再度购买。企业还要了解顾客是如何丢弃产品的，尤其是那些容易破坏环境的产品，企业要引导顾客正确使用和处置。有时，了解产品丢弃和处置也会给企业带来市场机会，尤其是在产品的循环利用方面。

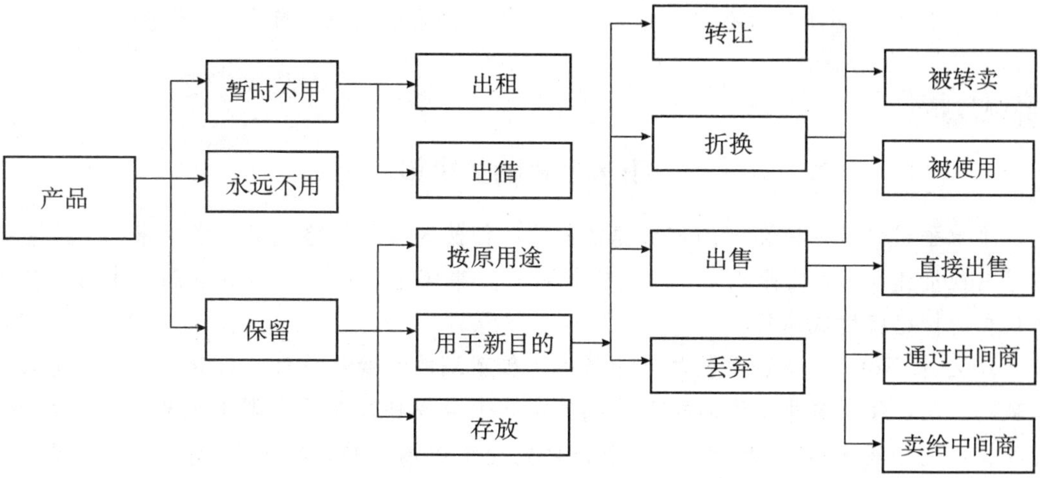

图6-7 购后使用与处置

科特勒指出，以往消费者的购买决策经历了4A过程，即了解（aware）、态度（attitude）、行动（act）和再行动（act again）。而在信息技术迅速发展、互联互通的数字化新时代，消费者购买决策过程转变为5A，即了解（aware）、吸引（appeal）、询问（ask）、行动（act）和拥护（advocate）。[①]

重要概念

社会阶层	参照群体	生活方式	消费升级
口碑效应	社会角色	自我观念	消费者市场
行为学习	认知学习	认知失调理论	双趋冲突
认知失调理论	社会惰化	去个性化	风险转移
文化赋予	文化适应	选择性注意	选择性记忆
选择性曲解	在线社交网络		

① 科特勒，卡塔加雅，许丁宦．营销制胜．北京：中国人民大学出版社，2019：32-33.

复习题

1. 影响消费者购买行为的因素有哪些？它们是怎样影响消费者的购买行为的？

2. 什么是参照群体？参照群体在消费者的购买行为中的作用是什么？它会带来哪些积极效应？

3. 人们在购买决策中可能扮演的角色是什么？对企业进行营销管理的启示有哪些？

4. 消费者购买行为的类型有哪些？分别具有什么特点？在什么样的条件下适用？

5. 哪些因素会影响家庭购买决策冲突程度？

6. 消费者面对不满意的产品或服务通常会采取哪些行动？

7. 哪些因素导致人们力求与他人保持一致？

8. 在家庭购买决策过程中，谁可担任决策者的影响因素有哪些？

案例分析

小米手机购买决策

小米手机之所以能在中国市场稳住地位，仰仗的就是价格优势。多年来，小米坚持自己的性价比路线，由此积累了不少铁杆用户。事实上，小米手机的利润非常低，有很多机型的价格接近成本价。

1. 红米 Note7。这款手机的屏幕采用比较新潮的水滴屏设计，机身采用硬度比较高的玻璃材质，使用者根本不用担心手机掉在地上会摔坏。在处理器上搭载的是骁龙 660 处理器，跑分能达到 14 万分以上，整体性能处于中端水平，在多个 App 运行和日常的应用之间切换非常流畅。这款手机使用了 4 800 万像素+500 万像素的摄像头配置，照片成像质量很不错。在电池上配备的是 4 000 毫安的电池容量，达到了旗舰级别的电池水准。总体来讲，这款手机各方面都很不错，而且价格非常低。

2. 小米 8。这款手机是旗舰手机中最具性价比的一款，骁龙 845 处理器可以让用户在玩大型手机游戏的时候流畅运行，所有的 App 都能够顺利地切换使用。在相机配置上，这款手机选择的是 1 200 万像素的后置 AI 双摄，照片均衡度有着不错的表现。外观上是跟随潮流的刘海屏幕设计，加上红外线的识别功能。整体来说，这款手机在同配置的机型中具有价格优势。

3. 小米 MIX3。外观设计采用了滑盖式设计，因为机身结构的变化，手机的重量有些增加，但是手机的机身并不厚，上手的体验感还是很不错的，而且提升了不少的占屏比，全面屏的意义体现得很完美。在处理器上配备的也是主流的骁龙 845 处理器，性能体现非常强悍，玩游戏的话完全不需要担心会有卡顿的情况出现。这款手机在电池续航上稍微有点不足，3 200 毫安的电池比起主流的 4 000 毫安的容量还是有一定差距，不过支持 10W 的无线快充，倒也没有太大的问题。在拍照上这款手机在更新之后，支持 960 帧的慢动作拍摄，玩法新颖，在夜景模式下也有着出色的表现，对于人们日常的拍照需求可以轻松满足。这款手机与如今的一流旗舰手机相比便宜很多。

这三款手机都是性价比非常高的机型。如果追求手机性能的话，后面两款手机更理想，性能表现强大，完美应对所有的游戏，重要的是性价比也很高。

思考题

1. 假如你想购买某款手机，在选择机型时，你将考虑哪些因素？
2. 假如你是手机店的销售人员，你将如何根据顾客决策过程采取相应的营销策略？

第7章

组织市场购买行为 07

本章要点

- 组织市场的买卖关系
- 产业购买者的行为类型
- 产业购买者的决策过程
- 中间商购买行为的主要类型

企业的营销对象不仅包括广大消费者，也包括生产企业、商业企业、政府机构等各类组织，这些组织构成了原材料、零部件、机器设备、供给品和生产性服务的庞大市场。为了提高企业产品的市场占有率，扩大产品销售，满足组织市场的需要，开展B2B营销（business to business marketing），企业必须了解组织市场的购买行为特征及购买决策过程。

第1节　组织市场

一、组织市场的构成

组织市场是由各种组织机构形成的对企业产品和服务需求的总和。它可分为三种类型：产业市场、中间商市场和政府市场。

（一）产业市场

所谓产业市场，又叫生产者市场或业务市场，是指由购买产品和服务并将之用于生产其他产品或服务，以供销售、出租或供应给他人的个人和组织组成的市场。通常由以下产业所组成：农业、林业、水产业、制造业、建筑业、通信业、金融业和保险业等。产业购买者所购买的用于加工、生产、经营的产品或服务，叫作产业用品。

（二）中间商市场

所谓中间商市场，是指由购买产品和服务并将之转售或出租给他人以获取利润为目的的个人和组织组成的市场。中间商不提供形式效用，而是提供时间效用、地点效用和占有效用。中间商市场由各种批发商和零售商组成。批发商是指购买产品和服务并将之转卖给零售商和其他商人以及产业用户、公共机关用户和商业用户等，但不把商品大量卖给最终消费者的商业单位。零售商的主要业务则是把产品或服务直接提供给最终消费者。

（三）政府市场

营销视角　PC中间商的新挑战

所谓政府市场，是指由那些为执行政府的主要职能而采购或租用商品的各级政府单位组成的市场，也就是说，一个国家政府市场上的购买者是该国各级政府的采购机构。各国政府通过税收、财政预算等掌握了相当大一部分国民收入，为了开展日常政务，政府机构经常要采购物资和服务，形成了一个很大的市场。政府机构往往是市场活动的最大买主，占有20%～30%的份额。

二、组织市场的特点

营销视角　2019年组织市场的PC采购主渠道：电商

组织市场同消费者市场在构成主体方面有根本区别，相应地，二者的购买行为也就不尽相同。组织市场购买行为是指各类正规组织机构确定其对产品和服务的需求，并在可供选择的品牌与供应商之间进行识别、评价和挑选的决策过程。

与消费者市场购买行为相比，组织市场购买行为具有以下几个特点。

（一）派生需求

组织需求是一种派生需求，即组织机构购买产品是为了满足其顾客的需要。也就是说，组织机构对产品的需求，归根结底是从消费者对消费品或服务的需求中派生出来的。显然，皮鞋制造商之所以购买皮革，是因为消费者对鞋的需求。

（二）多人决策

购买决策过程的参与者往往不止一个人，而是由很多人组成。甚至连采购经理也很少独立决策而不受他人影响。

（三）过程复杂

由于购买金额较大，参与者较多，而且产品技术性能较为复杂，组织市场购买行为过程将持续较长一段时间，几个月甚至几年都有可能。这就使企业很难判断自己的营销努力会给购买者带来怎样的影响。

（四）提供服务

一般来讲，物质产品本身并不能满足组织购买者的全部需求，企业还必须为之提供技术支持、人员培训、及时交货、信贷优惠等便利与服务。

三、组织市场的买卖关系

组织市场的买卖关系体现为销售组织与采购组织之间的关系，图7-1总结了一些最常见的B2B买卖关系，以及它们之间的重要差异。

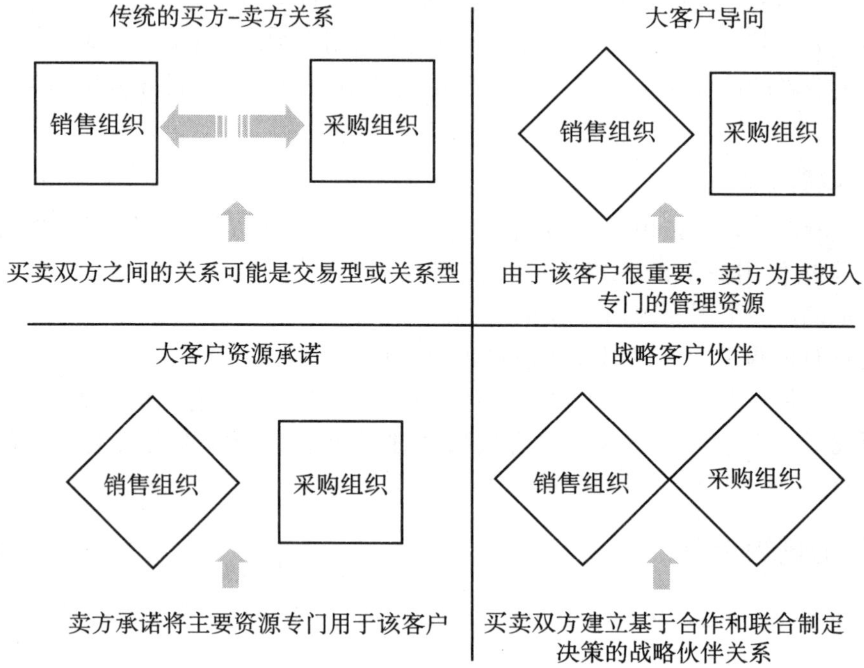

图7-1 组织市场的买卖关系

传统的买方-卖方关系是人们最常见、最熟悉的。销售人员与采购者之间的关系可能是纯交易型的，也可能是关系型的。这在很大程度上取决于购买决策对客户的重要性，或者客户偏爱的交易方式。在买方与卖方之间完全有可能建立起更高合作水平或更紧密合作的关系，休戚与共，责任共担，利益共享，即买卖双方之间不再是简单的交易关系。

然而，规模更大的强势客户要求采用不同的方式。大客户导向是指客户的规模和影响要求企业的销售和管理努力聚焦于为特殊客户提供周到的服务。往往需要任命一位客户经理或者一位客户专家，围绕该客户的特殊需要制定专门的计划。尽管如此，这类关系仍然在很大程度上保留了传统买方-卖方关系的形式特点。

大客户资源承诺是指更进一步地围绕大客户投入营销资源和管理努力。许多团队现在围绕单个客户工作，为其提供独特的产品和服务。但是，在这类关系中，营销资源仍然以单边投入为主。例如，宝洁公司专门为沃尔玛配置了一支由200人组成的服务团队，这是宝洁单方面对该客户的投资。相应地，戴尔公司为其大客户波音组建了专门的服务团队，但这并不意味着波音也组织专门为戴尔服务的团队。说到底，这些关系还停留在买方-卖方交易上，基本上是由卖方单边做出的资源投入。

战略客户伙伴就大不相同了，它是建立在买卖双方协作和联合制定决策的基础上的客户关系。不论买方还是卖方，都在关系中投入了时间和资源，与战略联盟有许多共同之处。企业需要密切关注战略客户关系及其管理业绩的影响。

理解组织做出的购买决策时，要考虑以上这些重要的特征。但是，组织购买者和一般消费者之间的相似之处仍然比人们认为的多。组织购买决策确实比个人消费者决策包含更多的经济或功能因素，但是也有情感因素在其中发挥作用。组织购买决策也常常是基于品牌忠诚、与供应商或销售人员之间的长期关系，有时甚至是在个人审美的影响下完成的。

随着互联网的发展与普及，B2B 电子商务已经成为组织购买的重要形式。它是指两个或两个以上的企业或组织之间利用互联网进行贸易的过程，包括信息、产品、服务的交换。互联网改变了企业之间的沟通方式，也改变了这些企业与员工共享信息的方式。大约有 50%的 B2B 电子商务交易在供应商和采购商互动过程中采用拍卖、投标和交换的方式，合作者在产品开发、生产计划以及补充库存等方面可以做到协同与配合。

延伸阅读 B2B 的个性化营销

第 2 节 产业市场购买行为

一、产业市场的特点

在某些方面，产业市场与消费者市场具有相似性，都有人为了满足某种需要而担当购买者角色，制定购买决策等。然而，产业市场在市场结构与需求、购买单位性质、决策类型与决策过程及其他各方面，又与消费者市场有明显差异。

（一）购买者数量少，购买规模大

在消费者市场上，购买者是消费者个人或家庭，购买者必然为数众多，购买规模很小。在产业市场上，购买者绝大多数是企业单位，其数量必然比消费者市场的购买者数量少得多，但购买规模要大得多。而且，由于资本和生产集中，一些行业的产业市场由少数几家或一家大公司的大买主所垄断，在地理上往往集中在少数地区。

营销视角 产业购买者的匠心

（二）产业市场的需求是引申需求，波动性较大，缺乏弹性

产业购买者对产业用品或服务的需求是从消费者对消费品的需求引申、派生出来的。产业购买者对于产业用品和服务的需求比消费者的需求更容易发生变化。消费者需求的少量增加会导致产业购买者需求的大幅增加，此即经济学的加速原理。有时消费者需求只增减 10%，就能使下期产业购买者需求出现 200%的增减。因为产业市场的需求变化很大，所以生产产业用品的企业往往实行多元化经营，尽可能增加产品品种，扩大企业经营范围，以减少风险。

在产业市场上，产业购买者对产业用品和服务的需求受价格变动的影响不大。产业市场的需求在短期内尤其缺乏弹性，因为生产者不能在短期内使其生产方法有很大的改变。此外，如果原材料的价值很低，这种原材料成本在制成品的整个成本中所占的比重很小，那么这种原材料的需求也就缺乏弹性。

（三）专业人员购买

由于产业用品特别是主要设备的技术性强，企业通常都雇佣经过培训的内行的专业人员负责采购工作。企业采购主要设备的工作较复杂，参与决策的人员也比消费者市场多，决策过程更为规范，通常由若干技术专家和最高管理层组成采购委员会领导采购工作。

产业购买者往往直接从生产者那里采购所需产业用品，特别是那些单价高、有高度技术性的机器设备，而不通过中间商采购。

（四）互惠

产业购买者往往这样选择供应商："你买我的产品，我就买你的产品。"互惠有时表现为三角形或多角形。例如，假设有 A，B，C 三家公司，C 是 A 的客户，A 就可能提出这种互惠条件：如果 B 购买 C 的产品，A 就购买 B 的产品。

（五）租赁方式广泛存在

机器设备、车辆、飞机等产业用品单价高，用户通常需要融资才能购买，而且技术设备更新快，因此企业所需要的机器设备等有越来越大的部分不采取完全购买方式，而是通过租赁方式取得。

二、产业市场的购买对象：产业用品

产业用品是指产业购买者购买以后用于加工、生产、经营的产品或服务。消费品和产业用品的主要区别就在于购买目的不同。一台割草机，如果有人买去用于自家草坪的定期割草，这台割草机就是消费品；如果有人买去是为了给客户除草，用于做环境整理维护的生意，这台割草机就是产业用品。

根据产品用途的不同，产业用品可以分为两大类：第一类是中间型产业用品（如原辅材料、零部件等），如阀门、管件、仪表、工具等，主要服务于下游产业用品企业；第二类是最终产业用品，主要服务于工业或工程。

根据参与生产过程和价值转移的情况，也可将产业用品划分为三大类：材料和部件、资本项目、供应品和服务。

1. 材料和部件（materials and parts）。材料和部件是指完全参与生产过程，其价值全部转移到最终产品的产业用品，又可以分为原材料以及半制成品和部件两大类。原材料包括农产品（小麦、棉花、家畜家禽、水果和蔬菜）和天然产品（鱼类、水产品、木材、原油、铁矿石）。半制成品和部件则由铁、纱线、水泥、电线等材料和小型电机、轮胎、铸件等零部件组成。

2. 资本项目（capital items）。资本项目是指辅助生产进行，其实体不形成最终产品，价值通过折旧、摊销的方式部分转移到最终产品之中的产业用品。资本项目包括设施装备和配套设备。设施装备是指工厂、车间、办公室等建筑物以及发电机、钻床、电梯、大型计算机系统等重型设备。重型设备通常是为特殊用户的需要而特别设计和制造的产业用品。建筑物和重型设备这些固定资产需要使用一定年限，有一定的折旧期限，购买整套设施和主要设备所需资金通常是借入的。配套设备是指市场价格低、使用寿命短的小型设备，包括轻便的工程设备、手动工具、升降机、装卸车以及办公设备等。

3. 供应品和服务（supplies and services）。供应品是指维持企业正常生产经营所消耗的不形成最终产品而且价值较低、消耗较快、购买批量较小、可替代性较强的产业用品。供应品包括磨具、润滑剂、燃料、清洁用具、纸张等生产补给品和油漆、钉子、扫帚等维修保养品。服务包括维修保养服务（玻璃清洗、环境保洁、物流快递、电脑维修等）以及商业咨询服务（法律咨询、管理诊断、营销调研、数据处理、广告策划、银行保险投资等金融服务）。

三、产业购买决策的参与者

各企业采购组织有所不同。小企业只有几个采购人员，大公司则设有庞大的采购部门，由一位副总裁主管。有些公司的采购经理有权决定采购什么规格的产品、由谁供应；有些采购经理只负责把订货单交给供应商。通常，采购经理只对小型产业用品有决策权，至于主要设备的采购，则是一个由多人参与决策的过程。

在任何企业中，除了专职的采购人员，还会有其他一些人员也参与购买决策过程。所有参与购买决策过程的人员构成采购组织的决策单位，即采购中心。企业采购中心通常包括五种成员：(1) 使用者，即具体使用产业用品的人员。例如，实验室用的电脑，其使用者是实验室的技术人员；复印机，其使用者是办公室的秘书。使用者往往是最初提出购买某种产业用品意见的人，他们在计划购买产品的品种、规格决策中起着重要作用。(2) 影响者，即在企业外部和内部直接或间接影响购买决策的人员。他们通常协助企业的决策者决定购买产品的品种、规格等。企业的科研人员或技术顾问是最主要的影响者。(3) 采购者，即在企业中有组织采购工作（如选择供应商、与供应商谈判等）的正式职权的人员。在较复杂的采购工作中，采购者还包括参加谈判的公司高层人员。(4) 决定者，即在企业中有批准购买产品权力的人。在标准品的例行采购中，采购者常常是决定者；而在较复杂的采购中，公司领导人常常是决定者。(5) 信息控制者，即在企业外部和内部能控制市场信息流使其流向决定者、使用者的人员。如企业的购买代理商、技术人员等。

当然，并不是任何企业采购任何产品都必须有上述五种成员参加购买决策过程。企业采购中心规模的大小和成员的多少会随着欲采购产品的不同而有所不同。一个企业如果采购办公用的文具，可能只有采购者和使用者参与购买决策过程，而且采购者往往就是决策者。在这种情况下，采购中心的成员较少，规模较小。如果采购多媒体网络设备，其技术性较强，单价高，行为类型复杂，参与购买决策过程的人员较多，采购中心成员也就较多，规模较大。

四、产业购买者的行为类型

产业购买者不是只做单一的购买决策，而是要做一系列的购买决策。产业购买者所做购买决策的数量、其购买决策结构的复杂性，取决于产业购买者行为类型的复杂性。

产业购买者的行为类型大体有三种。其中：一种极端情况是直接重购，基本上属惯例化决策；另一种极端情况是全新采购，需要做大量的调查研究；介于二者之间的是修正重购，也需要做一定的调查研究。

（一）直接重购

直接重购指企业的采购部门或采购中心根据过去和供应商打交道的经验，从供应商名单中选择供货企业，并直接重新订购以前采购过的同类产业用品。此时，组织购买者的购买行为是惯例化的。在这种情况下，列入供应商名单的供应商应尽力保持产品质量和服务质量，并采取其他有效措施来提高采购者的满意程度。未列入名单的供应商要试图提供新产品或开展某种令顾客满意的服务，以便使采购者考虑从它们那里购买产品，同时设法先取得一部分订货，之后逐步争取更多的订货份额。

（二）修正重购

修正重购指企业的采购部门为了更好地完成采购工作任务，适当改变要采购的某些产业用品的规格、价格等条件或供应商。这种行为类型较复杂，因而参与购买决策过程的人较多。这种情况给“门外的供货企业”提供了市场机会，并给“已入门的供货企业”造成了威胁，前者应加大沟通和促销力度，开拓新顾客；后者则要设法巩固其现有顾客，保护其既得市场。

（三）全新采购

全新采购指企业第一次采购某种产业用品。新购的成本费用越高、风险越大，那么需要参与购买决策过程的人数和需要掌握的市场信息就越多。这种行为类型最复杂。因此，供货企业要派出精锐的推销人员小组，向顾客提供市场信息，帮助顾客解决疑难问题。

在直接重购情况下，产业购买者要做出的购买决策最少；而在全新采购情况下，产业购买者要做出的购买决策最多，通常要做出以下具体决策，即决定产品规格、价格幅度、交货条件和时间、服务条件、支付条件、订购数量、可接受的供应商和选定的供应商等。

五、影响产业购买者决策的主要因素

产业购买者做购买决策时受一系列因素的影响（如图 7－2 所示）。

（一）环境因素

即一个企业外部的环境因素，诸如一个国家的经济前景、市场需求、技术发展变化、市场竞争、政治法律等情况。如果经济前景不佳，市场需求不振，产业购买者就不会增加投资，甚至会减少投资，降低原材料采购量和库存量。

（二）组织因素

即企业本身的因素，诸如企业的目标、政策、程序、组织结构、体制等。显然，这些组织因素也会影响产业购买者的购买决策和购买行为。

（三）人际因素

如前所述，企业的采购中心通常包括使用者、影响者、采购者、决定者和信息控制者，这五种成员都参与购买决策过程。这些参与者在企业中的地位、职权、说服力以及他们之间的相互关系有所不同，因而也会影响产业购买者的购买决策和购买行为。

（四）个人因素

即各个参与者的年龄、受教育程度、个性等。这些个人因素会影响各个参与者对要采购的产业用品和供应商的感觉、看法，从而影响购买决策和购买行动。

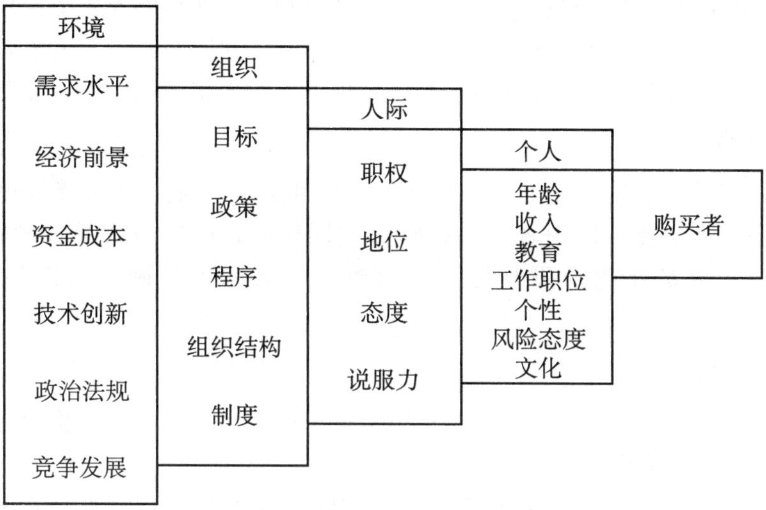

图7-2 影响产业购买者决策的因素

六、产业购买者的决策过程

供货企业的最高管理层和营销人员还要了解其顾客购买过程各个阶段的情况，并采取适当措施，满足顾客在各个阶段的需要，只有这样该供货企业才能成为现实的卖主。产业购买者在购买过程中经历的阶段数的多少，取决于产业购买者行为类型的复杂程度。

在直接重购这种最简单的行为类型下，产业购买者购买过程的阶段最少；在修正重购情况下，购买过程的阶段多一些；而在全新采购这种最复杂的情况下，购买过程的阶段最多，要经过八个阶段（如表7-1所示）。

表7-1 不同产业购买行为类型的购买阶段

		购买行为类型		
		全新采购	修正重购	直接重购
购买阶段	1. 认识需要	是	可能	否
	2. 确定需要	是	可能	否
	3. 说明需要	是	是	是
	4. 物色供应商	是	可能	否
	5. 征求建议	是	可能	否
	6. 选择供应商	是	可能	否
	7. 选择订货程序	是	可能	否
	8. 评估合同履行	是	是	是

（一）认识需要

在全新购买和修正重购情况下，购买过程是从企业的某些人员认识到要购买某种产品以满足企业的某种需要开始的。

认识需要是由两种刺激引起的：（1）内部刺激。诸如企业最高管理层决定推出某种新产品，因而需要采购生产这种新产品的设备和原料；有些机器发生故障或损坏，需要购置零部件或新机器；发现购进的某些原料质量不好，必须更换供应商。（2）外部刺激。如采购人员接触广告或参加展销会等，发现了更物美价廉的产业用品。

（二）确定需要

所谓确定需要，也就是确定所需品种的特征和数量。标准品需要最易确定。至于复杂品种，采购人员要和使用者、工程师等共同研究，确定所需品种的特征和数量。供货企业的营销人员在此阶段要帮助采购单位的采购人员确定所需品种的特征和数量。

（三）说明需要

企业的采购组织确定需要以后，要指定专家小组对所需品种进行价值分析，做出详细的技术说明，作为采购人员取舍的标准。

价值分析的目的是，投入最少的资源，取得最大的功效，以提高经营效益。产业购买者在采购工作中要进行价值分析，调查研究本企业要采购的产品是否具备必要的功能。采购单位的专家小组要对所需品种进行价值分析，并写出文字精练的技术说明，作为采购人员评判及取舍的标准。供货企业的市场营销人员也要运用价值分析技术，向顾客说明其产品有良好的功能。

（四）物色供应商

在全新购买情况下，采购复杂的、价值高的品种，需要花较多时间物色供应商。供货企业的最高管理层要采取措施，千方百计提高本公司的知名度和美誉度。

（五）征求建议

即企业的采购经理邀请合格的供应商提出建议。如果采购复杂的、价值高的品种，采购经理应要求每个潜在的供应商都提交详细的书面建议。采购经理还要从合格的供应商中挑选最合适的，要求它们提交正式的建议书。因此，供货企业的营销人员必须善于提交与众不同的建议书，以获得客户的信任，争取成交。

（六）选择供应商

1. 选择供应商的传统做法。采购中心根据供应商产品质量、产品价格、信誉、经营灵活性、及时交货能力、技术服务等来评价和选择最有吸引力的供应商（如表7－2所示）。采购中心在做最后决定以前，往往还要和那些较中意的供应商谈判，争取较低的价格和更好的条件。最后，采购中心选定一个或几个供应商。许多精明的采购经理都倾向于有多个供应来源，以免受制于人，而且这样能够对各个供应商进行比较。如向第一位供应商采购所需原料的60%，再分别向另两位供应商采购所需原料的30%和10%，这样就可以促使这三位供应商展开竞争，从而迫使它们利用价格折扣、提高服务水平等手段尽量提高自己的供货份额。

表7-2 评估供应商

属性	评定量表				
	权重	较差（1分）	一般（2分）	良好（3分）	优秀（4分）
价格	0.30				×
供应商声誉	0.20			×	
产品可靠性	0.30				×
服务可靠性	0.10		×		
供应商灵活性	0.10			×	
总分：0.30×4+0.20×3+0.30×4+0.10×2+0.10×3=3.5					

2. 供应商营销。事实上，上述传统做法虽然能使企业节约成本费用，但隐藏着很大的风险。比如供货质量参差不齐、主要的供应商因价格战而破产等。20世纪90年代以来，越来越多的企业开始倾向于把供应商看作合作伙伴，设法帮助它们提高供货质量、供货及时性，提高经营管理水平，进而开展供应商营销。

供应商营销主要包括两方面的内容：（1）确定严格的资格标准以选择优秀的供应商。这些标准可以包括技术水平、财务状况、创新能力、商业信誉、质量观念等。（2）积极争取那些成绩卓著的供应商使其成为自己的合作伙伴。因这种市场营销活动与产品流动方向是相反的，故也称为“逆向营销”。

（七）选择订货程序

即采购经理开订货单给选定的供应商，在订货单上列出技术说明、需要的数量、期望的交货期等。越来越多的企业倾向于签订一揽子合同，而不采取定期采购。这是因为，如果采购次数较少，每次采购批量较大，库存就会增加；反之，如果采购次数较多，库存就会减少。采购经理通过和某一供应商签订一揽子合同，与这个供应商建立长期供货关系，这个供应商承诺当采购经理需要时即按照原来约定的价格和条件随时供货。这样，库存的主要功能就转移到了供货企业那里，采购单位如果需要进货，采购经理的电脑联网程序就会自动打出订货单，或者用传真发送订货单给供应商。因此一揽子合同又叫作无库存采购计划。

（八）评估合同履行

采购经理最后还要向使用者征求意见，了解他们对购进产品是否满意，检查和评价各个供应商履行合同情况。这种检查和评价，成为决定是否继续向某个供应商采购产品的主要依据。

延伸阅读

中小企业PC采购趋势

据预测，2019年的经济走势会影响中小企业的PC（个人电脑）采购需求，总体上降低但专业服务、医疗等行业依然逆势增长。随着大众创业、万众创新策略的落实，中小企业仍处于蓬勃发展期。不过，中美贸易摩擦依然会影响2019年中小企业对于PC的采购需求。值得关注是，未来3～5年中国中小企业将进行一次数字化转型的升级过程，更多企业将利用PC等终端设备改变其客户体验、业务模式、人力资源等，专业服务业、医疗等行业都会成为行业调整后的新机会和新增长点。

资料来源：IDC：2019年预计中国PC市场销售量约5 060万台 同比跌3%.（2018－12－27）.199IT.

第3节　中间商购买行为与政府采购

中间商在地理分布上比产业购买者分散，但比消费者集中。产业市场的大部分特征中间商也具备。中间商的购买行为与购买决策同样受到环境因素、组织因素、人际因素和个人因素的影响。然而，相比之下，中间商的购买行为与决策有一些独特之处。

营销视角　消费升级呼唤绿色商场

一、中间商购买行为的主要类型

中间商的购买行为可分为如下三种主要类型。

（一）购买全新品种

即中间商购买某种从未采购过的新品种。在这种情况下，可根据欲购产品市场前景的好坏、买主需求强度、产品获利的可能性等多方面因素决定是否购买。购买决策过程的主要步骤与产业购买者大致相同，也由认识需要、确定需要、说明需要、物色供应商、征求建议、选择供应商、选择订货程序和评估合同履行等八个阶段构成。

（二）选择最佳卖主

即中间商对将要购买的品种已经确定，但需考虑选择最佳的供应商，确定从哪家卖主进货。当中间商拟用自己的品牌销售产品时，或由于自身条件限制不能经营所有供应商（而只能是其中一部分供应商）的产品时，就需要从众多的供应商中选择最优者。

（三）寻求更佳条件

即中间商并不想更换供应商，但试图从原有供应商那里获得更为有利的供货条件，如更及时的供货、更合适的价格、更积极的广告支持与促销合作等。

二、中间商的主要购买决策

中间商的主要购买决策包括配货决策、供应商组合决策和供货条件决策。配货决策是指决定拟经营的品种结构，即中间商的产品组合。供应商组合决策是指决定拟与之从事交换活动的各有关供应商。供货条件决策是指决定具体采购时所要求的价格、交货期、相关服务及其他交易条件。

在以上所有决策中，最基本、最重要的购买决策是配货决策。因为中间商经营的产品组合会影响到从哪家供应商进货，即中间商的供应商组合，进而影响到中间商的市场营销组合和顾客组合。中间商的配货战略主要有四种：(1) 独家配货，即中间商决定只经营某一家制造商的产品。(2) 专深配货，即中间商决定经营许多家制造商生产的同类各种型号规格的产品。(3) 广泛配货，即中间商决定经营种类繁多、范围广但尚未超出行业界限的产品。(4) 杂乱配货，即中间商决定经营范围广且没有关联的多种产品。

三、政府采购的基本概念

1. 采购人。所谓采购人，是指使用财政性资金采购物资或服务的国家机关、事业单位或者其他社会组织。政府财政部门是政府采购的主管部门，负责管理和监督政府采购活动。

2. 政府采购机构。所谓政府采购机构，是指政府设立的负责本级财政性资金的集中采购和招标组织工作的专门机构。

3. 招标代理机构。所谓招标代理机构，是指依法取得招标代理资格，从事招标代理业务的社会中介组织。

4. 供应人。所谓供应人，是指与采购人可能或者已经签订采购合同的供应商或者承包商。

延伸阅读

政府 PC 采购新动向

出于安全管控的政策要求，2019 年政府部门的 PC 采购将逐渐增加国产化计算机的购买比例。所谓国产化计算机，是一种基于国产处理器，以国产操作系统为基础的计算机设备。短期看，由于大量政府与相关大型企业的 IT 架构基于原有平台设计，国产化计算机的兼容性和稳定性依然是最大的挑战。从长期看，这符合中国长期发展策略。PC 厂商需要正确看待这种改变，快速推出相关设备产品。随着电商在消费市场销售比例逐步稳定，未来更多的中小企业客户也将会选择通过电商购买电脑。同时，政府电子商务平台逐步落地各个省份，过去很多的协议采购的订单将逐步向电商渠道发展。

重要概念

组织市场	产业市场	加速原理	资本项目
材料和部件	供应品	价值分析	中间商市场
政府市场	采购中心	大客户导向	直接重购
修正重购	全新采购	供应商营销	政府采购机构
招标代理机构			

复习题

1. 什么是组织市场？组织市场的主要类型有哪些？
2. 产业购买决策的参与者主要有哪些？采购中心对营销管理的启示是什么？
3. 什么是供应商营销？其主要内容是什么？
4. 常见的组织市场买卖关系有哪几种？
5. 组织市场有哪些特点？

案例分析

美团助力餐饮企业购买决策

数字经济包括需求侧的数字化和供给侧的数字化两大方面，过去20年，需求侧的数字化逐渐完成，但是供给侧的数字化现在才刚刚开始。供给侧数字化和需求侧数字化相结合，数字经济才完整。而供给侧的数字化可能是接下来20年中更大的机会。

以美团做的餐饮行业为例，吃饭的人就是需求侧，餐厅就是供给侧，餐饮这个行业有很多链条，需要采购食材、物料，需要雇服务员，需要购买很多设备等。供给侧可分成多个层次，数字化的进度也相对慢一些。美团2018年第三季度业绩显示，餐饮外卖实现收入112亿元，同比增长84.8%；实现毛利19亿元，增幅达287.3%；到店及酒旅业务实现收入44亿元，同比增长46.8%。美团餐饮外卖日均订单交易笔数达1 940万笔，较上年同期增长48.5%；国内酒店间夜量较上年同期增长34.8%。

美团坚持“Food＋Platform”的策略，尤其是“快驴进货”这个餐饮供应链服务可以提高餐饮商家效率和盈利点。实际上，到2018年年底“快驴进货”已经在帮助全国约45万商户供应所需的食材及原材料。

在电影票务线上化率80%、高铁购票线上化率90%的同时，餐饮行业仍停留在传统线下阶段，线上化率不到10%。供应链成本是未来餐饮行业最有可能被大幅度降低的部分，通过更好的B2B服务，从种植养殖食材、采购、运输、库存管理、菜品设置，到最后的成品、半成品售卖，都将成为一个垂直整合的过程，能够产生真正的效益提升。

未来的餐厅可能会提供很多半成品零售，替代传统超市里的食品供应，未来的超市也会提供这些半成品甚至堂食服务，实际上现在已经有这个趋势。餐饮业4.2万亿元市场规模和零售中食品相关的近14万亿元市场规模的融合，让餐饮零售化有巨大的进化空间。排队、预约、SaaS收银、智能支付、线上点餐等。这种线上线下一体化的新餐饮模式，还是可以在其他行业复制的样本。

截至2018年第三季度，全国现制茶饮门店数达到41万家，一年内增长74%。美团在2018年5月还收购了屏芯科技，通过SaaS实现后台数字化管理和经营环节的在线化。美团智能收银将餐厅的桌椅数量、每天售卖的菜品数量数字化。网红茶饮品牌喜茶，在店员输入顾客口味与喜好时，每次页面跳转都需要3～5秒，而喜茶每天门店订单量都是超过千单，一天就浪费了5 000秒的时间。在使用美团收银茶饮版产品后，通过顾客预点单以及更快的收银，每单能节省3～5秒，系统稳定性更强。美团现在已经形成了一个全方位、立体化的B端业务体系，给餐饮商家提供非常全面的服务，其中就包括对餐桌管理、菜单管理和库存管理等进行数字化改造的餐厅管理系统（RMS）。

到2020年时，中国餐饮消费中的2.4亿个订单将实现线上化，行业的线上化率将达到60%，餐饮产业+互联网未来将迸发出更大的想象力。

思考题

美团在餐饮企业购买行为与决策过程中发挥了哪些作用？

企业的年货采购

2019年1月20日，网库作为资深的县域产业互联网服务商，荣获2018年中国产业互联网百强企业。进入新的一年，网库“好单品商城”2.0正式上线，平台整合了全国300多个产业基地资源和平台数十万制造厂商，致力于为中小企业的消费型采购提供专业的个性化服务。网库将继续贯彻落实“一手货源，正品采购”服务理念，努力打造企业线上采购第一品牌，建设优质优价的特色产品采购中心。随着春节越来越近，年货采购成为产业市场购买活动的热门话题。买哪家的？谁的产品更便宜？这些问题一直是企业采购人员关注的。我们可以逛一逛网库“线上商城”。那里有产自新疆的大枣，有来自烟台的野生海参，还有来自黄土高原的特色杂粮……可谓囊括四海，遍及九州。而且产品均是厂家直销，还提供发票，让你进货无忧。

从产业购买者角度看，此时正值年货采购的高峰期，无论是为员工发放春节福利，还是着手准备年会用品，抑或是客户回馈、维护关系等，都需要进行大量采购。电商的发展不仅为产业采购者带来线上交易的便利，同时也给采购者带来新的困扰。影响产业购买者决策的因素在增多，如商品质量参差不齐，售后服务无保障，同款产品价格差异大，员工需求日益变化，既要求产品质量优良，又关心产品价值和新颖性，讲求别出心裁。所有这些都使得年货采购成本增加，购买决策过程更加复杂。

而网库举行的一年一度的年货节依托全国近200个县域分支机构，帮助解决了中小企业的采购难题。此次年货节精选全国各地的特产优品，全部由当地厂家提供一手货源，保质保价，包邮包发票，减少了采购员的采购时间。同时，网库为回馈老会员的支持，特推出四重大礼，让采购人员在采购到超值商品的同时，享受更多的平台补贴和福利。

网库年货节的市场定位非常清晰，就是致力于帮助中小企业解决年货采购问题，而不单单是为企业提供一个产品页面和报价。本次活动从前期调研采购员关注的问题，到在全国300个区域选品，再到与供货企业洽谈底价、发票和运费，页面的设计和调试等等，不忽视任何一个细节。仅选品一个环节就耗时40多天，11月启动选品，先后收到近1 000家企业的申报。网库逐个梳理产品，审核企业资质，谈厂家能给的最低价，落实发货、物流、售后等问题，以此为客户提供最便捷的采购渠道。

年货节的营销策略也有不少创新，其中一大亮点就是将B类平台和C类平台的优点相结合。众所周知，由于B2B平台的交易特点和经营模式，很难做到C类平台的灵活多样，但越来越多的B类企业希望在B2B平台上有C类平台的体验。所以，本次年货节首次引入优惠券、返利、福袋等销售方式，并支持多种交易渠道，借以提升用户体验。购物券面值有5元、10元、100元、500元，满足一定的消费额度就可使用。比如，5元的购物券，只要在线上购买东西就可使用。

资料来源：网库2018十大事件.（2019-01-04）. 网易；网库集团荣获产业互联网百强企业，开启2019新征程.（2019-01-21）. 搜狐网；企业年货采购一站式服务　2017网库年货节来袭.（2016-12-14）. 搜狐网.

思考题

1. 网库年货节如何帮助企业快速采购到超值的年货福利产品?

2. 在降低企业采购成本方面，原厂家直销再加上网库补贴是如何实施的?

3. 为激励产业市场购买而采用的福袋、赠品、抽奖等手段能奏效吗?

4. 影响企业年货采购决策的主要因素有哪些?

5. 据你所知，哪些人会参与企业年货采购决策过程? 企业年货采购决策过程由哪几个阶段构成? 营销者需要相应采取哪些策略?

03

第Ⅲ篇

营销战略

FUNDAMENTALS OF MARKETING

第 8 章

目标营销战略 08

本章要点

- 企业进行市场细分的主要方法
- 企业选择目标市场的主要方法及其特点
- 企业进行市场定位的方法

市场细分（segmenting）、选择目标市场（targeting）以及市场定位（positioning）构成了目标营销战略（即 STP 战略）的全过程（如图 8－1 所示）。在移动互联网、人工智能、物联网、云计算、先进机器人、大数据、3D 打印、数字化等现代信息技术迅速发展的新时代，传统的 STP 战略也要适当采用互联营销的新方法，包括确认顾客社区、澄清品牌特征和编码、互联营销组合及其商业化、顾客关怀与协作等。[①]

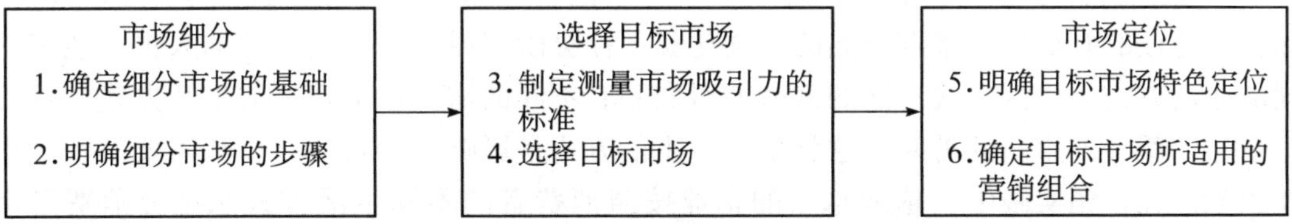

图 8－1　STP 战略

第 1 节　市场细分

市场细分要依据一定的细分变量来进行。不论是消费者市场还是产业市场，开展市场细分工作都要依据一定的细分变量，而且市场细分必须满足一定的条件才有效。

① 科特勒，卡塔加雅，许丁宦．营销制胜．北京：中国人民大学出版社，2019：39.

一、消费者市场细分的依据

消费者市场的细分变量主要有地理变量、人口变量、心理变量和行为变量等，企业可以利用这些变量进行消费者市场细分，也可以运用组合效用进行更综合的考虑。

（一）地理细分

所谓地理细分，就是企业按照消费者所在的地理位置以及其他地理变量（包括位于城市还是乡村、气候条件、交通运输状况等）来细分消费者市场。

地理细分的主要理论根据是：处在不同地理位置的消费者对企业的产品有不同的需要和偏好，他们对企业所采取的营销策略以及企业的产品价格、分销渠道、广告宣传等营销措施有不同的反应。

市场潜量和成本费用会因市场位置不同而有所不同，企业应选择那些本企业能最好地为之服务的、收益较高的地理市场为目标市场。

（二）人口细分

所谓人口细分，就是企业按照人口统计变量（包括年龄、性别、收入、职业、教育水平、家庭规模、家庭生命周期阶段、种族、国籍等）来细分消费者市场。人口统计变量一直是细分消费者市场的重要变量，主要是因为人口统计变量比其他变量更容易测量。

营销视角　户外运动消费的市场细分

（三）心理细分

所谓心理细分，就是按照消费者的生活方式、个性等心理变量来细分消费者市场。消费者的欲望、需要和购买行为不仅受人口变量影响，而且受心理变量影响，所以还要进行心理细分。

1. 生活方式细分。生活方式是人类与一定的社会条件相互作用而形成的活动形式和行为特征的有机体。来自不同的亚文化圈、社会阶层或具有不同职业的人也可能有不同的生活方式。生活方式不同的消费者对商品有不同的需要；消费者的生活方式一旦发生变化，就会产生新的需要。这就是说，生活方式是影响消费者的欲望和需要的一个重要因素。在营销实践中，越来越多的企业按照消费者的不同生活方式来细分消费者市场，并据此设计不同的产品和安排营销组合。

企业在进行生活方式细分时可以借助第6章提到的AIO模式或VALS方法。

2. 个性细分。企业还可以按照消费者不同的个性来细分消费者市场。这些企业通过广告宣传，试图赋予其产品与某些消费者的个性相似的品牌个性，树立品牌形象。

（四）行为细分

所谓行为细分，就是企业按照消费者购买或使用某种产品的时机、消费者所追求的利益、使用者情况、消费者对某种产品的使用率、消费者对品牌的忠诚度、消费者待购阶段和消费者对产品的态度等行为变量来细分消费者市场。图8-2展示了借助不同的行为变量来细分一个市场的各种方法。

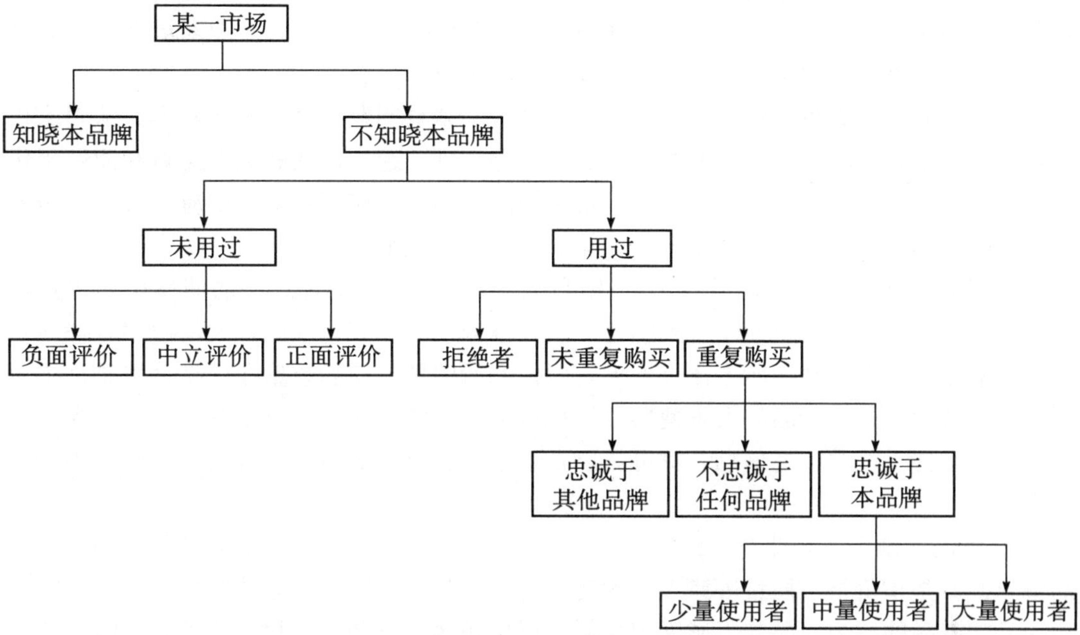

图 8-2 将各种不同的行为变量用于细分某一市场

1. 时机细分。时机细分是指根据消费者产生购买意向、发生购买行为或使用已购物品的时间进行市场细分。在营销实践中，许多企业往往通过时机细分扩大消费者使用本企业的产品的范围。

|营销视角| 时机细分：2019 年元旦的消费行为

虽然元旦假期只有三天，但不妨碍大家用最嗨的方式辞旧迎新——无论是买买买，还是出去耍，跨年假期的消费都自带了一种开门红的仪式感。元旦假期全国各地购买力爆棚，从消费到旅行到服务，都体现着与气温不一样的热度。

2019 年元旦假期，京东平台订单量同比增长近 35%，京东用户消费能力大幅高于平日，客单价同比增长 49%。从地域上看，销售额最高的省份是：江苏、广东、浙江、山东和北京。销售额同比增长最快的省份是云南，其次是江苏、江西、宁夏和安徽。订单量最高的省份是：广东、北京、江苏、山东、四川。

资料来源：元旦假期消费大数据：云南销售额同比增长最快．(2019-01-03)．中国新闻网．

2. 利益细分。消费者往往因为各有不同的购买动机、追求不同的利益而购买不同的产品和品牌。以购买牙膏为例，有些消费者购买防蛀牙膏，主要是为了防治龋齿；有些消费者购买草本牙膏，主要是为了防治口腔溃疡、牙周炎。正因为这样，企业还要按照消费者购买商品时所追求的不同利益来细分消费者市场。

3. 使用者细分。许多商品的市场都可以按照使用者情况，如非使用者、曾经使用者、潜在使用者、初次使用者和经常使用者等来细分。资金雄厚、市场占有率高的大公司，一般都对潜在使用者这类消费者群产生兴趣，它们着重吸引潜在使用者，以扩大市场阵地；中小企业资金薄弱，往往更注重吸引经常使用者。当然，企业对潜在使用者和经常使用者要酌情运用不同营销组合，采取不同的营销措施。

不少产业购买者更喜欢从一个卖主那里购买一整套问题解决方案，而不是从多家供货商那里分别购进零散的产品或服务，之后再整合到一起。产业购买者愿意和能够提供最完备系统方案、最能满足自己需求、最能解决问题的供应商签约。供应商往往就是通过这种系统销售（system selling）策略来赢得客户，控制市场。

4. 使用率细分。许多商品的市场还可以按照消费者对某种产品的使用率如少量使用者、中量使用者、大量使用者来细分。这种细分又叫作数量细分。大量使用者往往在实际和潜在购买者总数中所占比重不大，但他们所消费的商品数量在商品消费总量中所占比重却很大。某种产品的大量使用者往往有某些共同的人格、心理特征和广告媒体习惯。企业掌握了相关市场信息，就可据以合理定价、撰写适当的广告词和选择适当的广告媒体。

5. 忠诚度细分。企业还可以按照消费者对品牌的忠诚度来细分消费者市场。所谓品牌忠诚，是指价格、质量等诸多因素使消费者对某一品牌的产品情有独钟并长期购买这一品牌产品的行为。品牌忠诚度的高低，可用顾客重复购买次数、购买挑选时间和对价格的敏感程度等标准进行衡量。按照消费者对品牌的忠诚度这种行为变量，可以把所有的消费者细分为坚定品牌忠诚者、有限品牌忠诚者、游移忠诚者和非忠诚者四类不同的消费者群。每一个市场都包含不同程度的上述四种类型的消费者群。坚定品牌忠诚者人数多、比重大的市场叫作品牌忠诚市场。

6. 待购阶段细分。企业对处在不同待购阶段的消费者，必须酌情运用适当的营销组合，采取适当的营销方案，才能促进销售，提高经营效益。

7. 态度细分。企业还要按照消费者对产品的态度来细分消费者市场。消费者对某种产品的态度有五种：热爱、肯定、不感兴趣、否定和敌意。企业对持不同态度的消费者群，应分别采取不同的营销对策。例如，对那些不感兴趣的消费者，企业要找出他们不感兴趣的原因，并通过适当的营销策略使他们转变为感兴趣的消费者。

（五）组合效用细分①

组合效用测量的是某个特征水平上的消费者偏好，然后与多特征评价联合在一起，测量对总体选择的偏好。组合分析根据消费者在决策中所显示的特征的权重来确定他们的偏好。一般在个体水平上对这些权重或效用进行评价。细分将那些具有相似的偏好模式以及对特定的产品特征有相似权重的顾客，与其他的具有不同模型的顾客群区分开来。为了根据组合效用完成市场细分，首先必须在顾客个体水平上确定效用分数，然后把那些具有相似看法的个体归为一类。一般采用聚类分析的方法。

---

① 法里斯，本德勒，普法伊费尔，等．营销量化指标：第2版．北京：中国人民大学出版社，2007：138-147.

延伸阅读

顾客组合效用细分

Samson-Finn 公司有 3 个顾客。为了更好地进行营销管理，Samson-Finn 公司想把看法一致的顾客组成细分市场。它运用组合分析来测量顾客对产品以下方面的偏好：可靠/非常可靠，快速/非常快速，如表 8-1所示。然后考虑每个顾客的组合效用以确定哪些顾客具有相似的需求。当以组合的数据进行聚类时，差距根据部分效用值计算。

表 8-1 顾客组合效用

	非常可靠	可靠	非常快速	快速
鲍勃	0.4	0.3	0.6	0.2
埃琳	0.9	0.1	0.2	0.7
约吉什	0.3	0.3	0.5	0.2

分析发现，鲍勃和埃琳在“非常可靠”方面是有差别的。鲍勃的得分是 0.4，而埃琳的得分是 0.9。我们可以对这个差别进行评分以得到鲍勃和埃琳间的差距。

利用这种方式，Samson-Finn 公司的每对消费者间的差距计算如下：

差距	非常可靠	可靠	非常快速	快速
鲍勃与埃琳：	$=(0.4-0.9)^2$	$+(0.3-0.1)^2$	$+(0.6-0.2)^2$	$+(0.2-0.7)^2$
	$=0.25$	$+0.04$	$+0.16$	$+0.25$
	$=0.7$			
鲍勃与约吉什：	$=(0.4-0.3)^2$	$+(0.3-0.3)^2$	$+(0.6-0.5)^2$	$+(0.2-0.2)^2$
	$=0.01$	$+0$	$+0.01$	$+0$
	$=0.02$			
埃琳与约吉什：	$=(0.9-0.3)^2$	$+(0.1-0.3)^2$	$+(0.2-0.5)^2$	$+(0.7-0.2)^2$
	$=0.36$	$+0.04$	$+0.09$	$+0.25$
	$=0.74$			

在这个基础上，鲍勃和约吉什看起来是最接近的，因为他们的差距是 0.02。因此，可以认为他们属于相同的细分市场。相反，由于埃琳的偏好和鲍勃与约吉什差距很大，因而她与鲍勃以及约吉什不在同一个细分市场。

二、产业市场细分的依据

细分产业市场的变量，除了与消费者市场细分变量相同的变量（如利益、使用者、使用率、忠诚度、待购阶段、态度等），还有最终用户、顾客规模、顾客位置、采购方式等常用的变量。

（一）最终用户

在产业市场上，不同的最终用户对同一种产业用品的营销组合往往有不同的要求。例如，电脑制造商采购产品时最重视的是产品质量、性能和服务，价格并不是考虑的最主要因素；飞机轮胎必须达到的安全标准比农用拖拉机轮胎必须达到的安全标准高得多；等等。因此，企业对不同的最终用户要相应地运用不同的营销组合，采取不同的市场营销手段，以投其所好，促进销售。

（二）顾客规模

顾客规模也是细分产业市场的一个重要变量。许多公司建立适当的制度来分别与大顾客和小顾客打交道。例如，一家办公用品制造商按照顾客规模将其顾客细分为两类顾客群：一类是大客户，由该公司的全国客户经理负责联系；另一类是小客户，由推销人员负责联系。

（三）顾客位置

顾客的地理位置也是细分市场的有效方法。事实上，顾客的位置会影响推销和分销成本。如果在该地区有特别强势的对手，那么竞争激烈程度就会相应提高。近年来，人们对采购碳足迹的关注度日益提高，不少企业开始致力于将其供应商集中在当地。例如，一些绿色超市制定了尽可能在当地采购生鲜食品的政策。产品的需求也会呈现多样化，例如，工厂操作冷却设备时对软化水的化学品的需求，会随着当地水质条件的不同而有所差异。顾客的产品偏好则会由于地理位置的不同而变化。

（四）采购方式

客户采用的不同采购方式，也为市场细分提供了依据。例如，可以将企业客户细分为想要租赁产品的企业和想要购买产品的企业；有积极采购行为政策的企业和受价格因素支配的企业；想要单一供应源的企业和想要双重供应源的企业；必须招标采购的公共部门或类似组织和倾向于通过谈判确定价格的组织；比其他企业更积极地努力缩减供应商的企业和其他企业。事实上，在以谋求供应商与客户之间建立伙伴关系为特点的组织营销实践中，将采购方式作为市场细分的基础是一种非常必要和有效的选择。

（五）其他变量

许多企业实际上不是用一个变量，而是用几个变量，甚至是一系列变量来细分产业市场。

延伸阅读

多变量细分产业市场

某铝制品公司首先进行宏观细分，包括三个步骤：第一步，公司按照最终用户这个变量把铝制品市场细分为汽车制造业、住宅建筑业和饮料容器制造业三个子市场，然后决定选择其中一个本公司能服务得最好的子市场为目标市场。假设这家公司选择住宅建筑业为目标市场。第二步，按照产品应用这个变量将住宅建筑业市场进一步细分为半制原料、建筑部件和铝制活动房屋三个子市场，然后选择其中一个为目标市场。假设这家公司选择建筑部件市场为目标市场。第三步，按顾客规模这个变量把建筑部件市场进一步细分为大顾客、中顾客和小顾客三个子市场。假设这家公司选择大顾客为目标市场。见图8-3。

其次，这家铝制品公司还要在大顾客建筑部件市场的范围内进行微观细分，进一步按照大顾客的不同要求（如产品质量、价格、服务等）来细分市场。假设这家公司决定重视产品质量的子市场，那么用一系列变量来逐步细分铝制品市场后，这家公司的目标市场就很具体了。

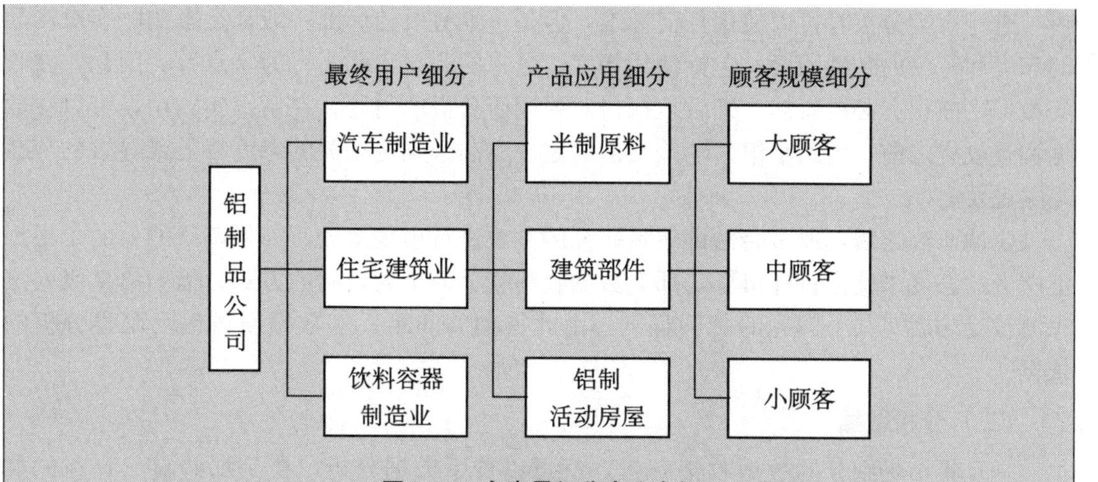

图 8-3　多变量细分产业市场

三、市场细分的步骤

（一）确定范围

进行市场细分，需要市场和技术两方面的专业知识，企业也可以委托专业机构展开研究。当企业委托专业机构启动市场细分项目时，双方的深入沟通非常重要，项目的成功有赖于企业营销人员和机构研究人员能否互相体谅对方的要求。在开始阶段，关键是对重要问题达成共识，包括该项目的重点、要研究的产品市场，以及如何使用研究成果。经营多种产品的企业需要先对一种产品进行试验，如果试验成功，再推广到其他产品。由于存在不同的市场结构（例如市场被分成产业市场和消费者市场），因而需要采取两阶段细分的方法：第一阶段将市场划分为比较容易界定的若干群体，第二阶段进行更加彻底的市场细分（如图 8-4 所示）。在调研重点上达成共识，有助于避免产生由于最初的误解而造成对最终调研结果不满意的现象，同时，也有助于提高研究成果的有用性和可行性。

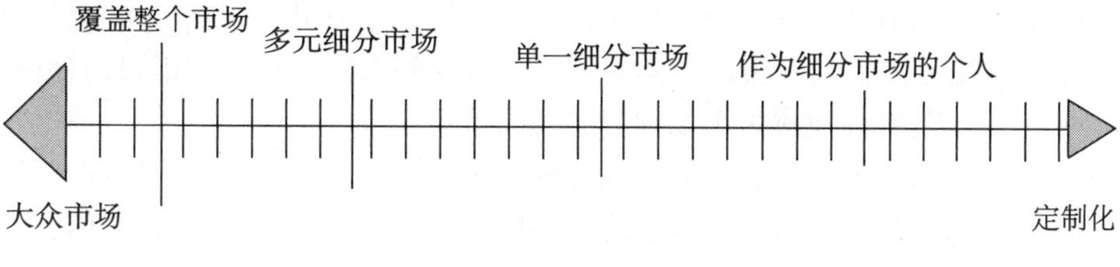

图 8-4　市场细分的由粗到细

（二）收集数据

市场细分所需要的数据可以分成两类：一是用于在聚类分析中找出关联并形成细分市场的数据，包括消费者寻求的利益、使用方式、态度等；二是市场细分之后，用于描述各细分市场基本特征的数据，包括人口特征、社会地位、经济实力等因素。一般来讲，进行聚类分析时可以使用任何标准，但是，最有效的标准一般都是影响顾客对产品的态度和行为的各种因素，包括使用频率、寻求的利益、购买行为特点等。因此，在收集数据之前很有必要具体、细致地探讨所要调研分析的问题。在营销实践中，可以在数据调查收集之前，借助小组讨论等类似的定性方法来确定相关的态度特征或寻求的利益等关键要素。

定性研究之后，通常会借助定量研究的方法进行市场细分。如果调研的目的是根据消费者的态度来确定目标市场，那么数据收集就会以个人访问的方式，借助语义级差法来测量受访者对某个问题的赞同程度，由此得到的间距尺度数据便可作为聚类分析的依据。

（三）分析数据

一旦将市场细分的数据收集齐备，就可以着手数据分析，找到那些自然存在的群体，通常是应用聚类分析来识别这些不同群体。最常用的聚类分析方法是分层聚类法。使用这种方法时，所有的受访者都是个别对待的。通常要求回答一些问题，对这些问题给出相同或相似答案的受访者聚到一起。下一个阶段是将那些差异较小的受访者群进一步合并。整个分析进程以互动的方式逐步深入，直到所有的受访者被归到一个大群体中为止。具体的统计分析可以借助 SPSS 统计软件包。

尽管有许多关于分类技巧方面的建议，但是究竟把市场细分为多少子市场更为合适，主要还是依靠判断力。根据分析过程所产生的统计资料，对小组进行合并。在合并过程中，要尽量避免将两个极不相同的小组合并在一起。

在大多数情况下，聚类分析涉及三个以上的维度，以此为基础可以分为 3～10 种组合方式，以供选择。在借助统计方法进行缩减之后，分析人员随即就需要对每个方案的营销含义进行考察，主要是回答这样一个问题：如果对这两组对象给予分别对待，而不是将他们看作一个组，那么在营销组合方案实施过程会带来什么不同的反应？如果答案是“没什么不同”，那么通常这两组就应该合并到一起。这就是市场细分实践中的创新做法，管理者的判断力在这里起到至关重要的作用。

（四）验证细分市场

聚类分析能够从看似杂乱无章的数据中得出有意义的分组，这既是该方法的精华之处，也是它的问题所在。这种方法的运算方式一直受到人们的质疑。正因为存在这些不确定性，细分市场的验证便成为市场细分实践的重要环节。

如果市场细分所需要的信息是通过抽样调查来收集的，人们力图根据调查结果推断更大范围内的人口情况，就需要检验最终结果的可靠性，检测所要回答的问题是：通过样本所推断的结论是否适用于整体？最普遍的检验方法是交叉验证。这种方法是将收集到的数据任意地分成两部分，用其中一部分来形成之前已经分好的各个群体，然后再用另一部分数据对结果进行检验。一种简单的做法就是，用相同的聚类分析来对前面分好的两部分样本数据进行分析，然后比较这两个样本所得的分类群体在规模和特征方面的相似性。由于比较聚类分析的两个结果似乎是相当主观的一种验证方法，因此，有些学者为这种交叉验证推荐了判别分析法。该方法也是将原来的样本数据分成两组样本，并分别对它们进行聚类分析。然后用一组样本建立起判别模型，并用另一组样本中的数据替代该模型中前一组样本的数据。最后比较使用判别分析和聚类分析分别得到的结果，以此来对样本的可靠性进行衡量。借助 SPSS 软件包，能够又快又准确地进行这种关联分析。

（五）实施市场细分

成功的市场细分所依靠的并不仅仅是从模型到实际行动的正确转换，而要对整个模型构建的全过程胸有成竹。特别是市场细分的实施者，必须与潜在用户进行接触，以便获得他们的具体信息，并确保市场细分结果符合他们的需求和期望。一个尚未实施的市场细分方案只是纸上谈兵而已。

（六）追踪反馈

每一次市场细分都可看作聚焦市场的一张快照，因为其实施过程和结果在几个月之后才发生。时间的滞后是难免的，这就意味着市场细分调研人员所拿出的研究结果几乎从一开始就过时了，而且随着时间的推移和消费者的变化，这个研究结果将无可避免地越来越不符合客观实际。当成功实施导致人们相信已经发现了市场的特殊规律，不需要进一步分析时，就出现了建模近视症。成功意味着该模型应该继续使用下去，但现实情况是，消费者行为和市场竞争形势时时刻刻都在发生变化，甚至成功实施这一行为本身也可能会改变市场和竞争对手的行为。

追踪市场细分方案随着时间的推移所具有的稳定性或者产生的变化，在如今瞬息万变的市场竞争中显得极其重要。市场细分和定位战略的实施，不可避免地会改变市场形势，进而影响消费者的看法、期望和需求。通过追踪调研各种活动对细分市场所造成的影响，可以了解和发现适合它们的某种促销活动，并从那些比较成功的推广活动中获取一些经验教训，对原有的促销方案不断加以完善。如果各个细分市场并不是很稳定，或逐渐地变化，或剧烈地变化，这些变化本身就会带来重要商机。这可能预示一个新细分市场的出现，或者说明该细分市场中消费者需求有所变化。在此过程中，主动进取的企业能够首先对此做出反应，从而获得竞争优势。

四、市场细分的有效标志

有效的市场细分，必须使细分后的市场具备如下条件。

（一）可区分性

可区分性指在不同的子市场之间，在概念上可清楚地加以区分。比如女性化妆品市场可依据年龄层次和肌肤的类型等变量加以区分。

（二）可测量性

可测量性指细分后的子市场的大小及其购买力的数据资料能够加以测量和推算，否则，将不能作为制定营销方案的依据。比如在我国电冰箱市场上，在重视产品质量的情况下，有多少人更注重价格，有多少人更重视耗电量，有多少人更注重外观，或兼顾几个方面。

（三）可进入性

可进入性指企业细分后的子市场应能够借助营销努力达到进入的目的，企业的营销组合策略等能够在该市场上发挥作用。譬如，通过适当的营销渠道，产品可以进入所选中的目标市场；通过适当的媒体可以将产品信息传达到目标市场，并使有兴趣的消费者通过适当的方式购买到产品等。

（四）可盈利性

可盈利性指细分后的市场有足够的需求潜量且有一定的发展潜力，其规模足以使企业有利可图。这是因为消费者的数量与企业利润密切相关。

五、数字化时代的市场细分

由上可知，传统的市场细分是一种垂直的营销方法，企业基本上是根据自己的标准自上而下进行市场细分，很少考虑消费者的主动性。值得注意的是，互联网技术已经将我们带入了一个互联互通的水平化世界，消费者希望自己的个性为企业所重视。而且，消费者越来越社交化，而不再是简单的个体。他们在决定所有购买产品或服务的品牌时，不再仅仅依赖自己的知识和经验，而是积极地从周围现实和虚拟环境中的人们那里获取线索和更加详细的信息，来支持自己的购买决策。因此，企业在市场细分时，一定要将消费者理解成彼此关联并具有社区感的社会人群。真正了解一个人，关键是要了解这个人同其他人的关系或纽带。

在数字化时代，企业应在市场细分的同时，更加关注消费者的社区化。消费者是具有共同的目标、共享价值观和身份而且很在乎彼此的一群人，而不再是简单的个体。市场细分和社区化既有相似性又有差异性（如表8-2所示）。

表8-2　市场细分与社区化

	市场细分	社区化
范式	顾客作为个体	顾客作为社区创造者
变量	地理、人口、心理、行为	目的性、价值观、身份识别
企业-顾客关系	垂直化：顾客作为被动的目标细分群体	水平化：顾客作为积极的社区成员
目标	基于相似性对顾客进行细分	基于内聚性和影响力的社区潜在身份识别

资料来源：科特勒，卡塔加雅，许丁宦．营销制胜．北京：中国人民大学出版社，2019：137.

第2节　目标市场选择

营销视角　酒类企业的目标市场选择

市场细分的目的在于有效地选择并进入目标市场。所谓目标市场，就是企业拟投其所好，为之服务，且其需求具有相似性的顾客群。在市场细分的基础上，正确选择目标市场，是关系目标营销战略成败的关键环节。

一、目标市场涵盖战略

企业在决定为哪些子市场服务，即确定其目标市场涵盖战略时，有三种选择。

1. 无差异营销。无差异营销是指企业在市场细分之后，不考虑各子市场的特性，而只注重子市场的共性，决定只推出单一产品，运用单一的营销组合，力求满足尽可能多的顾客的需求（见图8－5）。这种战略的优点是产品的品种、规格、款式简单统一，有利于标准化及大规模生产，有利于降低生产、存货、运输、研发、促销等成本费用。其主要缺点是单一产品要以同样的方式广泛销售并让所有购买者都满意是不可能的。特别是当同行业中有几家企业都实行无差异营销时，在较大的子市场中的竞争将会日益激烈，而在较小的子市场中的需求却得不到满足。由于较大的子市场内的竞争异常激烈，因而往往是子市场越大，利润越小。这种追求最大子市场的倾向叫作“多数谬误”。充分认识这一谬误的严重性，能够促使企业增加进入较小子市场的兴趣。

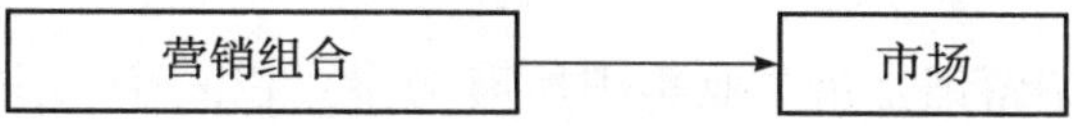

图8－5 无差异营销

2. 差异营销。差异营销是指企业决定同时为几个子市场服务，设计不同的产品，并在渠道、促销和定价方面都加以相应的改变，以适应各个子市场的需要（见图8－6）。企业的产品种类如果同时在几个子市场都占有优势，就会提高消费者对企业的信任感，进而提高重复购买率；而且，通过多样化的渠道和产品线进行销售，通常会使总销售额增加。差异营销的主要缺点是会使企业的生产成本和营销费用（如产品改进成本、生产成本、管理费用、存货成本、促销成本等）增加。有些企业曾实行超细分战略，即许多市场被过度地细分，导致产品价格不断上涨，影响产销数量和利润。于是，一种被称为反市场细分的战略应运而生。反市场细分战略并不反对市场细分，而是将多个过于狭小的子市场组合起来，以便能以较低的价格去满足这一市场的需求。

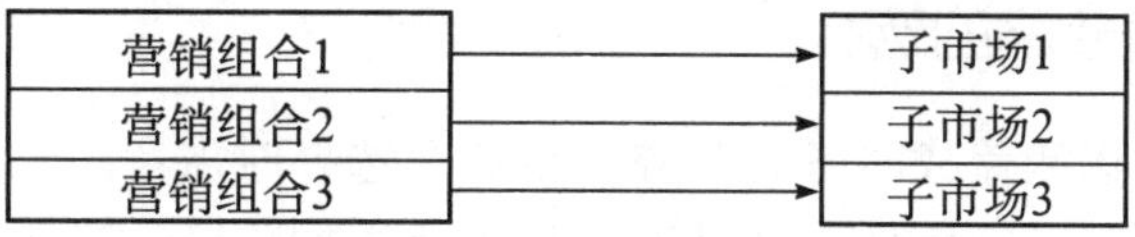

图8－6 差异营销

营销视角 2019年乘用车的差异营销

2019年元旦假期后一周，一汽奥迪、雷克萨斯、沃尔沃、南北大众、南北丰田、本田系、东风日产、上海通用凯迪拉克、别克、雪佛兰、吉利、长城、比亚迪、荣威、MG相继公布销量，从数据上看全面飘红，除了东风本田、别克、长城外，基本实现同比上涨。

2019年，乘用车市场消费两极现象将进一步加剧。其中，消费升级更多是受置换需求推动。中国现有机动车约3.25亿辆，从中汽协近年数据推算10年以上车型约为8 000万辆，其中乘用车占比约为50%，这意味着有4 000万辆乘用车已经进入置换周期。和首次购车用户相比，置换用户对于产品的要求更为理性，对于品质、品牌、实用性的要求更高。因此豪华车市场虽然增长趋势不变，但具体到各大品牌，在充分竞争中保证销量和利润平衡并不容易。普通车型的竞争将更惨烈，跌至谷底的法系、韩系，必然全面反扑中国品牌。

从历史发展分析，做好差异营销也是中国品牌崛起的关键，2010 年处于领先的奇瑞、吉利、比亚迪从 2011 年开始都陷入低谷，吉利和比亚迪后来分别凭借 SUV 和新能源车重新崛起，但奇瑞却因没有找到合适的发展方向，错失高速发展机遇。

2019 年，中国品牌在 SUV 红利和新能源车先发优势减弱后，实施差异营销，完善用户体验，将是避免重蹈覆辙的关键。细分到品牌，领克和 WEY 将是中国品牌差异营销的探路者，WEY 对长城比领克对吉利更重要。

资料来源：干群芳. 车市寒冬中如何逆势倍增？. 经济观察报，2019-01-16.

3. 集中营销。集中营销是指企业集中所有力量，以一个或少数几个性质相似的子市场作为目标市场，试图在较少的子市场上实现较高的市场占有率（见图 8-7）。实行集中营销的企业，一般是资源有限的中小企业，或是初次进入新市场的大企业。由于服务对象比较集中，对一个或几个特定子市场有较深入的了解，而且在生产和营销方面实行专业化，因此，可以比较容易地在这一特定市场取得有利地位。如果子市场选择得当，企业可以获得较高的投资收益率。但是，实行集中营销有较大的风险，因为目标市场范围比较狭窄，一旦市场情况突变、竞争加剧或消费偏好改变，企业可能陷入困境。

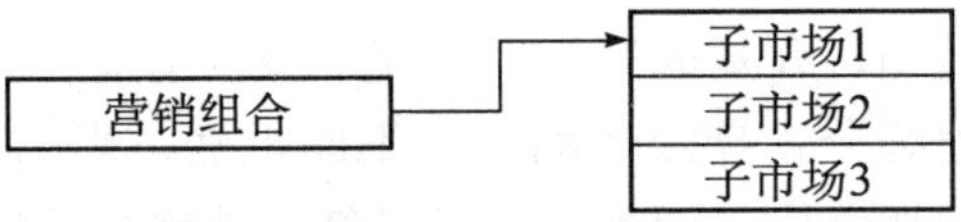

图 8-7 集中营销

二、目标市场涵盖战略的选择

上述三种目标市场涵盖战略各有利弊，企业在选择时需考虑五方面的因素，即企业资源、产品同质性、市场同质性、产品所处的生命周期阶段、竞争对手的目标市场涵盖战略等。

（一）企业资源

如果企业资源雄厚，可以考虑实行差异市场营销；否则，最好实行无差异营销或集中营销。

（二）产品同质性

产品同质性是指产品在性能、特点等方面的差异性的大小。对于同质产品或需求上共性较大的产品，一般宜实行无差异营销；反之，对于异质产品，则应实行差异营销或集中营销。

（三）市场同质性

如果市场上所有顾客在同一时期偏好相似，购买的数量相似，并且对营销刺激的反应相似，则可视为同质市场，宜实行无差异营销；反之，如果市场需求的差异较大，则为异质市场，宜采用差异营销或集中营销。

（四）产品所处的生命周期阶段

处在导入期和成长期的新产品，营销的重点是启发和巩固消费者的偏好，最好实行无差异营销或针对某一特定子市场实行集中营销；当产品进入成熟期后，市场竞争激烈，消费者需求日益多样化，可改用差异营销战略以开拓新市场，满足新需求，延长产品生命周期。

（五）竞争对手的目标市场涵盖战略

一般说来，企业的目标市场涵盖战略应与竞争者有所区别，反其道而行之。如果强大的竞争对手实行的是无差异营销，则企业应实行集中营销或更深一层的差异营销；如果企业面临的是较弱的竞争者，必要时可采取与之相同的战略，凭借实力击败竞争对手。

三、目标市场战略实施效果的影响因素

（一）组织结构

企业一般按照职能部门及其各种分支机构组建，具体结构取决于企业的任务分配和与外部世界打交道的方式。根据消费者利益确立目标市场的方法可能会打破组织中各部门之间的界限。那些处在不同部门和区域之间的目标市场，往往因为被忽略和无人对其战略负责而遭到营销失败。企业需要认真地筹划目标细分市场如何与组织内部结构相匹配。

（二）内部政策

市场细分在本质上是一种跨职能的活动，要求许多不同职能领域的专家参与其中并发挥专长。如果由于对权力的争夺和对自己专业知识的保守，各职能部门无法协作或一起工作，市场细分战略就很可能会失败，因此，确保协作的实现是关键。基于市场细分的战略依赖于内部协作和支持，否则，再好的战略也注定会落空。

（三）企业文化

基于消费者利益的市场细分方法，往往会因为它与组织内部成员理解问题的方式不一致而遭到排斥。由专业人士群体支配的组织——诸如传统的金融服务企业、律师事务所、会计师事务所之类的专业服务企业，实施消费者利益细分往往需要花费一番努力。例如，在建立客户导向企业文化的过程中，要想说服银行家调整一下谨慎从业的态度偏好很困难。

（四）信息系统

新的市场细分方案往往与现有的信息系统和报告系统不协调。这就意味着很难评估目标细分市场的价值，或者在该目标市场从事业务活动时，很难进行责任分配和绩效监督。

（五）决策过程

如果市场细分方案所确定的新目标市场没有被纳入营销计划，在制定和执行计划时就会被忽略。与此相类似，如果在现有的资源分配程序中没有将新目标市场涵盖在内，

新目标市场的营销活动就很难获得预算的保障支持。企业应该认真思考如何使一种新的市场细分方法与企业的计划、预算和评估系统相互融合。

（六）企业能力

发现并确定具有吸引力的目标市场，对市场调研分析人员来说并不困难，但是，要想在现有基础上获得竞争优势却没那么简单。企业可能恰恰就是由于缺乏为这类顾客提供服务的能力而丧失了竞争优势。

（七）操作系统

在有效执行市场细分战略时低估操作层次中的问题，也可能导致市场细分失败。这些问题包括：销售人员能够为目标市场中的消费者提供良好的服务吗？企业产品能够进入所期望的分销渠道吗？企业是否具有在细分市场运作广告及促销所需要的专业技能？企业是否在细分市场上开展有组织的市场调研以便确认目标市场、测量市场机会和评估营销绩效？如果需要，企业是否具有针对不同类型的消费者进行差别定价的技术和条件？总之，企业应该认真考察自己在销售、广告、促销和分销方面的操作能力，并且评估这些能力是否与新的市场细分战略实施相匹配。

这里谈到的许多问题都隐藏在组织内部，如果忽视这些问题的存在，无异于将整个营销战略置于极其危险的境地。因此，除了对目标市场进行传统的评估之外，还要仔细考察每个潜在目标市场的内部适应性（见图8-8）。

细分市场的吸引力 \ 企业的资源优势	强	弱
大	最好的情况 细分市场有吸引力， 且适合企业资源。	较差的情况 细分市场有吸引力， 但不适合企业资源。
小	较差的情况 细分市场无吸引力， 但适合企业资源。	最差的情况 细分市场无吸引力， 也不适合企业资源。

图8-8 细分市场的吸引力与企业的资源优势

这一分析表明，有些目标市场之所以没有吸引力，要么因为它们与企业的结构和操作流程不协调，要么因为企业目前还没有能力实施这种市场细分战略，要么因为必须先找出需要改进的地方才能够有效地对目标市场施加影响。

第3节 市场定位

企业选择目标市场之后会发现，在同一市场上有许多同种产品出现。为了使自己生产或销售的产品获得稳定的销路，企业需要从各方面赋予产品一定的特色，树立产品鲜明的市场形象，以求让顾客形成稳定的认知和特殊的偏爱，这就是市场定位。

一、市场定位的含义

市场定位是指企业针对潜在顾客的心理进行营销设计，创立产品、品牌或企业在目标顾客心目中的某种形象或个性特征，保留深刻的印象和独特的位置，从而取得竞争优势。市场定位的实质是在目标市场上取得竞争优势，确定产品在顾客心目中的适当位置并留下深刻的印象，以吸引更多的顾客。因此，市场定位是营销战略体系中的重要组成部分，它对于树立企业及产品的鲜明特色，满足顾客的需求，从而提高企业的市场竞争力具有重要的意义。

二、市场定位的步骤

市场定位的关键是企业要设法在自己的产品中找出比竞争者更具有竞争优势的特性。竞争优势一般有两种基本类型：一是价格竞争优势，即在同样的条件下制定比竞争者更低的价格，这就要求企业采取一切措施，力求降低单位成本。二是偏好竞争优势，即提供确定的特色来满足顾客的特定偏好，这就要求企业努力在产品特色上下功夫。因此，企业市场定位的全过程可以通过以下三大步骤来完成，即确认本企业的竞争优势，准确地选择相对竞争优势，明确显示独特的竞争优势。

（一）确认本企业的竞争优势

这一步骤的中心任务是回答以下三个问题：一是竞争对手的产品定位如何；二是目标市场上足够数量的顾客其欲望满足程度如何以及还需要什么；三是针对竞争者的市场定位和潜在顾客的利益要求企业应该和能够做什么。要回答这三个问题，企业营销人员必须利用各种调研手段，系统地设计、搜索、分析并报告有关上述问题的资料和研究结果。通过回答上述三个问题，企业可从中确定自己的竞争优势。

（二）准确地选择相对竞争优势

相对竞争优势表明了企业胜过竞争者的现实和潜在能力。准确地选择相对竞争优势是一个企业各方面实力与竞争者实力相比较的过程。通常是分析比较企业与竞争者在战略管理、研究开发、采购、生产、营销、财务、产品等七个方面的优势与劣势来准确地选择相对竞争优势。

（三）明确显示独特的竞争优势

这一步骤的主要任务是企业要通过一系列宣传促销活动，将其独特的竞争优势准确传达给潜在顾客，并在顾客心目中留下深刻印象。为此，企业首先应使目标顾客了解、知道、熟悉、认同、喜欢和偏爱本企业的市场定位，在顾客心目中建立与该定位相一致的形象。其次，通过各种措施努力强化市场形象，保持与目标顾客的沟通，稳定目标顾客的态度，加深目标顾客的感情来巩固企业的市场地位。最后，应注意目标顾客对其市场定位的理解出现的偏差或由于企业市场定位宣传的失误而造成的目标顾客认识上的模糊、混乱和误会，及时纠正与市场定位不一致的形象。

三、市场定位的依据

（一）产品属性定位

产品属性定位指在重要属性上，确定本产品在消费者心目中相对于竞争品而言的地位。通过了解当前消费者如何看待公司的产品或品牌，企业可以寻求改变它未来在消费者心目中的地位。如某啤酒企业根据自身产品在消费者心目中“清新”的形象，推出苦味适度的啤酒，以满足那些喜欢淡啤酒的消费者的需求。

深入理解消费者是产品有效定位的关键所在。在确定产品定位和顾客偏好的过程中，公司可以从消费者那里了解产品的重要属性、自有品牌的市场位置、其他品牌的市场位置。利用这些资料，可以建立感知图，这是一种从两个维度描述产品或品牌在消费者心目中地位的方法。这种方法能够很好地区分与竞争品牌相比的竞争优势，合理采取营销行动。

（二）顾客利益定位

顾客利益定位指根据产品带给消费者的某项特殊利益定位。如一些连锁超市强调“天天平价”，吸引了很多精打细算的顾客。

（三）产品用途定位

产品用途定位指根据产品的某项用途定位。如广告词为“怕上火喝王老吉”的王老吉凉茶，把自己定位于消暑降火的功能饮料。

（四）使用者定位

使用者定位指针对不同的产品使用者进行定位，从而把产品引导给某一特定顾客群。比如有的企业将性质温和的婴儿洗发液推荐给留长发的天天洗头的年轻人。

（五）使用场合定位

使用场合定位指一些产品用多种不同的使用场合进行定位。如小苏打可以作为冰箱除味剂，也可以作为调味汁和卤肉的配料，不同的企业可以据此进行不同的定位。

（六）竞争者定位

竞争者定位指以某知名度较高的竞争者为参考点来定位，在消费者心目中占据明确的位置。如七喜饮料的广告语“七喜非可乐”在一定程度上强化了七喜在消费者心目中的形象。

（七）质量价格组合定位

如海尔家电产品定位于高价格、高品质，华联超市定位于“天天平价，绝无假货”。

四、市场定位的信息收集

收集关于定位的定量信息，最简单的一种方法是测量态度或属性。这种方法将受访者在区分和选择不同产品时所考虑的主要因素纳入调查项目，对受访者进行单独访问，或通过网络调查或电话访问的调查方式来收集信息，将要调查的这些因素用语义级差表呈现给受访者进行选择。

图 8－9 中的语义级差表是对商店形象和定位所做的一次调查。这里要求受访者对两个竞争性商店的六个重要属性进行评比，而这六个属性是在进行定量调查之前就确定下来的，包括：质量、价格、员工服务态度、产品范围、现代化程度和停车难易程度。图中只给出了一个受访者的答案，显示了该受访者对理想中的商店的描绘，即理想商店在上述属性方面是如何表现的。从最终目的来考虑，可以对调查样本中的受访者进行平均分组，并且通过这样的分组来看在定位和要求方面的不同。需要指出的是，如果理想化的要求在所调查的样本中差距很大，就可以首先使用聚类分析法对样本进行分组，然后再确定对细分市场的其他备选要求。

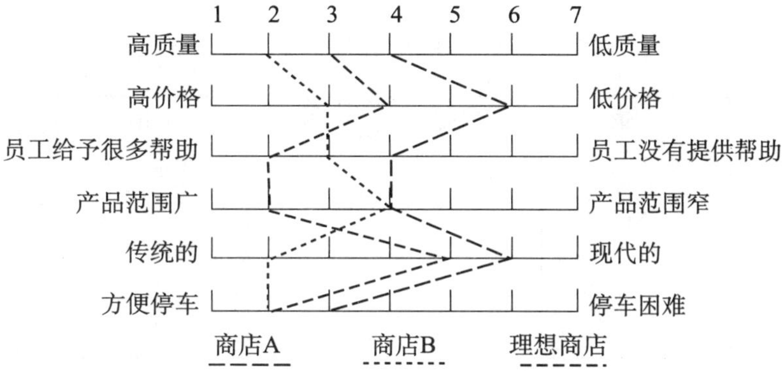

图 8－9　通过语义级差法建立商店形象

对于某些特定的细分市场来说，有些因素与其他因素相比显得更为重要。以上面的商店定位为例，在某个细分市场上，消费者对价格因素的考虑，可能会远远超过对便利性、产品范围和其他因素的考虑。因此，对相对重要的一些因素进行考察非常重要。可以通过对各因素的权衡比较找出相对重要的因素，或者在评估所有因素的同时，将更重要的因素列在前面。

五、市场定位的方法

（一）初次定位

初次定位是指新成立的企业初入市场，企业新产品投入市场，或产品进入新市场时，企业必须从零开始，运用所有的营销组合，使产品特色符合所选择的目标市场。换言之，市场定位战略决定了营销组合策略（如图 8－10 所示）。但是，企业要进入目标市场时，往往是竞争者的产品已在市场露面或形成了一定的市场格局。这时，企业应认真研究竞争对手的同一种产品在目标市场上的位置，从而确定本企业产品的有利位置。

（二）重新定位

重新定位是指企业变动产品特色，改变目标顾客对其原有的印象，使目标顾客对其产品形象有一个重新认识的过程。市场重新定位对于企业适应市场环境、调整营销战略是必不可少的。企业产品在市场上的定位即使很恰当，在出现下列情况时也需考虑重新定位：第一，竞争者的市场定位与本企业相近，侵占了本企业品牌的部分市场，使本企业品牌的市场占有率有所下降；第二，消费者偏好发生变化，从喜爱本企业品牌转移到喜爱竞争对手的品牌。

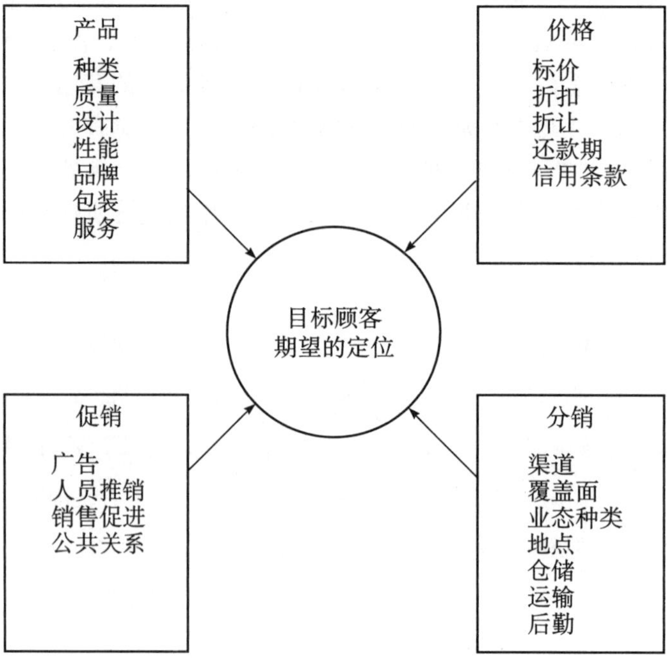

图8-10 市场定位战略决定营销组合策略

企业在重新定位前，需考虑两个主要因素：一是企业将自己的品牌定位从一个子市场转移到另一个子市场时的全部费用；二是企业将自己的品牌定在新位置上的收入有多少，而收入多少又取决于该子市场上的购买者和竞争者情况，以及在该子市场上销售价格能定多高等。

（三）对峙定位

对峙定位是指企业选择靠近现有竞争者或与现有竞争者重合的市场位置，争夺同样的顾客，彼此在产品、价格、分销及促销等各个方面差别不大。

（四）避强定位

避强定位是指企业回避与目标市场上的竞争者直接对抗，将自身的位置确定于市场的“空白点”，开发并销售目前市场上还没有的某种特色产品，开拓新的市场领域。

重要概念

地理细分	时机细分	组合效用细分	人口细分
心理细分	生活方式细分	行为细分	品牌忠诚
系统销售	目标市场	无差异营销	差异营销
集中营销	市场定位	初次定位	重新定位
对峙定位	避强定位		

复习题

1. 组合效用细分具有哪些特点?
2. 衡量消费者品牌忠诚度高低的标准是什么?
3. 产业市场细分依据的特点是什么?
4. 怎样的市场细分才是有效的?
5. 市场细分的主要步骤有哪些?
6. 企业在制定目标市场涵盖战略时应该考虑哪些因素?
7. 影响目标市场战略实施效果的因素有哪些?

案例分析

瑜伽消费品的目标营销

2019年1月17日，天猫运动户外联合第一财经商业数据中心(CBNData)发布的《2019天猫户外运动趋势分析》(以下简称《天猫户外趋势》)显示，线上整体运动户外市场逐步进入成长期，增长趋势明显，行业整体渗透率和人数稳步增长，且市场逐渐向品牌化发展，行业规模将持续扩张，预计2020年增速有望超过20%。

从细分运动户外类目消费市场来看，垂钓、城市户外和跑步机品类的线上消费市场拥有较大规模；与此同时，滑雪、瑜伽消费增速显著，可见新晋热门运动项目引发消费热潮。基于此，《天猫户外趋势》就瑜伽、跑步机、滑雪、垂钓和城市户外运动相关消费展开解析：瑜伽消费日益追求专业性；千元以上跑步机更受认可；滑雪消费蓝海市场待开拓；垂钓运动催生千亿级市场规模；潮牌户外运动服饰消费热度见涨。从线上瑜伽消费情况来看，女性群体占比更高，其中80后女性为瑜伽运动的主要群体，95后女性也逐渐参与进来；相比之下，男性群体在瑜伽中已占据近1/4的比例，他们对瑜伽的参与度逐年提升。

而从线上瑜伽相关产品的消费金额来看，虽客单价多在百元以内，但客单价200元以上、购买3件以上的消费者人数增速明显，这与瑜伽消费者“装备齐全”的消费理念不无关系。购买瑜伽品类中热度提升TOP1的瑜伽套装之余，瑜伽品类消费者对诸如瑜伽舒展器、瑜伽内衣等更加细分、专业化的品类喜爱度也见涨。

按代际来看，95后还沉浸在瑜伽运动的“小确幸”中，偏爱瑜伽发带、眼枕和精油等带来愉悦感的瑜伽品类消费，80后已不满足于瑜伽服饰等瑜伽运动的入门需求，更喜欢如瑜伽砖、瑜伽清理鼻腔用具等瑜伽运动辅助品类。

资料来源：CBNData发布《2019天猫户外运动趋势分析》.(2019-01-21).东方体育.

思考题

1. 如何对瑜伽消费市场进行市场细分?
2. 假如你是瑜伽消费品生产者，你将如何选择目标市场并进行市场定位?

宏碁电脑的目标营销

英国教育科技展期间，宏碁于2019年1月23日宣布，将推出主打教育市场的笔记本产品TravelMate B114－21，该产品预装Windows 10专业版，具备不错的性价比，将于2019年第二季度上市，建议零售价为319美元。

作为PC行业的老牌厂商，宏碁一直注重技术创新，专注产品研发40余年，坚持通过为用户提供技术领先的精湛产品、不断追求卓越的方式来实现自身的价值。从生产集成电路、单片机开始，宏碁推出了很多引领行业新潮流的产品。而宏碁的目标市场营销实践也为同行业者提供了可资借鉴的成功案例。

以往，笔记本电脑市场细分的依据主要是消费者能承受的价格，后来又以普通和商用作为细分市场的依据。随着市场细分的发展变化，电竞本、游戏本、轻薄本、商用本、二合一本等越来越多。

在消费者市场和产业市场，宏碁都有很强的竞争优势，大客户、SMB、个人消费这三大产品团队，都能够与全球产品部门互动，及时提供极具竞争力的面向这三类客户的产品。

从产品组合上，宏碁的消费类笔记本有三大系列：一类是游戏本系列，一类是轻薄本系列，还有一类是标准配置的笔记本系列。就分销渠道策略而言，线上线下各有侧重点。线下把游戏本和轻薄本作为营销重点，线上侧重于标准本和部分轻薄本。宏碁非常重视年轻消费者群体，新的店面形象设计充分考虑到年轻人的喜好，市场营销手段采用年轻人喜欢的方式。在沟通促销方面，除了专业媒体高度技术性的沟通之外，还借助网络工具跟消费者直接进行面对面的互动交流，充分应用直播、视频等年轻人喜欢的沟通方式，再辅以校园促销活动。宏碁将持续关注大学生市场、年轻玩家市场。

资料来源：宏碁TravelMate B114－21笔记本发布 配备14英寸全高清显示屏.（2019－01－23）. 苏北网；宏碁高层专访：三大细分发力2017年消费市场.（2017－01－06）. 搜狐网.

思考题

1. 宏碁电脑是如何进行市场细分的？
2. 宏碁电脑采取的是哪种目标营销战略？
3. 宏碁电脑针对不同的细分市场推出不同的营销组合，这种做法有何意义？

第 9 章

市场竞争战略

09

本章要点

- 识别竞争者的主要方法
- 竞争战略的基本类型
- 市场主导者、挑战者等的主要竞争战略
- 成本领先战略的优势
- 市场补缺者的主要任务

正确的市场竞争战略是企业实现其营销目标的关键。企业要想在激烈的市场竞争中立于不败之地，就必须树立竞争观念，制定正确的市场竞争战略，努力取得竞争的主动权。

第 1 节　竞争者分析

一、识别企业的竞争者

企业在开展营销活动的过程中，仅仅了解顾客是远远不够的，还必须了解竞争者（如图 9－1 所示）。只有知彼（竞争者）知己，才能取得竞争优势，在商战中获胜。

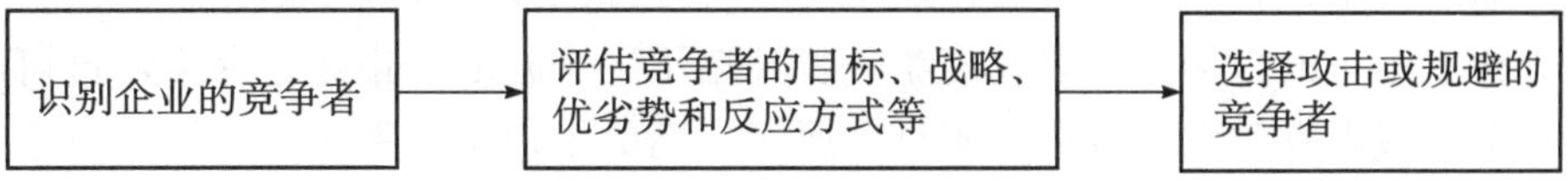

图 9－1　竞争者分析

竞争者一般是指那些与本企业提供的产品或服务相类似，并且所服务的目标顾客也相似的其他企业。例如，收购 IBM 全球 PC 业务的联想公司把戴尔公司看作主要竞争者，格力电器把美的视为主要竞争者。

识别竞争者看起来简单，其实并不尽然。企业的现实竞争者和潜在竞争者的范围很广。一个企业很可能被潜在竞争者，而不是当前的主要竞争者吃掉。例如，给银行带来重大冲击的不是其他同行，而是移动支付；康师傅方便面的最大对手不是今麦郎，而是饿了么；中国移动的最大对手不是联通，而是腾讯。通常可从产业和市场两个方面来识别企业的竞争者。

（一）产业竞争观念

从产业方面来看，提供同一类产品或可相互替代产品的企业，构成一种产业，如汽车产业、医药产业等等。如果一种产品价格上涨，就会引起另一种替代产品的需求增加。例如，咖啡涨价会促使消费者转而购买茶叶或其他软饮料，因为它们是可相互替代的产品，尽管它们的自然形态不同。企业要想在整个产业中处于有利地位，就必须全面了解本产业的竞争模式，以便确定自己的竞争者。

（二）市场竞争观念

从市场方面来看，竞争者是那些满足相同市场需要或服务于同一目标市场的企业。例如，从产业观点来看，某打字机制造商以其他同行业的公司为竞争者；但从市场观点来看，顾客需要的是“书写能力”，这种需要也可以通过铅笔、钢笔、电脑来满足，因而生产这些产品的公司均可成为该打字机制造商的竞争者。从市场角度分析竞争者，可使企业拓宽眼界，看清自己的现实竞争者和潜在竞争者，从而制定长期的发展规划。柯达公司曾垄断全球的胶卷业，数码相机的出现却让它中断了传奇。

二、确定竞争者的目标与战略

在确定了谁是竞争者之后，企业还要进一步研究每个竞争者在市场上追求的目标和实施的战略以及每个竞争者行为的内在动力。可以假设，所有竞争者努力追求的都是利润的最大化，并据此采取行动。但是，各个企业对短期利润或长期利润的侧重有所不同。有些企业追求的是“满意”的利润而不是“最高”的利润，只要达到既定的利润目标就满意了，即使其他战略能获得更多的利润，企业也不予考虑。

（一）竞争者的目标

每个竞争者都有侧重点不同的目标组合，如获利能力、市场份额、现金流量、技术领先和服务领先等。企业要了解每个竞争者的重点目标是什么，这样才能对不同的竞争行为做出适当的反应。例如，一个以低成本领先为主要目标的竞争者，对其他企业在降低成本方面的技术创新的反应，要比对增加广告预算的反应强烈得多。企业还必须注意监视和分析竞争者的行为，如果发现竞争者开拓了一个新的子市场，那么，这可能是一个营销机会；或者发觉竞争者正试图打入属于自己的子市场，那么，应抢先下手，予以回击。

（二）竞争者的战略

各企业采取的战略越相似，它们之间的竞争就越激烈。在多数行业中，根据所采取的主要战略的不同，可将竞争者划分为不同的战略群体。例如，在中国家电行业，格力、美的、海尔、奥克斯都提供高端电器产品，因此可将它们划分为同一战略群体。

企业要想进入某一战略群体，必须注意以下两点：一是进入各个战略群体的难易程度不同。一般小型企业适于进入投资和声誉门槛较低的群体，因为这类群体的竞争性较弱；而实力雄厚的大型企业则可考虑进入竞争性强的群体。二是当企业决定进入某一战略群体时，首先要明确谁是主要的竞争对手，然后决定自己的竞争战略。假如某公司要进入上述公司的战略群体，就必须具有战略上的优势，否则很难吸引相同的目标顾客。

除在同一战略群体内存在激烈竞争，在不同战略群体之间也存在竞争。因为：第一，不同战略群体可能具有相同的目标顾客；第二，顾客可能分不清不同战略群体的产品差异，如分不清高档产品与中档产品；第三，属于某个战略群体的企业可能改变战略，进入另一个战略群体，如提供中档产品的企业可能转产高档产品。

（三）竞争者的优势及劣势

企业需要估计竞争者的优势及劣势，了解竞争者执行各种既定战略的情报，以及其是否达到了预期目标。

为此，企业需要收集过去几年中关于竞争者的资料，如销售额、市场份额、利润率、投资收益、现金流量、发展战略等。但这不是一件容易的事，有时要通过间接的方式取得，如通过二手资料、别人的介绍等。企业可以对中间商和顾客进行调查，如以问卷调查形式请顾客给本企业和竞争者的产品在一些重要方面分别打分，借以了解竞争者的优势和劣势，或比较自己和竞争者在竞争地位方面的优劣。

对竞争者的优劣势分析应集中在五种关键的能力。

1. 创新能力。它是指企业在掌握现代科技的基础上，利用从研究和实际经验中获得的知识或从外部引进技术，为生产新的产品、装置，建立新的工艺和系统而进行实质性改进工作的能力。对竞争者创新能力的评价有助于预测新产品面市的可能性，或使用新技术避开现有产品的可能性。这种能力的标志有技术资源，譬如持有的专利和版权数量；人力资源，譬如员工的技术和创新素质；资金能力，表现为相对全行业平均水平而言，全部可用资金以及用于研发的比例。

2. 生产能力。它是指企业在一定时期为市场提供产品或服务的能力。在制造行业中，生产能力包括产能及其利用情况；而在服务行业中，指提供服务的能力。能力充裕的公司明显更有机会应对增长的需求。与此相类似，能通过吸引娴熟、主动性强的业余员工来灵活管理自身资源的服务公司，比雇佣具有特定技能的固定员工的公司享有更多的灵活性。物质资源和人力资源，前者包括厂房、设备等，后者包括员工的技能和灵活性等，都可以反映生产能力。

3. 营销能力。它是指企业统筹利用内外部资源，满足目标市场需要，实现营销目标，确保企业持续发展的能力。一个拥有很强创新能力和生产能力的竞争者，可能在向顾客营销产品或服务方面相对较弱。考察竞争者的营销组合是评价其营销能力的最佳方法。此时，分析的重点是评价销售、营销、广告和分销等领域中的人员技能。竞争者对市场的了解程度和投入营销活动的资金也是重要内容。

4. 融资能力。它是指企业从自身生产经营、资金拥有和使用的实际出发，充分考虑未来企业发展需要，通过科学预测和决策，采用一定的方式，从一定的渠道向投资者和债权人筹集资金，组织资金供应，以保证企业正常生产经营需要的能力。任何企业的财务资源都是有限的。例如，在我国推进供给侧结构性改革的进程中，难融资、缺资金是制约民营企业发展的一个重要因素。可以通过考察公开财务报告，了解竞争者在流动性和现金流方面的特点。不过，在考察这种敏感数据的同时，还必须考虑竞争者在金融方面的人力资源的质量和能力。

5. 管理能力。重要管理者的品质也可以传递有关战略意图的信息。获取信息的线索包括强势管理者以前的职业生涯和活动、正在使用的薪酬制度、管理者个人拥有的自主权限，以及公司的招聘和晋升政策等。

图 9－2 表明了企业如何评价自己和三个竞争者 A，B，C 的相对能力。这里，企业选取了六个重要方面，分别给自己和三个竞争者打分，分数值在－2（很糟）到 2（很好）之间。结果显示，企业和竞争者 A，B 在整体能力和平均分数上十分相似，显然，它们在整体实力上相近。然而，不要因为总分而忽略了市场中主要因素的不同。它们的相对实力清楚地表明：在相同的机会下，它们可能朝不同的方向发展。例如，A 公司可以依靠其在全球营销中应用技术的优势，而 B 公司可能不得不通过其在技术广度和研发方面的优势来实现差异化，以保持市场地位。然而，如果技术或市场的变动方向需要大笔支出，B 公司可能就比 A 公司或“我方”要弱一些。对竞争能力的考察还显示，尽管 C 公司整体看起来较弱，但它可以是“我方”的最佳收购目标。虽然 C 公司在财务和技术领域比较薄弱，但它在全球市场中有很好的营销表现，收购 C 公司也许可以使“我方”快速进入全球市场。

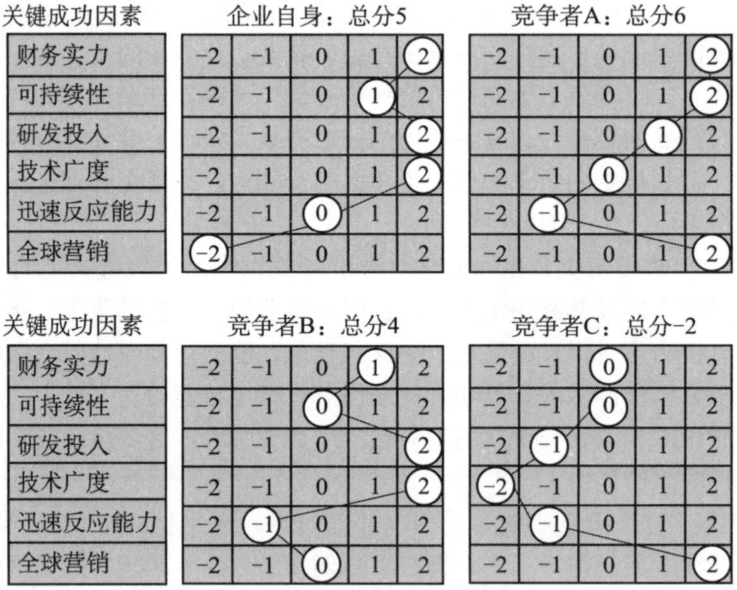

图 9－2 竞争者的能力

三、判断竞争者的市场反应

竞争者的目标、战略、优势和劣势决定了它对降价、促销、推出新产品等市场竞争战略的反应。此外，每个竞争者都有一定的经营哲学和指导思想。因此，为了准确估计竞争者的反应及可能采取的行动，营销管理者还要深入了解竞争者的思想和信念。当企业采取某些挑战性的措施和行动之后，不同的竞争者会有不同的反应。

（一）从容不迫型竞争者

一些竞争者反应不强烈，行动迟缓，其原因可能是认为顾客忠实于自己的产品；也可能是重视不够，没有发现对手的新措施；还可能是缺乏资金，无法做出相应的反应。

（二）选择型竞争者

一些竞争者可能会在某些方面反应强烈，如对降价竞销总是强烈反击，但对其他方面（如增加促销预算、采用新媒体促销等）却不予理会，因为它们认为对自己威胁不大。

（三）强劲型竞争者

一些竞争者对任何方面的进攻都会做出迅速而强烈的反应。如格力电器公司就是一个强劲的竞争者，一旦受到挑战就会立即发起猛烈的全面反击。因此，同行企业都避免与它直接交锋。

（四）随机型竞争者

有些企业的反应模式令人难以捉摸，它们在特定场合可能采取行动，也可能不采取行动，并且无法预料它们将会采取什么行动。

四、选择竞争对策时应考虑的因素

在明确了谁是主要竞争者并分析了竞争者的优势、劣势和反应模式之后，企业就要决定自己的对策：进攻谁，回避谁。可根据以下几种情况做出决定。

（一）竞争者的强弱

多数企业以较弱的竞争者为进攻目标，认为这可以节省时间和资源，事半功倍，但实际上获利较少；反之，有些企业认为即使强者也总会有劣势，应以较强的竞争者为进攻目标，这样可以提高自己的竞争力并且获利较大。

（二）竞争者与本企业的相似程度

多数企业主张与相近的竞争者展开竞争，但同时又认为应避免摧毁相近的竞争者，因为其结果很可能对自己不利。例如，美国博士伦眼镜公司在与其他隐形眼镜公司的竞争中曾一度大获全胜，导致竞争者完全失败而竞相将企业卖给竞争力更强的大公司，结果使博士伦公司要面对更强大的竞争者，处境更艰难。

（三）竞争者表现的好坏

有时竞争者的存在对企业是必要的和有益的，具有战略意义。竞争者可能有助于增加市场总需求，可分担市场开发和产品开发的成本，并有助于使新技术合法化；竞争者为吸引力较小的子市场提供产品，可导致产品差异性的增加；竞争者的存在有助于加强企业同政府管理者或同职工的谈判力量。但是，企业不能把所有的竞争者都看成是有益的。因为每个行业中的竞争者都有表现良好和极具破坏性这两种类型。表现良好的竞争者按行业规则经营，按合理的成本定价，有利于行业的稳定和健康发展；它们激励其他企业降低成本或增加产品差异性；它们接受合理的市场份额与利润水平。而具有破坏性的竞争者则不遵守行业规则，或用不正当手段（如贿赂买方采购人员等）扩大市场份额，扰乱了行业的秩序和均衡。

从以上分析可以看出，每个行业的竞争者的表现都有好坏之分。那些表现好的企业试图组成一个只有好的竞争者加盟的行业。它们通过谨慎颁发许可证、选择相互关系（攻击或结盟）及其他手段，试图使本行业竞争者的营销活动限于协调和合理的范围之内，遵守行业规则，凭各自的努力扩大市场份额，保持彼此在营销因素组合上有一定的差异性，减少直接的恶性冲突。

企业在进行市场分析之后，还必须明确自己在同行业竞争中所处的位置，进而结合自己的目标、资源和环境，以及在目标市场上的地位等来制定市场竞争战略。营销理论根据在市场上的竞争地位把企业分为四种类型：市场主导者、市场挑战者、市场跟随者和市场补缺者。

第2节　基本竞争战略

制定竞争战略的实质就是将一个企业与其所处环境建立联系。环境中的关键部分主要由企业所在的相关行业、行业结构及行业竞争状态构成。迈克尔·波特的五种力量模型认为，行业内部的竞争状态取决于如下五种基本的竞争势力：供应商讨价还价的能力、购买者讨价还价的能力、潜在进入者的威胁、替代品的威胁以及现有厂商之间的竞争。波特进一步提出，有三种基本的竞争战略可以使企业成为行业中的佼佼者，即成本领先战略、差异化战略和目标集聚战略（如图9-3所示）。

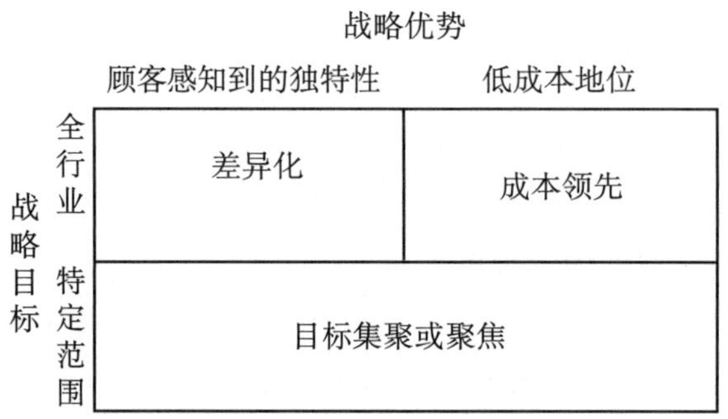

图9-3　基本竞争战略

一、成本领先战略

成本领先战略主要依靠追求规模经济、专有技术和优惠的原材料等因素，以低于竞争对手或低于行业平均水平的成本提供产品和服务，来获得较高的利润和较大的市场份额。成本领先战略要求企业建立达到有效规模的生产设施，在经验基础上全力以赴降低成本，抓紧成本与管理费用的控制，最大限度地减少研发、服务、推销、广告等方面的成本费用。尽管质量、服务以及其他方面也不容忽视，但贯穿这一战略的主题是使企业的成本低于竞争对手。

（一）成本领先战略的优势及潜在风险

1. 成本领先战略的优势。即便处于竞争激烈的市场环境中，处于低成本地位的企业仍可获得高于行业平均水平的收益。成本优势可以使企业在与竞争对手的争斗中受到保护，低成本意味着当别的企业在竞争过程中已失去利润时，这个企业仍然可以获取利润。低成本地位有利于企业在强大的买方压力中保护自己，考虑到需要有多种选择及降低购买风险的要求，购买方最多只能将价格压到效率居于其次的竞争对手的水平。低成本也有利于企业抵御来自供应商的威胁，它使企业应对供应商产品涨价时具有较高的灵活性。导致低成本地位的各种因素通常也以规模经济或成本优势的形式产生进入障碍，提高了进入壁垒，削弱了新进入者的竞争力。最后，低成本企业可以采取降低价格的办法保持、维护现有消费者，提高消费者使用替代品的转换成本，降低替代品对企业的冲击，为企业赢得反应时间。因此，成本领先战略可以使企业在面临五种竞争势力的威胁时处于相对主动的地位，有效地保护企业。

2. 成本领先战略的潜在风险。实施成本领先战略时，为了占据较高的市场份额，通常会产生高昂的购买先进设备的前期投资和初始亏损。而一旦出现具有破坏性的变革技术并在生产中得以应用，则会使企业成本方面的高效率优势不复存在，前期高额投资的收益率急剧下降，同时给竞争对手造成以更低成本进入市场的机会。因此，采用成本领先战略的企业必须对这种潜在风险加以注意，加强对企业外部环境，尤其是技术环境方面的认识和了解，降低因技术发展而产生的投资风险。此外，有些低成本企业将注意力过多放在成本上，忽视了客户需求的变化，在产品技术开发方面投入不足，难以生产出符合消费需求的产品，无法使顾客满意，这对企业发展非常不利。如果低成本企业的产品被认为与其对手不能相比或不被顾客接受，那么低成本企业为了增加销售量而被迫削价以至于采用远低于竞争者的价格，将抵消掉其理想的成本地位所带来的收益，甚至会导致企业在激烈的市场竞争中被淘汰出局。

成本领先战略有一定的适用范围，当产品的市场需求具有较高的价格弹性，产生差异化的途径很少，价格构成市场竞争的主要因素，而且购买转换成本较低时，企业可以考虑这一战略。

（二）成本领先战略的实现途径

1. 实现规模经济。规模经济是指通过扩大生产规模而引起经济效益提升的现象。根据经济学原理，在超过一定规模之前，产量越大，单位平均成本越低。因而，实现成本领先，通常应选择那些同质化程度高、技术成熟、标准化的产品进行规模化生产。

2. 做好供应商营销。所谓供应商营销，就是与上游供应商如提供原材料、能源、零配件等物品的厂家建立起良好的协作关系，以便获得低廉、稳定的上游资源，并在一定程度上影响和控制供应商，对竞争者建立起资源性壁垒。企业在获取供应成本优势的同时应与供应商建立互动互利、平等的长期战略合作伙伴关系。

3. 塑造企业成本文化。一般来说，追求成本领先的企业应着力塑造注重细节、精打细算、讲究节俭、严格管理、以成本为中心的企业文化。企业在关注外部成本的同时，也要重视内部成本；不仅应把握好战略性成本，也要控制好生产成本；同时要兼顾短期成本与长期成本。

延伸阅读 **微信助力企业开源节流**

2019年新年伊始，企业微信推出“定制红包封面”，打响了2019年腾讯全面TO B“第一枪”。马化腾提出，腾讯必须成为连接人与人、连接人与应用、连接人与设备的“连接器”。而企业微信则是这个连接器的核心部件。移动互联网时代已经彻底改变了用户与企业间的联系方式，所以在企业与C端客户之间，企业微信通过与个人微信的打通，让客户能够以个人微信的方式，建立起与企业业务人员、服务人员间亲切而又私密的联系，进一步提升销售。同时，通过提供开放的API接口，企业微信能够让员工以便捷、无缝的方式，实现与包括ERP、财务等各种应用的连接，使得业务流程高度简化。通过这些API接口，企业人员也实现了随时随地对生产设备的连接和掌控。企业内部就此形成了集成化、一体化、移动化的生产、管理、业务解决方案，大大提升效率、降低成本，通过与微信生态的互通，企业微信真正帮助企业做到了“开源节流”。

资料来源：企业微信推出“定制红包封面”，打响腾讯2019全面TO B“第一枪”．(2019-01-24)．https://www.toutiao.com/i6649961042082267656/．

4. 生产技术创新。降低成本最有效的办法是生产技术创新。一场技术革新和革命会大幅降低成本，生产组织效率的提高也会带来成本的降低。如福特汽车公司通过流水线生产方式大幅度降低了汽车生产成本，实现了让汽车进入千家万户的梦想。

二、差异化战略

差异化战略是指企业就消费者广泛重视的某些方面在行业内独树一帜，使企业产品、服务或形象与众不同，以一种独特的定位满足客户的需求。企业往往因其产品独特性而获得溢价的报酬。实现差异化可以有许多方式，如产品特色、性能质量、产品风格、可维修性、产品设计、品牌形象等。理想的情况是企业在产品、服务、人员、营销渠道和形象等几个方面都实现差异化，以便享有品牌溢价能力所带来的厚利。应当强调的是，差异化战略并不意味着企业可以忽略成本，只是此时成本不是企业的首要战略目标。

（一）差异化战略的优势及潜在风险

1. 差异化战略的优势。差异化战略利用顾客对产品特色的偏爱和忠诚，降低了产品价格的敏感性，从而使企业可以避开价格竞争，在相关领域获得持续经营优势，使利润增加却不必追求低成本。顾客的偏爱和忠诚构成了较高的进入壁垒，竞争对手要战胜这种“独特性”需付出很大的代价。产品差异给企业带来较高的边际收益，企业可以用来应对供方威胁；顾客缺乏选择余地使其价格敏感度下降；差异化也缓解了来自买方的压力。最后，因采取差异化战略而赢得顾客忠诚的企业，在面对替代品威胁时，其所处地位比其他竞争对手更为有利。

2. 差异化战略的潜在风险。实现产品差异有时会与争取占领更大的市场份额相矛盾，它往往要求企业对于这一战略的排他性有思想准备，即这一战略通常与提高市场份额两者不可兼顾。较为普遍的情况是，企业实现产品差异化意味着以高成本为代价，譬如广泛的研究、高质量的材料和周到的顾客服务等，因此实行差异化战略的企业的产品价格一般高于行业平均价格水平。但是，并非所有顾客都愿意或有能力支付企业因其独特性所要求的较高价格，从而导致目标市场较为狭窄，无形中扩展了竞争对手的市场空间和价格优势。这是企业采取差异化战略时需要特别注意的问题。

此外，如果企业的差异化并不是建立在独具特色的营销资产之上，就极有可能被竞争者模仿。要把这一风险降到最低限度，只有将差异化建立在企业特有的技术或者营销资产的基础之上，使竞争者无法模仿。风险还有可能源自公司的某个差异化因素对消费者而言变得不重要了，或者市场上出现了消费者更加推崇的差异化因素，以及形成差异化的成本可能超过它所带来的价值。

（二）差异化战略的实现途径

1. 产品差异化。产品差异化主要体现在以下几方面。

（1）形式。考虑到人们的审美观及实际需要，许多产品在形式上是有差异的，包括产品的尺寸、形状或者结构。实践表明，人们偏爱流线型外观包装的饮料，而旅行者更喜欢携带小瓶装矿泉水。

（2）性能质量。大多数产品处于以下四种性能水平之中：低、平均、高和超级。性能质量是指产品主要特点在运用中的水平。研究发现，在产品质量和投资回报之间存在很高的正相关性。

（3）耐用性。耐用性是衡量一个产品在自然或重压条件下的预期使用寿命的指标。购买者一般愿意为产品的耐用性支付溢价。不过，技术更新较快的产品不在此列。

（4）设计。在快速变化的市场中，仅有价格和技术是不够的。设计能成为企业竞争的突破口。设计是从顾客要求出发，影响一个产品外观和性能的全部特征的组合。随着竞争日趋激烈，设计将能提供一种最有效的方法使公司的产品和服务差异化。

事实上，企业在选择产品差异化的时候往往并不拘泥于一种形式，而是根据产品特征和消费者市场需求等因素综合运用。

2. 服务差异化。当产品差异化已不明显时，企业可以通过服务差异化来增加产品价值。

（1）物流。指如何将产品和服务送达顾客手中。无论是线上还是线下服务，物流的准时性、速度和对产品的保护程度等都是顾客所关注的因素。

（2）客户咨询。指卖方向买方无偿或有偿地提供有关资料、信息和建议等服务。

（3）维修保养。指建立服务计划以帮助购买企业产品的顾客正常运作。许多软件公司设立的客户在线支持系统就是很好的例子。

（4）其他服务。企业还可以选择其他途径为顾客提供各种服务以增加价值，例如客户培训、产品更新担保等。

3. 人员差异化。雇佣及培训优秀的员工可使企业获得明显的竞争优势。优秀的员工具备以下几个特征。

（1）礼貌。员工对顾客态度友善，充满敬意并细心周到。

（2）诚实可靠。员工能自始至终提供准确、可靠的服务并值得信任。

（3）沟通能力强，反应迅速。员工能够很好地理解顾客，并对顾客的要求和问题做出迅速反应。

4．营销渠道差异化。企业可以通过营销渠道的差异化来提高其竞争力。在营销渠道差异化过程中尤其要注意渠道的覆盖面、专业化和绩效。

5．形象差异化。消费者往往因为企业或品牌形象的不同而做出不同的购买决策，形象能形成不同的"个性"，便于消费者识别。例如，企业可以借助便于识别的各种标志或各种公关活动来塑造企业个性和形象。

三、目标集聚战略

目标集聚战略（又称聚焦战略）是指企业在详细分析外部环境和内部条件的基础上，针对某个特定的顾客群、产业内一种或一组细分市场开展生产经营活动，充分发挥企业资源效力，为这个市场的消费者提供量体裁衣式的服务，赢得竞争优势。目标集聚战略有两种形式：一种是企业寻求目标市场上的成本领先优势，称为成本集聚战略；另一种是企业寻求目标市场上的差异化优势，称为差异化集聚战略。虽然成本领先战略与差异化战略都是要在行业范围内实现其目标，目标集聚战略却是围绕着为行业内某一特定目标服务而建立的，并以这一目标为中心。

实施目标集聚战略，企业能够划分并控制一定的产品势力范围。在此范围内其他竞争者不易与其竞争，所以市场份额比较稳定。通过目标市场的战略优化，企业围绕一个特定的目标进行密集性的生产经营活动，可以更好地了解不断变化的市场需求，能够比竞争对手提供更为有效的产品和服务，提供更高的顾客价值和更好的顾客满意，从而获得那些以更广泛市场为经营目标的企业所不具备的竞争优势。尽管从整个市场的角度看，目标集聚战略未必能使企业取得低成本和差异优势，但它的确能使企业在其细分的目标市场中获得一种或两种优势地位。这一战略尤其有利于中小企业利用较小的市场空隙谋求生存和发展，以小搏大，在小市场做成大生意。

企业在实施目标集聚战略时，常常需要放弃规模较大的目标市场，否则竞争对手可以从企业目标市场中划分出更细的市场，并以此为目标市场来实施目标集聚战略，使企业在该市场的竞争优势丧失殆尽。倘若企业所集聚的细分市场非常具有吸引力，以致多数竞争对手蜂拥而入瓜分这一市场的利润，则会使企业付出很高的代价，甚至导致企业目标集聚战略的失败。而细分市场之间差异性的减弱，会降低该目标市场的进入壁垒，从而削弱实施目标集聚战略企业的竞争优势，使之不得不面对更为激烈的竞争。

需要指出，成本领先与差异化两种战略并非相互排斥，而是可以同时运用的。实践表明，差异化特别是高质量产品，往往能通过高市场份额及伴随而来的规模经济和/或经验效应获得较低的单位成本。成本领先战略在高度差异化的市场中无疑是一种高风险战略，差异化战略能够说明顾客为什么需要购买某种产品，而成本领先战略却不能，但在特殊的细分市场中目标集聚战略能够取得更低的生产成本，或者拥有价值更高的独特性，所以在高度细分的市场中，运用上述两种战略都可能面临较高的风险。三种基本竞争战略都是可供选择的、抗衡竞争作用力的可行方案。这些方案的选取必须基于行业特点、企业的能力、限制条件及竞争状况。成功地贯彻每一类基本战略意味着投入不同的资源、力量、组织安排以及管理风格，只有选择适合本企业的最佳战略才能成功。

第3节　市场地位与竞争战略

一、市场主导者战略

市场主导者是指在相关产品的市场上份额最高的企业。一般说来，大多数行业都有一家企业被认为是市场主导者，它在价格变动、新产品开发、分销网络和促销力量等方面处于支配地位，为同业者所公认。它是市场竞争的先导者，也是其他企业挑战、效仿或回避的对象。如美国汽车市场的通用汽车、电脑软件市场的微软、软饮料市场的可口可乐以及快餐市场的麦当劳等，中国手机市场的华为等。这种主导者几乎各行各业都有，它们的地位是在竞争中自然形成的，但不是固定不变的。市场主导者所具备的优势包括：消费者对品牌忠诚度高，营销渠道稳固高效，营销经验丰富等。

市场主导者如果没有获得法定的垄断地位，必然会面临众多竞争者的无情挑战。因此，必须保持高度警惕并采取适当的战略，否则就很可能丧失领先地位。市场主导者为了维护自己的优势，保住自己的领先地位，通常可采取三种战略：扩大市场需求总量；保持市场份额；提高市场份额。

（一）扩大市场需求总量

当一种产品的市场需求总量扩大时，受益最大的是处于领先地位的企业，因而扩大市场需求总量的动力最强。

一般说来，市场主导者可从三个方面扩大市场需求量。

1. 发现新用户。每种产品都有吸引新用户、增加用户数量的潜力，因为有些消费者可能对某种产品还不甚了解，或认为产品定价不合理、产品性能有缺陷等。一个生产者可从三个方面（市场渗透、市场开发和地理扩展）找到新的用户。如香水企业可设法说服原来不用香水的女性使用香水（市场渗透战略）；说服男士使用香水（市场开发战略）；向其他国家推销香水（地理扩展战略）。

2. 开辟新用途。为产品开辟新的用途，可扩大需求量并使产品经久不衰。例如，汪氏蜜蜂园的蜂四宝膏除了具有口服延缓衰老的用途，还开辟了外用作为面膜美容护肤的用途。

3. 增加使用量。促进用户增加使用量是扩大需求的重要手段。例如，很多生产牙膏的企业将牙膏管口的直径扩大，使消费者在每次挤出同样长度膏体的情况下增加使用量。

（二）保持市场份额

处于市场领先地位的企业，必须时刻防备竞争者的挑战，保卫自己的市场阵地。例如，可口可乐公司要防备百事公司；伊利集团要提防蒙牛集团；格力电器要警惕美的电器；麦当劳要小心肯德基；等等。这些挑战者都是很有实力的，主导者稍不注意就可能被取而代之。因此，市场主导者任何时候都不能满足于现状，必须在产品创新、服务创新、分销渠道的优化和成本降低等方面，真正处于该行业的领先地位，时刻做好防御工作。有时，主导者应该在巩固自身优势的同时，针对对手的弱点主动出击，军事上有一条原则："进攻是最好的防御。"

（三）提高市场份额

市场主导者设法提高市场份额，也是增加收益、保持领先地位的一个重要途径。美国的一项研究表明，市场份额是与投资收益率有关的最重要的变量之一。市场份额越高，投资收益率也越高。市场份额高于40%的企业其平均投资收益率相当于市场份额低于10%者的3倍（见图9-4（a））。因此，许多企业都致力于提高市场份额，以取得第一位或第二位的市场支配地位，否则便撤出该市场。

但是，有些研究者对上述观点提出不同意见。对某些行业的研究发现，除了市场主导者以外，有些市场份额低的企业，依靠物美价廉和专业化经营，也能获得很高的收益，只有那些规模不大不小的企业收益最低，因为它们既不能获得规模经济效益，也不能获得专业化竞争的优势。另一项研究显示，各企业的销售利润率与平均销售额的关系呈V形曲线（见图9-4（b）），即收益率的增长不仅取决于市场份额的提高，还取决于为提高市场份额所采取的营销策略。为提高市场份额所付出的代价，有时会高于所获得的收益。因此，企业提高市场份额时应考虑一些相关的因素，如引起反垄断行为的可能性、为提高市场份额所付出的成本和争夺市场份额时所采用的营销组合策略。

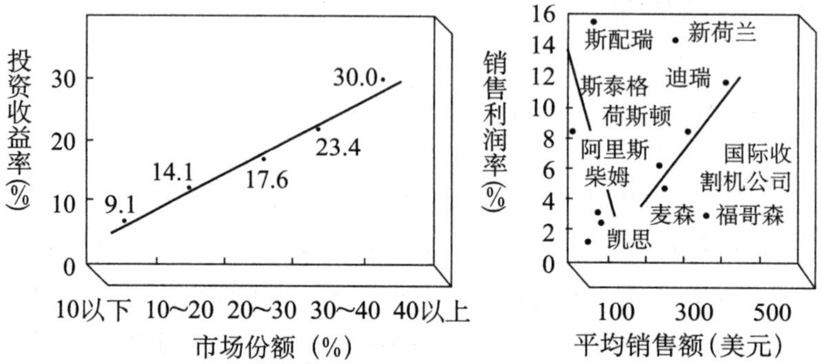

(a)PIMS所得线性关系 (b)V形关系曲线

图9-4 市场份额和投资收益率之间的关系

总之，市场主导者必须善于扩大市场需求总量，保持自己的市场阵地，防御挑战者的进攻，并在保证收益增加的前提下，提高市场份额。只有这样，才能持久地保持市场领先地位。

值得注意的是，市场份额高并不一定导致利润高。随着市场份额的提高，销售额的增长会使生产成本下降，但提升市场份额所产生的费用增长往往会大于生产成本的下降，再加上竞争使价格下降，致使产品利润率下降。在市场份额提升的同时，新增营销管理人员会由于缺乏经验、缺少培训或素质不高，导致费用失控。此外，竞争者的强烈反应如广告战、价格战等也会引起费用增加。结果是企业花了很大的代价，市场份额虽然提高了，但盈利却下降了。事实上，也有一个最佳市场份额的问题（如图9-5所示）。

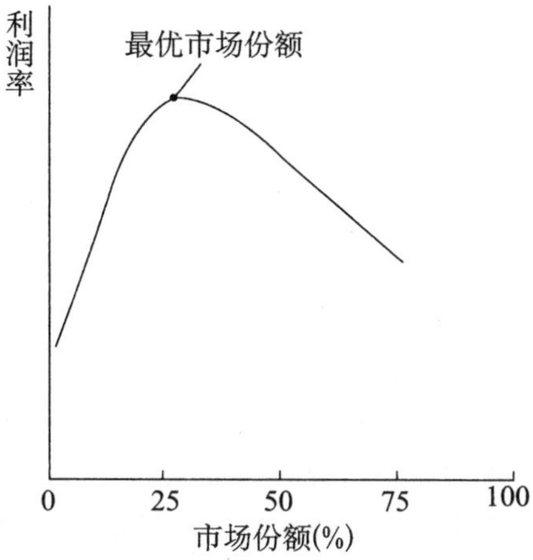

图9-5 市场份额与利润率的关系

二、市场挑战者战略

市场挑战者是指那些为了扩大市场份额而对市场主导者积极发动进攻的企业。如美国汽车市场的福特公司、软饮料市场的百事公司等。这些处于次要地位的企业可采取两种战略：一是争取市场领先地位，向比自己强大的竞争者发起挑战，即做市场挑战者；二是安于次要地位，在共处的状态下求得尽可能多的收益，即做市场跟随者。每个处于市场次要地位的企业，都要根据自己的实力和环境提供的机会与风险决定自己的竞争战略是挑战还是跟随。

市场挑战者如果要向市场主导者和其他竞争者挑战，首先必须确定自己的战略目标和挑战对象，然后选择适当的进攻战略。

战略目标同进攻对象密切相关，对不同的对象有不同的目标和战略。一般说来，挑战者可从下列三种情况中进行选择。

1. 攻击市场主导者。这种进攻方式风险很大，吸引力也很大。挑战者需仔细调查研究市场主导者的弱点和失误：有哪些未满足的需要，有哪些令顾客不满意的地方，市场领导者内部存在哪些劣势或不足。主导者的弱点和失误可作为自己进攻的突破口。此外，市场挑战者还可以开发出超越市场主导者的新产品，以更好的产品来夺取市场的领先地位。

2. 攻击与自己实力相当者。对那些与自己势均力敌的企业，挑战者可选择其中经营不善发生亏损者作为进攻对象，设法夺取它们的市场阵地。

3. 攻击地方性小企业。对一些地方性小企业中经营不善、财务困难者，可夺取它们的顾客，甚至这些小企业本身。例如，青岛啤酒集团公司能成长到目前的规模，就是靠夺取一些地方啤酒企业的顾客而实现的。

总之，战略目标取决于进攻对象，如果以主导者为进攻对象，其目标可能是夺取某些市场；如果以小企业为对象，其目标可能是将它们逐出市场。无论在何种情况下，要发动攻势，进行挑战，都必须遵守一条军事上的原则：每一项军事行动都必须指向一个明确的、肯定的和可能达到的目标。

三、市场跟随者战略

（一）市场跟随与模仿

产品模仿有时像产品创新一样有利。因为一种新产品的开发者要花费大量投资才能取得成功，并获得市场领先地位，而其他企业（市场跟随者）仿造或改良这种产品，虽然不能取代市场主导者，但因不需大量投资，也可获得很高的利润，其盈利率甚至可超过全行业的平均水平。

快速模仿要求企业密切关注市场发展，同时还要求企业全体员工的团结奋进，针对领先进入者的产品研发改进技术等。研究发现，日本模仿者的跟进速度和效率都很高。日本企业渐进改善战略的灵活性和专有技术的迅速扩散都起到了促进作用。

（二）市场跟随者的特点

市场跟随者是指以模仿竞争对手创新产品或经营模式为立足点，力求占领并维持其市场地盘，实现可持续发展的企业。这类企业与挑战者不同，它不是向市场主导者发动进攻并图谋取而代之，而是跟随在主导者之后自觉地维持共处局面。这种“自觉共处”状态在资本密集且产品同质的行业（钢铁、化工等）中很普遍。

但是，这不等于说市场跟随者就无视战略的应用。每个市场跟随者都必须懂得如何保持现有顾客，并争取一定数量的新顾客；必须设法给自己的目标市场带来某些特有的利益，如渠道、服务、融资等；还必须尽力降低成本并保持较高的产品质量和服务质量。

（三）市场跟随者战略

市场跟随者不是被动地单纯追随主导者，它必须找到一条不致引起报复性竞争的发展道路。以下是三种可供选择的市场跟随者战略。

1. 紧密跟随。这种战略是在各个子市场和营销组合方面尽可能仿效主导者。这种跟随者有时好像是挑战者，但只要它不从根本上侵犯主导者的地位，就不会发生直接冲突，有些跟随者甚至被看成是靠拾取主导者的残余市场谋生的寄生者。

2. 距离跟随。这种跟随者是在主要方面（如目标市场、产品创新、价格水平和分销渠道等方面）追随主导者，但仍设法与主导者保持一定差异。这种跟随者可通过兼并小企业而使自己发展壮大。

3. 选择跟随。这种跟随者在某些方面紧跟主导者，而在另一些方面自行其是。也就是说，它不是盲目跟随，而是择优跟随，在跟随的同时还发挥自己的独创性，但不进行直接的竞争。这类跟随者中有些可能会发展成为挑战者。

四、市场补缺者战略

在市场竞争环境下，每个行业几乎都有些小企业，它们专注于市场上被大企业忽略的细小部分，在大企业的夹缝中求得生存和发展。这种有利的市场位置在西方被称为补缺基点（niche）。

（一）市场补缺者的含义

1. 市场补缺者的含义。所谓市场补缺者，是指精心服务于市场上被大企业忽略的某些细小部分，而不与这些主要的企业竞争，只是通过专业化经营来占据有利市场位置的企业。这种市场位置（补缺基点）不仅对于小企业有意义，对某些大企业中的较小部门也有意义，它们常设法寻找一个或几个既安全又有利的补缺基点。

2. 补缺基点的特征。一个良好的补缺基点应具有以下特征：（1）有足够的市场潜量和购买力。（2）利润有增长的潜力。（3）对主要竞争者不具有吸引力。（4）企业具备占有此补缺基点所必要的资源和能力。（5）企业既有的信誉足以对抗竞争者。

（二）市场补缺者战略

1. 补缺基点的选择。选择市场补缺基点时，多重补缺基点比单一补缺基点更能减少风险，增加保险系数。因此，企业通常选择两个或两个以上的补缺基点，以确保企业的生存和发展。

2. 专业化营销。取得补缺基点的主要战略是专业化营销。具体来讲，就是在市场、顾客、产品或渠道等方面实行专业化。下面是几种可供选择的专业化方法：（1）最终用户专业化。专门致力于为某类最终用户服务，如计算机行业有些小企业专门针对某一类用户（如诊疗所、银行等）进行营销。（2）垂直层面专业化。专门致力于分销渠道中的某些层面，如制铝厂可专门生产铝锭、铝制品或铝质零部件。（3）顾客规模专业化。专门为某一种规模（大、中、小）的客户服务，如有些小企业专门为那些被大企业忽略的小客户服务。（4）特定顾客专业化。只为一个或几个主要客户服务。（5）地理区域专业化。专为国内外某一地区或地点服务。（6）产品或产品线专业化。只生产一大类产品，如养元饮品公司专门生产“六个核桃”饮料。（7）客户订单专业化。专门按客户订单生产预订的产品。（8）质量和价格专业化。专门生产经营某种质量和价格的产品，如专门生产高质高价产品或低质低价产品。（9）服务项目专业化。专门提供一种或几种其他企业没有的服务项目，如英国的米德兰德银行专门提供电话银行服务，所有标准的银行业务都通过24小时电话完成。（10）分销渠道专业化。专门服务于某一类分销渠道，如专门生产适于超市销售的产品，或专门为航空公司的旅客提供食品。

（三）市场补缺者的任务

市场补缺者要完成三个任务：

1. 创造补缺市场。市场补缺者要积极适应特定的市场环境和市场需要，努力开发专业化程度很高的新产品，从而创造出更多需要这种专业化产品的市场需求者。

2. 扩大补缺市场。市场补缺者在开发出特定的专业化产品，赢得在特定市场的竞争优势之后，还要进一步提高产品组合的深度，努力增加新的产品项目，以迎合更多具有特殊需要的市场购买者的偏好，提高市场忠诚度和市场份额。

3. 保护补缺市场。市场补缺者还要注意竞争者的动向，如果有新的竞争者闻声而至，仿制企业产品，争夺市场阵地，市场补缺者必须及时采取相应对策，未雨绸缪，防患于未然，全力以赴保住在特定市场的领先地位。

重要概念

竞争者　　成本领先　　供应商营销　　差异化
规模经济　　目标集聚　　创新能力　　生产能力
营销能力　　融资能力　　管理能力　　市场主导者
市场跟随者　　市场挑战者　　补缺基点　　市场补缺者
专业化营销

复习题

1. 竞争者对企业营销行为的反应有哪几种类型？企业应该对这些不同类型的竞争者采取什么样的行动？
2. 市场主导者应该通过哪些途径来扩大市场需求总量？
3. 什么是市场跟随者？它具有什么特点？
4. 什么是市场补缺者？它怎样进行专业化营销？

案例分析

美团和滴滴的生死较量

2019年1月8日，大河报·大河财立方独家获悉，美团打车已取得郑州市网约车运营资格。在南京、上海的大力度“烧钱”补贴战中，美团打车赢得了部分市场份额与消费者的口碑。曾有传闻称，2018年3月在上海开城期间，美团打车一天就要烧掉900万元，一个月就是2.7亿元，类似于滴滴打车的快车业务，属于C2C模式。

美团复制滴滴打车的模式跑得赢滴滴吗？首先从频率上来说，一般人吃饭的频率普遍要高于打车。高频的应用可以覆盖低频的应用。所以美团从团购到外卖，再切入打车，本身的逻辑是行得通的，都属于生活一站式服务平台。

滴滴能够在三年内快速崛起，与资本的大规模入侵分不开。与之俱来的则是快速发展留下来的政策风险和营销策略没有形成有机的互动。网约车征求意见和网约车新规的发布，极大地限制了一线城市的网约车数量。滴滴毫无还手之力。而后有用户爆料滴滴打车越来越贵，滴滴只能让负面信息刷屏，公关显得无力回天。

美团点评在网约车新政颁布后才上线该业务，而且第一个试点城市为南京而不是北上广深。美团无疑抓住了这样一个机会：网约车新政发布后，二三线城市才是打车真正的战场。美国对时机把握得恰到好处。首先，一家独大之后，政策风险便会随之而来，资本催熟的滴滴根本来不及反抗。其次，由于资本的力量太大，滴滴的盈利压力非常大，在被动涨价的情况下，用户积怨越来越多，负面声讨便不可避免。政策的风险、资本的盈利压力、外部的竞争，这三座大山压了下来。如果滴滴拿不出切实有效的应对策略，美团真的可能会要了滴滴的命。

滴滴现在应该加强同BAT（百度、阿里巴巴、腾讯）的合作。一方面，敌人的敌人就是朋友。美团与饿了么交战已久，难分胜负。另一方面，美团和阿里巴巴的关系也不是很好。阿里巴巴拥有饿了么很多的股份。滴滴或许可以选择与饿了么和阿里巴巴加强合作，在一站式生活服务方面深耕细作、整合资源、积攒实力，或许可以干掉美团。

2018年，美团力推网约车，滴滴布局外卖，双方在对方优势领域的渗透与切磋，一度达到白热化。但在当年7月，双方进攻性动作突然熄火，也可能源于美团、滴滴都是腾讯投资的公司。也许，某种主导力量在背后做了“调节”，使得双方能够坐下来，达成某些“城下之盟”。比如，美团不再扩展打车，滴滴不再发展外卖。

资料来源：杨霄，张利瑶．美团打车悄然入郑 网约车市场战火重燃．(2019-01-10)．大河网；会要了滴滴的命吗？美团一下就打车，意在“一站式生活服务平台”．(2017-02-15)．搜狐网．

思考题

1. 美团是如何在营销环境的发展变化中寻找有利的市场机会的？
2. 美团为了实现其营销目标对组织结构进行了哪些调整？
3. 如何看待美团的营销执行力？
4. 面对强有力的竞争对手滴滴打车，美团应该如何在营销计划、营销执行、营销组织和营销控制等方面不断创新？

04

第IV篇

营销策略

FUNDAMENTALS OF MARKETING

第 10 章

产品与服务策略 10

本章要点

- 产品整体概念的主要层次
- 产品组合的主要策略
- 产品生命周期各阶段的营销策略
- 新产品开发的过程
- 服务与服务营销的特点
- 提升服务质量的主要方法

企业的营销活动以满足市场需要为中心，而市场需要的满足只能通过提供某种产品或服务来实现。因此，产品与服务是企业营销组合中的重要因素。产品与服务策略直接影响和决定着其他营销组合因素的互动效果及其绩效表现，对企业营销的成败关系重大。企业应致力于产品与服务质量的提高和组合结构的优化，以更好地满足市场需要，取得更好的经济效益。

第 1 节　产品组合策略

一、产品整体概念

所谓产品，是指能够提供给市场的用于满足人们某种欲望和需要的任何事物，包括实物、服务、场所、组织、思想、主意等。产品整体概念包含核心产品、有形产品和附加产品三个层次（如图 10－1 所示）。

（一）核心产品

核心产品是指消费者购买某种产品时所追求的利益，是顾客真正要买的东西，因而在产品整体概念中是最基本、最主要的部分。消费者购买某种产品，并不是为了占有或获得产品本身，而是为了获得满足某种需要的效用或利益。iPad 的购买者真正想要的不仅仅是一台平板电脑，他们要买的是娱乐、自我表达、工作效率、生活便利以及与家人朋友的联系，一个通向世界的可移动且个性化的窗口。

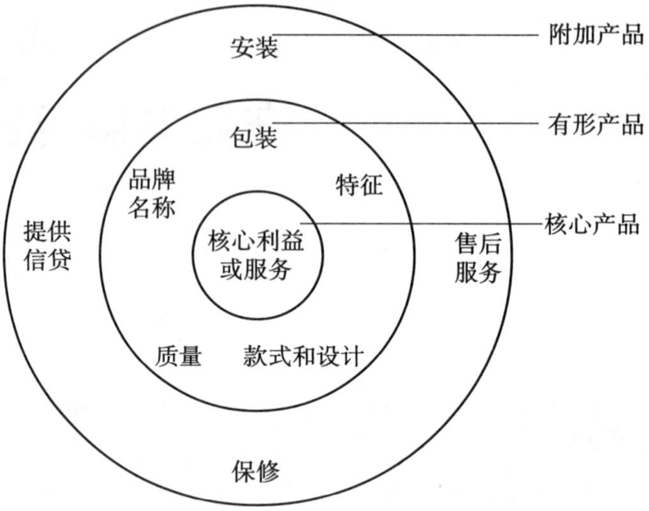

图 10-1　产品整体概念

（二）有形产品

有形产品是指核心产品的载体，即向市场提供的实体和服务的可识别的形象表现。如果有形产品是实体物品，则它在市场上通常表现为产品质量、特征、款式和设计、品牌名称和包装等。产品的基本效用必须通过某些具体的形式才能得以实现。营销者应首先着眼于顾客购买产品时所追求的利益，努力提高产品质量以求更完美地满足顾客需要，从这一点出发再去寻求利益实现的形式，进行产品设计。

（三）附加产品

附加产品是指顾客购买有形产品时所获得的全部附加服务和利益，包括提供信贷、保修、安装、售后服务等。附加产品的概念源于对市场需要的深入认识。因为购买者的目的是满足某种需要，所以他们希望得到与满足该项需要有关的一切。西奥多·莱维特曾经指出，新的竞争不是发生在各个公司的工厂生产什么产品方面，而是发生在其产品能提供何种附加利益方面（如赠券、红包、包装、服务、广告、顾客咨询、融资、送货、仓储及具有其他价值的形式）。

二、产品组合与产品属性

（一）产品组合

所谓产品组合，是指某一企业所生产或销售的全部产品大类、产品项目的组合。产品大类（又称产品线）是指产品类别中具有密切关系（或经由同种商业网点销售，或同属于一个价格幅度）的一组产品。产品项目（又称产品品种）是指某一品牌或产品大类内由尺码、价格、外观及其他属性来区别的具体产品。

（二）产品组合的特征

产品组合有一定的宽度、长度、深度和关联度。所谓产品组合的宽度，是指一个企业有多少产品大类。所谓产品组合的长度，是指一个企业的产品组合中所包含的产品项目的总数。所谓产品组合的深度，是指产品大类中每种产品有多少花色、品种、规格。所谓产品组合的关联度，是指一个企业的各个产品大类在最终使用、生产条件、分销渠道等方面的密切相关程度。

产品组合的宽度、长度、深度和关联度在营销战略上具有重要意义。企业增加产品组合的宽度（即增加产品大类，扩大经营范围，甚至跨行业经营，实行多角化经营），可以充分发挥企业的特长，使企业尤其是大企业的资源、技术得到充分利用，提高经营效益。此外，实行多角化经营还可以减少风险。企业增加产品组合的长度和深度（即增加产品项目，增加产品的花色、式样、规格等）可以迎合广大消费者的不同需要和爱好，以招徕、吸引更多顾客。企业增加产品组合的关联度，则可以提高企业在某一地区、某一行业的市场地位，充分发挥企业的技术、生产和销售能力。

（三）产品属性

消费者购买产品，是为了获取产品所提供的利益，而这些利益是通过质量、特征、款式和设计等产品属性来传递和实现的。

1. 产品质量。美国质量协会将质量定义为产品或服务满足顾客明确或潜在需求的固有特性。产品质量是企业满足顾客明确和隐含的需要，为顾客创造价值，实现顾客满意的能力和特征的总和。用西门子公司的话来说，质量就是“让我们的顾客回头，而不是产品回头”。全面质量管理是一种企业全员参与持续改进产品、服务和经营质量，通过让顾客满意和社会受益来确保企业可持续发展的管理方法。全面质量管理是为了充分满足顾客需求，在最经济的水平下进行生产和提供服务，把企业各部门在研制质量、维持质量和提高质量方面的活动集成为一体的有效方法。若从使用要求和规定要求的角度来界定质量，可分为适用性质量和符合性质量。前者是指一组固有特性满足使用要求的程度，后者是指一组固有特性满足规定要求的程度。

2. 产品特征。产品特征是产品自身内在质量所形成的特色优势及其体现形式，一般指产品的外形、质量、功能、商标和包装等。它反映产品对顾客的吸引力，是影响消费者认知、情感和行为的主要刺激物，也是彰显产品特色优势、实现产品差异化、提升顾客价值的有力手段。

3. 产品款式和设计。提升顾客价值的另一手段是产品款式和设计多样化。产品款式（product style）是对产品外观、造型、颜色、色泽等要素的简单描述。好的产品款式会吸引注意力，给人带来愉悦。产品设计（product design）是一个将消费者购买目的或需要转换为一个具体的有形产品的过程，是将某种计划、规划设想、解决方案，通过一定的载体，以美好的形式呈现给目标顾客的一种创造性活动过程。好的产品设计，从观察顾客开始，深刻理解顾客的需求，创造其产品使用体验。产品设计者应该少考虑产品技术规格，更多考虑顾客如何使用产品，如何从产品使用中获得更多价值。深刻洞察顾客需求，进行精心设计，会让产品既美观又实用，不仅彰显产品功能的优越性，还便于加工制造，生产成本低，更能有效地提升产品的市场竞争力。

（四）产品组合优化分析

1. 销售额和利润。产品组合状况直接关系到企业销售额和利润水平，企业必须进行产品大类销售额和利润分析与评价，并决定加强还是剔除某些产品线或产品项目。产品大类销售额和利润分析主要是指分析、评价现行产品大类中不同产品项目所提供的销售额和利润水平。图 10-2 是一条拥有五个产品项目的产品线。如图 10-2 所示，第一个产品项目的销售额和利润分别占整个产品大类销售额和利润的 50%、30%，第二个产品项目的销售额和利润均占整个产品大类的 30%。如果这两个项目突然受到竞争者的打击，产品线的销售额和利润就会迅速下降。因此，在一个产品大类中，如果销售额和盈利高度集中在少数产品项目上，则意味着产品大类比较脆弱。为此，公司必须细心地加以保护，并努力发展具有良好前景的产品项目。最后一个产品项目只占整个产品大类销售额与利润的 5%，如无发展前景，可以剔除。

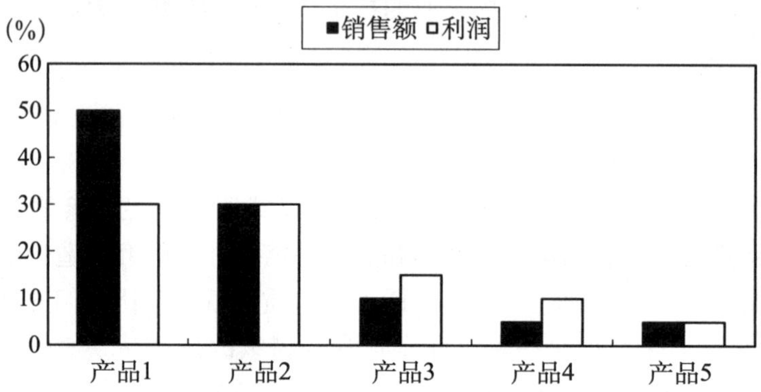

图 10-2　产品组合优化分析

2. 市场竞争局势。在产品组合优化分析的过程中，除了考虑销售额和利润因素外，还需要思考如何根据竞争者的产品大类来确立本企业产品的竞争优势。某企业 X 主要生产纸板产品，纸板的两个主要属性是纸张重量和成品质量，前者有 90 克/平方米、120 克/平方米、150 克/平方米和 180 克/平方米四个种类，后者可分为高、中、低三个等级。图 10-3 展示了企业 X 和四个竞争者 A、B、C、D 的不同产品大类的位置。A 生产中质、低质的特重纸板，C 生产质量更高些的中、重、特重纸板，D 生产质量各异的轻纸板。X 生产的三种产品其重量和质量各不相同。由图 10-3 可知，X 的低重中质产品和 D、B 的产品构成竞争，但 X 的高重中质产品尚无直接的竞争对手。该产品地图还显示了未来新产品的可能位置，即目前还没有企业生产高重低质产品。假如 X 经过市场调研预测获悉高重低质产品不仅需求量大，而且利润可观，就可以考虑以较低的成本生产这种新产品，既弥补市场空缺，规避竞争，还可获得可观的利润。产品地图的另一好处是可以帮助企业识别细分市场，由图 10-3 可知，根据重量和质量区分纸张类型，普通印刷、销售点陈列广告和办公用品这三个行业需求偏好各异，而 X 的产品定位能够很好地满足普通印刷业的需求，但不能有效地服务其他两个行业。

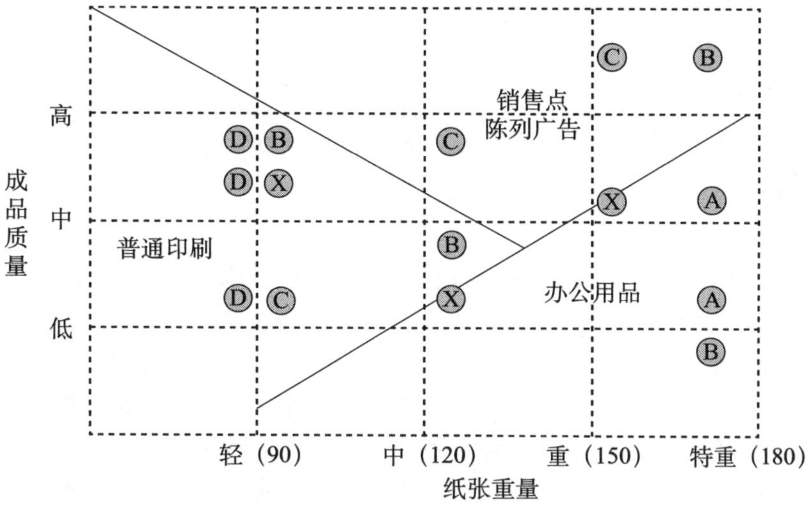

图 10-3 纸板行业的产品地图

三、产品组合的优化和调整

供给侧结构性改革的最终目的是满足需求，主攻方向是提高供给质量，扩大有效供给，减少无效供给，增强供给结构对需求结构的适应性。这就需要企业不断调整和优化产品组合，根据不同的市场需求情况，从如下策略中做出选择。

（一）扩大产品组合

扩大产品组合包括拓展产品组合的宽度和增强产品组合的深度。前者是在原产品组合中增加一个或几个产品大类，扩大产品经营范围；后者是在原有产品大类中增加新的产品项目。当企业预测现有产品大类的销售额和利润额在未来一段时期有可能下降时，就应考虑在现行产品组合中增加新的产品大类，或加强其中有发展潜力的产品大类。当企业打算增加产品特色，或为更多的子市场提供产品时，则可选择在原有产品大类内增加新的产品项目。一般地，扩大产品组合，可使企业充分地利用人、财、物资源，分散风险，增强市场应变能力和竞争力。

（二）缩减产品组合

当市场繁荣时，较长、较宽的产品组合会为企业带来较多的盈利机会。但当市场不景气或原料、能源供应紧张时，缩减产品反而可能使总利润上升。这是因为从产品组合中剔除了那些获利很小甚至亏损的产品大类或产品项目，使企业可集中力量发展获利多的产品大类和产品项目。通常情况下，企业的产品大类有不断延伸的趋势，其原因主要有：生产能力过剩迫使产品大类经理开发新的产品项目；经销商和销售人员要求增加产品项目，以满足顾客的需要；产品大类经理为了追求更高的销售额和利润而增加产品项目。

但是，随着产品大类的延伸，设计、工程、仓储、运输、促销等费用也随之增加，最终将会减少企业的利润。在这种情况下，需要对产品大类的发展进行相应的遏制，必要时废除那些得不偿失的产品大类或产品项目，使产品组合缩减，提高经济效益。

（三）产品延伸

1. 产品延伸的主要方式。每一企业的产品都有其特定的市场定位。产品延伸策略指全部或部分地改变公司原有产品的市场定位，具体做法有向下延伸、向上延伸和双向延伸三种。

（1）向下延伸。指企业原来生产高档产品，后来决定增加低档产品。企业采取这种策略的主要原因是：1）企业发现其高档产品的销售增长缓慢，因此不得不将其产品大类向下延伸。2）企业的高档产品受到激烈的竞争，必须用侵入低档产品市场的方式来反击竞争者。3）企业当初进入高档产品市场是为了建立其质量形象，然后再向下延伸。4）企业增加低档产品是为了填补空隙，不让竞争者有机可乘。

企业在采取向下延伸策略时，可能会遇到如下风险：1）企业原来生产高档产品，后来增加低档产品，有可能使名牌产品的形象受损，所以，低档产品最好用新的品牌，不要用原先高档产品的品牌。2）企业原来生产高档产品，后来增加低档产品，有可能会激怒生产低档产品的企业，导致其向高档产品市场发起反攻。3）企业的经销商可能不愿意经营低档产品，因为经营低档产品所得利润较少。

（2）向上延伸。指企业原来生产低档产品，后来决定增加高档产品。主要理由是：1）高档产品畅销，销售增长较快，利润率高。2）企业估计高档产品市场上的竞争者较弱，容易被击败。3）企业想使自己成为产品种类齐全的企业。

采取向上延伸策略也要承担一定风险：1）可能引起生产高档产品的竞争者进入低档产品市场，进行反攻。2）未来的顾客可能不相信企业能生产高档产品。3）企业的销售代理商和经销商可能没有能力经营高档产品。

（3）双向延伸。指原定位于中档产品市场的企业获得了市场优势以后，决定向产品大类的上、下两个方向延伸，一方面增加高档产品，另一方面增加低档产品，扩大市场阵地。

2. 产品延伸的利益。一般来说，产品延伸有下列好处：

（1）满足更多的消费者需求。伴随市场调研技术的日益完善，营销人员能够细分出更小的子市场，进而把复杂的市场细分过程变成立竿见影的促销活动。在这种情况下，往往是产品大类延伸得越长，机会越多，利润就越大。

（2）迎合顾客求异求变的心理。随着市场竞争的加剧，要求消费者对某一品牌绝对忠诚越来越难，越来越多的消费者在转换品牌，尝试他们未曾使用过的产品。产品延伸就是通过提供同一个品牌下的一系列不同商品来尽量满足顾客这种求异心理。企业希望这种延伸成为既满足消费者愿望，又保持他们对本企业的品牌忠诚的两全之策。

（3）减少开发新产品的风险。产品延伸所需要的时间和成本比创造新产品更容易控制。在营销实践中，产品延伸所需的成本与费用有时仅是推出一个成功的新产品的成本与费用的1/6。

（4）适应不同价格层次的需求。无论产品大类中原有产品的质量如何，企业往往都会宣传其延伸产品质量如何好，并据此为延伸产品制定高于原有产品的价格。在销售量增长缓慢的市场上，营销者可以通过提高价格来增加单位产品的利润。当然也有一些延伸产品的价格低于原有产品。

3. 产品延伸的风险。正是由于产品延伸具有上述优越性，许多企业对此很感兴趣。然而，产品延伸也会带来如下负面作用：

（1）品牌忠诚度降低。品牌忠诚是对某种品牌的产品重复购买的行为。过去很长一段时间里，许多知名老品牌拥有两三代的顾客。当企业增加产品品种时，就要冒挑战顾客原来的购买方式和使用习惯的风险，这种风险往往会降低品牌忠诚度，并使消费者重新考虑购买决定。此外，尽管产品延伸使得某一品牌能满足消费者的各种需要，但它也起到促使消费者追求新变化的作用，从而导致品牌转换。

（2）产品项目的角色难以区分。产品延伸可能会导致过度细分。同一产品大类各项目的角色混乱，每个产品项目所针对的子市场过小以致难以区分，或各子市场之间的特征交叉太多。

（3）产品延伸引起成本增加。产品延伸会引起一系列的成本增加，由此产生的营销调研、产品包装、投产等的费用是比较明显的，也便于掌握。但下列因素可能被忽略：频繁的产品大类变动使生产的复杂程度提高；研究和开发人员不能将精力集中于新产品的开发；产品品种越多，营销投入就越大。

（四）产品大类现代化

在某些情况下，虽然产品组合的宽度、长度都很适当，但产品大类的生产形式或产品形式却可能已经过时，这就必须对产品大类实施现代化改造。产品大类现代化改造首先面临这样的问题：是逐步实现技术改造，还是以最快的速度用全新设备更换原有产品大类？逐步现代化可以节省资金耗费，但缺点是竞争者很快就会察觉，并有充足的时间重新设计它们的产品大类；而快速现代化虽然在短期内耗费资金较多，却可以出其不意，击败竞争对手。

营销视角　信息技术为优质蜂蜜护航

第2节　产品生命周期

产品生命周期是指产品从进入市场到退出市场所经历的市场生命循环过程。产品只有经过研究开发、试销，进入市场后，它的市场生命周期才算开始。产品退出市场，标志着生命周期的结束。企业不能只埋头生产和销售现有产品，而必须随着产品生命周期的发展变化，灵活调整营销方案，并且重视新产品开发，及时用新产品代替衰退的老产品。

一、产品生命周期阶段

典型的产品生命周期一般可分为四个阶段，即导入期、成长期、成熟期和衰退期（见图10-4）。

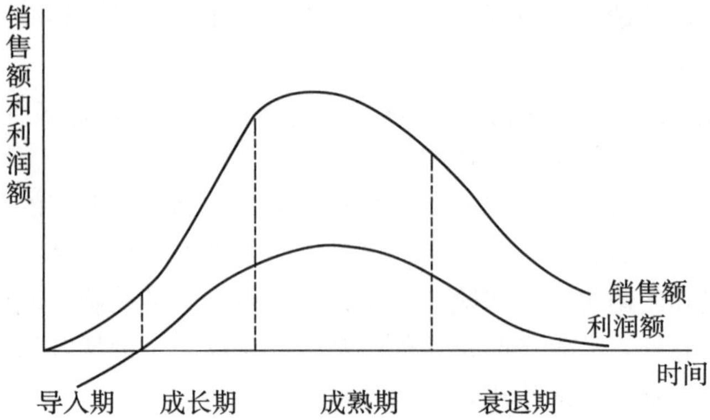

图 10-4　典型的产品生命周期

（一）导入期

新产品投入市场便进入导入期。此时，顾客对产品还不了解，只有少数追求新奇的顾客可能购买，销售量很小。为了扩展销路，需要大量的沟通和促销投入。在这一阶段，由于市场及技术方面的原因，产品不能大批量生产，因而成本高，销售额增长缓慢，企业不但得不到利润，反而可能亏损。

（二）成长期

当产品在导入期的销售取得成功以后，便进入成长期。这时顾客对产品比较熟悉，大量的新顾客开始购买，市场逐步扩大。产品已具备大批量生产的条件，生产成本相对降低，企业的销售额迅速上升，利润也迅速增长。在这一阶段，竞争者看到有利可图，纷纷进入市场参与竞争，使同类产品供给量增加。而同时期需求的迅速增长，使产品价格维持不变或略有下降，市场竞争逐渐加剧。

（三）成熟期

经过成长期以后，市场需求趋于饱和，潜在的顾客已经很少，销售额增长缓慢直至转而下降，标志着产品进入了成熟期。这个阶段的持续期一般比前两个阶段长，并给营销管理层带来最难应对的挑战。大多数产品都处于生命周期的成熟阶段。

（四）衰退期

随着科学技术的发展，新产品或新的替代品出现，这将使顾客的消费习惯发生改变，转向其他产品，从而使原来产品的销售额和利润额迅速下降。于是，产品进入了衰退期，直至退出市场。

二、产品生命周期策略

（一）导入期营销策略

导入期始于新产品上市。进入导入期的产品的市场特点是：产品销量小，促销费用高，制造成本高，销售利润很低甚至为负值。促销活动的主要目的是介绍产品，吸引消费者试用。

在产品的导入期，一般可由价格、促销、地点等因素组合成各种不同的营销策略。

若仅考察促销和价格两个因素，则至少有以下四种策略。

1. 快速撇脂策略。借助高价格、高促销费用，以求迅速扩大销售量，取得较高的市场份额。其适用条件为：大多数潜在消费者还不了解这种新产品；已经了解这种新产品的人急于求购，并且愿意按价购买；企业面临潜在竞争者的威胁，在这种情况下，应该迅速使消费者建立对自己产品的偏好。

2. 缓慢撇脂策略。借助高价格、低促销费用获得更多的利润。其适用条件为市场规模比较小，市场上大多数的消费者已熟悉该新产品，购买者愿意出高价，潜在竞争威胁不大。

3. 快速渗透策略。借助低价格、高促销费用迅速打入市场，取得尽可能高的市场占有率。其适用条件为市场容量很大，消费者对这种产品不熟悉，但对价格非常敏感，潜在竞争激烈，企业随着生产规模的扩大可以降低单位生产成本。

4. 缓慢渗透策略。以低价格、低促销费用来推出新产品。其适用条件为市场潜量很大，消费者熟悉这种产品但对价格敏感，并且存在潜在竞争者。

（二）成长期营销策略

经过导入期之后，消费者对该产品已经熟悉，消费习惯业已形成，销售量迅速增长，这时产品就进入了成长期。在成长期，老顾客重复购买，并且带来了新的顾客，销售量激增，企业利润迅速增长，利润达到高峰。随着销售量的增大，企业生产规模也逐步扩大，产品成本逐步降低，新的竞争者会加入竞争。随着竞争的加剧，新的产品特性开始出现，分销渠道增加。企业为维持市场的继续成长，需要保持或增加促销费用，但由于销量增长迅速，平均促销费用有所下降。

企业为维持其市场增长率，延长获取最大利润的时间，可以采取如下几种策略。

1. 改善产品品质。如增加新的功能，改变产品款式等。对产品进行改进，可以提高产品的竞争力，满足顾客更广泛的需求，吸引更多的顾客。

2. 寻找新的子市场。通过市场细分，找到新的尚未满足的子市场，根据其需求组织生产、分销，迅速进入这一新的市场。

3. 改变营销沟通的重点。把广告公关的重心从提高产品知名度转到建立产品形象和劝说购买上来，树立产品名牌形象。维系老顾客，吸引新顾客，使产品形象深入顾客。

4. 在适当的时机降价，以激发价格敏感型消费者的购买动机和购买行为。

（三）成熟期营销策略

产品经过成长期后，销售量和利润的增长逐渐趋缓，此时产品已开始走向成熟期。在成熟期，产品的销售量先是增长缓慢，逐步达到最高峰，然后开始缓慢下降；产品的销售利润也逐步达到最高点，然后开始下降；市场竞争非常激烈，各种品牌、各种款式的同类产品不断涌现。

为了使成熟期延长，或使产品生命周期出现再循环，企业可以采取以下三种策略。

1. 调整市场。这种策略不是调整产品本身，而是寻找新的顾客群体、发现产品的新用途或改变产品促销方式等，使产品销售量得以扩大。

2. 调整产品。这种策略是通过产品自身的调整来满足顾客的不同需求，吸引新的顾客。整体产品概念的任何一个层次的调整都可视为产品再推出。

3. 调整营销组合。指通过对产品、定价、渠道、促销四个营销组合因素加以综合调整，刺激销售量回升。例如，在提高产品质量、改变产品性能、增加产品规格品种的同时，通过特价、早期购买折扣、补贴运费、延期付款等方法来降价让利；拓展分销渠道，广设分销网点，调整广告媒体组合，变换广告时间和频率，增加人员推销，强化公共关系等，多管齐下，进行市场渗透，扩大企业及产品的影响，争取更多的顾客。

（四）衰退期营销策略

衰退期的主要特点是：产品销售量急剧下降；企业从这种产品中获得的利润很低，甚至为零；大量的竞争者退出市场；消费者的消费习惯已发生改变；等等。进入生命周期衰退期，市场销售趋于下降的产品可称为疲软产品。对于企业而言，经营一个疲软产品不仅影响利润收入，还要承受各种隐性成本的压力，付出的代价相当高昂。疲软产品往往需要频繁调整价格和库存，可能会占用管理者很多的时间、精力。与其把广告促销、销售队伍、分销渠道、价格调整等营销资源配置在疲软产品上，还不如多支持健康产品，那样赚取的利润会更多。疲软产品还可能会引起顾客对整个企业的担心，甚至导致对企业其他产品也缺乏信心。保留疲软产品还可能会贻误开发替代品、新产品的最佳时机，导致产品组合低效率、不协调，影响利润收入，弱化企业竞争实力和市场形象。面对处于衰退期的产品，企业需要进行认真的研究分析，决定采取什么策略，在什么时间退出市场。通常有以下几种策略可供选择：

1. 继续策略。继续沿用过去的策略，仍按照原来的子市场，使用相同的分销渠道、定价及促销方式，直到这种产品完全退出市场。

2. 集中策略。把企业能力和资源集中在最有利的子市场和分销渠道上，从中获取利润。这样有利于缩短产品退出市场的时间，同时又能为企业创造更多的利润。

3. 收缩策略。大幅降低促销力度，尽量降低促销费用，以增加目前的利润。这样可能导致产品在市场上的衰退加速，但能从忠实于这种产品的顾客中得到利润。

4. 放弃策略。对于衰退比较迅速的产品，应该当机立断，放弃经营。可以采取完全放弃的形式，如把产品完全转移出去或立即停止生产；也可采取逐步放弃的方式，使其所占用的资源逐步转向其他产品。

第3节　新产品开发

一、新产品开发概述

（一）新产品的概念

所谓新产品，是指与旧产品相比，具有新功能、新结构和新用途，能在某方面满足顾客新需求的产品。大体包括以下三类：

1. 全新产品。全新产品是指应用新原理、新技术、新材料和新结构等研制成功的前所未有的新产品。这类产品的问世往往源于科学技术在某个方面的重大突破，而它们的普及将极大地改善人们的生活。

2. 换代产品。这种新产品是指在原有产品的基础上，全部采用或部分采用新技术、新材料、新结构制造出来的产品。与原有产品相比，换代产品往往在产品外观、性能或者功能等方面有较大改进，可以为顾客带来新的利益。

营销视角 TCL冰箱的务实创新

3. 改进产品。改进产品是指在原有产品基础上适当加以改进，使得产品在质量、性能、结构、造型等方面有所改善。

（二）领先型与跟随型新产品开发

营销视角 2019年SSD硬盘的再升级

领先型新产品开发是指企业首先研制、开发新产品，并率先将产品投放市场，从而在行业中确立技术领先和产品领先地位的新产品开发类型。

领先型新产品开发具有以下两方面的优点：

（1）成功的新产品开发使企业对新技术成果享有独占权，能够较早地建立起现实及潜在竞争对手进入市场的技术壁垒，并在新产品市场上处于主动地位。在这一阶段，企业不存在竞争者威胁，一方面可凭技术领先、理念领先等优势树立企业及产品品牌形象；另一方面可以占有尽可能多的市场份额，并采取撇脂定价策略赚取高额市场利润。

（2）企业在新产品生产、管理方面拥有的丰富经验和不断扩张的市场需求，有利于企业扩大生产规模，提高产品质量，降低生产成本，取得对后进入市场者的竞争优势。此外，企业还可以在必要时，采取出售产品生产许可证的方式，从技术转让中获利。

领先型新产品开发所面临的风险，主要是投入大、成本高、开发周期长，由于市场的瞬息万变和研发的高风险性，新产品开发的结果难以预料（如表10-1所示）。一旦开发失败，往往会给企业造成巨大的损失，挫伤员工士气。

表10-1 一个成功的新产品的估计成本（从64个新构想开始）

阶段	创意个数	通过比例	每个新产品创意的成本（元）	总成本（元）
创意筛选	64	1∶4	1 000	64 000
概念测试	16	1∶2	20 000	320 000
产品开发	8	1∶2	200 000	1 600 000
市场测试	4	1∶2	500 000	2 000 000
推向全国市场	2	1∶2	5 000 000	10 000 000
合计			5 721 000	13 984 000

跟随型新产品开发是指企业密切关注市场上刚出现的新产品，一旦发现新产品获得成功，便立即组织力量生产出类似产品以进入这一市场的新产品开发类型。

跟随型新产品开发具有以下几个方面的优点：（1）风险较小。（2）投资少，成本低。（3）开发的产品可能更具竞争力。

跟随型新产品开发的主要缺点是跟随型企业几乎在同一时期进入市场，面临的市场竞争比较激烈，因此跟随型企业的产品必须比已有产品的性能和品质更高一筹，或者营销实力更为雄厚，否则很难取得市场份额。

（三）众包开放式创新

众包开放式创新是指企业秉持开放创新的理念，邀请顾客、员工、科研人员、工程师、普通群众等有关人员参与到新产品的创新过程中。将企业内外广泛的资源用于新产品开发可以产生意想不到的新想法。众包（crowdsourcing）是一种新型的任务分配和执行模式，能把过去需要分配给特定个人完成的任务以自由自愿的形式外包给非特定的（而且通常是大型的）大众完成。众包能很好地利用人类的群集智能，协同配合，完成封闭式组织难以完成的任务，并且能以较低的成本获得更高的准确性。随着社会网络的发展，社会网络已成为重要的众包平台。众包中的参与者通常会通过社会网络进行互联、沟通和交流。具有创新精神的企业不只是依赖新产品创意的一个来源，而是积极开发广泛的创新网络，从每一个可能的来源（如员工、顾客、外部创新者等）获取创意灵感。

二、新产品开发的过程

新产品开发过程由八个阶段构成，即寻求创意、甄别创意、形成产品概念、营销战略开发、商业分析、产品开发、市场试销、批量上市（如图 10-5 所示）。

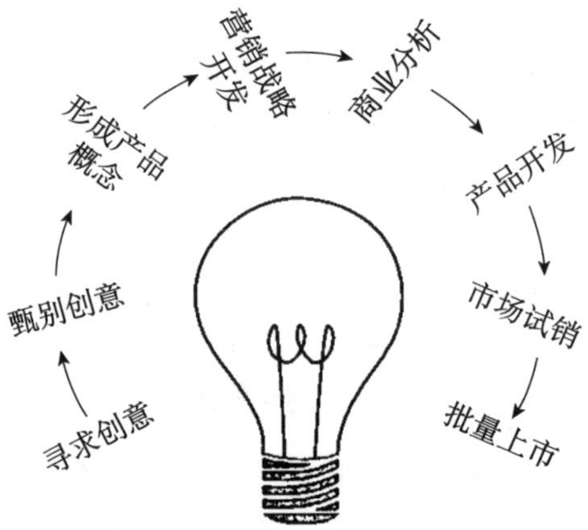

图 10-5　新产品开发过程

（一）寻求创意

新产品开发过程是从寻求创意开始的。这里的创意是指开发新产品的设想。虽然并不是所有的设想或创意都可变成产品，但寻求尽可能多的创意却可为开发新产品提供更多的机会。新产品创意的主要来源有：顾客、科学家、竞争对手、销售人员和经销商、企业高管、营销调研公司、广告代理商等。

（二）甄别创意

甄别创意是指对寻求到的创意加以评估，研究其可行性，并挑选出可行性较强的创意，及时摒弃不理想的创意。

（三）形成产品概念

经过甄别后保留下来的产品创意还要进一步发展成为产品概念。产品创意是指企业从自己的角度考虑能够向市场提供的可能产品的构想。产品概念是指企业从消费者的角度、用消费者的话语对这种创意所做的详尽的描述。应注意这两者与产品形象的不同。产品形象是消费者对某种现实产品或潜在产品所形成的特定印象。

企业必须根据消费者的要求把产品创意发展为产品概念。确定了最佳产品概念，进行产品和品牌的市场定位后，就应当对产品概念进行测试。所谓产品概念测试，就是用文字、图形描述或者用实物将产品概念展示给一群目标顾客以测试他们的反应。企业可以借助快速成型（rapid prototyping）技术在计算机上设计产品，制作出简易的模型展示给消费者，测试其反应。企业还可以利用虚拟现实（virtual reality，VR）技术进行产品概念测试。虚拟现实是一项综合集成技术，涉及计算机图形学、人机交互技术、传感技术、人工智能等领域，它用计算机生成逼真的三维视、听等感觉，使人作为参与者借助手套、眼镜等传感设备，自然地对虚拟世界进行体验和交互。

（四）营销战略开发

形成产品概念之后，就进入营销战略开发环节。营销战略开发（marketing strategy development）是指基于产品概念，为新产品设计初步的营销战略。为此，有关人员要拟定一个将新产品投放市场的初步的营销战略。

（五）商业分析

商业分析是指企业对新产品未来预计的销售额、成本和利润的预测和评估，以确认是否符合企业的目标。如果符合，就可以进行新产品开发。

（六）产品开发

产品开发是指将产品概念转化为实际产品，将产品创意转化为可行的市场供给物的过程。如果产品概念通过了商业分析，研发部门、工程技术部门及生产部门就可以把这种产品概念转变为产品，进入试制阶段。

（七）市场试销

市场试销是指将开发中的产品及其营销计划导入现实的营销环境的过程。如果企业对某种新产品开发结果感到满意，就应着手用品牌名称、包装和初步营销方案把这种新产品装扮起来，把产品推向真正的市场进行试销。

（八）批量上市

在这一阶段，企业应当做以下决策：

1. 何时推出新产品。

2. 何地推出新产品。企业要决定在什么地方（某一地区、某些地区、全国市场或国际市场）推出新产品最适宜。选择市场时要考察这样几个方面：（1）市场潜量；（2）企业在该地区的声誉；（3）投放成本；（4）市场竞争形势；（5）对其他地区的影响力以及竞争渗透能力。

3. 向谁推出新产品。最理想的顾客群一般应具备以下特征：（1）他们是早期采用者；

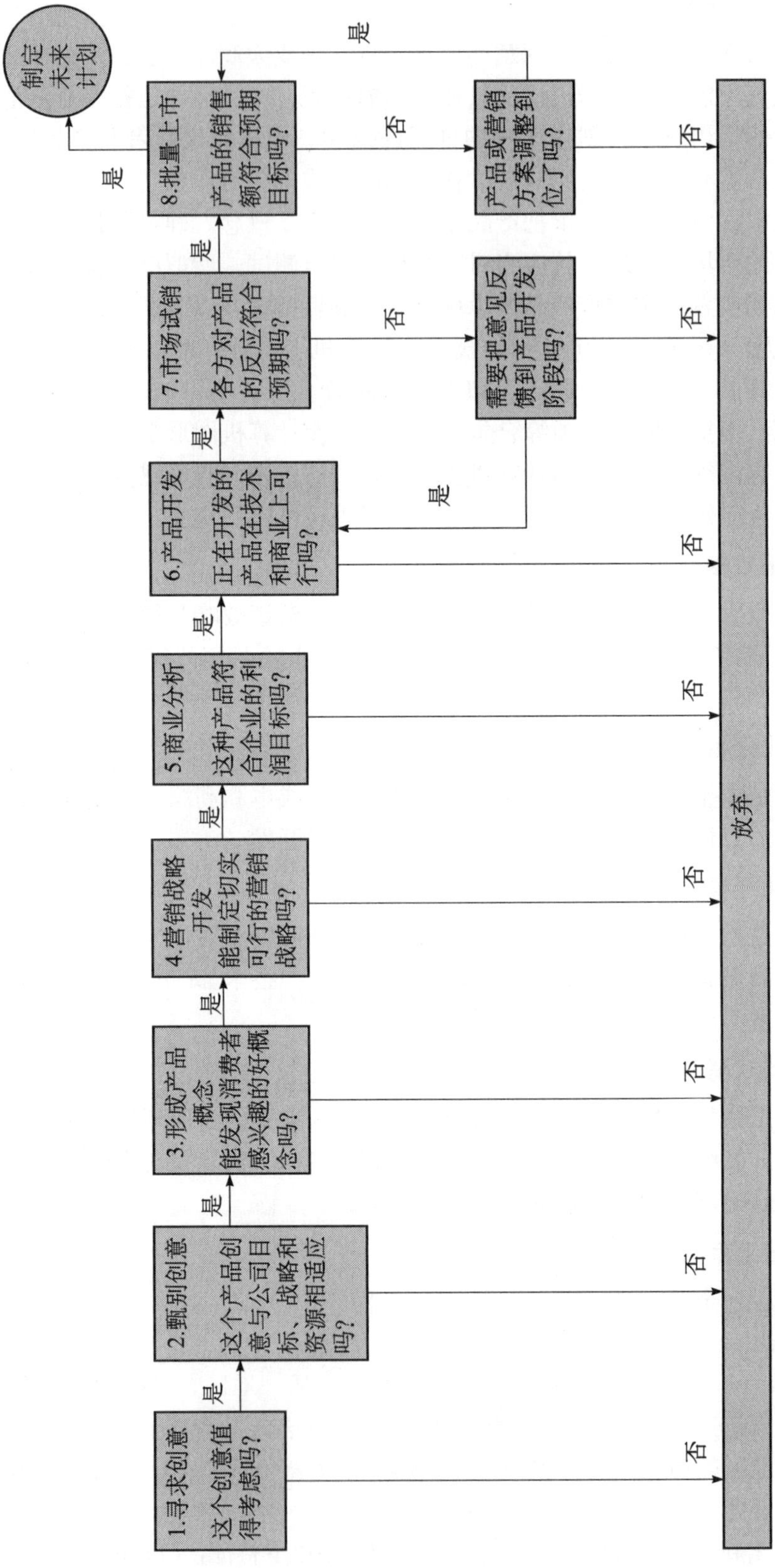

图10-6 新产品开发流程图

(2) 他们是大量使用者；(3) 他们是观念倡导者或意见领袖，并能为该产品做正面宣传。当然，完全具备这些特征的顾客为数很少，企业可以根据这些标准为不同的顾客群打分，从而找出最理想的顾客群。

4. 如何推出新产品。企业要制定开始投放市场的营销战略。这里，首先要对各项市场营销活动分配预算，然后规定各项活动的先后顺序，从而有计划地开展营销管理（如图 10-6 所示）。

三、影响新产品开发成败的因素

（一）新产品开发成功的企业条件

新产品开发成功的企业应具备以下三个条件：

1. 与客户保持密切联系。管理者必须了解他们的客户，懂得他们的真正需求。

2. 跨部门沟通交流。新产品开发成功的无数案例表明，创新是企业各大主要部门之间信息高效沟通的结果。

3. 跨部门的合作团队。成功的产品创新无一例外都是企业内团队成员共同努力工作的结果，而不是依靠某个人的力量。

（二）导致新产品失败的营销原因

新产品开发结束后，在扩散过程中有许多营销因素值得特别注意，因为它们可能导致新产品扩散的失败。

1. 差异点传递不明晰。新产品要想打败竞争产品，关键在于与众不同的差异点，即能给使用者带来独特利益的卓越特性，并且企业将该特性成功传达给消费者。

2. 市场与产品的界定不精准。在开发新产品之前，需要明确地识别出目标市场、顾客需要与新产品特性。没有明确的界定，研发就成了为虚幻的市场设计一种模糊的产品，就会浪费大量的资金。

3. 市场吸引力太小。每个新产品经理都在努力寻求高速增长且潜量巨大的目标市场。但是现实中，目标市场的规模往往太小或者竞争激烈，无法保障必需的投资回报。

4. 营销组合实施不力。再好的新产品设计、扩散计划都需要强有力的实际行动和具体实施作为保证。习近平指出："形势决定任务，行动决定成效。"[①] 在营销实践中，品牌名称、包装、定价、促销和分销等营销组合实施不力，往往是造成新产品扩散失败的重要原因。

5. 时间安排不合理。产品推出的时间过早、过迟或者正好赶上消费者需求急剧改变，都会对新产品的推广造成致命的打击。现实生活中，有些小成本制作的电影故意避开暑期、春节等大片上映时间推出，就是为了选择一个好的推广时间。

6. 渠道成本过高。

四、新产品采用过程

所谓新产品采用过程，是指消费者个人由接受创新产品到成为重复购买者的各个心

---

① 习近平．习近平谈治国理政：第1卷．北京：外文出版社，2018：335.

理阶段。

（一）认识阶段

在认识阶段，消费者要受个人因素（如个人的性格特征、社会地位、经济收入、性别、年龄、文化水平等）、社会因素（如文化、经济、社会、政治、科技等）和沟通行为因素的影响。

（二）说服阶段

有时，消费者尽管认识到了创新产品并知道如何使用，但一直没有产生喜爱和占有该种产品的愿望。一旦产生这种愿望，决策行为就进入了说服阶段。消费者常常要亲自试用新产品，以避免购买风险。不过，即使如此也不能促使消费者立即购买，除非营销人员能让消费者充分认识到新产品的特性。这包括：（1）相对优势，即创新产品被认为比原有产品好。（2）适用性，即创新产品与消费者行为及观念相吻合。（3）复杂性，即认识创新产品的困难程度。创新产品越是难以理解和使用，其采用率就越低。（4）可试性，即创新产品在一定条件下可以试用。（5）明确性，即创新产品在使用时，容易被人们观察和描述，容易说明和示范。创新产品的消费行为越容易被感知，其明确性就越强，采用率也就越高。

营销视角　笔记本电脑 2019年新趋势

总之，在说服阶段，消费者对创新产品将有确定性认识，他会多次在脑海里“尝试”使用创新产品，看看它是否适合自己。而企业的广告和人员推销将会使消费者提高对产品的认知程度。

（三）决策阶段

通过对产品特性的分析和认识，消费者开始决策，即决定采用还是拒绝采用该种创新产品。他可能决定拒绝采用，此时又有两种可能：（1）以后改变态度，接受了这种创新产品。（2）一直拒绝采用这种产品。

他也许决定采用创新产品，此时也有两种可能：（1）在使用之后觉得效果不错，继续使用下去。（2）使用之后发现产品令人失望，便中断使用，可能改用别的品牌，也可能干脆不使用这类产品。

（四）实施阶段

当消费者开始使用创新产品时，就进入了实施阶段。在决策阶段，消费者只是在心里盘算究竟是使用该产品还是仅仅试用一下，并没有完全确定。到了实施阶段，消费者就要考虑“我怎样使用该产品”和“我如何解决操作难题”等问题了。这时，营销人员就要积极主动地向消费者进行介绍和示范，并提出自己的建议。

（五）证实阶段

人类行为的一个显著特征是，人们在做出某项重要决策之后总是要寻找额外的信息来证明自己决策的正确性。消费者购买决策也不例外。

五、新产品扩散过程

新产品扩散是指新产品上市后随着时间的推移被越来越多的消费者采用的过程。也就是说，新产品上市后逐渐扩张到其潜在市场的各个部分。扩散与采用的区别，仅仅在于看问题的角度不同。采用过程是从消费者角度考察个人由接受创新产品到成为重复购买者的各个心理阶段，而扩散过程则是从企业角度分析创新产品如何在市场上传播并被市场所采用的更为广泛的问题。

（一）新产品采用者的类型

在新产品的市场扩散过程中，由于个人性格、文化背景、受教育程度和社会地位等因素的影响，不同的消费者对新产品接受的快慢程度不同。罗杰斯根据这种接受程度快慢的差异，把采用者划分成五种类型，即创新采用者、早期采用者、早期大众、晚期大众和落后采用者（见图10-7）。同时，从新产品上市算起，采用者的采用时间大体服从统计学中的正态分布，约有68%的采用者（早期大众和晚期大众）落入平均采用时间加减一个标准差的区域内，其他采用者的情况可以类推。尽管这种划分并不精确，但它对于研究扩散过程有着重要意义。

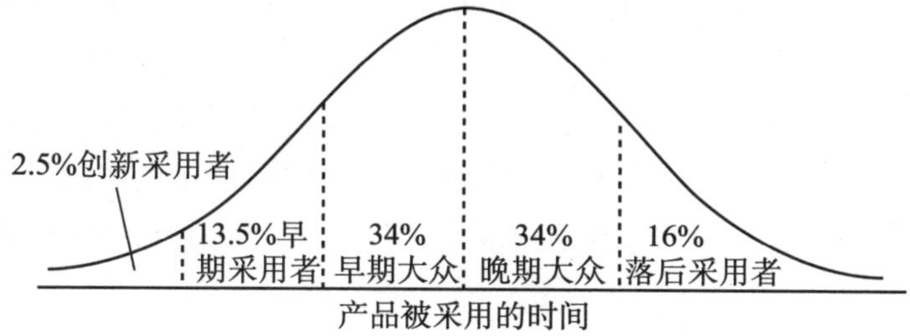

图10-7 新产品采用者的类型

|营销视角| 滑雪带来的新消费

似乎随着“初雪”被偶像剧赋予恋爱般的美好感觉，以及南方人见到雪花时的一脸激动模样广为传播，滑雪这项运动也日渐普及。CBNData发布的《2019天猫户外运动趋势分析》显示，线上滑雪市场正处于蓝海，一方面主要品类如滑雪服和滑雪板商品数量近一年来增长迅速，另一方面中型商家正迅速扩张市场份额，可见线上滑雪市场依然有很大的发展空间。

从线上滑雪消费者的购买偏好来看，滑雪服、滑雪板和滑雪镜成为消费者的必备三件套，其中滑雪板在近一年消费增速突出，呈现滑雪消费者对专业性的追求。在中国滑雪品牌的快速增长之下，目前线上滑雪市场中外品牌销售额规模基本持平，在滑雪消费者中平分秋色。

资料来源：CBNData发布《2019天猫户外运动趋势分析》.（2019-01-21）.http://www.ceccen.com/qiyexinwenfabuhui/1548042649.html.

（二）意见领袖对扩散的影响

扩散过程就是创新产品不断地被更多消费者采用的过程。对于企业而言，它总是希望产品扩散越快越好，消费者接受得越快越好。因此，缩短消费者由不熟悉新产品到采用新产品所花费的时间就成为企业的营销目标之一。

在新产品扩散过程中，意见领袖具有以下作用：(1) 告知他人（追随者）有关新产品的信息；(2) 提供建议以减少别人的购买风险；(3) 向购买者提供积极的反馈或证实其决策。所以意见领袖是一个告知者、说服者和证实者。不过，意见领袖只是一个或几个消费领域的领袖，他们仅仅在这一个或几个领域施加自身的影响力，离开这些领域，他们就不再是领袖，也就没有影响力了。

每一个社会阶层都有意见领袖。大多数情况下，信息是在每一个阶层内水平流动而不是在阶层之间垂直流动。意见领袖同其追随者有着显著不同的特征：(1) 意见领袖交际广泛，同媒体和各种中间商联系紧密；(2) 意见领袖容易接触，并有机会、有能力影响他人；(3) 意见领袖具有高于其追随者的社会经济地位，但不能高出太多，否则，二者就难以沟通；(4) 意见领袖乐于创新，尤其是当整个社会倡导创新时。

互联网环境使得意见领袖更富有影响力。尽管他们足不出户，仍可以影响成千上万的人，其影响力甚至可以遍及全世界。意见领袖有时也称为权力用户（power users），因为他们拥有强大的社会网络，从而有能力直接或间接地影响许多消费者的购买决策。与线下意见领袖类似，权力用户在他们的工作和沟通中是积极的参与者，其社会网络不仅庞大，而且发展势头良好。人数众多的追随者崇拜他们，并把他们当作可以信赖的信息源。在美国，品牌形象主要由权力使用者传播，6.2%的社交媒体使用者传播了大约80%的品牌信息。

（三）扩散理论及其在营销领域的应用

自巴斯模型于1969年被公开提出后，有关建立创新扩散模型的研究取得许多重大进展。与新产品采用与扩散理论相一致，巴斯模型的理论基础是：创新的潜在采用者受两种传播途径影响，即大众媒体和口碑传播；创新的采用者分为两个群体，一个群体只受大众媒体的影响（外部影响），另一个群体则只受口碑传播的影响（内部影响），巴斯将前者称为"创用者"，将后者称为"模仿者"。

巴斯模型为预测首次购买行为提供了良好的方法，特别适合预测目前市场上还没有竞争者的创新产品的销售情况。但运用巴斯模型进行销售预测必须具备以下两个条件：(1) 企业已经引入新产品，并且观察了一段时期。(2) 企业尚未引入新产品，但是该产品或者技术在某些方面同有一段销售历史的产品或者技术相似。

这是因为，巴斯模型必须要有一定的参考数据来估计其模型中的参数。通过构建巴斯模型及对巴斯模型参数的估计，我们可以很好地回答最终有多少顾客会采用该新产品以及何时采用的问题，这也是巴斯模型最为关注的方面。

正如假设所述，巴斯模型将采用创新产品的顾客分为两类：(1) 创新者：只受外界因素（如大众媒体）的影响购买产品；创新系数，未购买产品的消费者受外部因素的影响购买新产品的可能性。(2) 模仿者：只受内部因素（如口碑）的影响购买产品；模仿系数，未购买产品的消费者受内部因素的影响购买新产品的可能性。

巴斯认为，产品的接受速度是前一阶段购买者的线性函数，与创新者和购买者有关。在这样的前提下，巴斯模型将新产品在 t 时刻的销量表示为：

$$S_t = \left(p + \frac{q}{N} N_{t-1}\right)(N - N_{t-1})$$

式中，S_t 表示 t 时刻新产品的销量；N 表示最终购买新产品的顾客数量（也就是市场容量）；N_{t-1} 表示 t 时刻之前购买新产品的顾客数量；p 为创新系数（对应创新采用者，外部影响系数）；q 为模仿系数（对应模仿者，内部影响因素）。

第 4 节　服务与服务营销

美国营销协会将服务定义为“用于出售或者是同产品连在一起进行出售的活动、利益或满足感”①。

一、服务的特点

大多数服务都具有如下共同特征（如图 10－8 所示）。

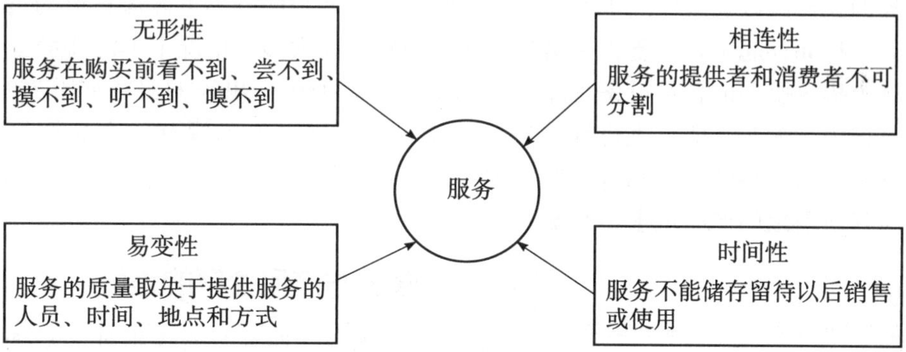

图 10－8　服务的特点

（一）无形性

首先，它是指与有形的消费品或产业用品相比较，服务的特质及组成服务的元素往往是无形的，不能触摸或用肉眼看见。其次，不仅服务的特质是无形的，甚至使用服务后的利益也很难察觉，或者要过一段时间享用服务的人才能感觉到利益的存在。因此，人们不可能在购买服务之前，去看、听、嗅、尝、摸到服务，而是必须参考许多意见、态度以及各方面的信息。再次购买时，则依赖先前的经验。

（二）相连性

由于服务本身不是一个具体的物品，而是一系列的活动或者说是过程，因此在服务的过程中消费者和生产者必须直接发生联系，从而生产的过程也就是消费的过程。也就是说，服务人员为顾客提供服务时，也正是顾客消费服务的时刻，二者在时间上不可分离。服务的这种特性表明，顾客只有而且必须加入服务的生产过程才能最终消费服务。

值得注意的是，随着服务行业的发展，出现了服务提供和消费者消费分离的情境，

---

① 郭国庆，等．服务营销学．2 版．北京：高等教育出版社，2019：5.

也就是在服务产生的时候，消费者并不在现场。例如顾客通过网络或电话委托银行购买外汇，在银行向顾客提供服务（按顾客指定价格代购外汇）时，顾客并不在场。日常生活中，顾客通过网络或者电话向中介机构购买外卖，在中介机构提供服务时（中介机构向指定餐厅购买食品），显然顾客也没有在现场。研究表明，服务分离使得顾客感知到了更多的便利性，但顾客的感知风险也随之上升。[①]

（三）易变性

易变性是指服务的构成成分及其质量水平经常变化，很难统一界定。服务行业是以“人”为核心的产业，人类个性的存在使得对于服务的质量检验很难采用统一的标准。一方面，由于服务人员自身因素（如心理状态）的影响，即使由同一服务人员所提供的服务也可能会有不同的水平；另一方面，由于顾客直接参与服务的生产和消费过程，顾客自身的因素，如知识水平、兴趣和爱好等，也直接影响服务的质量和效果。

（四）时间性

服务的无形性以及服务的生产与消费同时进行，使得服务不可能像有形的消费品和产业用品一样储存起来，以备将来出售，而且消费者在大多数情况下不能将服务携带回家。当然，提供服务的各种设备可能会提前准备好，但生产出来的服务如不当时消费，就会造成损失，如车、船、飞机等的空位，不过，这种损失不像有形产品损失那样明显，它仅表现为机会的丧失和折旧的发生。因此，时间性的特征要求服务企业必须解决由缺乏库存所引致的产品供求不平衡问题。

营销视角　快捷便利的华为手机

二、服务营销与产品营销的差异

前面已经指出，服务具有无形性、相连性、易变性、时间性等四个基本特征。这些特征决定了服务营销同产品营销有着本质的不同。具体表现为以下几个方面。

1. 产品特点不同。如果说有形产品是一个物体或一样东西，服务就表现为一种行为、绩效或努力。

2. 顾客对生产过程的参与。由于顾客直接参与生产过程，如何管理顾客成为服务营销管理的一个重要内容。

3. 人是产品的一部分。服务是顾客同服务提供者广泛接触的过程，服务绩效的好坏不仅取决于服务提供者的素质，也与顾客的行为密切相关。

4. 质量控制问题。由于人是服务的一部分，服务的质量很难像有形产品那样用统一的质量标准来衡量，其缺点和不足也就不易被发现和加以改进。

5. 产品无法储存。服务的无形性以及生产与消费的同时进行，使得服务具有不可储存的特性。

6. 时间因素的重要性。既然服务生产和消费过程是由顾客同服务提供者面对面进

---

① Keh H T, Pang J. Customer Reactions to Service Separation. Journal of Marketing, 2010, 74 (2): 55-70.

行的，服务的供应就必须及时、快捷，以缩短顾客等候服务的时间。

7. 分销渠道不同。服务企业不像生产企业那样通过渠道把产品从工厂运送到顾客手里，而是借助互联网、电信等渠道，把生产、零售和消费的地点连在一起来提供产品。

营销视角　南航 2019 年出行新规：节省排队时间

三、服务谱系图

按照从有形到无形或者从产品为主导到服务为主导的顺序，可以排出一个序列。我们将这个序列称为服务谱系图，如图 10-9 所示。

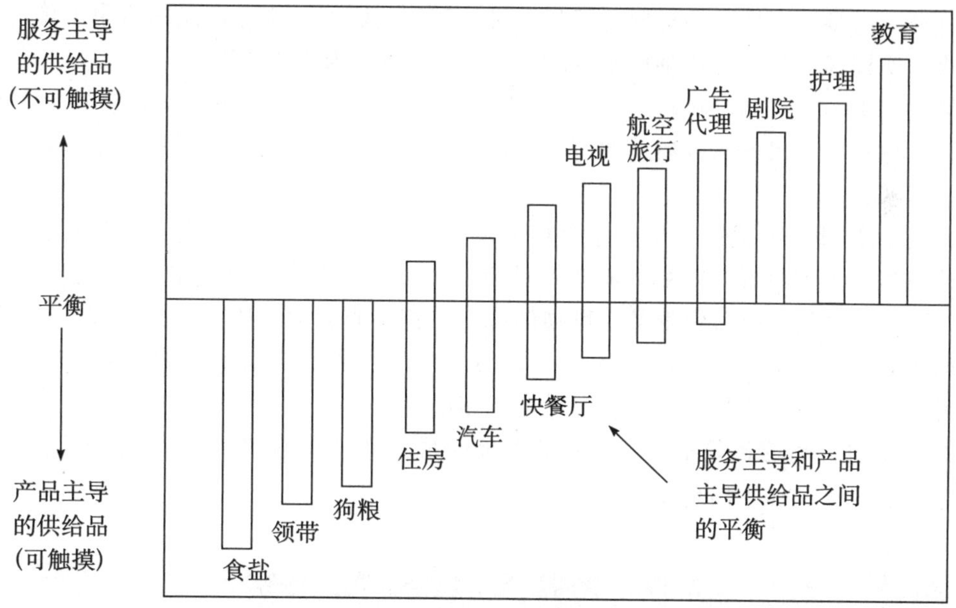

图 10-9　服务谱系图

资料来源：凯林，哈特利，鲁迪里尔斯．市场营销：第 9 版．北京：世界图书出版公司，2011：344.

服务谱系图显示了市场供给品在有形产品与服务的平衡中是如何变化的。对许多企业来说，区分自己的核心产品与附加产品是非常有用的。例如，银行提供的核心服务是银行账户，但也有诸如寄存、停车或免下车服务、自动柜员机以及月结单等辅助服务。辅助服务往往能使服务提供商提供有别于竞争对手的服务，并且可能增加消费者价值。

第 5 节　服务质量管理

一、服务质量的测定

（一）服务质量的定义

服务质量是一个主观范畴，它取决于顾客对服务的预期质量同其实际感受的服务水平（即体验质量）的对比。通常顾客主要是从技术和职能两个层面来感知服务质量，从而服务质量也就包括技术质量和职能质量两项内容。

技术质量是指服务过程的产出，即服务人员按照事先承诺准确完整地提供给顾客的利益和价值，也就是顾客从服务过程中所得到的东西。对于这一层面的服务质量，顾客容易感知，也便于评价。

职能质量是指服务提供过程中顾客所感受到的服务人员在履行职责时的行为、态度、穿着、仪表等给顾客带来的利益和享受。显然，职能质量难以被顾客客观评价，它更多地取决于顾客的主观感受。

（二）服务质量的测定

由于服务产品具有无形性和差异性等特点，顾客的满意度受到各种无形因素的制约，营销人员难以把握顾客对服务产品质量的感知，因此，服务产品的质量不像有形产品的质量那样容易测定，很难用固定的标准来衡量服务质量的高低。

贝利（Leonard L. Berry）、帕拉苏拉曼（A. Parasuraman）、赞瑟姆（Valarie A. Zeithaml）等提出的服务质量模型（Servqual model），认为服务质量测量可以考虑以下五个标准：

1. 可感知性。可感知性是指服务产品的有形部分，如各种设施、设备以及服务人员的外表等。由于服务产品的本质是一种行为过程而不是某种实物，具有无形的特性，所以，顾客只能借助这些有形的、可视的部分来把握服务的实质。服务的可感知性从两个方面影响顾客对服务质量的认识，一方面，它们提供了有关服务质量本身的有形线索；另一方面，它们直接影响顾客对服务质量的感知。

2. 可靠性。可靠性是指企业准确无误地完成所承诺的服务。可靠性实际上是要求企业避免在服务过程中出现差错。

|营销视角| 2019年全球最准时航空公司排行榜

2019年1月5日，国际航空情报资讯机构OAG公布了2019年全球最准时航空公司排行榜。根据2018年5 800万次飞行记录的全年数据（OAG在一年内跟踪的大数据），这家总部位于英国的国际分析机构为全球最大的航空公司和机场创建了一个最佳实时性能排名。OAG对准时性能的定义是航班在预定时间的15分钟内到达或离开。

2019年全球最准时航空公司排行榜前10名如下：

1. 科帕航空公司（89.79%）（拉丁美洲的顶级航空公司）。
2. 空中高度（89.17%）（欧洲顶级航空公司）。
3. 香港航空公司（88.11%）（亚太地区顶级航空公司）。
4. 夏威夷航空公司（87.52%）（北美顶级航空公司）。
5. 曼谷航空公司（87.16%）。
6. 澳航（85.65%）。
7. 拉坦航空集团（85.60%）（顶级大型航空公司）。
8. Azul（85.21%）（顶级低成本运营商）。

9. 卡塔尔航空公司（85.17%）（中东顶级航空公司）。

10. 荷兰皇家学会（84.52%）。

资料来源：2019全球最准时航空公司排名：中国成绩喜人，实力已不允许再低调．（2019-01-06）．百家号．

3. 反应性。反应性是指企业随时准备为顾客提供快捷、有效的服务。服务传递的效率从一个侧面反映了企业的服务质量。

4. 保证性。保证性是指服务人员的友好态度与胜任能力，它能增强顾客对企业服务质量的信心和安全感。当顾客同一位友好和善且知识丰富的服务人员打交道时，他会认为自己找对了企业，从而获得信心和安全感。友好态度和胜任能力二者不可或缺。服务人员缺乏友善的态度自然会让顾客感到不快，如果他们的专业知识太少也会令顾客失望。

5. 同理心（又称移情性）。同理心是指服务人员要态度友好，企业要设身处地为顾客着想，善于换位思考，真诚地关心顾客，了解他们的实际需要，甚至是私人方面的特殊要求，并予以满足，使整个服务过程富有“人情味”。

二、服务质量的提升

提高企业服务质量有两种常用的方法，即定点超越和流程分析。

（一）定点超越

企业提高服务质量的最终目的是在市场上获得竞争优势，而获得竞争优势的简捷办法就是向竞争对手学习。定点超越是指企业将自己的产品、服务和市场营销过程等同市场上的竞争对手尤其是最强的竞争对手的标准进行对比，在比较和检验的过程中提高自身的水平。在我国，也有人将定点超越叫作“对标管理”。

（二）流程分析

服务企业要想提供高水平的服务质量和顾客满意度还必须理解影响顾客认知服务产品的各种因素。而流程分析，又称服务过程分析，为企业有效地分析和理解这些因素提供了便利。流程分析是指通过分解组织系统和架构，鉴别顾客同服务人员的接触点并从这些接触点出发来改进企业服务质量的一种方法。

流程分析借助流程图来分析服务传递过程的各个方面，包括从前台服务到后勤服务的全过程。它通常涉及四个步骤：（1）把服务的各项内容用流程图的方式画出来，使得服务过程能够清楚、客观地展现出来。（2）把那些容易导致服务失败的点找出来。（3）确立执行标准和规范，这些标准和规范应体现企业的服务质量标准。（4）找出顾客能够看得见的服务展示，而每一个展示将被视为企业与顾客的服务接触点。

在开展流程分析的过程中，识别和管理这些服务接触点具有重要意义，因为在每一个接触点，服务人员都要向顾客提供不同的职能质量和技术质量。而在这一点上，顾客对服务质量的感知情况将影响到他们对企业服务质量的整体印象。

三、服务传递三要素

成功的服务传递有三个要素在发挥作用，那就是被称为“服务3S”的战略（strategy）、制度（system）和员工（staff）。

首先，需要制定一个清晰的战略，并在整个企业内部进行有效沟通，使每一位员工都明白自己在向顾客提供服务的过程中所扮演的角色和应起的作用。该战略需要说明企业对顾客的服务承诺及其在企业战略中的地位。

其次，企业不仅需要在其战略中承诺客户服务，而且还需要制定切实可行的制度来督促、确保其员工将企业所承诺的服务提供给顾客。

最后，也许是最重要的，员工必须认识到顾客服务的重要性，并乐于付诸行动。这意味着通过招聘、培训以及授权，使员工提供能够令顾客愉悦的服务，并及时奖励优秀员工。

重要概念

产品质量	全面质量管理	适用性质量	符合性质量
产品特征	产品款式	产品设计	服务质量
产品生命周期	技术质量	职能质量	定点超越
创新扩散	全新产品	换代产品	改进产品
新产品扩散	意见领袖	众包	商业分析
产品开发	市场试销		

复习题

1. 怎样理解产品整体概念？整体上产品包含哪几个层面的内容？
2. 不同类型的新产品采用者分别具有什么特点？
3. 从市场营销角度看，新产品失败的原因有哪些？
4. 怎样划分产品生命周期的不同阶段？每一个阶段分别具有什么特点？
5. 什么是服务？服务具有什么特点？
6. 怎样理解服务营销和产品营销之间的差异？

案例分析

长城汽车调整产品组合

2019年1月8日长城汽车公布，2018年12月共销售新车13.38万辆，同比增长6.5%。全年累计销量超过105万辆，连续三年突破百万销量。

在车市遭遇“凛冬”，国内汽车市场28年来首次出现下滑的2018年，长城汽车各产品大类却有亮眼表现：哈弗品牌销量达到76.61万辆，累计销量已经突破500万辆；WEY销量为13.95万辆，同比增长61.39%；长城皮卡销量达到13.8万辆，同比增长15.2%，连续21年保持中国皮卡市场销量第一；欧拉品牌自创立以来销量节节攀升，突破3 500辆。

值得注意的是，长城汽车的产品组合也有所改变，部分低端产品逐步淡出市场，新推出的哈弗 F5、哈弗 F7 和 WEY VV6 等车型的占比逐渐攀升，产品价格向更高区间发展。

2018 年 8 月，长城汽车正式发布新能源独立品牌——欧拉 ORA，新品牌已推出 iQ 和 R1 两款产品，受到市场欢迎，iQ 前期积累的大量订单正在逐渐交付。至此，长城汽车完成了哈弗、WEY、欧拉和长城皮卡四大品牌的整体布局。

2018 年 7 月，长城汽车与宝马签署合资合作协议，双方各持股 50%建立光束汽车有限公司。双方将共同开发新一代纯电动汽车平台，该平台除生产宝马 MINI 电动汽车外，还将生产自有品牌电动汽车。

面对充满不确定性的 2019 年，长城汽车正在积极布局，继保定、徐水、天津生产基地后，长城汽车重庆永川生产基地项目将在 2019 年底建成投产。未来，随着江苏张家港、山东日照和浙江平湖几大项目全部建成后，长城汽车将在环渤海经济区、长三角经济区和西南地区拥有七个整车生产基地，覆盖 SUV、皮卡和新能源产品。

长城汽车在全球的发展也将进入新的高潮。截至 2019 年 2 月，长城汽车已经在全球重点布局了 19 个市场，遍及亚洲、非洲、欧洲、美洲和大洋洲。

资料来源：500 万只是开始 长城汽车 2019 将迈出新步伐 .（2019 - 02 - 06）. 和讯网 .

思考题

1. 营销宏观环境给汽车产品组合调整带来了哪些机会和挑战？
2. 长城汽车产品组合调整有哪些新的特点？

vivo 手机的新产品开发

国内手机厂商遇到的最大瓶颈就是新产品开发。正是因为技术创新不足，许多手机都出现了销量不佳的情况，甚至多家知名手机厂商因此倒闭。令人瞩目的是，vivo 手机凭借优秀的创新团队与创新技术引领了手机行业，在 2019 年将再投入 100 亿元用于新产品开发。

手机用户最看重的无非就是运行起来不卡、外观好看、拍照清晰、使用便利这几个方面。vivo 此前发布的 vivo X23 手机解决了拍照方面的逆光问题，实现了超逆光拍照时让照片更加清晰，还加入了超大广角镜头最大可以拍摄 125 度的范围。vivo 在拍照方面的技术提升也得益于 AI 智能化技术的创新发展，不仅开发出升降式摄像头的 vivo NEX，更在 2019 年 1 月上市的新机 vivo NEX 双屏版上加入了焕颜相机与人脸支付的功能。这是超越了苹果人脸支付之后的国产手机的创新体现。vivo 或有可能在 2019 年推出四摄的功能，让手机更加智能化、便利化。

vivo 在 AI 方面也取得了不错的成绩，经过多代产品的体验与研发，目前已经可以做到智慧识屏、智能识图、智能语音操作、辅助驾驶等多种功能，并且配合其 vivo 独家黑科技可以做到 wifi 4G 双通技术智能处理，还可以自动配合 vivo 的双涡轮加速引擎深度优化游戏功能等，而 vivo 在未来将投入大笔资金，或有可能赶在 2019 年推出首台 5G 手机，引领手机向创新领域的探索与发展。

使用便利是用户选择品牌的一个重要考虑因素。现在的新款手机产品基本都带有数字解锁、指纹解锁，但在许多时候会出现指纹解锁不灵、密码忘记的情况。为了改善用户解锁的体验，vivo投入大量资金与人力研发新的解锁功能，还与多个知名公司达成深度优化手机体验的合作。vivo在解锁方面从普通指纹解锁逐渐演变成光电屏幕指纹解锁，而到现在为止已经升级到第六代光电屏幕指纹解锁，并且加入了多种解锁体验。相信在不久的将来，vivo有极大的可能开发出超声波屏幕指纹解锁的方式，只需要轻松说一句话，甚至是主人一拿手机，手机便会自动感应解锁的黑科技。

vivo凭借自身强大的创新能力以及多年的行业经验已经成功成为国内位列前茅的手机产品公司，其产品多次荣获设计奖、产品创新等奖项，也为用户创造了价值。

资料来源：佚名．vivo将投入超过100亿到新产品研发，2019是永不止步的科技时代．(2019-01-08)．搜狐网．

思考题

1. vivo手机的新产品开发在哪些方面体现了顾客导向？
2. 如何理解便利需求在新产品开发中的价值？

第11章 品牌策略

本章要点

- 品牌与品牌价值
- 品牌资产的含义
- 品牌策略的主要类型

习近平对品牌建设问题历来高度重视。2014年5月，习近平在河南考察时指出，要“推动中国制造向中国创造转变、中国速度向中国质量转变、中国产品向中国品牌转变”①。2016年12月14日，中央经济工作会议指出，要“狠抓农产品标准化生产、品牌创建”②。对于现代企业来说，品牌日益成为生存和成功的核心要素之一。

第1节 品牌与品牌资产

一、品牌的含义与作用

（一）品牌的概念

品牌是一种名称、术语、标记、符号、设计或其组合，其目的是借以辨认某个或某群销售者的产品及服务，并使之与竞争对手的产品和服务区别开来。品牌是一个集合概念，包括品牌名称、品牌标志、商标。品牌名称是指品牌中可以用语言称呼的部分。品牌标志是指品牌中可以被识别出但不能用言语称呼的部分。企业在政府主管部门注册登记以后，就享有使用某个品牌名称和品牌标志的专用权，这个品牌名称和品牌标志受到法律保护，其他任何企业都不得仿效使用。因此，商标实质上是一种法律名词，是指已获得专用权并受法律保护的一个品牌或一个品牌的一部分。我们把这些品牌的名称、术语、标记、符号或设计，或它们的组合称为品牌元素。

---

① 中共中央文献研究室．习近平关于科技创新论述摘编．北京：中央文献出版社，2016：4.

② 中央经济工作会议在北京举行．人民日报，2016－12－17.

|营销视角| 2019年吉利换标

车标对于汽车企业而言，就像一张名片，展示着其所具有的设计内涵及品牌理念。从某种意义上说，品牌LOGO更是掌握着一个汽车品牌的命脉走向，代表着一个品牌的综合实力。随着时代的发展，车标也紧跟企业的发展规划，进行着相应的革新或是调整。不过无论是像一汽奔腾直接大刀阔斧地重启新车标，还是像宝骏那般在高端车型上增加专属车标，都依然会保持自身该有的属性。

进入2019年，吉利汽车的官方微博及微信宣传显示，吉利已经默默将原先的车标进行了二次设计。新车标虽与前者类似，但针对细节进行了新的美化处理。此前以蓝、黑、金为主色调的官方LOGO，改进为蓝、黑、银三色。去除金色后，更显年轻与时尚。同时，整体形状更加扁平，下方的“吉利汽车 GEELY AUTO”字样也换成了黑色，字号缩小。

可以说，如今吉利能够跃升至中国自主品牌的一线队列，除了车型产品力的提升，离不开新车标对品牌形象的再建设。吉利汽车已不再仅是一家单打独斗的车企，而是成长为一家汇集沃尔沃、路特斯、宝腾、领克等众多知名汽车品牌的跨国车企。全新新能源车型GE11上也悬挂了全新的银色涂装的新车标。

资料来源：张冰璇．不再平静的2019，吉利从换标开始．（2019－02－03）．http://auto.163.com/19/0203/09/E735C77I000884MM.html；安聪慧．吉利汽车把满足用户的产品需求拓展到生态需求．（2019－02－04）．https://finance.sina.com.cn/stock/hkstock/ggscyd/2019－02－04/doc－ihqfskcp2998441.shtml.

|营销视角| 香港和内地消费者的品牌选择差异

《2019中国奢华品报告》显示，近10年来，中国奢侈品市场不变的是市场向上增长的趋势。整个2018年数字化渠道在改变行业传播的模式，细分市场领先品牌在不断更迭创新。任何品牌都很难依赖单一战略，而必须及时把握多重时机才可真正锁定奢侈品消费者。该报告指出，在腕表行业，劳力士、卡地亚和欧米茄三个品牌知名度最高，劳力士在香港领先。香港和内地的受访消费者2018年在珠宝行业购买最多的品牌是卡地亚、蒂芙尼、迪奥和香奈儿，在时装行业则是香奈儿、古驰、迪奥。引人关注的是，受访香港消费者在购买美容及化妆品时最认香奈儿，而内地受访消费者最认雅诗兰黛。2018年香港受访消费者购买最多的品牌是SK-Ⅱ、香奈儿和资生堂，内地受访消费者最认雅诗兰黛、香奈儿和兰蔻。

资料来源：董瑞强．《2019中国奢华品报告》：最受青睐旅游购物目的地．（2019－01－19）．经济观察网．

（二）品牌的作用

对消费者来说，品牌具有如下作用：（1）有助于消费者识别产品的来源或产品制造厂家，更有效地选择和购买商品。（2）借助品牌，消费者可以得到相应的服务便利，如更换零部件、维修服务等。（3）品牌有利于保护消费者权益，如选购时避免上当受骗，出现问题时便于索赔和更换等。(4) 有助于消费者避免购买风险，降低购买成本，从而更有利于消费者选购商品。(5) 好的品牌对消费者具有很大的吸引力，有利于消费者形成品牌偏好，满足消费者的精神需求。

对生产者来说，品牌具有如下作用：(1) 有助于产品的销售和占领市场。(2) 有助于稳定产品的价格，降低价格弹性，增强对动态市场的适应性，减少经营风险。(3) 有助于市场细分，进而进行市场定位。(4) 有助于新产品开发，节约新产品市场投入成本。(5) 有助于企业抵御竞争者的攻击，保持竞争优势。可口可乐公司总裁伍德拉夫(Robert W. Woodruff) 扬言："即使我的工厂在一夜之间烧光，只要我的品牌还在，我们就能够迅速恢复生产。"可见品牌价值之大。

(三) 品牌的管理

既然品牌对消费者和生产者都有着非常重要的作用，企业在营销实践中必须重视对品牌的管理。

首先，企业必须就品牌定位问题与顾客进行持续的沟通交流。品牌的维护单靠广告是很难成功的，还必须善于借助顾客的品牌体验来彰显品牌的特色和优势。口碑传播、社交媒体、官方网站、微信、微博都可以成为顾客接触、了解品牌的渠道。企业可以通过上述渠道加强与顾客的沟通交流。

其次，企业必须加强内部品牌建设，加强内部营销，倡导营销文化，强化市场导向，动员全体员工践行"以顾客为中心"理念，借助内部沟通机制让员工理解品牌，培养员工对品牌承诺的激情和热情。

最后，企业需要定期审核品牌的优势和劣势，以确认品牌定位是否合理有效，确保企业品牌能够提供顾客所重视的全部利益，确保企业品牌能够得到适当而持续的支持，并根据市场竞争形势的变化及时进行品牌重新定位。

二、品牌资产

(一) 品牌资产的含义

品牌表达了顾客对某种产品及其性能的认知和感受，显示出该产品在顾客心目中的价值和意义，是维系企业与顾客关系的关键要素。隐含在品牌资产之下的基本资产是顾客资产 (customer equity)，即所有忠诚的顾客为企业带来的利润总和。品牌资产是品牌对顾客影响力的体现。品牌对顾客的影响主要是指由品牌所导致的顾客对企业产品及其营销策略的反应，品牌所引起的顾客偏好和顾客忠诚。企业可从四个顾客感知维度测量品牌的价值和优势：(1) 差异化：是什么因素使得该品牌独树一帜。(2) 关联度：顾客感知的产品满足其需要的程度。(3) 品牌知识：顾客对该品牌的了解程度。(4) 重视程度：顾客关心、重视、敬重该品牌的程度。

品牌价值是一个品牌所具有的财务价值，即在某一个时点，运用类似有形资产的评估方法，对品牌属性、品质、档次、品位、文化、个性等计算出来的价值金额（如图 11-1 所示）。

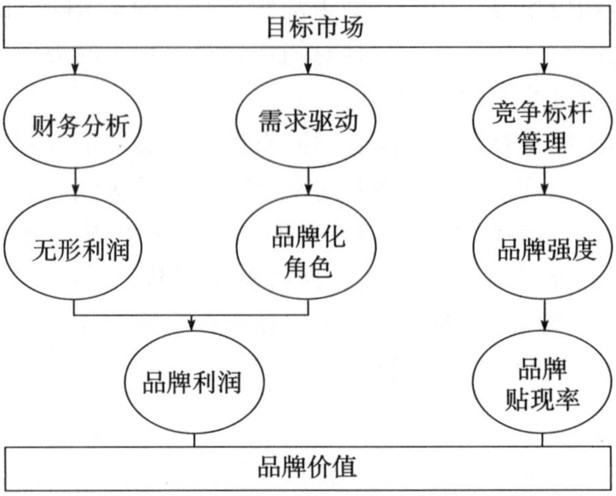

图 11-1　品牌价值的形成

营销视角　中国多个品牌入选 2019 年全球领先品牌

（二）品牌资产的构成

品牌资产是一个系统概念，它由一系列因素构成，如图 11-2 所示。

品牌名称和品牌标志是品牌资产的物质载体，品牌知名度、品牌美誉度、品牌联想和品牌忠诚度是品牌资产的有机构成，为消费者和企业提供附加利益是品牌资产的实质内容。而品牌建设是一个自下而上的渐进管理过程。首先，企业要确保顾客识别和认知品牌，并将其与特定品类或需求相关联。其次，企业要从战略的高度将大量无形资产和有形资产与顾客心智有机地联系起来，借助品牌联想使消费者从内心世界稳固地建立起品牌应有的意义。再次，依据顾客与品牌相关的判断和感受，引导和激发顾客的适当反应。最后，将顾客的品牌反应转化为强烈的顾客忠诚。这种品牌建设模型可称为品牌共鸣模型（如图 11-3所示）。该模型包含上述四个步骤和品牌建设六个模块构成的金字塔，金字塔的左边是品牌建设的理性路径，右边是品牌建设的感性路径。

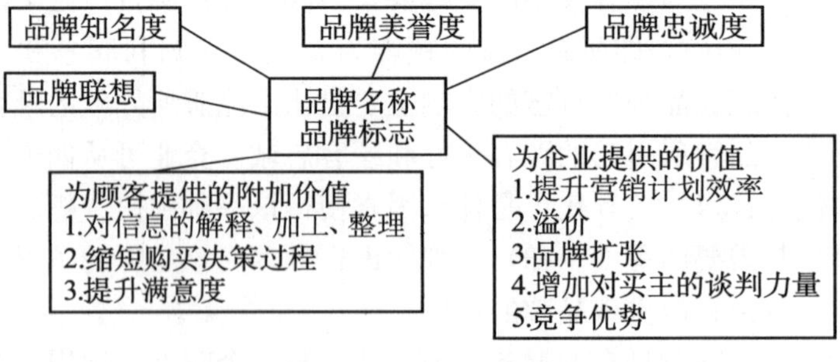

图 11-2　品牌资产系统

资料来源：Aaker D A. Managing Brand Equity Capitalizing on the Value of a Brand Name. New York：Free Press，1991.

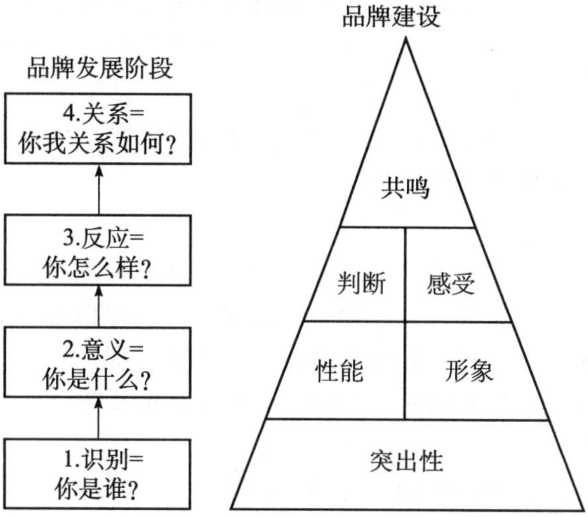

图 11-3 品牌共鸣模型

1. 品牌知名度

品牌知名度是指某品牌被公众知晓、了解的程度，它表明品牌为多少或多大比例的消费者所知晓，反映的是顾客关系的广度。品牌知名度是评价品牌社会影响大小的指标。品牌知名度的大小是相对而言的，名牌就是知名度相对较高的品牌。

品牌知名度一般分为四个层次：无知名度（unaware of brand）、提示知名度（aided awareness）、未提示知名度（unaided awareness）和顶端知名度（top of mind）。从品牌管理的角度，一般考虑后三个方面。它们呈金字塔形，层次越高越难实现。

品牌知名度的资产价值体现在以下几方面：(1) 有助于人们产生品牌联想。(2) 使人们由熟悉而引发好感。(3) 暗示某种承诺。品牌承诺（brand promise）是指营销者认为特定品牌是什么，应该为消费者做什么的一种愿景。(4) 成为选购的对象。(5) 弱化竞争品牌的影响。

2. 品牌美誉度

品牌美誉度是指某品牌获得公众信任、支持和赞许的程度。如果说品牌知名度是一个量的指标，那么品牌美誉度就是一个质的指标，它反映某品牌社会影响的好坏。

品牌美誉度的资产价值体现在口碑效应上，即通过人们的口头称赞，一传十，十传百，引发源源不断的销售。

3. 品牌忠诚度

消费者在一段时间甚至很长时间内重复选择某一品牌，并积极推荐他人购买的倾向，称为品牌忠诚。品牌忠诚度是顾客对品牌感情的量度，反映出一个顾客转向另一个品牌的可能程度，是企业重要的竞争优势。品牌忠诚度是一项战略性资产，如果对它进行恰当的经营开发，就会给企业创造更多的价值。主要体现为：(1) 降低营销成本。(2) 增强渠道谈判力。(3) 吸引新顾客。(4) 减少竞争威胁。品牌如果拥有一批忠诚的购买者，则该品牌抵御竞争产品攻击的能力会大大增强，因为忠诚的消费者一般对所选择的品牌有一种眷恋感，他们很难发生品牌转换。这就给竞争对手进入市场造成很大的阻力，会削弱竞争者的获利潜力。品牌忠诚还为企业争取到了对竞争做出反应的时间。

消费者对某品牌的忠诚度可从如下因素进行测量：(1) 顾客重复购买次数。(2) 顾客购买挑选时间。(3) 顾客对价格的敏感程度。(4) 自愿搜寻。自愿搜寻即“酸碱测试”(acid test)，是测量品牌忠诚度的重要指标。自愿搜寻指当首要目标不可得时，消费者选择次选商品的可能性，也称作“不接受替代品”。

4. 品牌联想

联想是一种重要的心理现象和心理活动。事物之间的不同联系反映在人脑中，就会形成心理联想。品牌联想就是消费者想到某一品牌时能记起的与品牌相连的信息。品牌联想大致可分为三个层次：品牌属性联想、品牌利益联想、品牌态度。

(1) 品牌属性联想。品牌属性联想是指对于产品或服务特色的联想，比如消费者认为产品或服务是什么。

(2) 品牌利益联想。品牌利益联想是指消费者感知的某一品牌产品或服务属性给他带来的价值和意义。品牌利益联想又可分为功能利益联想、象征利益联想和体验利益联想。功能利益是指产品或服务内在固有的可以提供给消费者的利益，这种利益一般与产品或服务相关属性匹配，是消费者购买该产品或服务最基本的动机。象征利益是指产品或服务能提供给消费者的相对外在的利益，它一般与产品或服务无关属性匹配，尤其是与使用者状况相匹配。这种象征性的利益可以满足消费者的社交需要、自尊需要等一些比较高层次的需要。体验利益 (experiential benefits) 是指消费者消费产品或服务后的感受，它既与产品或服务相关属性相匹配，又与产品或服务无关属性相匹配，这些利益能使消费者获得愉悦感或者某种刺激。

(3) 品牌态度。品牌态度是最高层次也是最抽象的品牌联想。它是指消费者对品牌的总体评价和选择。品牌态度通常建立在品牌属性和品牌利益上。比如说，消费者对旅馆的态度建立在它的位置、客房、外观设计、服务质量、娱乐设施、食品质量、安全性和收费上。品牌态度有几个幅度，比如从厌恶到喜欢。值得一提的是，品牌态度是难以改变的。

品牌联想具有丰富的价值。美好、积极的品牌联想意味着品牌被接受、认可、喜爱，有竞争力，成功（如图 11-4 所示）。总体来说，品牌联想的价值包括以下几个方面：(1) 帮助处理信息。品牌联想引发个人传播 (individual communication)，亦即自身传播。(2) 产生差异化。(3) 提供购买理由。(4) 促进品牌延伸。

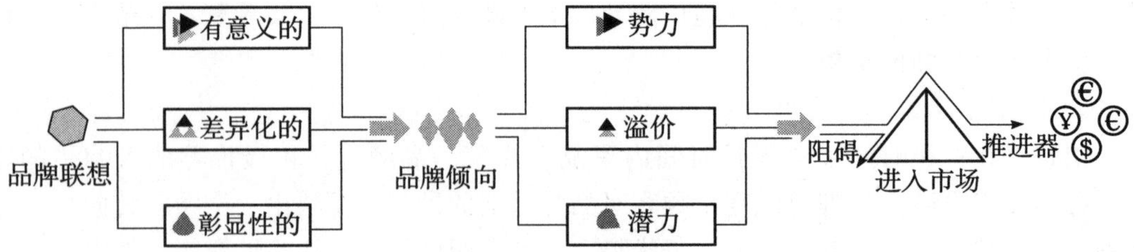

图 11-4 品牌联想

对顾客建立品牌购买倾向比较关键的因素是品牌是否有意义，是否差异化，是否突出。这三种品牌特质可以导致消费者产生积极购买倾向，选择该品牌而不是其他品牌，愿意为该品牌支付更高的代价，执着地惠顾该品牌或决定未来购买该品牌。由此便会给企业带来财务绩效，表现为势力、溢价和潜力三项评价指标的提升。势力是指某品牌未来的市场份额。溢价是指某品牌与同类产品相比在同等价格水平上的增加值。潜力是指该品牌市场份额提升的概率。

品牌联想要善于将品牌与其他因素联系起来，从而形成品牌资产。这里所涉及的因素包括：企业自身（通过品牌战略）、国家或地理区域（通过产品原产地认证）、分销渠道（通过分销战略）、其他品牌（通过联合品牌）、人物形象（通过许可）、代言人（通过背书）、文体活动（通过赞助）、第三方评价（通过颁奖、获奖、点评等）。图11－5展示了品牌联想的各种因素。

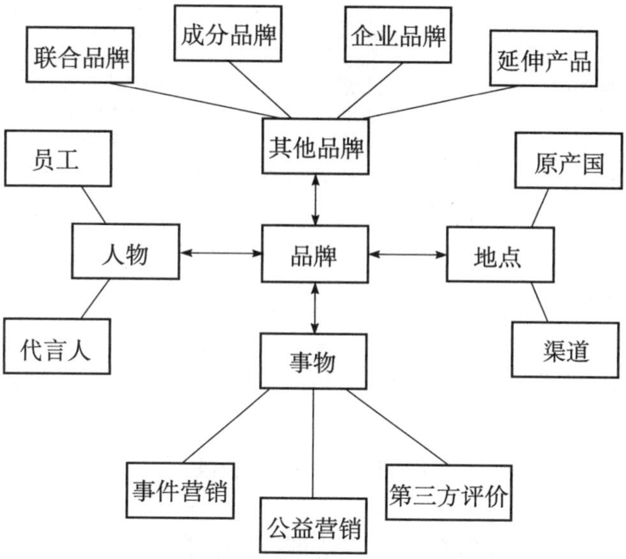

图11－5　品牌联想的各种因素

图11－5中的联合品牌（co-branding）是指两个或多个知名品牌被组合用于一个共同的产品，联合开展营销活动。联合品牌可以从现有目标市场挖掘出更多的销售额，为新的客户和渠道开发更多的机会，减少新产品推出的成本，提升市场的接受速度。成分品牌是联合品牌的一个特例，能够为材料、成分、零件和部件创造品牌资产。如果主产品的品牌不够强势，成分品牌则可以增进其差异化，彰显其高质量。

（三）品牌价值链

品牌价值链是一种评价品牌资产来源和产出的结构化方法，描述了营销活动创造品牌价值的基本路径（如图11－6所示）。该理论认为，品牌价值的创造始于企业针对现实顾客和潜在客户的营销方案及其投资。针对特定目标市场的需求现状及其未来趋势，企业制定周密的营销方案，在产品开发、渠道建设、促销传播等各方面进行投资。这些努力和投入会改变顾客心智，即顾客对所有关于品牌的想法和感觉。顾客心智会影响其购买行为以及对营销组合因素的反应方式，产生不同的意识、联想、态度、依恋和行动，进而影响到企业品牌溢价、市场份额、盈利能力等。投资方会从品牌的市场绩效指标评估该品牌给股东带来的价值。方案乘数、顾客乘数和市场乘数可以增加或减少该品牌从一个阶段流向另一个阶段的价值。方案乘数决定营销方案影响顾客心智的能力，是方案投资质量的函数。顾客乘数决定顾客心智创造的价值对市场绩效的影响程度，其影响因素包括竞争反应（其他竞争品牌的营销投资的数量和质量效果如何）、渠道支持（各中间商投入的品牌支援和销售努力如何）、顾客规模（受品牌吸引的顾客有多少、能否带来利润）等。市场乘数决定品牌的市场绩效所呈现的价值借由股东价值体现出来的程度，它取决于财务分析者和投资者的行为。

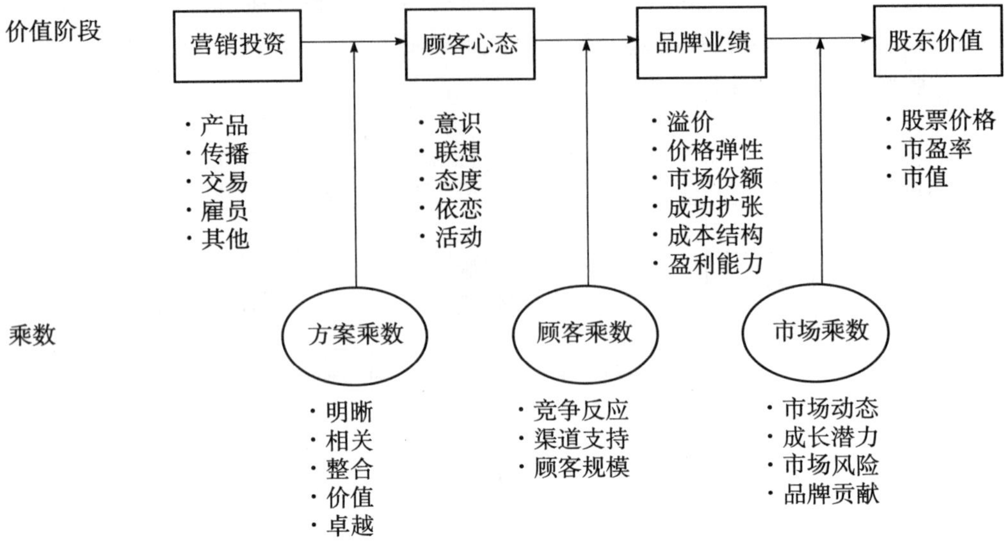

图 11－6　品牌价值链

第2节　品牌策略选择

一、品牌策略的内容

企业经常制定及采用的品牌策略包括以下几种类型。

（一）品牌有无策略

一般来讲，现代企业都有自己的品牌。虽然这会使企业增加成本费用，但可以使企业获得诸多利益。

一些企业采取非品牌化策略，推出无牌产品。所谓无牌产品是指在超市中出售的无品牌、包装简易且价格便宜的普通产品。企业推出无牌产品的主要目的是节省包装、广告等费用，降低价格，扩大销售。

（二）品牌归属策略

企业有三种可供选择的策略：企业使用自己的品牌，这种品牌叫作企业品牌、生产者品牌或全国性品牌；企业将其产品大批量地卖给中间商，中间商再用自己的品牌将物品转卖出去，这种品牌叫作中间商品牌或自有品牌；企业决定有些产品用自己的品牌，有些产品用中间商品牌。

（三）品牌统分策略

如果企业决定其大部分或全部产品都使用自己的品牌，那么还要进一步决定其产品是分别使用不同的品牌，还是统一使用一个或几个品牌。在这个问题上有四种可供选择的策略。

1. 个别品牌。个别品牌是指企业各种不同的产品分别使用不同的品牌。其好处主要是：(1) 企业的整个声誉不受某种产品的声誉的影响。(2) 某企业一向生产某种高档产品，后来推出较低档的产品，如果这种新产品使用自己的品牌，就不会影响这家企业的高档产品的声誉。

2. 统一品牌。统一品牌是指企业所有的产品都使用一个品牌名称。例如，美国通用电气公司（GE）的所有产品都使用“GE”这个品牌名称。企业采取统一品牌名称策略的好处主要是：(1) 企业宣传介绍新产品的费用开支较低；(2) 如果企业的声誉好，其产品必然畅销。

3. 分类品牌。分类品牌是指企业的各类产品分别命名，一类产品使用一个牌子。

4. 企业名称加个别品牌。这种策略是指企业对不同的产品分别使用不同的品牌，但各种产品的品牌都冠以企业名称。

二、品牌发展策略

品牌发展策略有五种，即产品线扩展策略、品牌扩展策略、多品牌策略、新品牌策略和合作品牌策略。

（一）产品线扩展策略

产品线扩展指企业现有的产品线使用同一品牌，当增加该产品线的产品时，仍沿用原有的品牌。这种新产品往往都是对现有产品的局部改进，如增加新的功能、包装、款式和风格等。通常厂家会在这些产品的包装上标明不同的规格、不同的功能特色或不同的使用者。产品线扩展的原因是多方面的，如可以充分利用过剩的生产能力；满足新的消费者的需要；率先成为全产品线的公司以填补市场的空隙、与竞争者推出的新产品竞争或得到更多的货架位置。

产品线扩展的利益有：(1) 扩展产品的存活率高于新产品，而新产品的失败率通常在80%～90%；(2) 满足不同细分市场的需求；(3) 完整的产品线可以防御竞争者的袭击。

产品线扩展的风险在于：(1) 它可能使品牌名称丧失其特定的意义。产品线的不断加长，会淡化品牌原有的个性和形象，增加消费者认识和选择的难度。(2) 有时原来的品牌形象的影响力过于强大，给产品线的扩展造成混乱，加上销售数量不足，导致难以冲抵扩展产品的开发和促销成本。(3) 当消费者未能区别出各种产品时，会造成同一种产品线中新老产品自相残杀的局面。

（二）品牌扩展策略

品牌扩展是指将一个现有的品牌名称用到一个新类别的产品上，即将现有的成功品牌用于新产品或修正过的产品的一种策略。品牌扩展是实现品牌无形资产转移和发展的有效途径。品牌扩展一方面在新产品上实现了品牌资产的转移，另一方面又以新产品形象延续了品牌寿命，因而成为企业的现实选择。

1. 品牌扩展的好处。（1）可以加快新产品的定位，保证新产品投资决策快捷准确。（2）有助于减少新产品的市场风险。如可以大大缩短被消费者认知、认同、接受、信任的过程，防范新产品的市场风险，并且降低新产品推广的成本费用。（3）有助于强化品牌效应，增加品牌这一无形资产的经济价值。（4）能够增强核心品牌的形象，提高整体品牌组合的投资效益。

2. 品牌扩展的弊端。（1）损害原有品牌形象。当某类产品在市场上取得领导地位后，这一品牌就成为强势品牌，它在消费者心目中就有了特殊的形象定位，甚至成为该类产品的代名词。将这一强势品牌进行扩展后，由于近因效应（最近的印象对人们的认知具有较为深刻的影响）的存在，有可能对强势品牌的形象起到巩固或削弱的作用。如果品牌扩展运用不当，原有强势品牌所代表的形象就会弱化。（2）容易造成品牌认知飘忽不定。当一个名称代表两种甚至更多的有差异的产品时，必然会导致消费者对产品的认知模糊。当扩展品牌的产品在市场竞争中处于绝对优势时，消费者就会把原强势品牌的心理定位转移到扩展品牌上，这样就在无形中削弱了原强势品牌的优势。（3）淡化品牌特性。

（三）多品牌策略

在相同产品类别中引进多个品牌的策略称为多品牌策略。证券投资者往往同时投资多种股票，一个投资者所持有的所有股票集合就是所谓证券组合（portfolio）。为了减少风险、增加盈利机会，投资者必须不断优化证券组合。一个企业建立品牌组合，实施多品牌策略，往往也是基于同样的考虑，并且这种品牌组合的各个品牌形象之间既有差别又有联系，组合的概念蕴涵着整体大于个别的意义。

（四）新品牌策略

新品牌策略是一种为新产品设计新品牌的策略。当企业在新产品类别中推出一个产品时，它可能发现原有的品牌名称不合适，或者对新产品来说有更好更合适的品牌名称，这时企业需要设计新品牌。

（五）合作品牌策略

合作品牌（也称双重品牌）是指将两个或更多的品牌在一个产品上联合起来。每个品牌都期望另一个品牌能强化整体的形象或购买意愿。

三、品牌更新策略

品牌更新策略主要包括形象更新、定位修正、产品更新换代和管理创新。

（一）形象更新

顾名思义，形象更新就是品牌不断创新形象，适应消费者心理的变化，从而在消费者心目中形成新的印象的过程。图 11－7 是某咖啡品牌形象更新的实例。形象更新有以下几种情况：

1. 消费观念变化导致企业积极调整品牌策略，塑造新形象。如随着环保意识的增强，消费者开始把无公害消费作为选择商品、品牌的标准，企业这时可采用避实就虚的方法，重新塑造产品形象，避免涉及环保内容，或采用迎头而上的战略，更新品牌形象为环保形象。

2. 档次调整。企业要开发新市场，就需要为新市场塑造新形象，如日本小汽车在美国市场就经历了由小巧、省油、耗能低、价廉的形象到高科技概念车形象的转变，给品牌的成长注入了新的生命力。

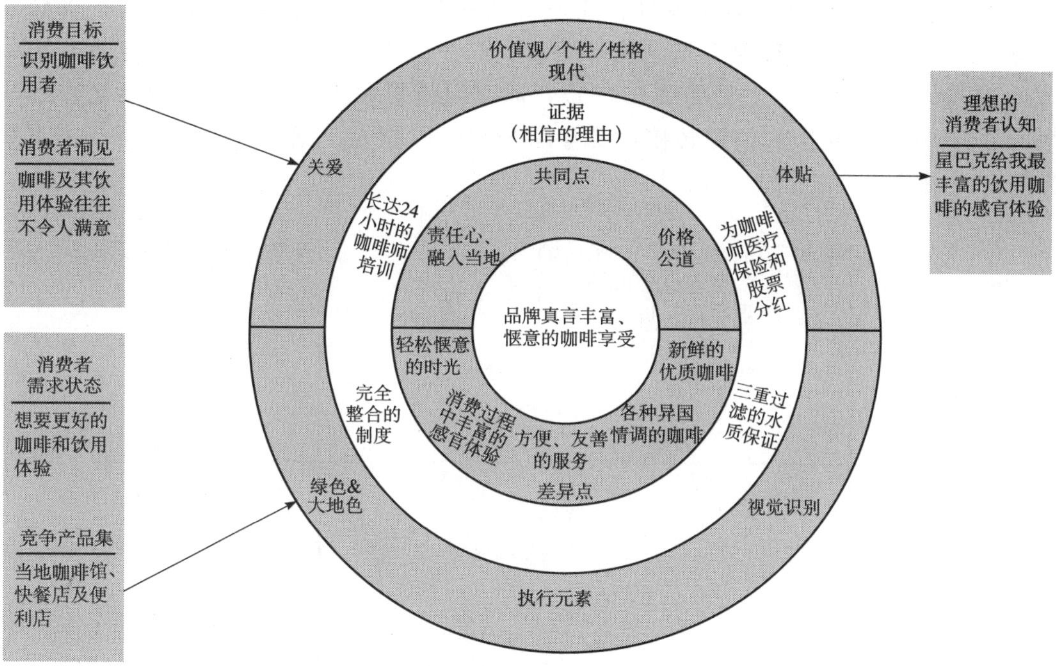

图 11－7　某咖啡品牌的形象更新

（二）定位修正

定位修正是指在企业建立品牌之后往往会根据市场需求和竞争形势的变化而不断完善、改进、调整自己的品牌定位，以便更好地适应生存和发展的需要，也可称为品牌重新定位、品牌再定位。一般来讲，品牌定位可在三个层次上展开：

1. 基于产品属性对品牌进行定位，这是品牌定位的最低层次。值得注意的是，产品属性很容易被竞争者模仿。而且，更重要的是，顾客对产品属性本身并不感兴趣，他们关心的是这些产品属性能够为自己带来什么利益。

2. 品牌名称与某种顾客渴求的利益联系起来进行品牌定位。

3. 超越产品属性或产品利益，从信念和价值的层面上进行更强有力的品牌定位，在更高的情感层次上锁定顾客。这是最高层次的品牌定位。

成功的品牌定位应能在深刻的情感层次上吸引顾客、锁定顾客，成为顾客追求的挚爱。这种品牌定位能够产生强大的情感影响力，激发广大顾客产生超乎寻常的品牌忠诚。然而，市场竞争局势和购买者需求偏好是千变万化的，因此，企业有时会因时代特征、社会文化的变化而修正定位或再定位。图 11－8 展示了速溶咖啡的感知地图。感知地图是消费者感知和偏好的视觉表征，展示了市场状况的定量描述以及消费者看待不同产品、服务和品牌的视角维度。图 11－8 描述了消费者在感知 A、B、C、D 四种品牌速溶咖啡口味浓淡及其个性形象（新潮或老派）的差异，显示了三个细分市场的浓淡口味与新老形象的最理想组合，即理想点。细分市场3偏好味浓老派的速溶咖啡，品牌D恰好具备上述特点，能够很好地满足细分市场3的需求。品牌A的口味和形象比较适中，但是任何细分市场都不需要它。品牌B和C则分别适应了细分市场1和2的需求。为使速溶咖啡体现出与时俱进、前卫新潮的新形象，品牌A可以转移至A′位置去吸引细分市场1，在形象上与品牌B一致，而在口味上则彰显差异。品牌A也可以向A″位置转移，在口味上与品牌C一致，同时保持形象上的差异。在重新定位过程中，是选择向A′还是A″位置转移，要考虑企业资源能力、竞争者意图、市场需求趋势等多种因素。

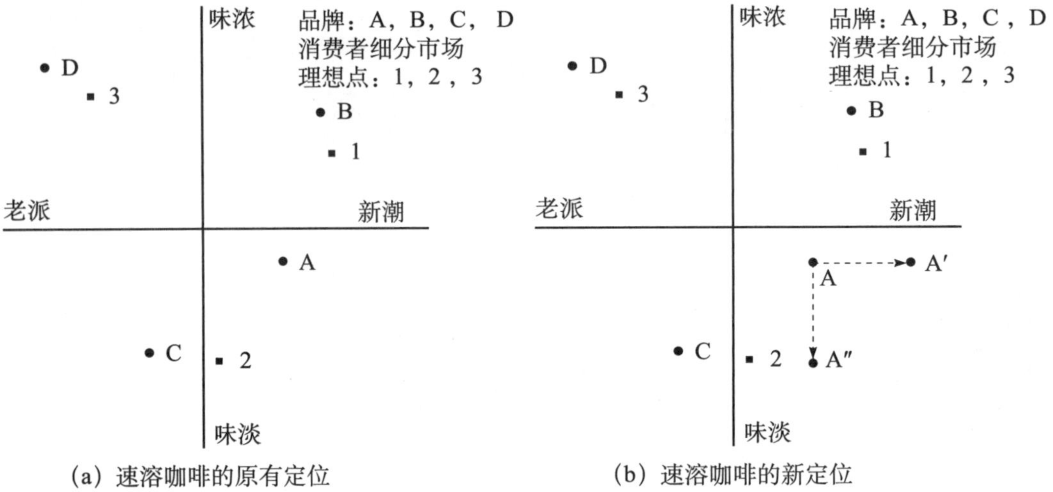

图11－8　速溶咖啡的再定位

|营销视角|　2019年开心米奇的品牌再定位

2019年1月4日，开心米奇新品发布会以全新的品牌价值主张“健康每一步”为主题，开启了开心米奇“健康童品装备”品牌定位的新阶段。

延续健康品牌的发展方向，开心米奇在深入探索90后父母及其孩子这一全新目标群体，追溯了解新生代儿童健康成长的轨迹之后，赋予了品牌全新的健康价值理念。借助品牌再定位，开心米奇持续开展健康科技商品的升级和迭代，推出“超旋能”弹稳新科技，进一步增进品牌差异化，扩大品牌效应。

展望未来，开心米奇将继续差异化科技产品的研究，更深入开发童鞋健康科技系统。全面打通线上线下，发展新零售店商，为新生代消费群体提供全面的多渠道服务与交付，让更多元、更多屏的消费体验成为开心米奇“健康童品装备”与消费者深入沟通的桥梁。

资料来源：健康每一步——开心米奇2019Q3订货会发布新升级品牌定位．(2019－01－10)．鞋业头条．

在做出品牌修正定位或再定位决策时，首先，应考虑将品牌转移到另一个细分市场所需要的成本，包括产品品质改变费用、包装费用和广告费用。一般来说，定位修正或再定位的跨度越大，所需成本越高。其次，要考虑品牌定位于新位置后可能产生的收益。收益大小是由以下因素决定的：某一目标市场的消费者人数；消费者的平均购买率；同一细分市场竞争者的数量和实力，以及在该细分市场中为品牌修正或再定位要付出的代价。

延伸阅读

牛仔裤的品牌再定位

创立于 1908 年的英国 Lee Cooper 牛仔裤是世界上著名的服装品牌之一，也是欧洲领先的牛仔裤生产商，百年来，它的品牌形象在不断变化。就 20 世纪来说，40 年代是自由无拘束，50 年代是叛逆，60 年代是轻松时尚，70 年代是豪放粗犷，80 年代是新浪潮下的标新立异，90 年代是返璞归真。

（三）产品更新换代

现代社会科学技术作为第一生产力、第一竞争要素，也是品牌竞争的实力基础。企业的品牌要想在竞争中处于不败之地，就必须重视技术创新，不断地进行产品的更新换代。

（四）管理创新

企业与品牌是紧密结合在一起的，企业的兴旺发展必将推动品牌的成长与成熟。品牌的维系，从根本上说是企业管理的一项重要内容。管理创新是指以企业生存的核心内容来指导品牌的维系与培养，它含有多项内容，如与品牌有关的观念创新、技术创新、制度创新以及管理过程创新等。

重要概念

品牌标志	品牌资产	品牌知名度	品牌美誉度
品牌忠诚	品牌联想	功能利益	象征利益
体验利益	品牌态度	多品牌	合作品牌
自愿搜寻	产品线扩展	无知名度	提示知名度
未提示知名度	顶端知名度	品牌属性联想	品牌利益联想
顾客心智	感知地图	品牌价值链	方案乘数
顾客乘数	市场乘数	品牌承诺	联合品牌

复习题

1. 品牌资产由哪些因素构成？品牌价值是如何计算出来的？
2. 企业应如何借助品牌共鸣模型来实施品牌建设？
3. 品牌联想如何提升品牌资产？品牌价值链理论带给我们哪些启示？

4. 品牌扩展策略有哪几种？

5. 多品牌策略有哪些优势？

案例分析

六个核桃的品牌创新

大健康时代，绿色、营养、健康将成为饮料行业的发展趋势。河北养元公司敏锐地意识到全面出击和模仿跟随没有未来，一定要集中自己的优势资源，打造独特的“亮点”才能撬动市场。在当时的植物蛋白饮料市场上，杏仁露和椰汁两个细分品类的市场格局已基本稳定，上行空间不大。核桃作为四大干果之王，其营养价值是大豆的8.5倍，花生的6倍，牛奶的25倍，肉类的10倍。但其饮品市场则近乎空白，因此公司选择核桃饮品的消费者群体作为目标市场，确立了目标集聚的品牌创新战略。

河北养元在短时间内得以飞速发展成为行业黑马，除了成功的品类聚焦之外，品牌命名是其实现跨越的另一个助推器。好的品牌名称要简单易记，有亲和力，准确地向消费者传达其主张和内涵，才能赢得消费者的共鸣，获得持久的市场优势。养元从产品定位战略考虑将其主打产品命名为“六个核桃”。品牌名称与核桃相关，直接突出了产品的属性特点，也不会让消费者产生误解和反感。“六”在中国传统文化中寓意六六大顺，广为国人接受。这样简单直接的品牌命名更易于消费者记忆和接受。

作为植物蛋白行业领军企业，河北养元对内加大科研力度提升品牌竞争力，对外则合纵连横，与行业顶级机构合作扩大影响力，让六个核桃在产品研发、加工过程控制、风险评估预测等领域始终居于行业领先。

在品牌创新过程中，河北养元对产品质量的严格管控也成为企业的制胜之道。据悉，为从源头保障进入消费者手中的每一罐六个核桃都是真材实料，河北养元在原料筛选阶段就严格遵照科学、规范的“3·6·36”核桃采购标准，所有原料都来自中国三大核桃黄金产区——太行山、云南、新疆，2018年度六个核桃的原材料采购超过1亿公斤。同时，对这些产区的核桃还要进行水分、色泽、口感、饱满度、粒度、杂质等六大检测指标和包括黄曲霉毒素、蛋白质、脂肪等在内的36项理化指标检测，确保每一颗核桃都达到安全、营养的品质标准。

信息时代，如何让消费者在同类产品中选择自己，是很多企业都非常困惑的问题。2009年以前，河北养元是一个区域性品牌，主要市场在河北。后期将广告语更改为“经常用脑，多喝六个核桃”，使公司一下子赢得了学生和都市白领的好感和认同。2019年春节期间，六个核桃的营销传播除了加固“健脑补脑”功能诉求外，还联合人气短视频社交平台——抖音，将“真材实料”的品牌特点植入受众心智。过年了，就要来点“真材实料”！在抖音第一波短视频投放过程中，转评赞等互动超过72.4万条，曝光量近1.7亿。

资料来源：成展鹏．消费升级驱动健康产业崛起 六个核桃营养价值再获资深专家肯定．(2019-01-29)．中国新闻网；“六个核桃”年采核桃超1亿公斤 助农民增收脱贫．(2019-01-15)．中国网；原生创意抖年味 六个核桃携手抖音春节营销玩出“真材实料”．(2019-01-30)．和讯网；聚焦超级单品 六个核桃如何创造百亿销售奇迹？．(2017-02-24)．中国网．

思考题

1. 六个核桃采取了哪些营销战略才得以在激烈的市场竞争中不断发展壮大?
2. 六个核桃的品牌创新有哪些成功的关键要素?

家电巨头的品牌策略

进入2019年，美的集团在品牌布局上动作频频，继2018年末发布高端家电品牌COLMO后，1月10日又发布了面向年轻一代消费群体的新品牌——华凌，并对华凌赋予“新物种，新躁动”的品牌标语，以白色为主色调，推出家用空调、厨热、冰箱三个品类的产品。

华凌品牌创立于1985年，是一个真正意义上的家电老品牌。2004年前后，美的集团收购了华凌品牌。如今对华凌这个老品牌进行“翻新”，此举搏的是90后年轻客户群对华凌品牌的“认知盲区”，这也是美的瞄准年轻市场，在互联网时代实施时尚化、年轻化转型变革的重要举措。

海尔旗下除了卡萨帝这个高端家电品牌的成功典范外，还有主要覆盖三四级市场的统帅品牌。海尔将统帅全新定位于轻奢、时尚的年轻品牌。作为一个年轻品牌，统帅倚靠海尔这艘巨轮，获取了更多的资源平台和有利条件，但劣势在于长久以来形成的浓重的海尔印记。统帅需要在品牌形象和产品设计上实行变革，于是推出了轻时尚套系产品L. ONE等，从产品外观到功能进行颠覆性创新。统帅在品牌营销层面尝试了一些新的玩法，比如通过参演网剧《逆袭之星途璀璨》等丰富形式，不断拉近品牌和用户之间的距离。

品牌年轻化是海尔、美的等家电巨头实施的营销创新。随着中国人口结构的变化，80后、90后消费者成为中国消费增长的潜力股。到2021年，年轻群体将后来居上，城市消费额激增至2.6万亿元。如果家电企业不能抓住年轻人的市场，无疑将会面临增长放缓。在高端品牌和年轻化品牌打造上，海尔总是抢先一步。如今，美的将华凌这个老牌子进行年轻化翻新，与海尔对统帅的全新定位何其相似。

翻新华凌，也是美的集团多品牌运作的重要一环。纵观全球市场，多品牌策略是家电、消费电子、汽车等耐用消费品行业惯用的一种营销策略。在汽车领域，美国通用汽车公司旗下有凯迪拉克、别克、雪佛兰、霍顿、大宇、庞蒂克GMC、欧宝、奥斯摩比等多个品牌。在家电领域，跨国公司伊莱克斯旗下有AEG、伊莱克斯、Zanussi、Frigidaire、Eureka、Flymo、Husqvarna等。海尔旗下有海尔、GE、斐雪派克、卡萨帝、AQUA、统帅六大品牌。美的旗下有COLMO、华凌、小天鹅、比佛利、凡帝罗、威灵、美芝等。

资料来源：美的建立新品牌“华凌”用于面向年轻消费群体.(2019-01-15).中国家电网.

思考题

1. 家电巨头是如何实施品牌创新的?
2. 海尔和美的在品牌策略方面各有哪些优势?

第 12 章

定价策略 12

本章要点

- 影响企业定价的主要因素
- 企业定价的主要方法
- 企业定价策略的主要内容
- 企业的价格变动对顾客需求的影响

价格是营销组合因素中十分敏感又难以控制的因素，它直接关系着市场对产品的接受程度，影响着市场需求和企业利润的多少，涉及生产者、经营者、消费者等各方面的利益。如果说理想的产品、促销和分销为企业播下了成功的种子，那么有效的定价就是即将收获的硕果。营销组合其他因素所创造的顾客价值，需要通过定价给企业带来回报。在激烈竞争和快速变化的定价环境下，追求价值的顾客给企业定价带来的压力日益增大，经济的波动和互联网比价的流行进一步加大了定价的难度。

第 1 节　影响定价的因素

一、定价目标

价格是顾客为获得、拥有和使用某种产品或服务的利益而支付的货币总额，是决定企业市场份额和盈利水平的最重要的因素之一。价格是营销组合中唯一与收益直接相关的要素，也是最灵活的营销要素。明智的管理者将定价视为创造和获取顾客价值的重要工具。很小比例的价格上升也可能带来盈利的大幅度增加。作为企业整体价值主张的一分子，价格在创造顾客价值、建立与维系顾客关系中发挥着关键作用。然而，任何企业都不能孤立地制定价格，而必须按照企业的 STP 战略的要求来定价。同时，企业管理人员还要制定一些具体的经营目标，如利润额、销售额、市场份额等，这些都对企业定价具有重要影响。企业定价目标主要有维持生存、当期利润最大化、市场占有率最大化、产品质量最优化等。

二、产品成本

任何企业都不能随心所欲地制定价格。产品的最高价格取决于市场需求，最低价格取决于产品的成本费用。从长远看，任何产品的销售价格都必须高于成本费用，只有这样，才能以销售收入来补偿生产成本和经营费用，否则就无法经营。因此，企业制定价格时必须估算成本（如图 12－1 所示）。

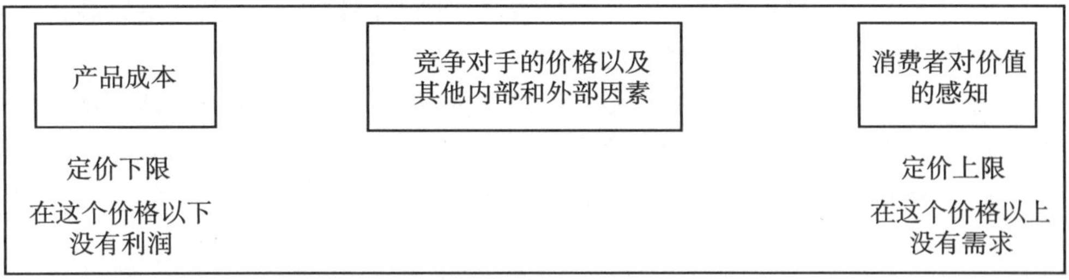

图 12－1　定价的上限和下限

企业的成本可以从短期和长期考虑。短期指的是相对较短的时期，在此期间，企业不能自由调整生产要素的投入和组合，不能选择各种可能的生产规模。而长期指的是相对较长的一个时间周期，在这个时期里，企业可以自由调整生产要素的投入和组合，选择最有利的生产规模。企业在制定相关战略时，必须考虑时间周期的因素，对已有产品或新产品在生产、销售等经营过程中涉及的各种直接成本和间接成本进行合理的分配和规划，以实现企业利润最大化。①

三、市场需求

市场需求对企业定价有着重要影响，而需求又受价格和收入变动的影响。因价格或收入等因素而引起的需求的相应变动率，叫作需求弹性。需求的价格弹性反映了需求量对价格的敏感程度，以需求量变动的百分比与价格变动的百分比之比值来计算。企业所制定的价格高低会影响企业产品的销售，从而会影响企业市场营销目标的实现。在以下情况下，产品可能缺乏需求价格弹性：（1）市场上没有替代品或者没有竞争者。（2）购买者对较高价格并不在意。（3）购买者改变购买习惯较慢，也不积极寻找更便宜的替代品。（4）购买者认为产品质量有所提高，或者认为存在通货膨胀等，价格较高是应该的。

如果某种产品不具备上述条件，那么这种产品就有一定的需求价格弹性。在这种情况下，企业高层管理者需考虑适当降价，以刺激需求，促进销售，增加销售收入。

营销视角　市场需求对 2019 年春节旅游价格的影响

另外，需求弹性还包括需求收入弹性和需求交

① Kotler P. Principles of Marketing. 17th ed. Harlow：Pearson Education，Inc.，2018：320－331.

叉价格弹性，企业在为产品定价的时候还要考虑消费者货币收入情况和各产品项目之间的相互影响。

四、竞争者的产品和价格

在最高价格和最低价格之间，企业能把价格定得多高，取决于竞争者同种产品的价格水平。企业必须采取适当方式了解竞争者所提供的产品质量和价格，通过比质比价，更准确地制定本企业产品的价格。如果二者质量基本一致，则价格也应一样，否则本企业产品可能卖不出去；如果本企业产品质量较高，则产品价格也可以定得较高；如果本企业产品质量较低，那么产品价格就应定得低一些。

还应看到，竞争者也可能随机应变，针对本企业的产品价格而调整其价格；也可能不调整价格，而调整营销组合中的其他变量，与企业争夺顾客。当然，对竞争者价格的变动，企业也要及时掌握有关信息，并做出明智的反应。

营销视角　小米与华为竞争对手机定价的影响

五、企业整体营销战略及外部因素

价格只是企业众多营销战略要素之一，定价必须考虑是否与企业整体营销战略相一致。

（一）目标市场与市场定位

不同的客户群体对产品包括价格有不同的偏好和要求，所以，企业定价策略的制定必须适应目标市场的特点和需求。市场定位往往借助价格来体现产品的特色、差异和优势，因此，定价策略如同其他营销组合策略一样，必须与产品的市场定位协调一致。例如，当产品被定位为高端产品时，就必须制定相应的高价格来弥补生产、营销过程中产生的高成本。

（二）营销目标

不同的营销目标需要相应的定价策略来配合才能顺利实现。定价策略在实现企业各种不同层次的目标的过程中，发挥着十分重要的作用。尤其表现在如下方面：（1）以新颖的定价吸引新顾客，留住现有顾客。（2）以较低价格阻止竞争者进入市场。（3）以跟随竞争者定价，即随行就市定价，来稳定市场，避免价格战。（4）以适当的定价获得中间商的支持和忠诚。（5）以短暂降价赢得某品牌的热销。（6）以灵活的定价实现企业产品线中其他产品的畅销。

（三）其他营销组合因素

企业定价策略应与产品设计开发、分销和促销策略保持协调一致，以便形成统一高效的整体营销方案。实际上，营销组合中的其他因素也会影响价格决策。例如，高质量、高档次的产品，必须有相应的高价格来弥补生产、营销过程中的高成本。再如，当需要激励中间商积极支持、大力分销产品时，企业必须在定价时为中间商留下足够的利润空间。

总之，企业制定定价策略时，必须考虑到整体营销战略和营销组合策略。然而，即使价格再吸引人，企业也应清醒地意识到，顾客并不是仅仅根据价格来选择品牌，实施购买。实际上，他们往往要对所付出的价格与所获得的利益进行权衡比较，寻求那些能够给他们带来价值最大化的产品。

（四）定价机构

管理层必须决定企业的定价事务由谁来负责。小企业的定价一般由最高管理层来实施，而不是由营销部、促销部或销售部负责。大企业的定价往往由区域经理、分部经理或产品经理负责。在组织市场的营销实践中，销售人员有权在一定的价格幅度内与顾客协商价格。许多企业在定价决策方面通常是自下而上和自上而下相结合，也就是说，高层管理者要制定明确的定价目标和定价政策，同时，也接受基层管理人员和一线销售人员的价格建议。

在航空、航天、钢铁、铁路、石油、电力等行业，定价对于企业成长发展来说是一个非常关键的因素，企业往往设立专门的定价部（或定价委员会）来负责制定最佳价格，或者帮助其他部门制定价格。定价部要向营销部和管理高层汇报。销售经理、生产经理、财务经理和会计等也会对定价工作具有影响，甚至参与定价工作。

（五）经济形势

宏观经济形势对于企业定价策略具有重要影响，经济的繁荣或衰退、通货膨胀率和利率等经济因素既会影响到生产制造成本，又会影响到消费者对产品价格和价值的感知，因而也会影响到企业的定价策略及相关决策。在经济下行的环境下，消费者会捂紧钱袋子，紧缩开支，更加强化价值意识，关注产品价值，力求物有所值。即使经济复苏，消费者也很可能会继续节俭持家。这就要求企业定价策略要充分彰显货真价实、物有所值的优势。

经济下行时期，企业常用的定价策略就是打折、降价，价格实惠、价廉物美可以刺激短期销售。然而，低价格也意味着低利润。大幅度的打折降价也会贬损品牌在消费者心目中的价值。而且，企业一旦降价，就算经济复苏了，也很难再调回到原来的价位。有鉴于此，不少企业在经济下行时期不是打折降价，而是聚焦产品组合中消费者愿意负担的更加实惠的产品项目，增加价廉物美的低价项目。

（六）其他外部因素

营销视角　市场竞争对2019年PC价格的影响

企业定价还需考虑除了市场和经济之外的其他因素，了解企业的产品价格可能对其他环境力量产生的影响。例如，企业定价应为中间商留出公道、合理的利润空间，鼓励中间商支持企业产品的分销。此外，政府政策法规、社会舆论关注等对企业定价决策也具有重要影响。

第2节　定价方法

企业制定价格是一项很复杂的工作，必须全面考虑各个方面的因素，采取一系列步骤和措施。一般来说，要采取六个步骤：选择定价目标，测定需求的价格弹性，估算成本，分析竞争对手的产品与价格，选择适当的定价方法，选定最后价格。本节仅就具体的定价方法加以阐述。

企业产品价格的高低要受市场需求、成本费用和竞争情况等因素的影响和制约。企业制定价格可以基于市场波动程度、成本、竞争产品价格、顾客期望和感受价值等。在数字化时代，企业还可以基于行情适应和行情协作制定价格。① 大体上，企业定价有三种导向，即成本导向、需求导向和竞争导向。

一、成本导向定价法

成本导向定价法是一种主要以成本为依据的定价方法，包括成本加成定价法和目标回报定价法两种具体方法。其特点是简便、易用。

（一）成本加成定价法

所谓成本加成定价是指给单位成本加上一定百分比的加成来制定产品销售价格。加成的含义就是一定比率的利润。所以，成本加成定价公式为：

$$P=C(1+R)$$

式中，P 为单位产品售价；C 为单位产品成本；R 为成本加成率。

需求弹性总是处在不断变化中，最适加成也应随之调整。最适加成与价格弹性成反比。如果某品牌的价格弹性高，最适加成就应相对低些；如果某品牌的价格弹性低，最适加成则应相对高些。当价格弹性保持不变时，加成也应保持相对稳定，以制定出最适价格。

成本加成定价法之所以受到企业欢迎，主要是由于：（1）成本的不确定性一般比需求弱，将价格盯住单位成本，可以大大简化企业定价程序，而不必根据需求情况的瞬息万变频繁做调整。（2）只要行业中所有企业都采取这种定价方法，则价格在成本与加成相似的情况下也大致相似，价格竞争会因此降至最低限度。（3）许多人感到成本加成法对买方和卖方都比较公平，当买方需求强烈时，卖方不利用这一有利条件仍能获得公平的投资报酬。

（二）目标回报定价法

所谓目标回报定价法，又称盈亏平衡定价法、损益平衡定价法，是指根据估计的总销售收入（销售额）和估计的产量（销售量）来制定价格的一种方法。目标回报定价法要使用损益平衡图这一概念。损益平衡图描述了在不同销售水平上预期的总成本和总收入。图 12-2 展示了一张假设的损益平衡图。不论销售量为多少，固定成本都是 600 万元。管理人员的任务是：

1. 估计各种不同产出水平的总成本。总成本曲线按固定的速率上升，直到最大产能为止。

2. 估计未来一期的产量水平。假设企业预期产能为 80%，即产量为 100 万件时预期销售 80 万件，生产这一产量的总成本为 1 000 万元。

3. 确定目标报酬率。假设企业希望利润为成本的 20%，则利润目标为 200 万元。

---

① 科特勒，卡塔加雅，许丁宦．营销制胜．北京：中国人民大学出版社，2019：152-154.

因此，在产量为 80 万件时总收入必须为 1 200 万元。总收入曲线上另外一点产量为零时，其对应收入值也为零。将点（80，1 200）与点（0，0）连成一条直线，便是总收入曲线。总收入曲线的斜率就是所要制定的价格。本例中斜率 $k=15$。如果企业定价为每件 15 元，且售出 80 万件，则按此价格可实现 20%的报酬率，赚得 200 万元。

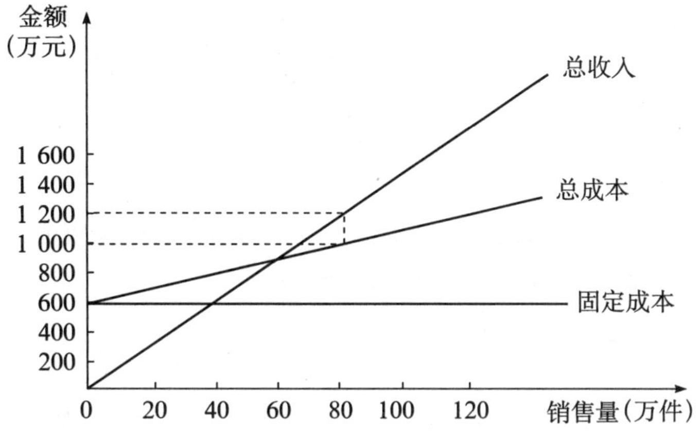

图 12－2 目标回报定价法与损益平衡图

目标回报定价法有一个严重的缺陷，即企业以估计的销售量求出应制定的价格，殊不知价格恰恰是影响销售量的重要因素。要实现 80 万件的销售量，15 元/件的价格可能偏高或偏低。在上述分析中，忽略了需求函数，即不同价格下企业可售出的数量。借助估计的需求曲线及 20%的利润条件，企业就可以将价格与销售量统一起来，用所定价格来实现预期销售量的目标。为了向顾客提供比竞争者更高的价值，在采用目标回报定价法时，要力求成本定价和价值定价有机结合，更多地关注顾客价值（如图 12－3 所示）。

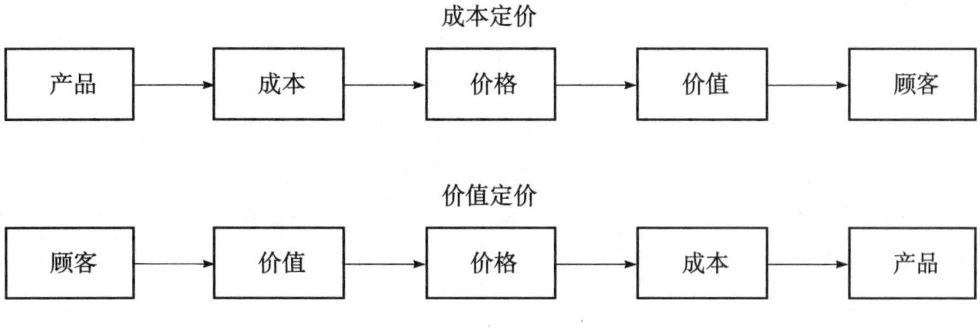

图 12－3 成本定价和价值定价

二、需求导向定价法

需求导向定价法是一种以市场需求强度及消费者感受价值为主要依据的定价方法，包括感受价值定价法、反向定价法和差别定价法三种，其中差别定价法将在本章第 3 节论述。

（一）感受价值定价法

感受价值定价法，又称感知价值定价法，是指企业根据购买者对产品的感受价值来制定价格的一种方法。感受价值定价与现代市场定位观念相一致。企业在为其目标市场开发新产品时，在质量、价格、服务等各方面都需要体现特定的市场定位观念。因此，首先要决定所提供的价值及价格；之后，企业要估计在此价格下所能销售的数量，再根据这一销售量决定所需要的产量、投资及单位成本；接着，管理人员还要计算在此价格和成本下能否获得满意的利润，如能获得满意的利润则继续开发这一新产品，否则就放弃这一产品概念。

感受价值定价的关键在于准确地计算产品所提供的全部市场感受价值。企业如果过高地估计感受价值，便会定出偏高的价格；如果过低地估计感受价值，则会定出偏低的价格。为准确把握市场感受价值，必须进行营销调研。

延伸阅读

假设有A、B、C三家企业均生产同一种开关，现抽一组产业用户作样本，要求它们分别就三家企业的产品予以评比，有三种方法可供使用。

1. 直接价格评比法。直接价格评比法要求产业用户为三家企业的产品确定能代表其价值的价格。例如，它们可能将A、B、C三家企业的产品分别定价为2.55元、2元和1.52元。

2. 直接感受价值评比法。直接感受价值评比法要求产业用户根据它们对三家企业所生产开关的价值的认知，将100分在三者之间进行分配，假设分配结果为42、33、25。如果这种开关的平均市场价格为2元，则可得到三个反映其感受价值的价格：2.55元、2元和1.52元。

3. 诊断法。诊断法要求产业用户就三种产品的属性（假定有产品耐用性、产品可靠性、交货可靠性、服务质量四种属性）分别予以评分。对每一种属性，将100分分配给三家企业，同时根据四种属性重要程度的不同，将100分分配给四种属性，假设结果如表12-1所示。把每个企业的评分乘以重要性权数，我们发现，A企业提供的产品的感受价值（42）高于平均数；B企业提供的产品的感受价值（33）相当于平均数；C企业提供的产品的感受价值（25）低于平均数。A企业能为其开关制定一个较高的价格，因为它被认为能提供较多的价值。如果企业想根据其产品的感受价值定价，则可以将价格定为2.55元左右，因为平均质量的开关价格为2×42/33=2.55元。

表12-1 诊断法定价

重要性权数	属性	A企业	B企业	C企业
25	产品耐用性	40	40	20
30	产品可靠性	33	33	33
30	交货可靠性	50	25	25
15	服务质量	45	35	20
100	感受价值	42	33	25

假如三家企业都按其感受价值定价，则每家企业都可得到一定的市场份额，因为它们提供的价值与价格之比均相等。

如果某一家企业的定价低于其感受价值，它将得到一个高于平均数的市场份额，因为当购买者与该企业打交道时，其支付的货币可换回更多的价值。这可以用图12-4来说明。

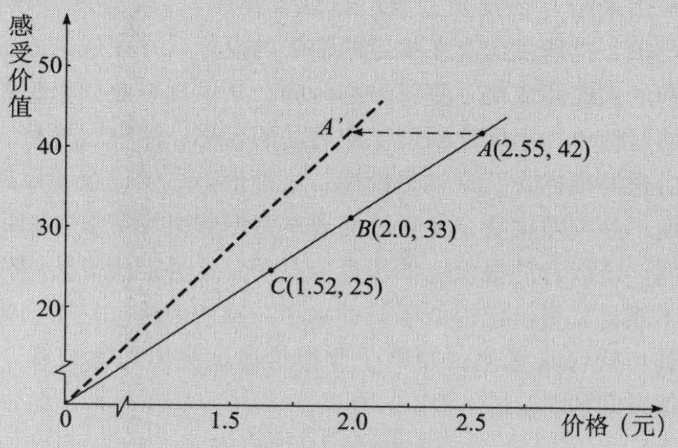

图12-4 感受价值定价

由图12-4可知，A、B、C三家企业最初位于相同的感受价值/价格线上，其各自的市场份额将取决于围绕这三个定点的理想点（未标出）的相对密集度。现在，假设A企业将其价格由A（2.55，42）降至A'（2.0，42），其感受价值/价格将是一条较高的线段（以虚线表示），它将冲击B和C两家企业的市场份额，尤其是B企业，因为按照与B企业相同的价格A企业提供的感受价值更多。B企业将被迫降价或提高其感受价值。提高感受价值的主要措施包括增加服务项目、提高服务质量和产品质量、进行更有效的沟通传播等。如果这样做的成本低于因降价而引起的收入损失，则B企业很可能会增加投资来提高其感受价值。

（二）反向定价法

反向定价法是指企业依据消费者能够接受的最终销售价格，计算自己从事经营的成本和利润后，逆向推算出产品的批发价和零售价。这种定价方法不以实际成本为主要依据，而是以市场需求为定价出发点，力求使价格为消费者接受。分销渠道中的批发商和零售商多采取这种定价方法。

当企业以价格来进行市场定位时，需要借助目标成本定价法（target costing）来支持价格定位。目标成本定价法法是指先确定一个以顾客感受价值为基础的理想售价，再确定一个与价格相匹配的成本作为目标成本。

三、竞争导向定价法

竞争导向定价法通常有两种方法，即随行就市定价法和投标定价法。

（一）随行就市定价法

随行就市定价法是指企业按照行业的平均现行价格水平来定价。在以下情况下往往采取这种定价方法：(1) 难以估算成本。(2) 企业打算与同行和平共处。(3) 如果另行定价，很难了解购买者和竞争者对本企业的价格的反应。

（二）投标定价法

投标定价法是指采购方在报刊上登广告或发出函件，说明拟采购商品的品种、规格、数量等具体要求，邀请供应商在规定的期限内投标，并在规定的日期内开标，选择报价最低、最有利的供应商成交，签订采购合同。某供货企业如果想做这笔生意，就要在规定的期限内填写标单，上面注明可供应商品的名称、品种、规格、价格、数量、交货日期等，密封后送给招标人，这就是投标。这种价格是供货企业根据对竞争者的报价的估计制定的，而不是按照供货企业自己的成本费用或市场需求来制定的。供货企业的目的在于赢得合同，所以它的报价应低于竞争对手。这种定价方法叫作投标定价法。

然而，企业不能将其报价定得低于某种水平。确切地讲，它不会将报价定得低于边际成本，以免使其经营状况恶化。如果企业报价远远高出边际成本，虽然潜在利润增加，却减少了取得合同的机会。

第3节　定价策略

前述定价方法是依据成本、需求和竞争等因素决定产品基础价格的方法。基础价格是单位产品在生产地点或者经销地点的价格，尚未考虑折扣、运费等对价格的影响。在营销实践中，企业还需考虑或利用灵活多变的定价策略，修正或调整产品的基础价格。

一、折扣与折让定价策略

企业为了鼓励顾客及早付清货款、大量购买、在淡季购买，还可以酌情降低其基础价格。这种价格调整叫作价格折扣与折让。其中，折扣定价策略包括以下几种：(1) 现金折扣。这是企业给那些当场或提前付清货款的顾客的一种减价。(2) 数量折扣。这种折扣是企业给那些大量购买某种产品的顾客的一种减价，以鼓励顾客购买更多的产品。(3) 功能折扣。也叫贸易折扣。功能折扣是生产者给某些批发商或零售商的一种额外折扣，促使它们执行某种市场营销功能（如推销、储存、服务）。(4) 季节折扣。这种价格折扣是企业给那些购买过季产品或服务的顾客的一种减价，使企业的生产和销售一年四季保持相对稳定。

二、地区定价策略

一般来说，一个企业的产品不仅卖给当地顾客，也卖给外地顾客。而卖给外地顾客，即把产品从产地运到顾客所在地，需要考虑运费。地区定价策略是指企业要决定，对于卖给不同地区（包括当地和外地不同地区）顾客的某种产品，是分别制定不同的价格，还是制定相同的价格。也就是说，企业要决定是否制定地区差价。地区定价的形式如下。

（一）FOB原产地定价

FOB原产地定价就是顾客（买方）按照厂价购买某种产品，企业（卖方）只负责将这种产品运到产地某种运输工具（如卡车、火车、船舶、飞机等）上交货。交货后，从产地到目的地的一切风险和费用概由顾客承担。如果按FOB价购买，那么每一个顾客都要负担从产地到目的地的运费，这是很合理的。但这样定价对企业有不利之处，即远地的顾客有可能不愿购买这个企业的产品，而购买其附近企业的产品。

（二）统一交货定价

这种形式和FOB原产地定价正好相反。统一交货定价就是企业对于卖给不同地区顾客的某种产品，都按照相同的出厂价加相同的运费（按平均运费计算）定价。也就是说，对全国不同地区的顾客，不论远近，都实行一个价。因此，这种定价又叫邮资定价。

（三）分区定价

这种形式介于FOB原产地定价和统一交货定价之间。所谓分区定价，就是企业把全国（或某些地区）分为若干价格区，对于卖给不同价格区顾客的某种产品，分别制定不同的地区价格。距离企业远的价格区，价格定得较高；距离企业近的价格区，价格定得较低。在各个价格区范围内实行统一价格。

（四）基点定价

基点定价是指企业选定某些城市作为基点，按一定的厂价加上从基点城市到顾客所在地的运费来定价，而不管货物实际上是从哪个城市起运的。有些公司为了提高灵活性，选定多个基点城市，按照离顾客最近的基点城市计算运费。

（五）运费免收定价

有些企业因为急于和某些地区做生意，负担全部或部分实际运费。这些卖主认为，如果生意扩大，其平均成本就会降低，因此足以抵偿这些费用开支。采取运费免收定价，可以使企业加深市场渗透，并且更容易在竞争日益激烈的市场上站稳脚跟。

三、心理定价策略

心理定价是指在定价实践中不仅要考虑经济学方面的问题，还要考虑心理学方面的问题，因为价格传递着产品质量、性能、档次等各方面的信息，给顾客以不同的心理感受。当顾客看到某个产品时，会在心中设定一个参照价格（reference price）。参照价格是指通过考察目前现行价格、回忆过去的价格或评估当时的购买情境而设定的价格。

（一）声望定价

声望定价是指企业利用消费者仰慕名牌商品或名店的声望的心理来制定商品的价格，故意把价格定成整数或高价。质量不易鉴别的商品的定价最适宜采用此法，因为消费者有崇尚名牌的心理，往往以价格判断质量，认为高价代表高质量。但价格也不能高得离谱，使消费者不能接受。

（二）尾数定价

尾数定价是指利用消费者数字认知的某种心理，尽可能在价格数字上不进位，而保留零头，使消费者产生价格低廉和卖主经过认真的成本核算才定价的感觉，从而使消费者对企业产品及其定价产生信任感。

（三）招徕定价

招徕定价是指零售商利用部分顾客求廉的心理，特意将几种商品的价格定得较低以吸引顾客。某些商店随机推出降价商品，每天每时段都有一两种商品降价出售，吸引顾客经常来采购低价商品，同时选购其他正常价格的商品。

四、差别定价策略

所谓差别定价是指企业按照两种或两种以上不反映成本费用的比例差异的价格销售某种产品或服务。

（一）差别定价的主要形式

差别定价主要有四种形式：（1）顾客差别定价，即企业按照不同的价格把同一种产品或服务卖给不同的顾客。这种价格歧视表明，顾客的需求强度和商品知识有所不同。（2）产品形式差别定价，即企业对不同型号或形式的产品分别制定不同的价格，但是不同型号或形式产品的价格之间的差额和成本费用之间的差额不成比例。（3）产品部位差别定价，即企业对于处在不同位置的产品或服务分别制定不同的价格，即使这些产品或服务的成本费用没有任何差异。例如剧院，虽然不同座位的成本费用都一样，但不同座位的票价有所不同，这是因为人们对剧院的不同座位的偏好有所不同。（4）销售时间差别定价，即企业对于不同季节、不同时期甚至不同时点的产品或服务分别制定不同的价格。

（二）差别定价的适用条件

企业采取差别定价策略必须具备以下条件：（1）市场必须是可以细分的，而且各个市场部分表现出不同的需求。（2）以较低价格购买某种产品的顾客不可能以较高价格把这种产品倒卖给他人。（3）竞争者不可能在企业以较高价格销售产品的市场上以低价竞销。（4）细分市场和控制市场的成本费用不得超过因实行价格歧视而得到的额外收入。（5）价格歧视不会引起顾客反感、放弃购买，进而影响销售。（6）采取的价格歧视形式不能违法。

五、新产品定价策略

一般来讲，新产品定价有以下两种策略可供选择。

（一）撇脂定价

撇脂定价是指在产品生命周期的最初阶段，把产品的价格定得很高，以攫取最大利润，犹如从鲜奶中撇取奶油。企业之所以能这样做，是因为有些购买者主观认为某些商品具有很高的价值。在以下条件下企业可以采取撇脂定价：（1）市场有足够的购买者，他们的需求缺乏弹性，即使把价格定得很高，市场需求也不会大量减少。(2) 高价使需求减少一些，因而产量减少一些，单位成本增加一些，但这不致抵消高价所带来的收益。(3) 在高价情况下，企业仍然独家经营，别无竞争者。有专利保护的产品即是如此。(4) 某种产品的价格定得很高，使人们产生这种产品是高档产品的印象。

(二) 渗透定价

渗透定价是指企业将其创新产品的价格定得相对较低，以吸引大量顾客，提高市场份额。企业采取渗透定价需具备以下条件：(1) 市场需求显得对价格极为敏感，低价会刺激市场需求迅速增长。(2) 企业的生产成本和经营费用会随着生产经营经验的增加而下降。(3) 低价不会引起实际和潜在的竞争。

六、产品组合定价策略

当产品只是某一产品组合的一部分时，企业必须对定价方法进行调整。这时候，企业要研究出一系列价格，使整个产品组合的利润实现最大化。因为各种产品之间存在需求和成本的内在关联性，而且会带来不同程度的竞争，所以定价十分困难。

(一) 产品大类定价

通常企业开发出来的是产品大类或产品线，而不是单一产品。当企业生产的系列产品存在需求和成本的内在关联性时，为了充分发挥这种内在关联性的积极效应，需要采用产品大类定价策略。在定价时，首先，确定产品大类中价格最低的某种产品，由它在产品大类中充当价格领袖，以吸引消费者购买产品大类中的其他产品；其次，确定产品大类中价格最高的某种产品，由它在产品大类中充当品牌质量和收回投资的角色；最后，产品大类中的其他产品分别依据其在产品大类中角色的不同而制定不同的价格。

(二) 选择品定价

许多企业在提供主要产品的同时，还会附带提供一些可供选择的产品或特征。汽车用户可以订购GPS装置、电子开窗控制器、扫雾器和减光器等，电脑用户往往需要选择处理器、硬盘、内存系统、软件等。但选择品定价却是一件棘手的事。汽车公司必须确定需要定价的包括哪些产品，哪些产品可作为选择对象。汽车制造商只希望对经济型汽车做广告，以吸引人们到汽车展示厅参观，而将展示厅的大部分空间用于展示昂贵的、特征齐全的汽车。饭店也面临同样的定价问题。其顾客除了订购饭菜也买酒水。许多饭店的酒水价格很高，而食品的价格相对较低。食品收入可以弥补食品的成本和饭店其他的成本，而酒水类则可以带来利润；也有饭店会将酒价定得较低，而对食品制定高价，以吸引爱饮酒的消费者。

|营销视角|　2019年奔驰车的选择品定价

奔驰2019梅赛德斯以34 387美元的价格正式进入英国市场，2019年会有两种发动机选择，每种都有两种不同的功率等级，采取选择品定价法给出不同的价格选择。

标准版的梅赛德斯-奔驰B180 Sport售价34 387美元，拥有最新的梅赛德斯-奔驰MBX娱乐系统。此外，B180 Sport还配备了可伸缩摄像头、DAB数字收音机、两个独立空调、17英寸[①]车轮和LED前照灯。该模型的技术包括速度敏感的支持系统、主动车道支持、智能钥匙和许多其他功能。

资料来源：奔驰2019梅赛德斯，以34 387美元的价格正式进入英国市场．（2018－12－06）．环球网．

（三）补充产品定价

有些产品需要附属或补充产品。生产者经常为主要产品（如剃须刀、电子游戏机和打印机）制定较低的价格，而为补充产品（如剃须刀片、游戏软件和打印墨盒）制定较高的加成。但需要注意的是，如果补充产品的定价过高，就会出现危机。

（四）分部定价

服务性企业经常收取一笔固定费用，再加上可变的使用费。例如，电话用户每月都要支付一笔套餐使用费，如果使用次数超过套餐规定，还要再交费。游乐园一般先收门票，如果游玩的地方超过规定，再交费。服务性公司面临与补充产品定价同样的问题，即应收取多少基本服务费和使用费。

（五）副产品定价

在生产加工肉类、石油产品和其他化工产品的过程中，经常有副产品。如果副产品价值很低，处理费用昂贵，就会影响到主产品的定价。生产者确定的价格必须能够弥补副产品的处理费用。如果副产品对某一顾客群有价值，就应该按其价值定价。副产品如果能带来收入，将有助于公司在迫于竞争压力时制定较低的价格。

（六）产品捆绑定价

企业经常以某一价格出售一组产品，例如智能手机、平板电脑、计算机、旅游套餐等。这一组产品的价格低于单独购买其中每一产品的费用总和。因为顾客可能并不打算购买其中所有的产品，所以这一组合的价格必须有较大的降幅，以此来促进顾客购买。这种定价策略叫作产品捆绑定价、一揽子定价或套餐定价。

七、PWYW定价策略

PWYW译自英文“Pay What You Want”，即消费者支付自己想支付的任意价格。PWYW定价策略是一种以购买者定价权最大化为前提的顾客参与式定价策略。该策略有两种具体形式。

（一）有价格区间限制的PWYW定价

有价格区间限制的PWYW定价是指销售者首先规定一个定价区间，购买者只能在这个范围内选取任意价格支付。网络音乐供应商Magnatune为其出售的音乐专辑设定5～18美元的价格区间，并设置了8美元的推荐价格，消费者可以5～18美元的任意价格在互联网购买其喜欢的音乐专辑。销售数据表明，顾客所支付价格的中位数和众数都是8美元，

---

① 1英寸＝2.54厘米。

所支付的最低价格是5美元。这张音乐专辑的平均售价为8.197美元，不仅远高于5美元的最低价，而且比网站推荐的8美元的价格还要高。

（二）带有慈善捐助性质的PWYW定价

带有慈善捐助性质的PWYW定价是指购买者以PWYW定价的方式向企业进行支付，企业将购买者所付价格的一半捐给慈善组织。艾莱特·格尼兹（Ayelet Gneezy）曾在互联网上向乘坐过山车的多名游客兜售为他们拍摄的照片。他设计了三种定价方式供游客自由选择：（1）定价12.95美元；（2）定价12.95美元，但价款的50%捐给慈善组织；（3）PWYW定价；（4）PWYW定价，但是价款的50%捐给慈善组织。销售数据表明，第四种定价方式所产生的利润远远高于前三种。虽然游客支付的价格低于原先的定价，但是，由于绝大多数购买者具有强烈的社会责任感和社会公益理念，在互联网上购买照片的人数显著增加，结果，艾莱特·格尼兹所获得的利润也毫无疑问地随之增加了。

第4节　价格变动与企业对策

企业处在一个不断变化的环境之中，为了生存和发展，有时需主动降价或提价，有时又需对竞争者的价格变动做出适当的反应。

一、企业降价与提价

（一）企业降价

企业降价的主要原因有：（1）企业的生产能力过剩，因而需要扩大销售，但是企业又不能通过产品改进和加强销售工作等来扩大销售。在这种情况下，企业就需考虑降价。（2）在强大竞争者的压力之下，企业的市场份额下降。（3）企业的成本费用比竞争者低，企图通过降价来掌握市场或提高市场份额，从而扩大生产和销售量，降低成本费用。在这种情况下，企业也往往发动降价攻势。

（二）企业提价

虽然提价会引起消费者、经销商和企业推销人员的不满，但是一次成功的提价可以使企业的利润大大增加。企业提价的主要原因有：

1. 由于通货膨胀，物价上涨，企业的成本费用提高，因此许多企业不得不提高产品价格。在现代市场经济条件下，许多企业往往采取多种方法来调整价格，应对通货膨胀。例如：（1）采取推迟报价的定价策略，即企业决定暂时不规定最后价格，等到产品制成时或交货时才规定最后价格。工业建筑和重型设备制造等行业一般采取这种定价策略。（2）在合同上规定调整条款，即企业在合同上规定在一定时期内（一般到交货时为止）可按某种价格指数来调整价格。（3）采取不包括某些产品和服务的定价策略，即在通货膨胀、物价上涨的条件下，企业决定产品价格不动，但原来提供的某些服务要计价，这样一来，原来提供的产品的价格实际上提高了。（4）降低价格折扣，即企业决定削减正常的现金和数量折扣，并限制销售人员以低于价目表的价格来拉生意。（5）取消低利产品。(6) 降低产品质量，减少产品特色和服务。企业采取这种策略可保持一定的利润，但会影响其声誉和形象，失去忠诚的顾客。

2. 企业的产品供不应求，不能满足其所有顾客的需要。在这种情况下，企业必须提价。提价方式包括：取消价格折扣，在产品大类中增加价格较高的项目，或者直接提价。为了减少顾客不满，企业提价时应当向顾客说明提价的原因，并帮助顾客寻找节约的途径。

此外，还有一些企业提价是出于市场竞争的考虑，谋求竞争中的差异化优势，比如谭木匠的高价策略就是一个成功的案例。

二、顾客对企业价格变动的反应

无论提价还是降价，企业的这种行动都必然影响到购买者、竞争者、经销商和供应商，而且政府对企业价格变动也不能不关心。在这里，首先分析顾客对企业价格变动的反应。

（一）顾客对企业降价的反应

顾客对于企业的某种产品降价可能会理解如下：(1) 这种产品过时了，将被新型产品替代。(2) 这种产品有某些缺点，销售不畅。(3) 企业财务困难，难以继续经营下去。(4) 价格还要进一步下跌。(5) 这种产品的质量下降了。

（二）顾客对企业提价的反应

企业提价通常会影响销售，但是购买者对企业的某种产品提价也可能会理解如下：(1) 这种产品很畅销，不赶快买就买不到了。(2) 这种产品很有价值。(3) 卖主想尽量取得更多利润。

一般来说，购买者对于价值高低不同的产品的价格反应有所不同。对于那些价值高、经常购买的产品的价格变动较敏感；而对于那些价值低、不经常购买的小商品，即使单位价格较高，购买者也不大在意。此外，购买者虽然关心产品价格变动，但是通常更关心获得、使用和维修产品的总费用。因此，如果企业能使顾客相信某种产品的取得、使用和维修的总费用较低，就可以把这种产品的价格定得比竞争者高，以取得更多的利润。

三、竞争者对企业价格变动的反应

企业在改变价格时，不仅要考虑购买者的反应，而且必须考虑竞争对手的反应。当某一行业中企业数目很少，提供同质的产品，购买者颇具辨别力与知识时，竞争者的反应就愈显重要。

企业如何估计竞争者的可能反应呢？首先，假设企业只面对一个大的竞争者，竞争者的可能反应可从两个角度加以理解：其一是假设竞争者有一组适应价格变化的政策；其二是竞争者把每一次价格变动都当作一次挑战。每一假设在研究上均有不同的含义。

假设竞争者有一组价格反应政策，至少可以通过两种方式了解它们：通过内部资料和借助统计分析。比如，从竞争者那里挖来经理，以获得竞争者决策程序及反应模式等重要情报。此外，还可以雇佣竞争者以前的职员，专门成立一个部门，其工作任务就是模仿竞争者的立场、观点、方法思考问题。

四、企业对竞争者价格变动的反应

企业经常会面临竞争者价格变动的挑战。如何对竞争者的价格变动做出及时、正确的反应，是企业定价策略的一项重要内容。

（一）不同市场环境下的企业反应

在同质产品市场上，如果竞争者降价，企业必须随之降价，否则顾客就会购买竞争者的产品，而不购买该企业的产品；如果某个企业提价，且提价对整个行业有利，其他企业也会随之提价，但是如果某个企业不随之提价，那么最先发动提价的企业和其他企业将不得不取消提价。

在异质产品市场上，企业对竞争者价格变动的反应有更多的选择余地。因为在这种市场上，顾客选择卖主时不仅考虑产品价格因素，而且考虑产品的质量、服务、性能、外观、可靠性等多方面的因素。因而在这种产品市场上，顾客对于较小的价格差异并不在意。

面对竞争者的价格变动，企业必须认真调查研究如下问题：（1）竞争者为什么改变价格？（2）竞争者打算暂时改变价格还是永久改变价格？（3）如果对竞争者改变价格置之不理，将对企业的市场份额和利润有何影响？（4）其他企业是否会做出反应？（5）竞争者和其他企业对于本企业的每一个可能的反应又会有什么反应？

（二）市场主导者的反应

市场主导者往往遭到一些小企业的进攻。这些小企业的产品可与市场主导者的产品相媲美，它们往往通过进攻性的降价来争夺市场主导者的市场阵地。在这种情况下，市场主导者有以下几种策略可供选择。

1. 维持价格不变。市场主导者认为，如果降价就会减少利润收入，而维持价格不变，尽管对市场份额有一定影响，但以后还能夺回市场阵地。当然，在维持价格不变的同时，还要改进产品质量、提高服务水平、加强促销沟通等，运用非价格手段来反击竞争者。企业的营销实践证明，采取这种策略比降价和低利经营更合算。

2. 降价。市场主导者之所以采取这种策略，主要是因为：（1）降价可以使销售量和产量增加，从而使成本费用下降；（2）市场对价格很敏感，不降价就会使市场份额下降；（3）市场份额下降之后很难恢复。但是，企业降价以后，仍应保持产品质量和服务水平。

3. 提价。企业在提价的同时，还要致力于提高产品质量，或推出新品牌，与竞争对手争夺市场。

（三）企业应变需考虑的因素

受到竞争对手进攻的企业必须考虑：（1）产品在其生命周期中所处的阶段及其在企业产品投资组合中的重要程度。（2）竞争者的意图和资源。（3）市场对价格和价值的敏感性。（4）成本费用随着销量和产量的变化而变化的情况。

面对竞争者的价格变动，企业不可能花很多时间来分析应采取的对策。事实上，竞争者很可能花了大量的时间来准备价格变动，而企业必须在几天甚至几小时内明确果断地做出明智反应。缩短价格反应决策时间的唯一途径是：预料竞争者的可能价格变动，并提前准备适当的对策。图 12－5 描述了企业用以应对竞争者降价的决策程序。

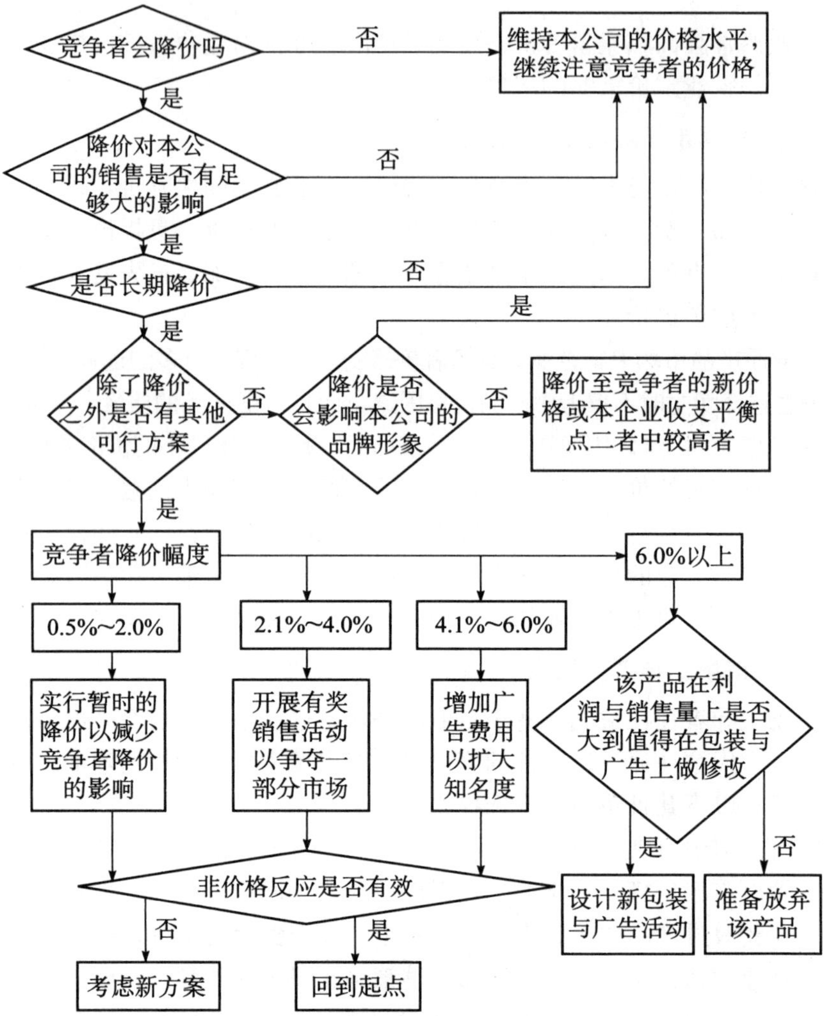

图 12－5　应对竞争者降价的决策程序

重要概念

需求价格弹性	成本加成定价法	目标回报定价法	目标成本定价法
感受价值定价法	反向定价法	随行就市定价法	统一交货定价
分区定价	基点定价	参照价格	声望定价
尾数定价	招徕定价	撇脂定价	渗透定价
差别定价	PWYW 定价		

复习题

1. 企业在定价时应该考虑哪些因素？怎样对这些因素进行分析？

2. 在什么样的条件下需求可能缺乏弹性？
3. 价格折扣主要有哪几种类型？其含义分别是什么？
4. 企业在选择不同的折扣策略时所考虑的主要因素是什么？
5. 企业地区定价策略的表现形式主要有哪些？
6. 怎样分析竞争者对企业价格变动的反应？

案例分析

网约车的价格战

网约车的出现可以说是很利于我们的出行的，每天不再需要焦急地等待出租车的到来，只需要在网上预约一下时间地点就好。滴滴近几年的崛起可以说是非常快的。在网约车的市场中，滴滴2018年的市场份额就已经超过了90%。虽然说在2018年上半年的时候美团也曾打算进军网约车市场，可还没有发展成型就被滴滴给干掉了。在这方面，滴滴可以说已经拥有龙头地位。放眼滴滴的发展，战快滴、灭优步、干美团，活脱脱的一个成功者，无往而不胜。可是，最近滴滴的日子不是那么好过。

可能是因为自己太过强大，就开始了膨胀。首先是对于滴滴司机的抽成，基本上每单抽成可以达到1/4，引起一些滴滴司机的不满。其次是对新入司机的考核不严谨，也正是因为如此才会出现一些负面事件。在一片舆论谴责声之中，滴滴顺风车业务直接下线。

此外，滴滴最新实施的“双证”政策更是让许多滴滴司机心生不满。在这一系列负面事件的影响下，滴滴的良好形象在消费者的心目中大打折扣。

不仅如此，眼下滴滴将要迎来它最大的对手，那就是以共享单车起家而且有着阿里背景的哈罗单车，现在正式改名为哈罗出行。如果说滴滴是网约车中的龙头，那么哈罗单车就是共享单车中的龙头。而让滴滴不爽的是，哈罗官方已经有了进军网约车市场的打算，并且会先在上海、南京、成都三个城市进行试点网约车项目。当然对于司机的考核也是像共享单车一样，以支付宝的芝麻信用为基础然后再进行考察。

消息一出，在网上就引起轩然大波，要是哈罗真的开始大面积推广网约车，那么和滴滴一定有一场恶战，网约车市场又将掀起一场“腥风血雨”。当然，一个新的网约车公司的出现，肯定会有很多优惠，那么滴滴为了保住自己的地位，也会进行价格调整，如此看来，“价格战”将不可避免。

思考题

1. 你如何看待网约车价格战？
2. 假如你是滴滴的营销经理，你将采取哪些营销策略来应对价格战？

第 13 章

分销策略 13

本章要点

- 分销渠道的设计与管理
- 渠道冲突的主要类型
- 电商时代的渠道系统
- 供应链的特征

客观上，生产者与消费者之间在时间、地点、数量、品种、信息、估价和所有权等方面存在差异与矛盾。企业生产出来的产品，只有通过一定的营销渠道，才能在适当的时间、地点，以适当的价格供应给广大消费者或用户，从而克服生产者与消费者之间的差异和矛盾，满足市场需要，实现企业的营销目标。企业在为顾客创造价值、建立可获利的顾客关系方面，很少孤军奋战，而是与供应链和渠道系统中的其他成员密切配合，共同努力。

一个企业的成功不仅取决于其自身的表现，还取决于整个渠道系统与竞争者相比是否更具综合优势。

第 1 节　分销渠道的职能与类型

一、分销渠道的含义与职能

（一）从供应链、需求链到价值递送系统

生产一件产品或提供一项服务，并让顾客轻松愉快地获得，不仅需要企业建立良好的顾客关系，而且需要与供应链上的关键供应商和分销商建立强有力的合作关系。供应链由上游和下游的合作伙伴构成。企业的上游合作者是指那些为生产产品或服务提供所需原材料、零部件、信息、资金和专业技术的企业。供应链的下游部分是指面向顾客的营销渠道，包括批发商、零售商等合作伙伴。

供应链这一术语所强调的就是制造与销售，认为原材料、生产性投入以及工厂产能应作为营销计划的起点。而需求链（demand chain）这一术语则更能反映市场感知与回应的真实过程。从需求链观点看，营销计划开始于识别目标顾客的需求，通过配置资源和行动链来响应这些需求，最终实现创造顾客价值的目标。

需求链将企业行为看作一个步骤接一个步骤，从采购到生产再到消费的线性活动。而实际上许多大型企业都在建立和管理一个复杂的、持续改善的价值递送网络（value delivery network）。价值递送网络又称价值传递（或交付）网络，是指由企业、供应商、分销商和终端客户组成的互为合作伙伴系统，有关各方共同致力于该系统的绩效改进和提升。

（二）分销渠道与营销渠道

有两个与渠道有关的术语经常不加区分地交替使用，这就是分销渠道和营销渠道。

分销渠道是指某种产品和服务在从生产者向消费者转移的过程中，取得这种产品和服务的所有权或帮助所有权转移的所有企业和个人。因此，分销渠道包括经销商（因为它们取得所有权）和代理商（因为它们帮助转移所有权），以及处于渠道起点和终点的生产者和最终消费者或用户，但是不包括供应商和辅助商。

营销渠道是指配合或参与生产、分销和消费某一生产者提供的产品和服务的所有企业和个人。也就是说，营销渠道包括某种产品供产销过程中的所有有关企业和个人，如供应商、生产者、经销商、代理商、辅助商以及最终消费者或用户等。中间商的存在，可使交易次数减少，从而提高交易效率（如图 13－1 所示）。

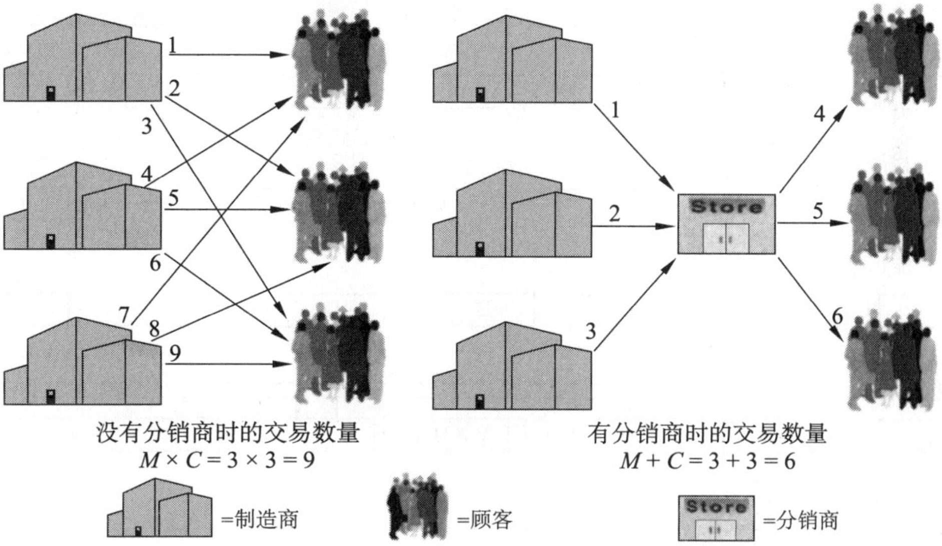

图 13－1 中间商减少交易次数

|营销视角| 互联网巨头的全渠道营销

进入 2019 年，互联网巨头争相掀起一场整合营销服务能力的运动。从阿里妈妈的全域营销、京东的无界营销、腾讯将分散的营销服务能力整合为全新的AMS服务线，再到百度提出的全意识整合营销数字平台Omni Marketing，各大公司都在尝试用统一的出口对接来自广告主愈加繁多的需求。

全渠道营销（omni marketing）是指企业以技术和数据能力为基础，通过AI ID打通线上线下数据，全方位识别目标用户，并帮助品牌与消费者建立一对一的高效互动。事实上，其他互联网巨头将旗下广告、营销、服务能力进行整合，也基本出于类似的考量。它们希望自己的技术实力不会成为广告主和代理商的负担，所以通过降低门槛来使自身能力得以充分发挥。类似于个人电脑从原始阶段迈入“所见即所得”的桌面时代，个人电脑的快速发展也是从人们能够更便利地操作开始的。事实上，广告的技术化转向正在不可逆地行进中，而人工智能技术也在逐步接管权力，成为营销的“新主人”。

（三）分销渠道的职能

分销渠道对产品从生产者转移到消费者所必须完成的工作加以组织，目的在于消除产品（或服务）与使用者之间的分离。分销渠道的主要职能有调研、促销、接洽、配合、谈判、物流、融资、风险承担八种。

在执行上述八种职能的过程中，促销传播、运输储存、所有权转移等活动形成了由企业流向顾客的正向流程，而订货、付款等活动则形成了由顾客到企业的反向流程，调研信息、谈判接洽、融资、风险承担等则形成了双向流程（如图13-2所示）。

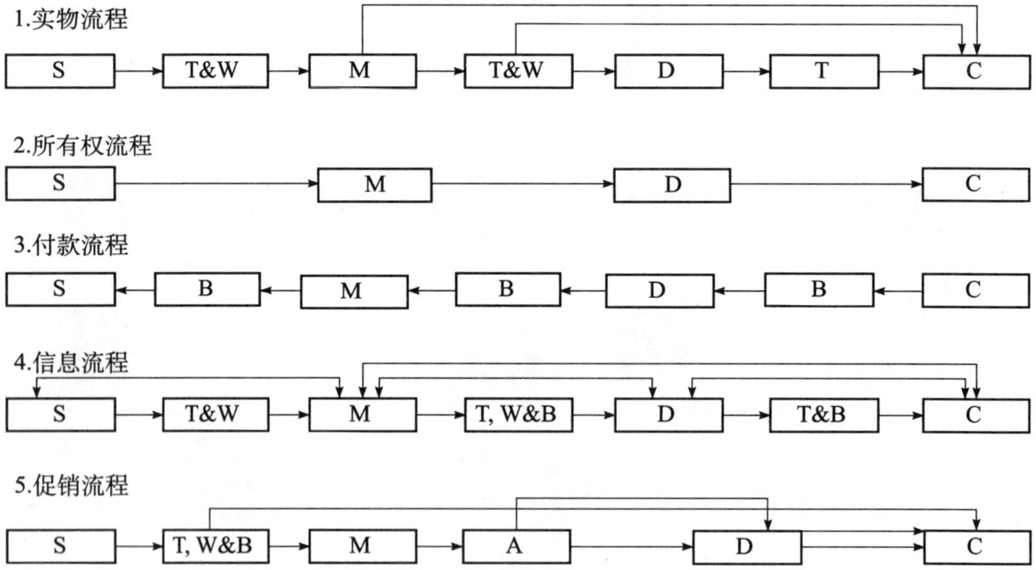

S=供应商　T=运输公司　W=仓储公司　B=银行

M=制造商　A=广告公司　D=经销商　C=消费者

图13-2　分销渠道中的五种流程

二、分销渠道的层次与宽度

（一）分销渠道的层次

在产品从生产者转移到消费者的过程中，任何一个对产品拥有所有权或承担销售职能的机构，都称作一个渠道层次。由于生产者和消费者都参与了将产品及其所有权转移到消费地点的工作，因此，他们都被列入每一渠道中。中间机构层次的数目可用来描述渠道的长度（如图13-3所示）。

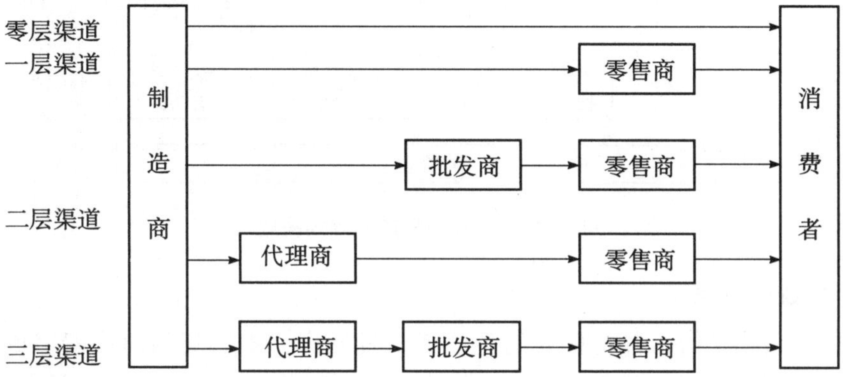

图13-3 分销渠道的层次

（二）分销渠道的宽度

分销渠道的宽度是指渠道的每个层次拥有同种类型中间商数目的多少。它与企业的分销策略密切相关。而企业的分销策略通常可分为三种，即密集分销、选择分销和独家分销。

密集分销是指生产者尽可能地通过许多负责任的、适当的批发商、零售商推销其产品。消费品中的便利品和产业用品中的供应品通常采取密集分销，使广大消费者和用户能随时随地买到这些日用品。

选择分销是指生产者在某一地区仅仅通过少数几个精心挑选的、最合适的中间商推销其产品。选择分销适用于所有产品，但相对而言，消费品中的选购品和特殊品最适合采取选择分销。

营销视角 京东的新通路

独家分销是指生产者在某一地区仅选择一家中间商推销其产品。通常双方协商签订独家经销合同，规定经销商不得经营竞争者的产品，以便控制经销商的业务经营，调动其经营积极性，占领市场。

三、分销渠道的类型

构成分销渠道的不同环节的企业和个人，叫作渠道成员。按渠道成员结合的紧密程度，分销渠道系统可以分为传统渠道系统和整合渠道系统（如图13-4所示）。

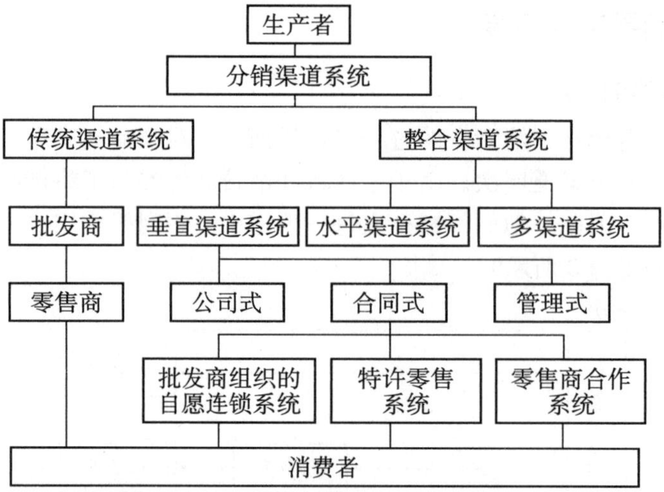

图13-4 分销渠道系统的构成

（一）传统渠道系统

传统渠道系统是指由各自独立的生产者、批发商、零售商和消费者组成的分销渠道。传统渠道成员之间的系统结构是松散的。由于这种渠道的每一个成员均是独立的，它们往往各自为政，各行其是，几乎没有一个成员能完全控制其他成员。随着市场环境的变迁，传统渠道面临严峻挑战。

（二）整合渠道系统

整合渠道系统是指渠道成员通过一体化整合形成的分销渠道系统。主要包括：

1. 垂直渠道系统。由生产者、批发商和零售商纵向整合组成，其成员或属于同一家公司，或为专卖特许权授予成员，或被有足够控制能力的企业左右。该系统有三种主要形式：（1）公司式，即由一家公司拥有和管理若干工厂、批发机构和零售机构，控制渠道的若干层次，甚至整个分销渠道，综合经营生产、批发和零售业务。公司式垂直渠道系统又分为两类：一类是由大工业公司拥有和管理的，采取一体化经营方式；另一类是由大型零售公司拥有和管理的，采取工商一体化方式。（2）管理式，即通过渠道中某个有实力的成员来协调整个产销通路的渠道系统。如名牌产品生产者以其品牌、规模和管理经验优势出面协调批发商、零售商经营业务和政策，共同采取一致的行动。（3）合同式，即不同层次的独立的生产者和中间商，以合同为基础建立的联合渠道系统。如批发商组织的自愿连锁系统、零售商合作系统、特许零售系统等。传统渠道系统与垂直渠道系统的差异如图13-5所示。

2. 水平渠道系统。即两个或两个以上同一层次的企业为了抓住新的市场机会，在财务、产能及营销资源等各方面集成整合起来，以便取得独自行动所难以达成的目标。这种联合或合作，既可以是暂时的，也可以是长久的，还可以成立一家新的联合公司。例如，沃尔玛和麦当劳就构成了水平营销系统，在沃尔玛超市内开设麦当劳餐厅，麦当劳从沃尔玛熙熙攘攘、川流不息的客流量中获益，而沃尔玛也留住了在购物过程中感到饥饿需要就餐的顾客，饿了就可以很便利地在麦当劳店内用餐，避免了这些人因去别处就餐而损失客流。

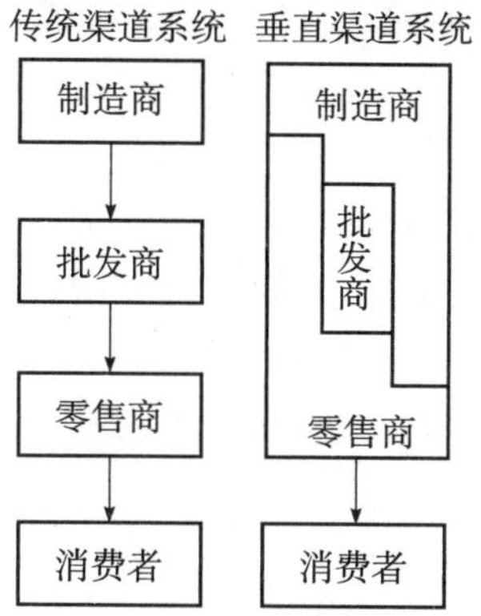

图 13-5 传统渠道系统与垂直渠道系统

3. 多渠道系统。即对同一或不同的细分市场，采用多条渠道的分销体系。大致有两种形式：一种是生产者通过两条以上的竞争性分销渠道销售同一商标的产品；另一种是生产者通过多条分销渠道销售不同商标的差异性产品。此外，还有一些公司通过同一产品在销售过程中的服务内容与方式的差异，形成多条渠道以满足不同顾客的需求。多渠道系统为生产者提供了三方面利益：扩大产品的市场覆盖面，降低渠道成本和更好地适应顾客要求。但该系统也容易造成渠道之间的冲突，给渠道控制和管理工作带来更大难度。

延伸阅读 全渠道营销

（三）电商时代的渠道系统——O2O 模式

线上平台的快速发展不断冲击着传统的分销渠道系统，也带来了新的分销渠道模式。O2O（Online to Offline）模式是指线上促销和线上购买带动线下经营和线下消费。O2O 通过促销、打折、提供信息、服务预订等方式，把线下商店的消息推送给互联网用户，从而将他们转换为自己的线下客户，这特别适合必须到店消费的产品和服务，比如餐饮、健身、电影和演出、美容美发、摄影及百货等。

O2O 业务模式主要有以下四种：

1. Online to Offline 模式（线上交易到线下消费体验产品或服务）。

营销视角 2019 年全渠道新趋势

2. Offline to Online 模式（线下营销到线上完成商品交易）。随着智能手机的日渐普及、二维码的兴起，很多企业通过在线下做促销，在线上实现交易。

3. Offline to Online to Offline 模式（线下促销到线上商品交易，再到线下消费体验产品或服务）。运营商使得在任何时间段都可能针对手机客户开展促销，而且很多营销活动在线下触发，在线上完成交易，然后客户在线下消费体验。例如，“预存话费 100 元送价值 60 元的金龙鱼油”，在情人节“办情侣套餐送电影票”，在校园开学季“校园新生开卡送自行车”，等等。这种业务模式是在线下触发，然后在线上完成交易，运营商把营销的产品或服务通过线上发给手机客户，手机客户再到线下完成消费体验。

4. Online to Offline to Online 模式（线上交易或促销到线下消费体验产品或服务再到线上交易或促销）。例如，某消费者玩一款网游，该游戏的道具有麦当劳某套餐，然后他在游戏中买了这款麦当劳套餐，该游戏提示他到线下的麦当劳实体店吃完该套餐，然后回到线上继续这款网游。该消费者去实体店消费后再进入网游时，线上那个麦当劳道具已经被使用，而且他在网游中的角色的实力大增。

|营销视角|　　长城葡萄酒 2019 年分销策略

2019 年 1 月 11 日，长城葡萄酒提出，2019 年的分销策略是决战二至四线城市、回归餐饮渠道。一是重启餐饮渠道，打造形象包间、主题包间，与餐饮店形成紧密的合作关系。二是在餐厅渠道面向宴席、喜宴、升学宴等不同场景，均备有相应的针对性产品。三是借助美团、百度等餐饮渠道重要力量，快速导入店里，实现价值全面回归。

以海岸品牌为例，该品牌分销将采用更多流行方式与消费者沟通，例如线上线下营销结合、加入涂鸦等新元素，重点打造“温润小酒馆”IP，聚集年轻消费群体，通过在小酒馆内分享故事、创造内容等差异化形式与消费者同语言沟通，同频道共鸣。不仅如此，海岸品牌还将在新的包装形式、品牌风格、传播形式、销售模式等方面实施营销创新。

资料来源：长城葡萄酒 40 年风雨历程，创新成就中国葡萄酒未来．（2019－01－14）．搜狐网．

（四）多渠道分销与去中介化

以往企业都采用单一渠道在一个或多个细分市场上分销产品。如今，随着消费者细分市场的多样化、客户群体的不断扩散和渠道形式的发展创新，越来越多的企业采用多渠道分销系统（multichannel distribution system）。所谓多渠道分销系统是指企业为进入一个或多个客户细分市场分销其产品，而采用两个或多个营销渠道（如图 13－6 所示）。当企业面对规模大而且日趋复杂的市场时，采用多渠道分销系统具有多种优势。例如，利用多渠道可以增加销售，提高市场份额，并且争取机会调整自己的产品组合以满足不同的细分市场的特定需求。企业应根据不同的分销任务，选择不同的分销渠道（如表 13－1 所示）。然而，多渠道分销系统不容易控制，往往会出现中间商抢夺客户和销售，引起渠道冲突的情况。

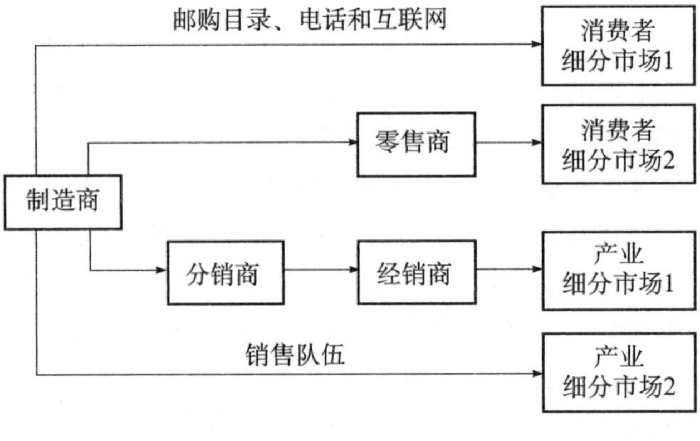

图 13－6　多渠道分销

表 13-1 分销渠道的混合网格

			刺激需求的渠道任务									
			收集相关信息	沟通和传播	达成价格协议	下订单	为存货筹款	承担风险	促成产品存放和转移	促成支付	监督所有权转移	
营销渠道和手段	销售者	互联网										消费者
		全国性客户管理										
		直销										
		电话销售										
		直邮销售										
		零售店										
		分销商										
		增值中间商										

现代信息技术的不断创新和直复营销、在线营销的迅猛发展，给营销渠道的管理和设计带来了深远的影响。其中一个主要趋势就是去中介化（disintermediation）。它是指产品生产者和服务提供商摒弃中间商直接面对终端客户，或者用全新的渠道中介取代传统的渠道中介。网络营销的迅速崛起，逐步代替了传统的实体零售商。在线音乐下载服务 iTunes 和亚马逊 MP3 已经对传统的音像制品零售店构成了致命的威胁。去中介化对生产者和中间商来说，既是机遇也是挑战。积极的创新者能找到给渠道增加价值的新方法，从而挤走传统的中间商以赚取利润。作为传统的中间商必须不断创新，以免被时代淘汰。同样，为了保持和提升市场竞争力，产品和服务的提供商也必须致力于开发新的分销渠道，如互联网营销、直复营销（direct response marketing）等。然而，这些新渠道又常常会与已有渠道直接竞争，导致渠道冲突。为了解决这一问题，企业通常会寻找办法，使直销（direct selling，即无店铺销售）成为这个渠道系统的补充，起到锦上添花的作用，从而避免新老渠道竞争。

第 2 节　分销渠道策略

有效的分销渠道设计，应以确定企业所要到达的市场为起点。原则上讲，目标市场的选择并不属于渠道设计问题。然而事实上，市场选择与渠道选择是相互依存的。有利的市场加上有利的分销渠道，才可能使企业获得利润。

一、影响分销渠道设计的因素

分销渠道设计问题的中心环节是确定到达目标市场的最佳途径。顾客、产品、中间商、竞争者、企业的环境等因素都会影响渠道设计。

二、分销渠道的设计

一般来讲，要想设计一个有效的渠道系统，必须经过确定渠道目标与限制、明确各种渠道交替方案、评估各种可能的渠道交替方案等步骤。

企业必须对各种可能的渠道交替方案进行评估。评估标准有三个，即经济性、控制性和适应性。

1. 经济性。每一种渠道方案都会产生不同的销售量和成本（如图 13－7 所示）。经济分析可用许多企业经常遇到的一个决策问题来说明，即企业应使用自己的推销力量还是使用生产者的销售代理商。假设某企业希望其产品在某一地区取得大批零售商的支持，现有两种方案可供选择：一是向该地区的营业处派出 10 名销售人员，除了付给他们基本工资外，还采取根据推销业绩付给佣金的鼓励措施；二是利用该地区制造商的销售代理商（该代理商已和零售店建立起密切的联系），代理商可派出 30 名推销员，推销员的报酬按佣金制支付。这两种方案可导致不同的销售收入和成本。如图 13－8 所示，利用销售代理商的固定成本比用自己的推销员要低，但是前者增加速度要比后者快，这是因为销售代理商的佣金比推销员报酬要高。而两种渠道的销售成本在某一水平（S_B）上是相同的。当销售额小于 S_B 时，利用销售代理商是明智之举；当销售额大于 S_B 时，则利用企业推销员更为合适。因此，无论企业规模大小，在某一销售量很低的小区域，都会倾向于使用销售代理商。判别一个方案好坏的标准，不是其能否导致较高的销售额和较低的成本费用，而是能否取得最大利润。

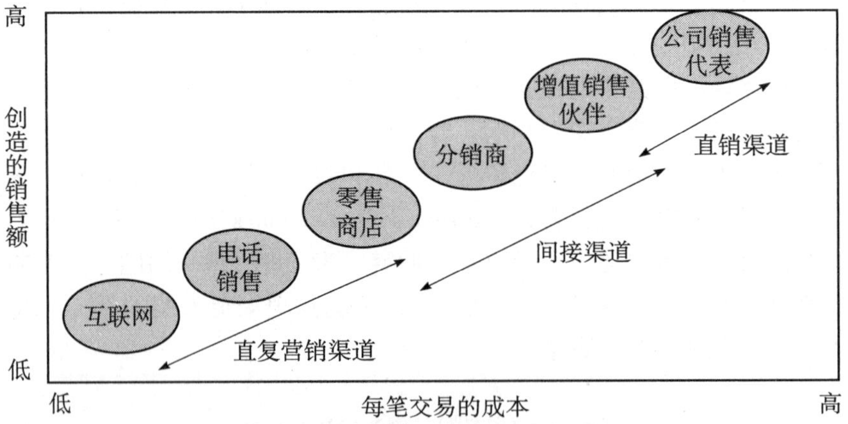

图 13－7　不同渠道的比较：销售量和成本

2. 控制性。进行渠道评估时还要考虑到对渠道成员的控制问题，以最大限度地降低风险。使用代理商无疑会增加控制上的问题。一个不容忽视的事实是，代理商是一个独立的企业，它所关心的是自己如何取得最大利润。它可能不愿与相邻地区同一委托人的代理商合作。它可能只注重访问那些与其推销产品有关的顾客，而忽略对委托人很重要的顾客。代理商的推销员可能无心去了解与委托人产品相关的技术细节，也很难正确或认真地对待委托人的促销数据和相关资料。

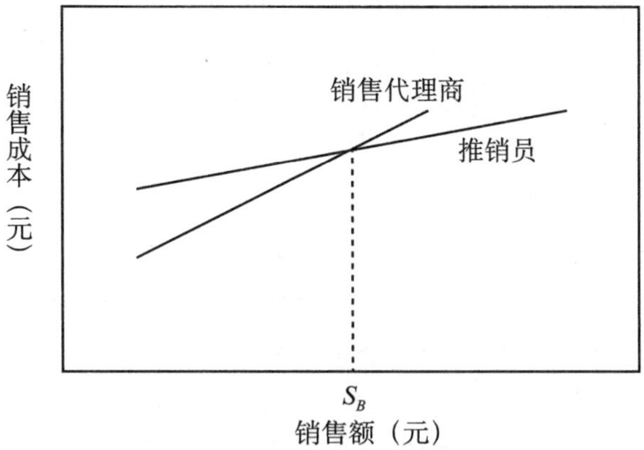

图 13-8 推销员与销售代理商的选择：盈亏平衡图

3. 适应性。在评估各渠道选择方案时，还有一项需要考虑的标准，那就是生产者是否具有适应环境变化的能力，即应变力如何。每个渠道方案都会因某些固定期间的承诺而失去弹性。当某一生产者决定利用销售代理商推销产品时，可能要签订 5 年的合同。在这段时间内，即使采用其他销售方式更有效，生产者也不得随意取消销售代理商。所以，一个涉及长期承诺的渠道方案，只有在经济性和控制性方面都很优越的条件下，才会被考虑。

三、分销渠道的管理

管理人员在进行渠道设计之后，还必须对具体的中间商进行选择、激励与定期评估，并构建良好的中间商关系。

（一）选择渠道成员

一般来讲，生产者要评估中间商经营时间的长短及其成长记录、清偿能力、合作态度、声望等。当中间商是销售代理商时，生产者还须评估其经销的其他产品大类的数量与性质、推销人员的素质与数量。当中间商打算授予某家百货公司独家分销权时，生产者还需评估商店的位置、未来发展潜力以及经常光顾的顾客类型等。

（二）激励渠道成员

一般来讲，对中间商的基本激励水平应以交易关系组合为基础。如果对中间商仍激励不足，则生产者可采取两项措施：（1）提高中间商可得的毛利率，放宽信用条件，或改变交易关系组合使之更有利于中间商。（2）采取人为的方法来刺激中间商，使之付出更大努力。例如，可以挑剔它们，迫使它们创造有效的销售业绩；举办中间商销售竞赛，加强对顾客与中间商的广告活动等。不论上述方法是否与真正交易关系组合有直接或间接关系，生产者都必须小心观察中间商如何从自身利益出发来看待、理解这些措施，因为在渠道关系中存在许多潜在的矛盾，拥有控制权的生产者很容易无意中损害中间商的利益。

（三）评估渠道成员

生产者除了选择和激励渠道成员，还必须定期评估它们的绩效。如果某一渠道成员的绩效远低于既定标准，则需找出主要原因，同时还应考虑可能的补救方法；当放弃或更换中间商将导致更坏的结果时，生产者只能容忍这种令人不满的局面；当不致出现更坏的结果时，生产者应要求工作成绩欠佳的中间商在一定时期内有所改进，否则就要中止合作。

（四）渠道冲突

渠道冲突是指渠道系统中某些成员因从事妨碍企业实现目标的活动而发生各种矛盾和纠纷的现象。在营销实践中，分销渠道的设计很难兼顾渠道成员不同角度、不同层面和不同形式的利益，因此，不可避免地会出现渠道冲突。

1. 渠道冲突的类型及其原因。渠道冲突一般都是为了维持市场份额，保持竞争优势，争夺渠道控制权而展开的利益纷争。在渠道系统的设计存在缺陷、渠道成员之间缺乏信息沟通的情况下，渠道冲突很难避免。一般来讲，渠道冲突有以下三种类型：

（1）水平渠道冲突。是指在同一渠道系统中同一层次中间商之间的冲突。产生水平冲突的原因大多是生产者没有对目标市场的中间商数量及其分管区域进行合理的规划，致使中间商为了各自的利益而互相倾轧。生产者确定了目标市场后，中间商为了获取更多的利益必然要争取更多的市场占有率，跑马占地，扩张势力范围。例如，经营某品牌产品的某中间商，可能认为同一地区经营该产品的另一家中间商在定价、促销和售后服务等方面做得太过分，咄咄逼人，抢了它的生意。如果发生了类似冲突，生产者应未雨绸缪，及时采取有效措施，缓和并协调矛盾，防止类似情况再度出现。否则，就会影响渠道成员的合作及企业产品的销售。

（2）垂直渠道冲突。是指在同一渠道系统中不同层次企业之间的冲突，即渠道上下游的冲突。例如，某些批发商可能会抱怨生产者在价格方面控制太紧，留给自己的利润空间太小，而提供的广告、宣传、公关、促销等服务太少。零售商对批发商或生产者可能也存在类似的不满。一方面，越来越多的中间商从自身利益出发，采取直销与分销相结合的方式销售商品，这就不可避免要同下游中间商争夺客户，大大挫伤了下游渠道的积极性。另一方面，当下游中间商的实力增强以后，不甘心目前所处的地位，希望在渠道系统中有更大的权力，向上游渠道成员发起了挑战。在某些情况下，生产者为了增加产品销售，往往会越过一级中间商直接向二级中间商供货，致使上下游渠道成员之间产生矛盾。

营销视角　格力手机被低价转售

（3）多渠道冲突。是指同一制造商通过两条以上渠道向同一市场分销产品而引起的冲突。例如康柏公司曾在某地区新设了邮购和超市两条渠道分销电脑产品，引起了传统经销商的不满和抵制。

一般来讲，产生渠道冲突的原因主要有：（1）目标差异。主要表现在渠道成员的个体目标各自不同及其与整体目标存在差异。如企业希望以低价政策获得市场的快速成长，而经销商则重视以尽可能的高价来支持其短期获利目标。（2）归属差异。这是对渠道成员的角色和权力划分不清引致冲突。例如，目标顾客归属不清引发争夺顾客的冲突，销售区域归属差异引发的区域市场争夺冲突或窜货，渠道分工差异产生的争执和冲突，对技术理解、掌握和运用差异带来的矛盾冲突等。（3）认知差异。它是指各成员对渠道事件、状态和形势的看法存在分歧。例如，制造商对经济形势持乐观态度，要求经销商更多存货，而后者持悲观看法，不愿冒风险。（4）过度依赖。例如，汽车经销商的利益高度依赖制造商，受产品设计和制造商价格政策影响甚大，它们之间发生潜在冲突的可能性很大。

2. 渠道冲突管理。对于渠道冲突问题，管理者既不能杜绝其发生，也不可视而不见，听之任之，应该积极做好工作，预防和化解各种冲突，确保渠道健康、高效运作。渠道冲突可依据其强度、频度和问题的重要程度划分为高、中、低三种水平（如图13-9所示）。

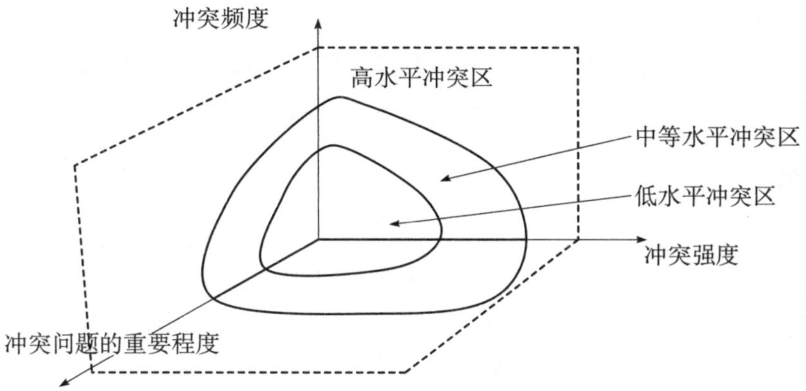

图13-9 渠道冲突水平示意

渠道冲突的水平不同，对渠道的影响是不一样的。它们之间的关系可用图13-10来表示。0～C1的冲突水平对渠道效率没有影响。该冲突一般表现为不满和抱怨，双方较少发生争执，没有行为上的对抗。在C1～C2范围内，冲突水平越高，渠道效率也越高。此时的冲突是为消除渠道成员之间潜在的有害气氛和病态对抗而发生的，属于功能性或建设性冲突。但当冲突水平超过C2点时，冲突行为表现为成员之间相互对抗和报复。这种冲突对渠道效率有破坏性，其水平越高，渠道效率越低。

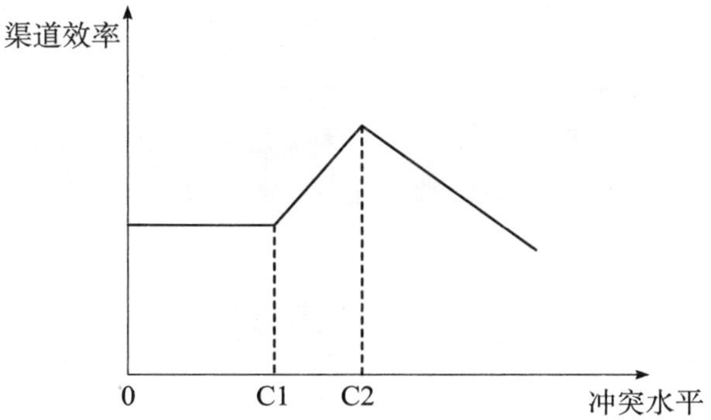

图13-10 冲突水平和渠道效率之间的关系

管理者应深入分析渠道冲突的表现、类型及其对渠道效率产生的影响，重点确认哪些冲突是对渠道效率产生不利影响的高水平冲突，并将其列入重点管理目标，努力将渠道冲突控制在适当的水平。

渠道冲突管理的主要内容包括：预防和避免冲突；控制冲突水平，避免不良冲突发生；利用冲突资源，激励渠道成员；化解冲突危机，舒缓渠道合作关系；切断冲突源头，调整渠道关系。有效的渠道冲突管理要贯穿渠道战略规划、组织结构设计、渠道资源配置和运行管理的全过程。

第3节 物流与供应链管理

一、物流

物流是指通过有效地安排商品的仓储、管理和转移，使商品在需要的时间到达需要的地点的经营活动。物流的任务包括原料及最终产品从起点到最终使用点或消费点的实体移动的规划与执行，并在取得一定利润的前提下满足顾客的需求。

二、供应链

供应链是围绕核心企业，通过对信息流、物流、资金流的控制，从采购原材料开始，制成中间产品以及最终产品，最后由销售网络把产品送到消费者手中的将供应商、制造商、分销商、零售商直到最终用户连成一个整体的功能网链结构模式。它是一个范围更广的企业结构模式，包含所有加盟的节点企业，从原材料的供应开始，经过链中不同企业的制造加工、组装、分销等过程直到最终用户。它不仅是一条连接供应商到用户的物料链、信息链、资金链，而且是一条增值链，物料在供应链上因加工、包装、运输等过程而增加其价值，给相关企业带来收益（如图13－11所示）。

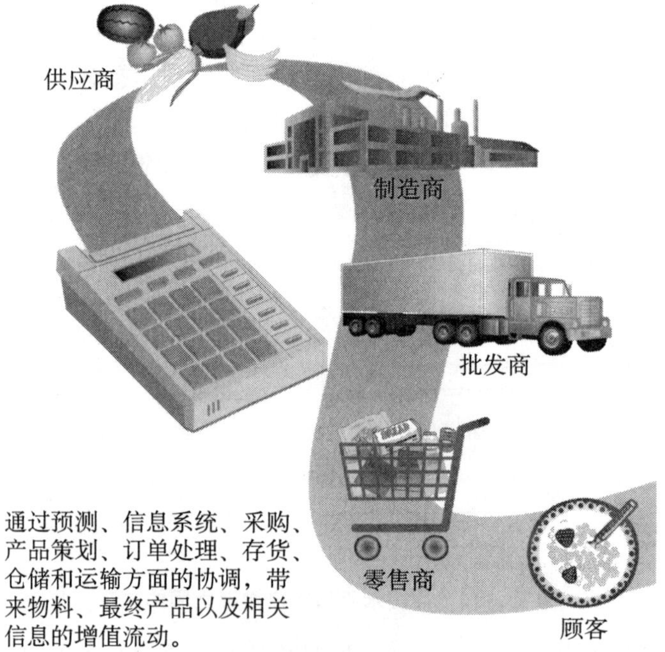

图13－11 供应链

供应链是一个网链结构，由围绕核心企业的供应商、供应商的供应商和用户、用户的用户组成。一个企业就是一个节点，节点企业和节点企业之间是一种需求与供应关系。供应链主要具有以下特征：(1) 复杂性。因为供应链节点企业组成的跨度（层次）不同，供应链往往由多个、多类型甚至多国企业构成，所以供应链结构模式比单个企业的结构模式更为复杂。(2) 动态性。供应链管理因企业战略和适应市场需求变化的需要，其中节点企业需要动态地更新，这就使得供应链具有明显的动态性。(3) 面向用户需求。供应链的形成、存在、重构，都是基于一定的市场需求而发生，并且在供应链的运作过程中，用户的需求拉动是供应链中信息流、产品/服务流、资金流运作的驱动源。(4) 交叉性。节点企业可以是这个供应链的成员，同时又是另一个供应链的成员，众多的供应链形成交叉结构，增加了协调管理的难度。

三、供应链管理

在经济全球化浪潮的冲击下，供应链管理（supply chain management，SCM）已经发展成为一种先进的管理模式，并成为提升企业核心竞争力的重要途径。SCM 提供了集成和管理企业之间功能和资源的机遇，是一种新的面向整个业务流程的经营管理业务模式和供应链成员之间的联系方式。SCM 实质上是一种从渠道管制角度形成的概念模型。可以将 SCM 理解成：在一个组织内集成不同功能领域，加强从直接战略供应商通过生产制造商与分销商到最终客户物流流动过程管理的体系。通过利用直接战略供应商的能力与技术，尤其是供应商在产品设计阶段的早期参与，已经成为提高生产制造商效率和竞争力的新的经济效益增长点。

重要概念

营销渠道	分销渠道	价值递送网络	密集分销
选择分销	独家分销	垂直渠道冲突	水平渠道冲突
传统渠道系统	垂直渠道系统	水平渠道系统	渠道层次
直接分销渠道	多渠道分销系统	去中介化	全渠道营销
物流	供应链管理		

复习题

1. 营销渠道和分销渠道有什么区别？
2. 企业在设计自己的分销渠道时应该考虑哪些因素？
3. O2O 业务模式的主要类型有哪些？
4. 渠道冲突的主要类型有哪些？

案例分析

小米的直供渠道

2019 年 1 月，小米集团年会现场，小米董事长兼 CEO 雷军宣布，小米手机提前两个月实现年出货量突破 1 亿部的目标；家电方面，小米电视用 5 年时间登顶中国第一，小米还推出了空调、洗衣机等产品。国际化方面，小米已进入全球80多个国家与地区，在其中30个国家和地区的手机市场进入了前5名。特别是在印度，手机连续5个季度保持出货量第一。

从营销宏观环境来说，中美贸易战增加了经济形势的不确定性，全球智能手机行业整体需求不振已是事实。面对困难和挑战，小米致力于提升品质，拓展渠道，强化战略指引和组织建设，布局新零售线上线下全渠道。国内市场层面，将继续深耕渠道能力，建设全渠道、全品类、全场景的新零售体系。

小米的手机产品主要通过两条渠道分销。一是线上电商渠道，它具有成本低、传播迅速的特点。另一条渠道则是黄牛线上拿货，线下加价。

既然线上渠道已经没有特别大的优势，那么小米就一定要走到线下。然而，传统渠道并不完全适合小米：一是渠道建设周期太长；二是小米产品本身利润空间小，传统线下渠道销售热情不高。而小米直供相比传统渠道最主要的不同就是省去了中间的各级经销商，尽量让售卖小米产品的商家获利最大。在主要的一二线城市直供的形式可以让小米省去架设渠道的时间和财力，直接向三四线城市渗透。

小米直供由小米官方直接发货并提供服务支持，利用顺丰送达。只要小米直供这一新建的自有渠道对售卖小米产品的分销商有足够的吸引力，渠道拓展起来就会非常迅速。但小米直供也存在一定的难度。一是要看公司的扶持力度有多大。一般来讲，小米产品在其生命周期的导入期往往产能不会很高，市场需求迫切的产品如果不能迅速供货到线下，个人卖家只能售卖一些过气的产品，这将极大地影响直供渠道的销售热情。二是售后服务系统需要持续不断的完善和优化。三是线下渠道最明显的优势就是购买体验，消费者到店的体验会直接影响用户购买决策。

资料来源：吕倩．雷军：2019年小米即将面临最严峻挑战．（2019-01-11）．第一财经；这个全新的销售模式能让小米再创辉煌？．（2017-02-23）．搜狐网．

思考题

1. 小米的直供渠道能否长久？
2. 你如何看待当代企业的渠道创新？

第 14 章

促销策略 14

本章要点

- 促销组合的构成及影响因素
- 广告策略
- 推销策略
- 销售促进策略
- 公共关系策略

现代营销不仅要求企业发展适销对路的产品，制定吸引人的价格，使目标顾客易于获得他们所需要的产品，还要求企业控制其在市场上的形象，设计并传播有关产品的外观、特色、购买条件以及给目标顾客带来的利益等方面的信息。因此，企业必须高度重视与中间商、客户等公众进行沟通，通过多种媒介进行有效的信息沟通，创造消费和使用产品的社会氛围和市场条件，从而促进销售的提升。

第 1 节　促销组合

促销组合是指企业根据促销的需要，对广告、销售促进、人员推销、直复营销与公共关系等各种促销方式进行的适当选择和综合编配（如图 14－1 所示）。现代企业运用促销组合来接触中间商、消费者及各种公众；中间商也可运用一套促销组合来接触消费者及各种公众；消费者彼此之间、消费者与其他公众之间则进行口碑传播；同时，各群体也与其他群体进行沟通和反馈。

营销视角　现场陈列的促销策略

确定促销组合实质上也就是企业在各促销工具之间合理分配促销预算的问题。一般来讲，企业在将促销预算分配到各种促销工具时或在确定促销组合时，需考虑如下因素。

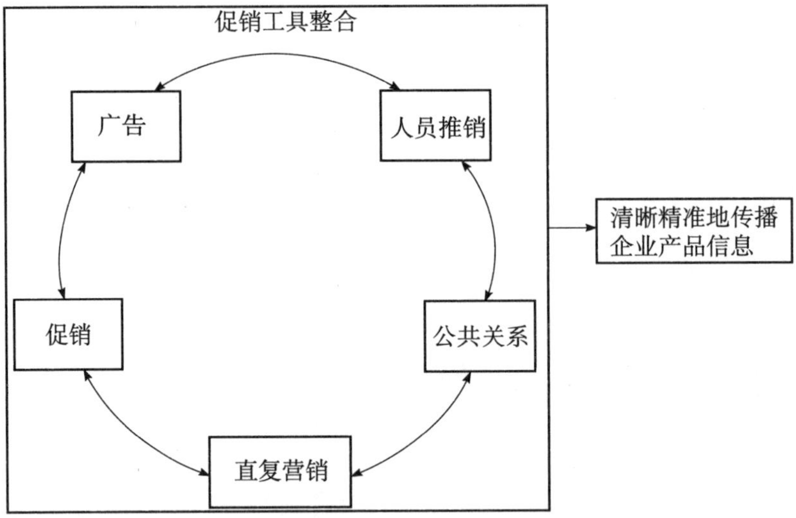

图 14-1 促销工具的整合

延伸阅读 **人工智能在促销中的应用**

人工智能是近年来的前端技术之一，但其和智能手机浪潮一样逐渐在营销端普及。人工智能在营销端的应用更多以智能算法和机器人的形式，通过传感器或人工输入收集相关数据信息，以此生成解决方案。而2019年，人工智能在营销领域的应用将更多运用在内容营销、客户服务和广告上。此外，人工智能还将用于趋势识别、数据提供和竞争对手研究。值得注意的是人工智能内容生成也逐渐成为一大潮流。营销机构Gartner指出，2018年，20%的商业内容将由机器创作。虽然机器内容的准确性尚未经过测试，但大多数消费者已经以某种方式阅读了人工智能生成的文章。

例如，人工智能尤其擅长制作有关商业类或体育类数据密集的新闻简报。这些新闻或许和人类写的文章不太一样，但却能为广告主和新闻商节省大量的时间和金钱。

未来，人工智能很可能会成为互联网内容的主要生产商。但需要注意的是，依赖个性和真实性的内容并不是人工智能的强项，其可能更适合生成一些初始内容，而增加内容的关联性可在后期由人工完成。

一、产品类型

产品类型主要是指产品是消费品还是产业用品。广告一直是消费品的主要促销工具，而推销则是产业用品的主要促销工具。但是，广告对于产业用品，推销对于消费品有各自的作用。

（一）广告在产业用品促销中的作用

广告在产业用品促销中执行着诸如建立知晓、强化理解、有效提醒、提供线索、佐证效果、再度保证等十分重要的职能。主要表现为：（1）广告在树立企业声誉的前提下，将有助于推销员的工作。（2）著名企业的推销员只要销售展示达到预期标准，便在销售方面具有优势；较不著名企业的推销员如果销售展示工作做得卓有成效，也可以克服其弱点；较小企业愿意将其有限的资金用于挑选、训练优秀的推销人员，而不愿用来做广告。（3）企业声誉在产品复杂、风险大以及购买者所受专业训练少的情况下，一般具有较强的影响力。

（二）推销员在消费品促销中的作用

一个训练有素的推销员还可为消费品促销做出如下重要贡献：（1）增加货位。那些具有较强说服力的推销员，可以说服代理商储存更多的企业产品，或为本企业产品提供更多的货位空间。（2）培养热情。具有较强说服力的推销员能够将有计划的广告以及对代理商的销售促进戏剧化，从而培养起代理商对本企业产品的满腔热情。（3）劝导推销。训练有素的推销员能够不辞辛苦、循循善诱地劝导更多的代理商努力经营本企业产品。

二、推式与拉式策略

企业是选择推式策略还是选择拉式策略来创造销售，对促销组合具有重要影响。推式策略是指利用推销人员与中间商促销将产品推入渠道，即生产者将产品积极推到批发商手中，批发商又积极地将产品推给零售商，零售商再将产品推向消费者。拉式策略是指企业针对最终消费者，花费大量的资金从事广告及消费者促销活动，以增加产品的需求。如果做得有效，消费者就会向零售商要求购买该产品，于是拉动整个渠道系统，零售商会向批发商要求购买该产品，而批发商又会向生产者要求购买该产品。企业对推式策略和拉式策略的选择显然会影响各种促销工具的资金分配（如图 14－2 所示）。

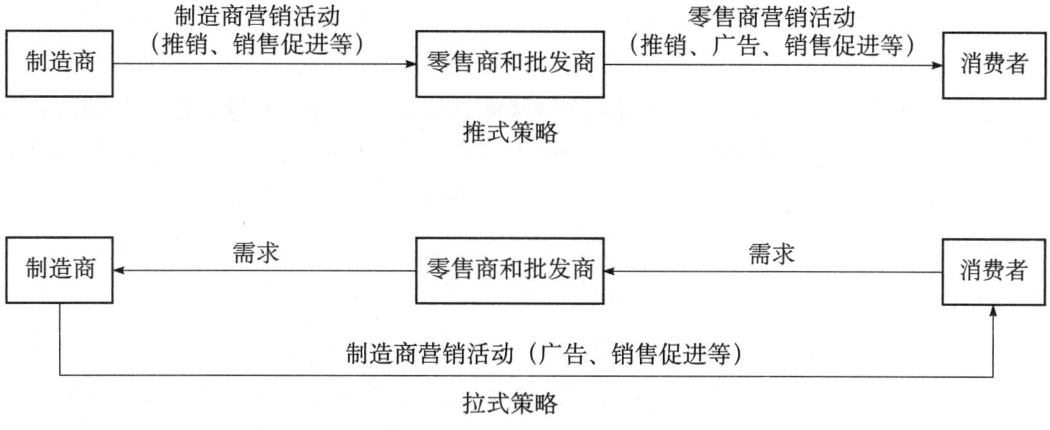

图 14－2 推式策略与拉式策略

三、促销目标

促销目标是指企业开展促销活动所要达到的目的。相同的促销工具用于不同的促销目标，其成本效益会有所不同。广告、销售促进、公关、宣传在建立购买者知晓方面，比推销的效果要好得多。在促进购买者对企业及其产品的了解方面，广告的成本效益最好，推销次之。购买者对企业及其产品的信任，在很大程度上受推销的影响，其次才是广告。购买者订货与否以及订货多少主要受推销访问的影响，销售促进则起协调作用。

四、产品生命周期阶段

在产品生命周期的不同阶段，促销支出的效果也有所不同。在产品生命周期的导入期至成熟期，促销是一个十分重要的营销组合因素。这是由于新产品初上市时消费者对其不认识、不了解，必须通过促销活动来吸引广大消费者的注意力。

1. 在导入期，广告与销售促进的配合使用能促进消费者认识、了解企业产品。

2. 在成长期，社交渠道沟通方式开始产生明显效果，口碑传播越来越重要。如果企业想继续提高市场份额，就必须加强原来的促销工作。如果企业想取得更多利润，则宜用推销来取代广告和销售促进的主导地位，以降低成本费用。

3. 在成熟期，竞争对手日益增多，为了与竞争对手相抗衡，维持已有的市场份额，企业必须增加促销费用。这一阶段企业可能会发现现有产品的新用途或推出改良产品，在这种情况下，加强促销能促使顾客了解产品，产生购买兴趣。运用赠品等促销工具比单纯的广告活动更为有效，因为这时的顾客只需提醒式广告即可。

4. 在衰退期，企业应把促销规模降到最低限度，以保证足够的利润。只用少量广告活动来保持顾客的记忆即可，宣传活动可以全面停止，推销也可减至最小规模。

五、经济前景

企业应随着经济前景的变化，及时改变促销组合。例如，在通货膨胀时期，购买者对价格十分敏感。在这种情况下，企业至少可采取如下对策：(1) 提高销售促进相对于广告的分量。(2) 在促销中特别强调产品价值。(3) 提供信息咨询，帮助顾客明智地购买。

值得注意的是，广告的大量使用最终会降低其效果。广告越来越被视为单向的、片面的、有偏差的和企业导向的沟通手段，而人们所寻求的却是值得信任的、没有偏见的顾客导向的信息。作为新的更有潜力的选项，广告推动了公共关系的兴起。①

延伸阅读　**人工智能时代的整合营销传播**

“整合营销传播”的概念最先由美国西北大学的唐·舒尔茨教授提出。他强调广告主统筹协调所有与消费者的接触点，以确保各种传播手段能向目标消费者发出同

---

① 科特勒，卡塔加雅，许丁宦．营销制胜．北京：中国人民大学出版社，2019：154.

一个声音。迄今为止，这样的经典营销理论不仅没有褪色，反而愈加彰显其价值。在当下的新媒体环境中，广告主不得不面对不同的场景、不同的渠道、不同的投放形式乃至不同的终端。例如微博就涵盖热搜、超级话题、开屏和故事视频等，腾讯则拥有信息流、小游戏广告等，百度旗下囊括了开屏、品牌专区和信息流广告等较为强势的广告产品线。更多的选项反而成为广告主的难题，在人工智能技术介入广告营销业之前，企业在新媒体上的投放往往十分分散。单纯依靠经验进行的盲目投放犹如盲人摸象，它让部分目标客群无法被覆盖，其余一些顾客又频繁处于重复曝光的状态。人工智能技术在营销中的应用可以在相当程度上弥补经验的不足。事实上，在人工智能技术环境下，对单一消费者决策链路的全覆盖轻而易举。从任何角度审视，营销组合拳的力道都要比传统时代的散点式曝光更为强劲有力。

第 2 节 广告策略

广告是由明确的发起者以公开支付费用的做法，以非人员的任何形式，对产品、服务或某项行动的意见和想法等的介绍。广告策略的主要内容如图 14－3 所示。

营销视角 2019 年社交媒体新趋势

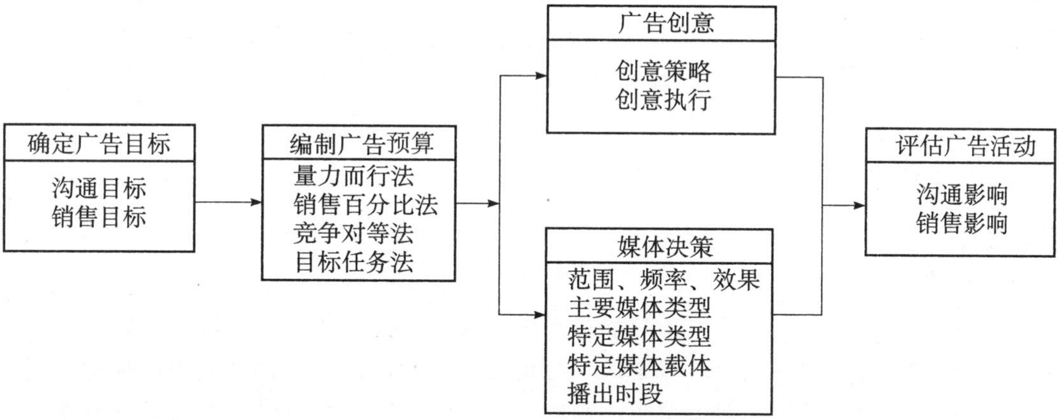

图 14－3 广告策略

一、广告目标和预算方法

企业的广告目标主要有提供信息、诱导购买、提醒使用等。广告目标确定后，企业就可制定广告预算，即确定在广告活动上应花费多少资金。一般来讲，企业确定广告预算的方法主要有四种。

营销视角 信息流广告势头强劲

（一）量力而行法

企业确定广告预算的依据是它所能拿出的资金数额。也就是说，在其他营销活动的经费被优先分配之后，尚有剩余者再供广告之用。

（二）销售百分比法

销售百分比法指企业按照销售额或单位产品售价的一定百分比来计算和决定广告开支。

（三）竞争对等法

竞争对等法指企业比照竞争者的广告开支来决定本企业广告开支的多少，以保持竞争上的优势。在营销管理实践中，不少企业喜欢根据竞争者的广告预算来确定自己的广告预算，造成与竞争者旗鼓相当、势均力敌的对等局势。

（四）目标任务法

前面介绍的几种方法都是先确定一个总的广告预算，再将广告预算总额分配给不同的产品或地区。目标任务法有所不同，其步骤是：（1）明确地确定广告目标。（2）确定为达到这种目标必须执行的工作任务。（3）估算执行这种工作任务所需的各种费用，这些费用的总和就是广告预算。

延伸阅读　2019 年广告业发展趋势

二、广告媒体

企业的媒体计划人员还必须评估各种主要媒体到达特定目标沟通对象的能力，以便决定采用何种媒体。习近平指出："移动互联网已经成为信息传播主渠道。随着5G、大数据、云计算、物联网、人工智能等技术不断发展，移动媒体将进入加速发展新阶段。"[①] 目前，企业用于促销的主要媒体有互联网、微信群、电视、报纸、杂志、直接邮寄、广播、户外广告等。这些媒体在送达率、频率和影响价值方面互有差异。

延伸阅读

人工智能与广告的结合

作为技术的前沿阵地，人工智能与广告的结合已经较为成熟。当下，AI对广告行业的赋能更多体现在投放过程中，从对用户数据的深度挖掘到情感语义分析、情绪实时感知等自然语言的解读应用，再到程序化广告、智能预算分配等营销效率的优化提升，技术应用前后数据反馈的巨大差距彰显了"AI+营销"的巨大价值。

艾瑞咨询的数据显示，中国信息流广告市场规模2018年达到1 173.5亿元的水平。早期巨头们的"跑马圈地"是建立在流量的逻辑之上，但在流量红利接近枯竭时，广告投放效果本身开始制约广告主的持续投放意愿，进而影响广告填充率水平的高低。如何在规模化的基础上实现颗粒度更高的精准化，成为摆在各大平台面前

---

① 习近平．加快推动媒体融合发展 构建全媒体传播格局．求是，2019（6）：6-7.

的难题。除了利用基本的大数据能力确保精准分发，一些广告主开始尝试新的玩法。例如东风风神的一个营销案例就采用了人脸识别技术，通过人工智能明确判定用户的性别和年龄特征，并据此推送适配的信息，这一活动带来了近九成的互动率提升。

资料来源：开启 2019 年“营销新世界”的四大趋势．(2019-01-24)．网易．

三、程序化广告

营销视角　中昌数据 2019 年的新战略

鉴于广告管理成本和时间成本的高昂，程序化广告（programmatic advertising）逐渐成为热门选择。程序化广告为广告主和媒体提供高效、智能、精准的营销机会，带来营销效率和广告效果的双提升。程序化广告是一种使用人工智能根据定位算法购买、投放广告的过程。据估计，到 2020 年，超过 86%的数字广告将通过自动渠道购买。此外，程序化广告超越了网络空间，还可以用于购买和销售各种媒体广告资源，其中包括展示广告和户外广告。

延伸阅读　沉浸式广告带来的体验

程序化和传统广告之间的关键区别在于程序化可以实时更新，广告商可有更多可控性。即使是中小卖家也可以利用程序化广告来最大化投资回报率。而使用程序化广告的方式则决定了程序化广告的成功与否。程序化广告依赖于自动化、大数据、媒体技术和专业知识的结合，而这无疑需要投入一定的人力成本。

第 3 节　推销策略

一、推销的特点

推销是指企业派出销售人员与一个或一个以上可能成为购买者的人交谈，作口头陈述，说服购买者积极购买某种产品或服务的过程。在这一过程中，销售人员要确认购买者的需求，并通过自己的努力去满足购买者的各种需求，使双方能从公平交易中获取各自的利益。由此观之，推销也是一种生产性活动。

延伸阅读　**聊天机器人的新用途**

目前，聊天机器人已经从商业网站、移动应用程序到社交媒体新闻源无处不在。其可适用于各种目的和用途，但通常情况下主要用于回答简单的问题或帮助客户完成一些简单任务。一些先进的聊天机器人已经被企业部署作为虚拟助理和数字部门。而聊天机器人的新用途也不断涌现，包括销售线索筛选、购物帮助、网站浏览指导、知识库研究、人才招聘、自助服务、辅助功能选项。

对于一些中小企业而言，聊天机器人也可以用于第三方对话智能平台，利用这些设备负责客户服务，回答购物问题，进一步促进客户购买。

推销具有广告和宣传等其他促销形式无法比拟的优点，主要包括：(1) 推销注重人际关系，有利于顾客同销售人员之间建立友谊。(2) 推销具有较大的灵活性。(3) 推销针对性强，无效劳动较少。(4) 推销在大多数情况下能实现潜在交换，达成实际销售。(5) 推销有利于企业了解市场，提高决策水平。(6) 推销经常用于竞争激烈的情况，适用于推销那些价格昂贵和性能复杂的商品。

二、推销决策

推销决策是指企业根据外部环境变化和内部资源条件设计和管理销售队伍的过程（如图 14-4 所示）。

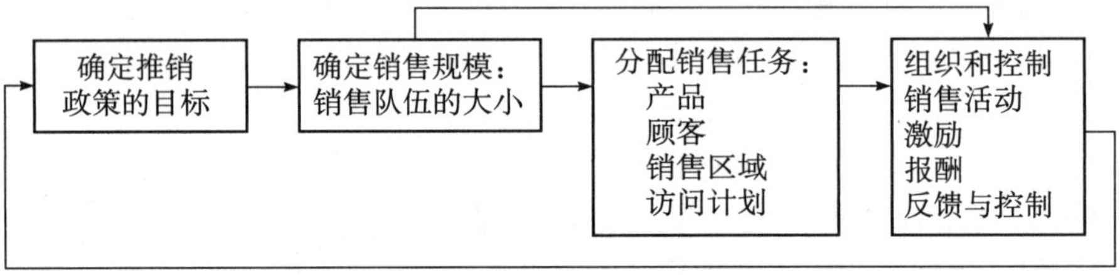

图 14-4 推销决策的内容

由图 14-4 可以看出，人员推销是一个循环的双向流动过程。销售队伍的目标影响销售队伍的大小，而销售规模又会限制其目标。同时，销售规模还制约资源和时间在产品、顾客、区域等方面的分配。

(一) 销售队伍规模

企业设计销售队伍规模时通常有三种方法：

1. 销售百分比法。企业根据历史资料计算出销售队伍的各种耗费占销售额的百分比以及销售人员的平均成本，然后对未来销售额进行预测，从而确定销售人员的数量。

2. 能力分解法。这种方法是把每一位销售人员的产出能力即工作绩效进行分解，再同销售预测值相对比，就可确定销售队伍的规模。

3. 工作量法。分为五个步骤：(1) 按年销售量的大小将顾客分类。(2) 确定每类顾客所需的访问次数（即对每位顾客每年的推销访问次数），它反映了与竞争对手相比要达到的访问密度。(3) 每类顾客的数量乘以各自所需的访问次数就是整个地区的访问工作量。(4) 确定一个销售代表每年可进行的平均访问次数。(5) 将总的年访问次数除以每个销售代表的平均年访问次数，即得到所需销售代表数。

显然，工作量法较为实用。不过，它没有说明访问次数是如何确定的，也没有把销售队伍的规模当成能为企业带来利润的一种投资。事实上，企业利润同销售队伍的规模、预算、报酬方式等紧密地联系在一起。

（二）推销工作安排

推销工作安排是指对销售队伍进行分配，即在销售队伍规模既定的条件下，销售人员如何在产品、顾客和地理区域方面分配时间和资源。

1. 面向顾客的时间安排。图 14－5 呈现的是某位推销员 2019 年的时间安排。大多数市场的顾客是互不相同的，因而每位销售人员在安排销售时间时涉及这样三个问题：（1）在潜在顾客身上要花多少时间？（2）在现有顾客身上要花多少时间？（3）如何在现有顾客和潜在顾客之间合理地分配时间？

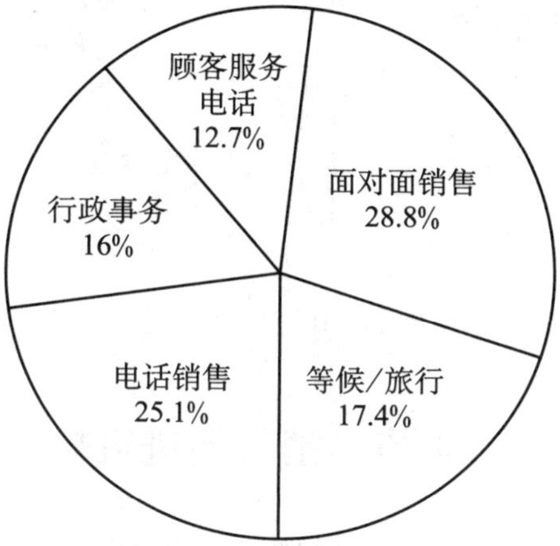

图 14－5　某推销员的时间安排

2. 面向产品的资源分配。一支销售队伍通常要推销一系列产品，所以，销售人员必须寻求一种在各个产品间配置推销资源（时间）的最为经济的方式。新产品的推销有时要花上好几年的时间才能使销售额达到最高水平。因此，企业在决策时不能仅看到近期的销售额和利润率，必须着眼于长远的利益，从战略角度来分配资源和时间，设计营销组合。

（三）销售区域设计

企业委派销售代表常驻一些地区负责产品销售，这些地区通常称为销售区域。区域设计是人员推销策略的重要内容之一。无论是设计新的区域系统，还是调整现有的区域构成，企业都要考虑下列条件：（1）区域要易于管理。（2）各区域的销售潜量容易估计。（3）能够严格控制推销旅途的时间花费。（4）对推销员来说，每个区域的工作量和销售潜量都是相等的，而且足够大。

营销视角　如何增进销售？

企业可以通过确定区域的大小和形状来满足这些条件。设计区域大小主要有两种方法：同等销售潜量法和同等工作量法。这两者各有千秋。企业按同等销售潜量法划分区域能给每个销售代表提供相同的收入机会，并有利于企业衡量销售代表的工作绩效。由于各区域间长期存在的销售额差异能反映出各销售代表能力与努力程度的不同，这就促使他们互相竞争，尽最大努力工作。在现代信息技术迅速发展的时代背景下，越来越多的企业借助数字化销售提升营销绩效（如图14-6所示）。

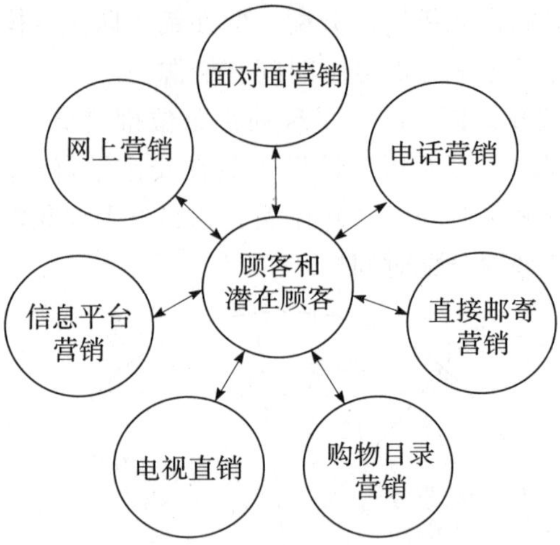

图14-6　数字化销售

第4节　销售促进策略

营销视角　2019年北京跨年促销节

销售促进是指除了人员推销、广告、宣传以外的刺激消费者购买和经销商销售的各种营销活动，例如陈列、演出、展览会、示范表演以及其他推销努力。一般来讲，销售促进被理解为零售企业刺激顾客的一切方法，包括人员推销、广告和宣传报道，因此，它常被视为促销的同义语。

|营销视角|　阿联酋航空2019年促销方案

《阿拉伯商业周刊》(*Arabian Business*) 2019年1月13日报道，阿联酋航空公布了2019年首次重大促销活动。1月10—22日，旅客可以预订有效期至11月30日的航班，票价最低1 000迪拉姆。此次促销也包括商务舱。虽然阿联酋航空业务量增加，但利润率持续降低，迫使其不得不增加客运量。2018年4—9月，阿联酋航空客流量增长3%，收入增长10%，但利润下降86%。

资料来源：阿联酋航空公布2019年促销方案．(2019-01-13)．国家商务部官网．

营销视角　超市的销售促进策略

随着网上订单的便捷化和低成本化，团购成了许多商家促进销售的利器。团购是团体购物的简称。它是指认识或不认识的消费者联合起来，提高与商家的谈判能力，以求得最优价格的一种购物方式。商家以低于零售价格的团购折扣和单独购买得不到的优质服务来吸引消费者，通过消费者自行组团、专业团购网站、商家组织团购等形式，来促进订单增长并实现产品和服务的推广。随着团购模式的不断发展和升级，团购产品已然从最初的小物件向大件商品过渡，早期的团购人数要求等限制逐渐取消。现阶段团购已成为网上购物的重要部分，它的方便、快捷、不受地域限制等特点，尤其是价格这一核心优势，让商家和消费者都乐此不疲。

一般来讲，销售促进策略的实施步骤包括确定销售促进目标、选择销售促进工具、制定销售促进方案、预试销售促进方案、实施和控制销售促进方案以及评价销售促进结果等。

营销视角　2019 年支付巨头发红包

一、确定销售促进目标

销售促进目标是由基本的营销沟通目标推演出来的，而后者又是由产品的更基本的营销目标推演出来的。从这个角度讲，销售促进的目标将依目标市场的不同而有所差异。就消费者而言，目标包括鼓励消费者更多地使用产品和大量购买，争取未使用者试用，吸引竞争者品牌的使用者等。就零售商而言，目标包括吸引零售商经营新的产品项目和维持较高水平的存货，鼓励其购买落令商品，储存相关产品，抵消各种竞争性促销的影响，建立品牌忠诚度，获得新的零售商的合作与支持等。就推销人员而言，目标包括鼓励其支持一种新产品或新款式、新型号的产品，寻找更多的潜在顾客，推销落令商品等。

二、选择销售促进工具

有许多销售促进工具可以用来实现不同的目标，而且各种新工具不断地被开发出来。选择销售促进工具，必须充分考虑市场类型、销售促进目标、竞争情况以及每一种销售促进工具的成本效益等各种因素。

三、制定销售促进方案

营销人员不仅要选择适当的销售促进工具，还要做出一些附加的决策以制定和阐明一个完整的销售促进方案。

1. 诱因的大小。营销人员必须确定使企业成本效益最佳的诱因规模。要想取得促销的成功，一定规模的最低限度的诱因是必需的。

2. 参与者的条件。销售促进策略的另一个重要内容就是决定参与者的条件。例如，特价包是提供给每一个人，还是仅给予那些购买量最大的人。抽奖可能限定在某一范围内，而不允许企业职员的家属或某一年龄以下的人参加。通过设定参与者的条件，卖主可以排除那些不可能成为商品固定使用者的人。当然，应该看到，如果条件过于严格，往往只有大部分品牌忠诚者或希望得到优待的消费者才会参与。

3. 媒体的选择。营销人员还必须决定如何将销售促进方案在目标市场中贯彻。假设促销手段是提供一张减价 15 元的折价券，则至少有四种途径可使顾客获得该折价券：

一是放在包装内；二是在商店里分发；三是邮寄；四是附在广告媒体上。每一种途径的送达率和成本都不相同。例如，第一种途径主要用于送达经常使用者，而第三种途径虽然成本费用较高，却可送达非本品牌使用者。

4. 时间的长短。营销人员还要决定销售促进时间的长短。如果时间太短，则一些顾客可能无法重购，或由于太忙而无法利用促销的好处。如果时间太长，则消费者可能认为这是长期降价，而使优惠失去效力，甚至还会使消费者对产品质量产生怀疑。阿瑟·斯特恩（Arthur Stern）进行调查研究后发现，最佳的频率为每季度有3周的优惠活动，最佳时间长度为平均购买周期。当然，这种情况会随着销售促进目标、消费者购买习惯、竞争者策略及其他因素的不同而有所差异。①

5. 时机的选择。在营销实践中，品牌经理通常要根据销售部门的要求来安排销售促进的时机和日程。而日程安排必须由地区营销经理根据整个地区的营销战略来研究和评估。此外，销售促进时机和日程的安排还要注意使生产、分销、推销的时机和日程协调一致。

6. 总预算。销售促进总预算可以通过两种方式确定：

（1）自下而上的方式，即根据全年销售促进活动的内容、所运用的销售促进工具及相应的成本费用来确定销售促进总预算。实际上，销售促进总成本 P_c 等于管理成本 A_c（如印刷费、邮寄费和促销活动费）加诱因成本 I_c（如赠奖、折扣等成本）之和乘以在这种交易活动中售出的预期单位数量 Q_e，即

$$P_c=(A_c+I_c)Q_e$$

对于一项赠送折价券的交易，计算成本时要考虑到只有一部分消费者使用所赠的折价券来购买。就一张附在包装中的赠券来说，交易成本包括奖品采购和包装成本，再扣减因包装所引起的价格提高。

（2）按习惯比例来确定各项销售促进预算占总促销预算的比率。例如，牙膏的促销预算占总促销预算的30%，而洗发水的销售促进预算可能要占到总销售促进预算的50%。在不同市场上，不同品牌商品的销售促进预算比率是不同的，它们受到产品生命周期的各个阶段和竞争者销售促进预算的影响。经营多品牌的企业应将其销售促进预算在各品牌之间进行协调，以取得尽可能大的收益。

四、预试销售促进方案

虽然销售促进方案是在经验基础上制定的，但仍应通过预试来确认所选用的工具是否适当，诱因规模是否最佳，实施的途径效率如何。面向消费者的销售促进易于进行预试，可邀请消费者对几种可能的优惠方法做出评价，给出评分，也可以在有限的地区范围内进行试验性测试。

五、实施和控制销售促进方案

对每一项销售促进工作都应该确定实施和控制计划。实施计划必须包括前置时间和

① 郭国庆．市场营销管理：理论与模型．北京：中国人民大学出版社，1995：465.

销售延续时间。前置时间是指开始实施这种方案所必需的准备时间。这一时期所做的工作包括：最初的计划工作、设计工作、材料的邮寄和分送、与之配合的广告准备工作、销售现场的陈列、现场推销人员的通知、个别分销商地区配额的确定、购买和印刷特别赠品或包装材料、预期存货的生产、将存货存放到分销中心准备在特定的日期发放，以及对零售商的分销工作。销售延续时间是指从开始实施优惠办法起到大约 95%的采取这种优惠办法的商品已经在消费者手中为止的时间。这段时间可能是几个星期或几个月，它取决于实施这一办法持续时间的长短。

六、评价销售促进结果

企业可用多种方法对销售促进结果进行评价。评价程序随着市场类型的不同而有所差异。例如，企业在测定对零售商促销的有效性时，可根据零售商销售量、商店货架空间的分布和零售商对合作广告的投入等进行评估。企业可通过比较销售绩效的变动来测定消费者销售促进的有效性。在其他条件不变的情况下，销售的增加可归因于销售促进的影响。

第 5 节　公共关系策略

一、公共关系的含义

公共关系（public relations）是指组织为改善与社会公众的关系，增进公众的认识、理解及支持，树立良好形象，实现其与公众的共同利益与目标的管理活动。

公共关系的主体可以是组织，也可以是个人。公共关系客体（对象公众）也很广泛，既包括组织内部公众，如股东、员工等，也包括外部公众，如顾客、新闻媒体、金融机构、政府、业务伙伴、竞争者等。

企业的公共关系形象包括产品形象、服务形象、员工形象和环保形象等。良好的公共关系形象无疑是企业的无形资产，可有效促进企业与顾客及合作伙伴的沟通，增强企业的核心竞争力。

二、公共关系的职能

公共关系作为一门经营管理艺术，其职能主要表现在信息监测、舆论宣传、沟通协调、危机处理四个方面。公关人员的重要任务之一就是发掘或创造对企业或其产品有利的新闻。新闻的创造要善于构想出好的故事，以争取媒体采用。公关人员必须尽可能多地结识新闻编辑人员和记者，以获得较多较好的有关本企业的新闻报道。

延伸阅读　**习近平论媒体传播**

2019 年 1 月 25 日，习近平等中央领导同志在人民日报新媒体中心听取了人民日报微博、微信公众号、客户端建设情况汇报，观看了新媒体产品展示。

习近平发表了重要讲话，指出，党报党刊要加强传播手段建设和创新，发展网站、微博、微信、电子阅报栏、手机报、网络电视等各类新媒体，积极发展各种互动式、服务式、体验式新闻信息服务，实现新闻传播的全方位覆盖、全天候延伸、多领域拓展，推动党的声音直接进入各类用户终端，努力占领新的舆论场。

习近平强调，全媒体不断发展，出现了全程媒体、全息媒体、全员媒体、全效媒体，信息无处不在、无所不及、无人不用，导致舆论生态、媒体格局、传播方式发生深刻变化，新闻舆论工作面临新的挑战。推动媒体融合发展，要坚持一体化发展方向，通过流程优化、平台再造，实现各种媒介资源、生产要素有效整合，实现信息内容、技术应用、平台终端、管理手段共融互通，催化融合质变，放大一体效能，打造一批具有强大影响力、竞争力的新型主流媒体。

资料来源：习近平：推动媒体融合向纵深发展 巩固全党全国人民共同思想基础．(2019-01-25)．新华网．

三、公共关系评估

公共关系活动很难精确测量。概括地说，公关评价的指标包括以下几个方面：一是信息传播频率。衡量公共关系效果最简易的方法是计算企业出现在媒体上的信息传播次数。发送信息的数量是公关效果评价的基础性信息，这通常可以从公关活动实施记录中精确地得到，如提供有关纸质媒体的报道版面和读者构成，广电媒体的传播时段，以及受众群体的分析报告等。二是受众反响。重点是通过调研，分析由公共关系活动引起的公众对企业或产品的知名度、理解和态度方面的前后变化水平。三是假定在其他促销策略（广告、销售促进等）基本不变的情况下，尽可能估算公关对公众行为产生的影响，包括对销售额和利润产生的促进作用。

重要概念

促销组合	推式策略	拉式策略	独特销售主张
广告	程序化广告	量力而行法	销售百分比法
竞争对等法	目标任务法	销售促进	公共关系
推销			

复习题

1. 怎样理解促销组合？
2. 什么是广告？确定广告预算的方法有哪些？
3. 怎样理解公共关系的含义和职能？

案例分析

小米、美团缺席春晚广告

真正看春晚的人可能少了，但作为全民文化热点与传播机会，春晚依然是各企业广告促销的重要阵地。2019 年的央视春晚广告有如下特点：

（1）只有 1/3 的广告主是延续投放。2018 年有 24 个广告主，2019 年也是 24 个广告主，但 2019 年度延续投放的只有 7 个，17 个为新增。延续的广告品牌分别是古井贡酒、君乐宝、伊利安慕希、京东、淘宝、美的、广汽传祺。

（2）行业分布与上年变化不大，互联网、快消占绝对大头。涉及行业从 8 个变为 7 个——互联网、快消、零售、教育、文化销售以及新增的物流、公益。但在力度上互联网行业绝对强势，贯穿整场的重要合作主要是百度 App 红包、抖音集音符、快手内容分发。

（3）大部分广告涉及春节主题或衔接，广汽传祺等部分品牌佛系投放。大部分广告与春节或新年话题做了关联：部分是专门为春节/春晚制作的广告片段，比如百度、拼多多、京东、苏宁、淘宝、海尔、抖音、古井贡酒；部分做了必要关联，比如安慕希、云南白药、银联、中国邮政；而部分广告则是直接使用其他周期投放的广告片，典型如广汽传祺、君乐宝、汾酒、露露。

（4）大科技公司小米、美团缺席。在大型科技公司中，2018 年春晚曾经投放并且在 2018 年上市的小米、美团没有广告投放，不知道其 2018 年的行为是上市前的必要举措，还是针对 2019 年，其品牌策略并未考虑春晚。

（5）从硬性广告到整合，如百度、抖音大合作，快手、古井贡酒次级合作，拼多多略弱势。从黄金 9 分半深入到全场的广告促销看，百度、抖音是春晚整场顶级合作客户，贯穿全场的红包互动，在硬广部分只是常规露出。百度与抖音的核心是要通过与春晚深度绑定，通过大规模高频曝光互动，提升自己从大流量产品到全民产品的演进（如微信与淘宝、支付宝前两年一样）；只是百度的策略更加极端，对获客 KPI 要求更高，差不多得把百度系 App“全家桶”都得让用户下一遍才行。快手作为春晚“内容分发平台”，快手 App 内部可以观看春晚直播，同时在春晚整场有数次字幕露出，还有至少 1 次 1 分钟快手视频短片合集播放。古井贡酒包含 3 段硬广，同时全场春晚应该至少有 2 次主持人口播；而作为与古井贡酒似乎是同样合作模式的拼多多，在硬广阶段有最多的时长曝光，但春晚全场似乎并没有其他明显露出。

资料来源：小米、美团缺席，2019 春晚广告投放观察．(2019－02－06)．网易．

思考题

1. 你如何看待各品牌的春晚广告促销？
2. 你认为小米、美团缺席春晚广告的主要原因是什么？

05

第V篇

营销管理与大数据营销

FUNDAMENTALS OF MARKETING

第 15 章

营销管理 15

本章要点

- 市场营销计划的主要内容
- 市场营销组织的类型
- 市场营销控制的主要方法
- 市场营销审计的内容

营销的计划、执行、组织和控制构成了营销管理的主体部分。营销计划是企业在分析市场状况基础上预先制定的行动方案和规划，它是企业管理经营的重要依据。营销组织是计划制定和执行的载体，营销计划的实施离不开有效的营销组织。营销控制则通过监测、检查营销计划的执行实施情况，适时适当地进行调整和改进，以保证计划的有效实现（如图 15 - 1 所示）。

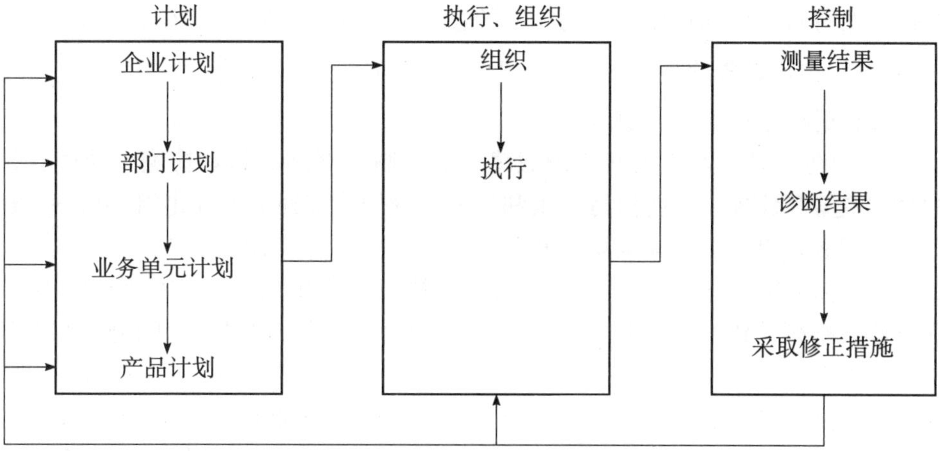

图 15 - 1　营销计划、执行、组织、控制

第1节　营销计划与执行

一、营销计划的内容

营销计划是指在研究当前营销状况（包括市场状况、产品状况、竞争状况、分销状况和宏观环境状况等），分析企业所面临的主要机会与威胁、优势与劣势以及所存在问题的基础上，对财务目标和营销目标、营销战略、营销行动方案以及预计利润表的确定和控制。营销计划无论是对营销部门还是对其他职能部门而言，都具有重要作用，它往往是其他行动计划的起点，包括产品计划、品牌计划、市场计划等。

营销视角　河南苏宁2019年营销计划：智慧零售

营销计划主要由以下八个部分组成：（1）内容摘要：可使管理层迅速抓住计划的要点。（2）营销状况：提供与市场、产品、竞争、分销和宏观环境有关的背景数据。（3）机会和威胁分析：概述企业外部的主要机会与威胁、企业内部的优势与劣势以及在计划中必须注意的主要问题。（4）营销目标：确定想要达到的销售量、投资报酬率、市场份额、利润额等目标。（5）营销战略：描述为实现计划目标而采用的主要营销方法。包括目标市场的选择和市场定位战略、营销组合策略、费用水平预估等。（6）行动方案：回答应该做什么、谁来做、何时做、需要多少成本等。（7）预计的利润表：概述计划所预期的财务收益情况。（8）营销控制：说明将如何监控该计划的执行实施。

二、营销执行过程

分析营销环境、制定营销战略和营销计划是解决营销活动“应该做什么”“为什么要这样做”的问题；而营销执行则是要解决“由谁去做”“什么时候做”“怎样做”的问题。[①]营销执行是指将营销计划转化为行动方案的过程，以期完成使命，实现计划目标。

（一）营销执行过程的步骤

营销执行过程包括如下主要步骤。

1. 制定行动方案。为了实施营销战略，必须制定详细的行动方案，明确营销战略实施的关键决策和任务，并将执行决策和任务的责任落实到个人或小组。另外，还应包含具体的时间表，定出行动的确切时间。

2. 建立组织结构。企业的正式组织在营销执行过程中起着决定性作用。组织结构必须同企业战略相一致，同企业本身的特点和环境相适应，通过明确的分工和有效的协调，实现内部各项决策和行动。

3. 设计决策和报酬制度。决策和报酬制度直接关系到战略实施的成败。

4. 开发人力资源。营销战略最终是由企业内部的工作人员来执行的，人力资源的开发涉及人员的考核、选拔、安置、培训和激励等问题。

---

① Kotler P，Armstrong G. Principles of Marketing. 17th ed. Harlow：Pearson Education Limited.，2018：78－81.

5. 建设企业文化。企业文化是一个企业内部全体人员共同持有和遵循的价值标准、基本信念和行为准则，包括企业环境、价值观念、模范人物、仪式、文化网五个要素。良好的企业文化能够把全体员工团结在一起，为企业战略的执行奠定坚实的基础。

延伸阅读

微信红包促企业文化建设

2019 年腾讯“定制红包封面”的推出说明企业微信在对用户群的定位上有了自己的方向感，那就是“人情味”。微信允许用户在红包里面添加自己制作的表情等，来强化红包的情感分量和互动趣味，使得红包不只是“发钱”或是“赤裸裸的金钱交易”。

企业微信红包，不管是发送自定义专属红包封面给员工，还是员工用带有企业专属封面的红包给亲属和客户，都能传播企业文化，提升成员对企业的认同感、归属感。从“人情味”这种大家看不见却都能感受的企业文化出发，去触动大企业高管的文化传播诉求。也就是说，企业微信将自己的用户群定位在“大企业的高管层级”。让有传播企业文化、提升用工认同度诉求的大企业高管看到企业微信与众不同的价值。

资料来源：企业微信推出“定制红包封面”，打响腾讯 2019 全面 TO B“第一枪”．(2019-01-24)．https://www.toutiao.com/i6649961042082267656/.

6. 确定管理风格。企业管理风格与企业文化直接关联，不同的战略要求不同的管理风格，这主要取决于企业的战略任务、组织结构、人员和环境。

为了有效地实施营销战略，企业的行动方案、组织结构、决策和报酬制度、人力资源、企业文化和管理风格这六大要素必须协调一致、相互配合。

（二）营销执行中的问题

营销执行是一个艰巨而复杂的过程。企业在实施营销战略和营销计划过程中出现问题的原因主要有以下几个方面：(1) 计划脱离实际。企业的营销战略和营销计划通常是由上层的专业计划人员制定的，而执行则要依靠营销管理人员。(2) 长期目标和短期目标相矛盾。营销战略通常着眼于企业的长期目标，涉及今后3～5年的经营活动。但对具体执行这些战略的营销人员通常是根据他们的短期工作绩效，如销售量、市场份额或利润率等指标来进行评估和奖励的。因此，营销人员常选择短期行为。(3) 因循守旧的惰性。新的战略如果不符合企业的传统和习惯就会遭到抵制。(4) 缺乏明确具体的执行方案。有些计划之所以失败，是因为计划人员没有制定明确具体、能够使企业内部各有关部门协调一致的执行方案。

第 2 节 营销组织

营销组织是指企业内部涉及营销活动的各个职位及其结构，有效的组织能够跟随市场变化和技术革新而不断地进行自我调整。

一、营销部门的演变

企业的营销部门是随着营销管理哲学的不断发展演变而来的，大致经历了单纯的销售部门、兼有附属职能的销售部门、独立的营销部门、现代营销部门、现代营销企业五个阶段。

（一）单纯的销售部门

将生产观念奉为营销哲学的企业大都采用这种形式。一般说来，所有企业都是从财务、生产、销售和会计这四个基本职能部门开始发展的。财务部门负责资金的筹措，生产部门负责产品制造，销售部门通常由一位副总经理负责，管理销售人员，兼管若干营销调研和广告宣传工作（见图 15-2（a））。在这个阶段，销售部门的职能仅仅是推销生产部门生产出来的产品，生产什么、生产多少、销售什么、销售多少、库存管理等完全由生产部门决定，销售部门对产品的种类、规格、数量等问题，几乎没有发言权。

（二）兼有附属职能的销售部门

将推销观念奉为营销哲学的企业需要进行经常性的营销调研、广告宣传以及其他促销活动，这些工作逐渐变成专门的职能，当工作量达到一定程度时，便会设立一名营销主任，负责这方面的工作（见图 15-2（b））。

（三）独立的营销部门

随着企业规模和业务范围的进一步扩大，原来作为附属性工作的营销调研、新产品开发、广告促销和为顾客服务等营销职能的重要性日益增强。于是，营销部门成为一个相对独立的职能部门，作为营销部门负责人的营销副总经理同销售副总经理一样直接受总经理的领导，销售和营销成为平行的职能部门（见图 15-2（c））。

（四）现代营销部门

尽管销售副总经理和营销副总经理需要配合默契和相互协调，但是他们之间往往是一种彼此敌对、互相猜忌的关系。销售副总经理倾向于短期行为，侧重于取得眼前的销售量；而营销副总经理多着眼于长期效果，侧重于制定适当的产品计划和营销战略，以满足市场的长期需要。销售部门和营销部门之间矛盾冲突的解决过程，形成了现代营销部门的基础，即由营销副总经理全面负责，下辖所有营销职能部门和销售部门（见图 15-2（d））。

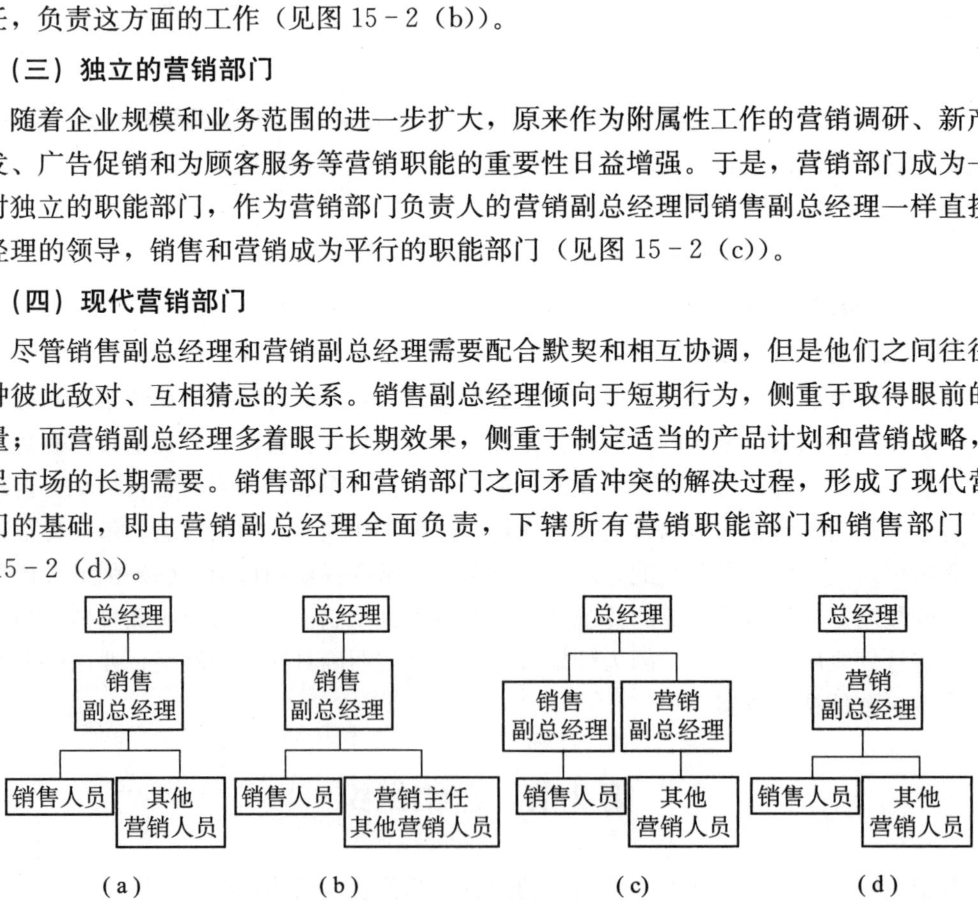

图 15-2　营销部门的演变

（五）现代营销企业

一个企业仅仅有了上述现代营销部门，还不等于是现代营销企业。现代营销企业取决于企业内部各种管理人员对待营销职能的态度，只有当所有的管理人员都认识到企业一切部门的工作都是“为顾客服务”，“营销”不仅是一个部门的名称而且是一个企业的经营哲学时，这个企业才能算是一个“以顾客为中心”的现代营销企业。

二、营销组织类型

为了实现企业目标，企业领导必须选择适合的营销组织。大体上，营销组织可分为专业化组织和结构型组织。

（一）专业化组织

专业化组织包括以下四种类型。

营销视角　2019 年吉利汽车调整营销组织架构

1. 职能型组织。这是最古老也最常见的营销组织形式。它强调营销各种职能如销售、广告和研究等的重要性。从图 15－3 可以看出，该组织形式把销售职能当成营销的重点，而广告、产品管理和研究职能则处于次要地位。当企业只有一种或很少几种产品，或者企业产品的营销方式大体相同时，按照营销职能设置组织结构才比较有效。但是，随着产品品种的增多和市场的扩大，这种组织形式就暴露出发展不平衡和难以协调的问题。因为没有一个部门能对某产品的整个营销活动负全部责任，所以各部门就强调各自的重要性，以争取到更多的预算和决策权，致使营销副总无法进行协调。

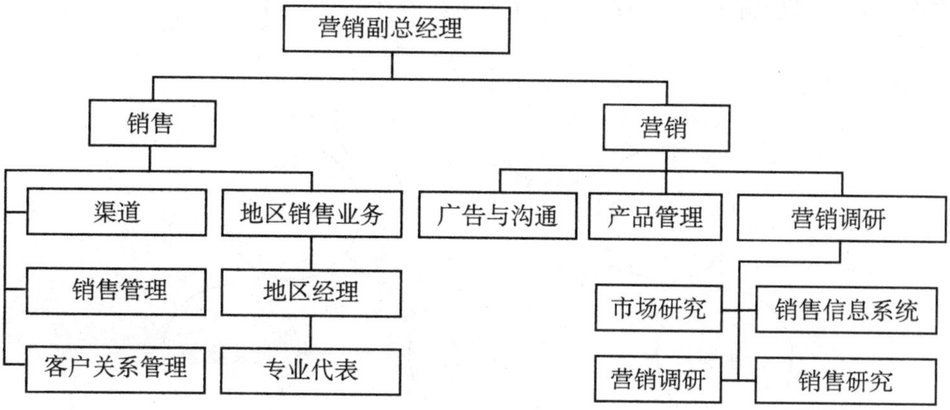

图 15－3　职能型组织

2. 产品型组织。产品型组织是指在企业内部建立产品经理组织制度，以协调职能型组织中的部门冲突。在企业所生产的产品差异很大、产品品种太多，以至于按职能设置的营销组织无法处理的情况下，建立产品经理组织制度是适宜的。其基本做法是，由一名产品营销经理负责，下设几个产品大类经理，产品大类经理之下再设几个具体产品经理负责各具体的产品（见图 15－4）。

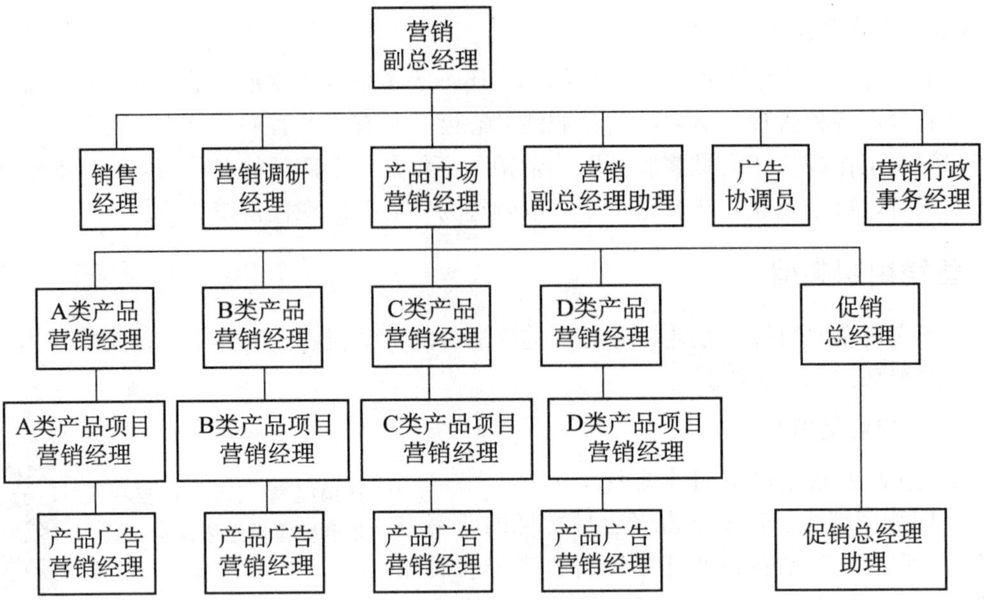

图 15－4　产品型组织

有一种产品型组织可称为辐射式系统（如图 15－5 所示），产品经理位于中间。辐射到有工作往来的各有关部门。产品经理的职责是制定产品开发计划并付诸实施，监测其结果和采取改进措施。具体可分为六个方面：（1）发展产品的长期经营和竞争战略。（2）编制年度营销计划和进行销售预测。（3）与广告代理商和经销代理商一起研究广告的文稿设计、节目方案和宣传活动。（4）激发推销人员和经销商经营该产品的兴趣。（5）收集产品、市场情报，进行统计分析。（6）倡导新产品开发。

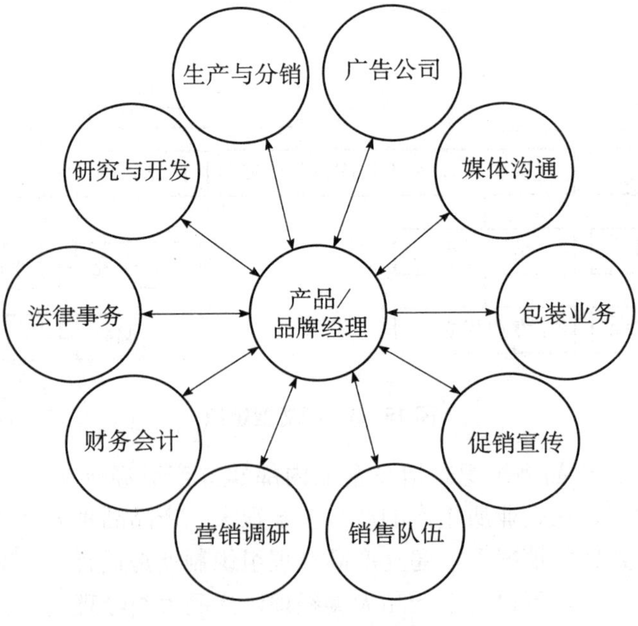

图 15－5　辐射式系统

产品型组织形式的优点在于产品经理能够有效地协调各种营销职能，并对市场变化做出积极反应；同时，由于有专门的产品经理，那些较小品牌的产品不会被忽视。不过，该组织形式也存在不少缺陷。(1) 缺乏整体观念。各个产品经理相互独立，他们会为保持各自产品的利益而产生摩擦。(2) 部门冲突。产品经理未必具备确保其有效履行职责的应有权威。他们不得不靠劝说的方法取得广告部门、销售部门、制造部门和其他部门的配合与支持。(3) 多头领导。由于权责划分不清楚，下级可能会得到多方面的指令。例如，产品广告经理在制定广告战略时接受产品营销经理的指导，而在预算和媒体选择上则受制于广告协调部门。

产品型组织还可以采取产品团队的形式，有垂直型、三角型和水平型（如图15-6所示）。在采取三角型和水平型产品团队形式时，每一个主要品牌都要接受品牌资产管理团队（由影响品牌绩效的各相关职能部门代表组成）的管理。

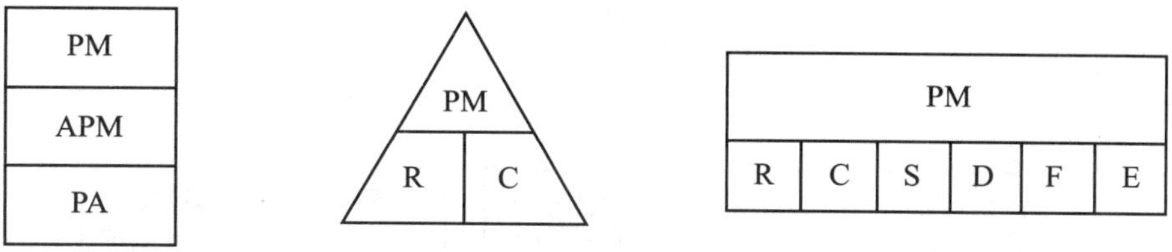

(a) 垂直型产品团队　(b) 三角型产品团队　(c) 水平型产品团队

PM=产品经理　APM=产品副经理　PA=产品助理　R=市场分析员　C=传播专员
S=销售经理　D=分销专员　F=财会专员　E=工程师

图15-6　产品团队的三种形式

3. 市场型组织。当企业拥有单一的产品大类，面对各种不同偏好的消费群体，以及使用不同的分销渠道时，建立市场型组织是可行的。许多企业都在按照市场系统安排其营销机构，使市场成为企业各部门为之服务的中心。

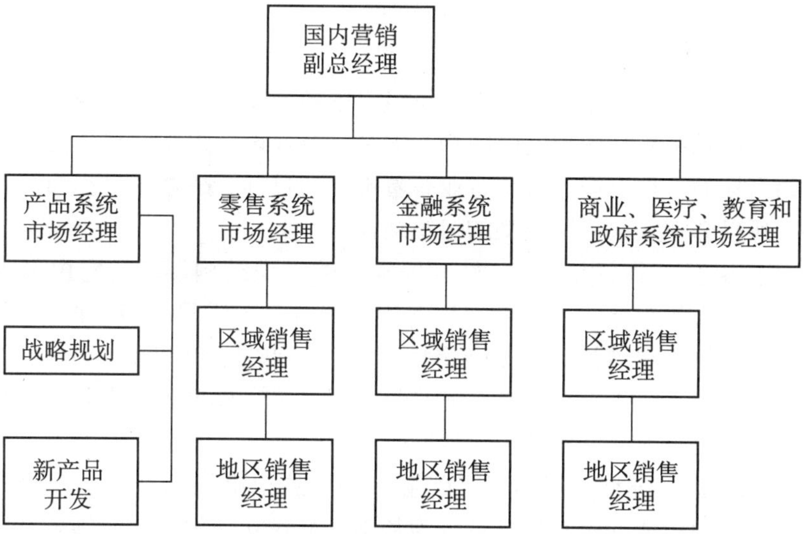

图15-7　市场型组织

市场型组织的基本形态如图15-7所示。一名市场主管经理管理几名市场经理（市场经理又称市场开发经理、市场专家或行业专家)。市场经理开展工作所需要的职能性服务由其他职能性组织提供并保证。其职责是负责制定所辖市场的长期计划和年度计划，分析市场动向及企业应该为市场提供什么新产品等。他们的工作成绩常用市场份额的增加来判断，而不是看其市场现有盈利状况。市场型组织的优点在于，营销活动可以按照满足各类不同顾客的需求来组织和安排，这有利于企业加强销售和市场开拓。其缺点是权责不清和多头领导，这与产品型组织类似。

4. 地理型组织。如果一个企业的营销活动面向全国，那么它会按照地理区域设置其营销机构（见图 15－8)。其机构设置包括：一名负责全国销售业务的销售经理，若干名区域销售经理、地区销售经理和地方销售经理。为了使整个营销活动更为有效，地理型组织形式通常与其他类型的组织形式结合起来使用。

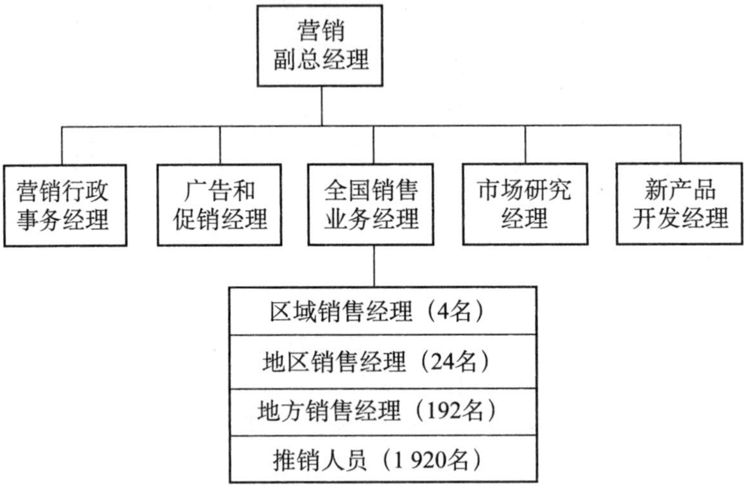

图 15－8　地理型组织

（二）结构型组织

专业化组织只是从不同角度确立了营销组织中各个职位的形态，至于如何安排这些职位，还要分析组织结构与职位之间的相互关系。企业设计组织结构不是最终目的，而只是实现营销目标的一种手段。各个企业有着不同的目标、战略、目标市场、竞争环境和资源条件，所以会建立起不同类型的组织结构。

1. 金字塔型组织。金字塔型是一种较为常见的组织结构形式。它由经理至一般员工自上而下建立垂直的领导关系，管理幅度逐步加宽，下级只向自己的上级直接负责。按职能专业化设置的组织结构大都是金字塔型。其特点是上下级权责明确，沟通迅速，管理效率较高。不过，由于每个员工（尤其是下层员工）权责范围有限，往往缺乏对总体营销状况的了解，因而不利于他们的晋升。

2. 矩阵型组织。矩阵型组织是职能型组织与产品型组织相结合的产物，它以直线指挥系统为职能部门组成的垂直领导系统为基础，又建立一种横向的领导系统，两者结合起来就组成一个矩阵（见图 15－9)。

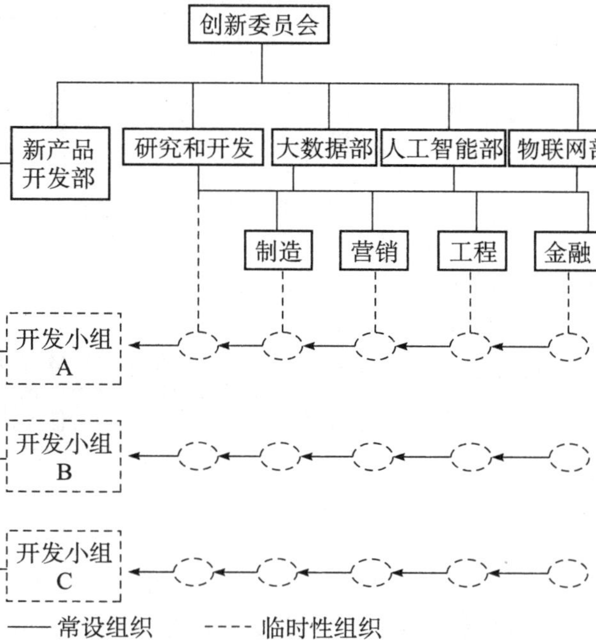

图 15-9 矩阵型组织

矩阵型组织的产生大体分两种情形：

（1）企业为完成某个跨部门的一次性任务（如产品开发），从各部门抽调人员组成由经理领导的工作组来执行该项任务，小组的有关人员一般受本部门和小组负责人的共同领导。任务完成后，小组撤销，成员回到各自的岗位。这种临时性的矩阵型组织又叫小组制。

（2）企业要求个人对于维持某个产品或品牌的利润负责，把产品经理的位置从职能部门中分离出来并加以固定；同时，由于经济和技术因素的影响，产品经理还要借助各职能部门实施管理，这就构成了矩阵。

矩阵型组织能加强企业内部门间的协作，集中各种专业人员的知识技能又不增加编制，组建方便，适应性强，有利于提高工作效率。但是，双重领导、过于分权、稳定性差和管理成本较高的缺陷抵消了一部分效率。

营销视角　2019 年惠氏电商的营销组织创新

第 3 节　营销控制

由于在营销计划的执行中会出现许多意外情况，因此营销的成功离不开对营销计划执行情况的监测、检查。营销控制是指通过检查营销计划的执行情况，看计划与实际绩效是否一致，如果不一致或没有完成计划，就要找出原因，并采取适当措施和正确行动，以保证营销计划的完成，实现有效的控制。营销控制的类型如表 15-1 所示。

表 15－1　营销控制的类型

控制类型	主要责任人	控制目的	方法
年度计划控制	最高管理层和中层管理者	检查计划目标是否实现	销售分析，市场份额分析，营销费用对销售额比率分析，财务分析，基于市场的平衡计分卡分析
盈利能力控制	营销审计人员	检查企业哪些业务盈利或亏损	分析各产品、地区、顾客群、销售渠道、订单等的盈利能力
营销效率控制	职能管理部门和营销审计人员	评价和提高效率	销售队伍、广告、促销、分销渠道的效率分析
战略控制	最高管理层和营销审计人员	检查企业在不同市场、产品和渠道的机会把握	营销效益等级评价，营销审计，营销杰出表现，企业道德与社会责任评价

一、年度计划控制

年度计划控制是指企业在本年度内采取控制步骤，检查实际绩效与计划之间是否有偏差，并采取改进措施，以确保营销计划的实现与完成。年度计划控制的核心是目标管理，其目的是确保企业实现其年度计划中的销售、利润及其他目标（如图 15－10 所示）。表 15－2 中所显示的营销度量工具可用来测量营销计划的绩效表现。企业可运用五种绩效工具核对年度计划目标的实现程度，即销售分析、市场份额分析、营销费用对销售额比率分析、财务分析、顾客态度追踪。

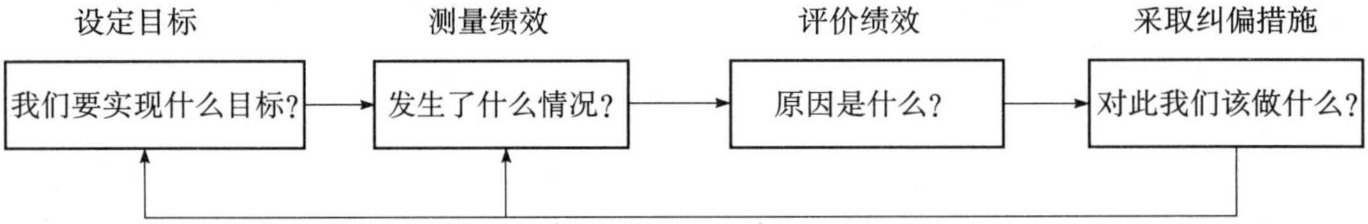

图 15－10　年度计划控制

表 15－2　营销度量工具

销售度量工具
- 销售额增长率
- 市场份额
- 新产品销售额

顾客购买倾向度量工具
- 知晓度
- 偏好
- 购买意愿
- 试用率
- 重购率

顾客度量工具
- 顾客投诉
- 顾客满意度
- 顾客正面/负面口碑数量之比
- 顾客获取成本
- 新顾客数量
- 顾客流失数量
- 顾客流失率
- 顾客保留率
- 顾客终身价值
- 顾客资产
- 顾客盈利能力
- 顾客回报率

续表

分销度量工具	传播度量工具
• 销售网点数量	• 未经提示的品牌知晓度
• 铺市率	• 第一提及品牌知晓度
• 加权铺市率	• 经提示的品牌知晓度
• 分销渠道获取	• 未经提示的广告认知度
• 平均库存量（平均库存价值）	• 经提示的广告认知度
• 库存保证销售天数	• 有效到达率
• 缺货频率	• 有效频次
• 货架份额	• 毛评点（GRP）
• 每个销售点的平均销售额	• 反应率

（一）销售分析

销售分析是指用于衡量和评估经理人员所制定的计划销售目标与实际销售之间的关系的一种方法。这种关系的衡量和评估有两种主要方法。

1. 销售差异分析。销售差异分析用于决定各个不同的因素对销售绩效的不同作用。

2. 微观销售分析。微观销售分析是指对未能达到预期销售额的特定产品、地区等进行确认、审核的一种方法。假设企业在三个地区销售，其预期销售额分别为1 500元、500 元和 2 000 元，总额4 000元。实际销售额分别为1 400元、525 元和 1 075 元。就预期销售额而言，第一个地区有 7%的未完成额，第二个地区有 5%的超出额，第三个地区有 46%的未完成额。主要问题显然在第三个地区。造成第三个地区不良绩效的原因有如下几个：一是该地区的销售代表工作不努力或有其他个人问题；二是有主要竞争者进入该地区；三是该地区居民收入下降。

（二）市场份额分析

销售绩效并不能反映出其相对于竞争企业的经营状况如何。市场份额分析可以剔除一般环境影响来考察企业本身的经营状况。如果企业的市场份额上升，表明它较其竞争者的情况更好；反之，则表明其相对于竞争者绩效较差。衡量市场份额时可以利用全部市场份额或相对市场份额（相对于市场主导者或三个最大竞争者）。

了解企业市场份额之后，尚需正确解释市场份额变动的原因。企业可从产品大类、顾客类型、地区以及其他方面来考察市场份额的变动情况。一种有效的分析方法是从顾客渗透率 C_P、顾客忠诚度 C_L、顾客选择性 C_S 以及价格选择性 P_S 四个因素分析。顾客渗透率是指从本企业购买某产品的顾客占该产品所有顾客的百分比。顾客忠诚度是指顾客从本企业所购产品占其所购同种产品总量的百分比。顾客选择性是指本企业一般顾客的购买量相对于其他企业一般顾客的购买量的百分比。价格选择性是指本企业平均价格同所有其他企业平均价格的百分比。这样，全部市场份额 T_{MS} 就可表述为：

$$T_{MS}=C_P \cdot C_L \cdot C_S \cdot P_S$$

（三）营销费用对销售额比率分析

年度计划控制也需要检查与销售有关的营销费用，以确定企业在达到销售目标时的费用支出。营销费用对销售额比率是一种主要的检查方法。营销管理者的工作就是密切注意这些比率，以发现某个比率是否失去控制。当一项费用对销售额比率失去控制时，必须认真查找原因。某公司的营销费用/销售额比率为30%，其构成是：销售队伍费用/销售额比率为15%，广告费用/销售额比率为5%，促销费用/销售额比率为6%，营销调研费用/销售额比率为1%，销售行政费用/销售额比率为3%。管理层需要监控各种比率的异常波动。由图15－11可以看出，广告费用/销售额比率在8%～12%之间正常波动，但是在第15期比率出现异常，超过了控制上限。这种情况的出现有两个可能：一是公司费用控制良好，只是某些罕见的特殊事件所致；二是费用失控，此时，必须找出原因。由图15－11可知，广告费用/销售额比率从第8期开始持续上升，若每一次都是独立事件的话，6次连续上升的概率只有1/64。早在第15期数据出现之前，就该对这种异常现象进行彻查。

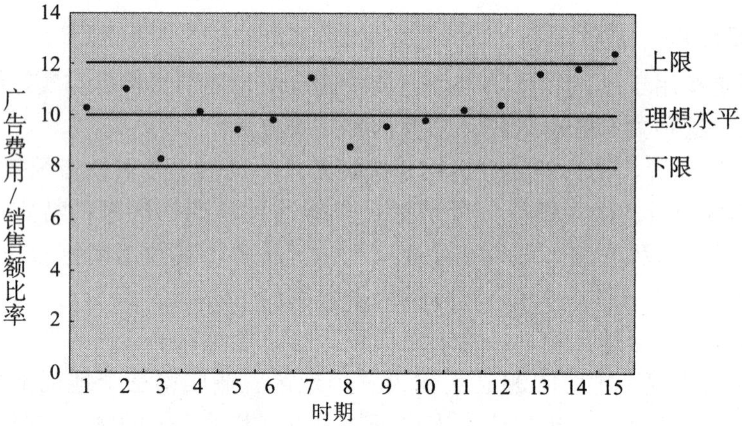

图15－11　广告费用/销售额比率

（四）财务分析

延伸阅读　如何降低获客成本？

营销人员应就不同的费用对销售额的比率和其他的比率进行全面的财务分析，以决定企业如何以及在何处展开活动，获得盈利。尤其是利用财务分析来判别影响企业资本净值收益率的各种因素。图15－12所呈现的数据来自某大型零售企业，其资

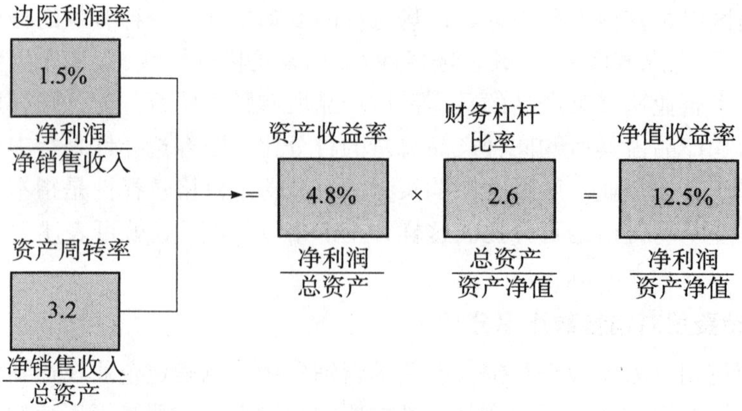

图15－12　净值收益率的财务分析

产净值收益率为12.5%，即资产收益率和财务杠杆比率的乘积。企业应分析其资产的构成，如现金、应收账款、存货、固定资产等，并努力改善其资产管理。净值收益率是边际利润率和资产周转率之比，图15－12中的边际利润率较低，而资产周转率正常，企业可从两方面来提升净值收益率：一是通过提高销售收入或降低成本来提升边际利润率；二是通过提高销售收入或减少存货、应收账款等资产来提升某一销售水平的资产周转率。

（五）顾客态度追踪

年度计划控制所采用的上述衡量标准大多是以财务分析和数量分析为特征的，即基本上是定量分析。定量分析虽然重要但并不充分，因为它们没有对营销的发展变化进行定性分析和描述。因此，企业需要建立一套系统来追踪其顾客、经销商以及其他营销系统参与者的态度。如果发现顾客对本企业和产品的态度发生了变化，管理者就能较早地采取行动，争取主动。一般可以运用投诉建议系统、固定顾客样本和顾客调查等系统来追踪顾客的态度。现以重视-绩效矩阵图说明如何针对顾客对企业产品或服务的态度做出进一步评估，进而采取改正行动。表15－3显示了顾客对汽车4S店14项服务的重视程度及其评价分数。例如，服务属性1“服务一次到位”最为顾客所重视，其平均重要性为3.83分，其平均绩效为2.63分。顾客认为最重要的，企业的绩效表现却不怎么好。图15－13展示了顾客评价在四个象限的分布。象限A表示没有达到期望水平的重要属性，即1、2、9，企业在这三方面亟待改进。象限B表示做得很好的重要属性，企业应继续保持。象限C表示次要的服务属性绩效低下，由于这些属性并不重要，企业可能不用去理会。象限D表示次要的属性（即属性14“定期发出新品通知”）做得非常出色。然而，在营销实践中，企业或许对顾客略有提醒即可，不必花太多的精力，而应凝神聚力于顾客非常看重的业务环节（如属性1、2、3等）。同时，通过分析竞争者每种服务属性的绩效水平，也有助于企业做出更切合实际的决策。

表15－3 重视和绩效评分

属性序号	属性说明	平均重要性评分	平均绩效评分
1	服务一次到位	3.83	2.63
2	收到批评意见迅速改进	3.63	2.73
3	迅速呼应客户	3.60	3.15
4	满足任何需要	3.56	3.00
5	不必预约服务	3.41	3.05
6	服务态度	3.41	3.29
7	准时交货	3.38	3.03
8	不强迫消费	3.37	3.11
9	低价服务	3.29	2.00
10	热情接待客户	3.27	3.02
11	方便家庭消费	2.52	2.25
12	方便工作消费	2.43	2.49
13	免费接送客户	2.37	2.35
14	定期发出新品通知	2.05	3.33

注：(1) 重要性评分为1～4，4表示极为重要，1表示不重要。
(2) 绩效评分为1～4，4表示优，3表示良，2表示中，1表示差。顾客问卷中亦包括“无法判断”这一选项。

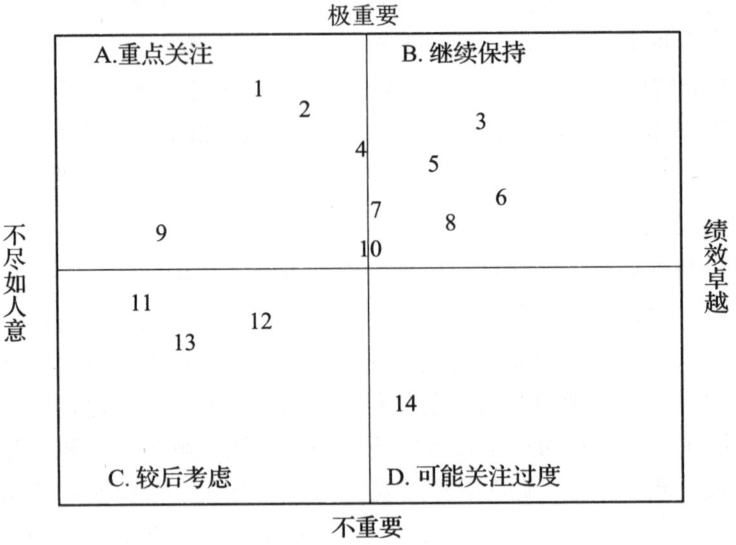

图 15－13　重视-绩效分析

二、盈利能力控制

盈利能力控制是指通过测定不同产品、不同销售区域、不同顾客群体、不同渠道以及不同订货规模的盈利能力表对营销计划的执行情况进行监测、调控。由盈利能力控制所获取的信息，有助于管理人员决定对各种产品或营销活动是加以扩展，还是减少。一方面，企业可以通过对销售利润率、资产收益率、资产管理效率等财务比率指标进行分析，综合评估和考察盈利能力；另一方面，企业在对盈利能力进行详细分析的基础上，根据企业发展需要做出适当的调整，排除不利因素以更好地实现企业发展。

三、营销效率控制

营销效率控制是指对销售人员、广告、促销、分销等方面的投入产出情况进行监测、调控的过程。假如盈利能力分析显示出企业关于某一产品、地区或市场所得的利润很少，那么紧接着的一个问题便是有没有高效率的方式来管理销售人员、广告、促销及分销。

延伸阅读　**科学看待数字营销的效率**

精硕科技发布的《2019中国数字营销趋势》指出，广告主对数字营销的认知更加理性和成熟，企业营销的粗放型增长期已经结束，精耕细作时代来临，“效果、效率”成为关键词。对于数字营销投入，广告主所要的增长主要是指两方面：(1) 花同样的钱，能否获得更大的流量增长；(2) 营销投入是否有效果。

广告主意识到，仅把预算用于收割流量是不够的，流量带来的后期的转化更为关键。消费者看了广告之后是否有更进一步的行动——点击广告，或者成为品牌粉丝，或者最终进入电商渠道，采取购买行动。这些都属于广告主非常重视的效果、效率问题。

然而，只片面关注消费者最后是否转化，只投资转化率高的渠道，完全放弃转化率低的渠道，也算不上是科学的决策。从消费者AIDMA行为法则来看，转化前期，消费者会有一个决策的过程。如果没有前期的流量投入，让品牌触达消费者，就没有后期转化。因此，企业需要平衡长期ROI和短期ROI的关系。

资料来源：精硕科技.2019中国数字营销趋势：79%的广告主将增加数字营销预算.（2018-12-20）.http://www.sohu.com/a/283460135_6651570.

四、战略控制

营销战略是指企业根据自己的营销目标，在特定的环境中，按照总体计划所拟定的一系列行动方案。由于营销环境变化很快，往往会使企业制定的目标、战略、方案失去作用。因此，营销控制必定涉及战略控制问题。战略控制是指企业采取一系列行动，使实际营销工作与原计划尽可能一致，通过不断审核和信息反馈，对营销战略不断修正完善，以确保取得最佳营销绩效。表15-4展示了营销绩效较差、良好和卓越的营销实践。

表15-4 提升营销绩效的最佳实践

较差	良好	卓越
产品驱动	市场驱动	驱动市场
大众市场导向	细分市场导向	利基市场导向和顾客导向
提供产品	提供附加产品	提供顾客解决方案
平均水平的产品质量	超过平均水平的产品质量	传为佳话的产品质量
平均水平的服务质量	超过平均水平的服务质量	传为佳话的服务质量
最终产品导向	核心产品导向	核心竞争力导向
职能导向	流程导向	结果导向
把主动权交给竞争对手	与竞争对手一致	超越竞争对手
利用供应链	考虑供应链偏好	视供应商为合作伙伴
利用经销商	为经销商提供支持	视经销商为合作伙伴
价格导向	品质导向	价值导向
平均速度	超过平均速度	快速反应传为佳话
等级化	网络化	团队化
垂直型组织结构	扁平化组织结构	战略联盟型组织结构
股东驱动	利益相关者驱动	社会价值导向

五、营销审计

营销视角　垂钓带来的市场机会

营销审计是对一个企业营销环境、目标、战略、组织、方法、程序和业务等进行全面性、系统性、独立性和定期性的核查，以便确定困难所在和各种机会，并提出行动计划的建议，改进营销管理效果。营销审计实际上是在一定时期对企业全部营销业务进行总体效果评价，其主要特点是不限于评价某些问题，而是对全部活动进行评价。

重要概念

营销计划	营销组织	营销执行	营销控制
销售分析	年度计划控制	营销战略	战略控制
微观销售分析	营销审计	盈利能力控制	营销效率控制
顾客渗透率	顾客忠诚度	顾客选择性	价格选择性

复习题

1. 营销计划应该包括哪些内容？
2. 当前企业在营销执行过程中容易存在的问题是什么？怎样才能克服这些问题？
3. 什么是营销组织？营销部门的职能是怎样发展演变的？

案例分析

宝洁的营销组织创新

最近宝洁正式向外界宣布，将按照不同的产品类别建立六大业务部门，同时这六大业务部门也将拥有本部门独立的CEO，分别向宝洁CEO戴维·泰勒（David Taylor）报告工作。这六大部门的业务占据了宝洁80%的营业额和90%的税后利润，涉及包括美国、加拿大、中国等在内的绝大部分市场，未覆盖到的市场则由一个单独的部门负责。宝洁将缩减公司共同资源，约60%的业务资源将转移到这六大业务部门和市场，但会保留一套企业核心资源，以维持集团的可持续发展。企业研发团队也会保留，将为整个集团提供平台技术支持，为各部门服务，并探索新的业务机会。宝洁首席财务官乔恩·莫勒（Jon Moeller）被任命为副总裁、首席运营官，负责规模化市场服务和市场运营等。

戴维·泰勒在一份声明中说："这是我们自过去20年来最重要的组织变革，我们将拥有一个更加投入、敏捷和负责任的组织，通过既有优势和生产力水平以及快速的市场反应来赢得消费者。"

营销组织创新将进一步提升宝洁的营销效率和能力，让各部门享有更大的决策自由度，根据营销环境的变化和市场竞争的需要灵活机动地制定营销计划、营销战略等相关决策并付诸实施。这项营销组织变革，也将有力地推进宝洁在电子商务和销售领域的创新。就像大部分老牌零售企业一样，宝洁也不可避免地面临新兴品牌的威胁。动向之一便是互联网剃须刀品牌Harry's凭借其便宜便捷的优势，抢占了原本由宝洁旗下"吉列"统治的剃须刀市场，逼得后者不得不用价格战的方式回应竞争。这些新品牌体量小、更灵活，且善于运用网络渠道。与这些新品牌相比，原来拥有复杂组织结构的宝洁在电商渠道进展缓慢，市场反应迟钝。

当然，宝洁也做出了一系列应对市场变革的营销对策。2018年底，宝洁的男士个人护理品牌欧仕派（Old Spice）就推出了首款专为亚马逊设计的胡须护理系列。汰渍也推出了专为电商渠道设计的新品 Tide Eco - Box。相比以往的产品，Tide Eco - Box 更轻巧，快递时不需要二次包装，更方便物流配送。

推动宝洁营销组织创新的重要人物是激进投资者纳尔逊·佩尔茨（Nelson Peltz）。他在最初发起竞选董事会席位时，曾发表过一份长达 94 页的白皮书，对宝洁缺乏敏捷性的领域（如电子商务和数字营销）提出批评。他当时就提出，要将宝洁的全球业务部门从 10 个减少到 3 个，以提升集团对市场的反应速度。纳尔逊·佩尔茨在 2018 年 3 月获得了宝洁董事会的席位。此次宝洁的调整，被认为与其施加压力有关。

资料来源：宝洁进行组织架构调整 2019 年 7 月起将根据产品类别建立六大业务部门．(2018 - 11 - 12)．885 财经．

思考题

1. 宝洁实施营销组织创新的主要原因有哪些?
2. 你如何评价宝洁营销组织创新的效果?

第 16 章

大数据营销 16

本章要点

- 大数据营销的含义
- 大数据营销的价值
- 大数据营销的主要模式
- 大数据营销的程序

大数据营销依托多平台的数据采集及基于大数据技术的分析及预测能力，可使企业的营销管理更加精准，为企业带来更高的收益。大数据营销的核心是借助大数据技术的应用，基于企业对消费者或用户的了解，把希望推送的产品或服务通过合适的载体，以合适的方式，在合适的时间，推送给合适的人。

第 1 节　大数据营销的价值

一、大数据及其在营销中的应用

（一）大数据的含义

大数据是一种规模大到在获取、存储、管理、分析方面远远超出传统数据库软件工具能力范围的数据集合。它是需要新处理模式才能具有更强的决策力、洞察发现力和流程优化能力的海量、高增长率和多样化的信息资产。大数据具有 4V 的特点：大量（volume）、高速（velocity）、多样（variety）、价值（value），即海量的数据规模、快速的数据流转、多样的数据类型和价值密度低。[①]

大数据在市场营销领域的价值主要体现在以下几个方面：（1）面向大量消费者提供

---

① Kotler P，Kartajaya H，Setiawan I. Marketing 4.0：Move from Traditional to Digital. New York：Wiley，2017：19－22.

产品或服务的企业，可借此实施精准营销。(2) 根据客户的消费规律、购买习惯，为其推送感兴趣的优惠信息。(3) 从大量情形各异的客户中快速识别出金牌客户。

(二) 大数据在营销中的应用

1. 借助大数据，企业可以根据每个客户和每个品牌的关系进行等级差别定价。因为客户对品牌的忠诚度不同，所愿支付的价格也不同。借助大数据可以实现定价个性化，并且最大限度地优化定价策略。

2. 借助大数据，企业可以获取更高的顾客反应率和更准确、全面的客户信息。Forrester 调查机构发现，44%的 B2C 营销人员正在借助大数据提高客户反应率，36%的营销人员运用数据分析和数据挖掘，来获取更多的深层客户信息，从而制定出更多关系驱动型营销策略。

3. 借助大数据，企业可以更精准地掌握消费者的个性、偏好、生活方式、购买行为及其他信息，从而提升营销决策的科学水平。大数据在生产智能化、产品定制化、定价个性化以及渠道创新优化等战略决策过程中扮演着十分重要的角色。①

营销视角　大数据下的新汽车时代该如何取胜?

4. 借助大数据，企业可以更及时地把握每个营销机会。营销机会一般来自市场上尚未得到满足的需要。企业通过对大数据的收集、分析、整合、利用，可以及时发现消费者的需求趋势及其满足情况，便于根据客户价值等因素精准地选定目标市场，实施营销定位，进而通过有效地满足市场需求，提升客户忠诚，牢牢把握各种有利可图的营销机会。事实上，一些企业基于大数据的客户价值分析，已经在发现需求、捕捉机会、精准营销、优化管理、提升绩效等方面进行了成功的尝试。大数据可使企业在市场细分、市场选择、市场定位等各环节实现营销的精准化、个性化和动态化，使得每一个营销机会尽在企业掌握之中。

二、大数据营销

大数据营销是指在大数据分析的基础上，描述、预测、分析、引导消费者行为，帮助企业制定有针对性的营销战略战术的过程。以企业促销实践为例，以往都是选择知名度高、浏览量大的媒体进行投放。如今，大数据技术可让企业了解目标受众身处何方，关注什么位置的什么屏幕等详细信息。因此，大数据营销可以做到当不同用户关注同一媒体的相同界面时，广告内容有所不同。

大数据营销具有很强的时效性，互联网时代的消费者行为极易在短时间内发生变化，大数据营销可以在用户需求最强烈之际，实施精准及时的营销。大数据营销具有明显的个性化优势，可以根据用户的兴趣爱好及其在某一时间点的需求，有的放矢，实施一对一营销。大数据营销还具有精准化、高效率的特点，可以根据实时性的定价、分销、促销效果反馈，及时调整营销策略。尤其是企业通过对用户的各种信息进行多维度

---

① 大数据在营销和销售中的十大应用．(2016－06－24)．http://www.chinacloud.cn/show.aspx?id=23730&id=16.

的关联分析，可从大量数据中发现有助于优化营销决策的各种关联。例如，通过发现用户购物车中的不同商品之间的联系，分析、预测用户的消费习惯和规律，获悉哪些商品被哪些用户频繁地购买，从而帮助营销人员由此及彼，举一反三，掌握消费者的购买行为及其规律，有针对性地制定出相关商品的营销策略。

运营商在大数据领域占据独特的天然“管道”优势，拥有多年业务运营积累的网络运营数据和用户业务数据，具备精准营销必备的基本要素：（1）运营商通过用户办理业务时提供的信息掌握用户的姓名、性别、年龄、单位、住址等详细数据。（2）运营商能够掌握用户的业务类型、业务资费、通话信息、消费行为等信息。（3）运营商可以根据基站、定位系统等准确获取用户的地理位置等信息。（4）运营商拥有海量的用户互联网访问数据的记录。

三、大数据营销的功能与价值

（一）借助大数据营销可实现营销行为和消费行为的数据化

大数据营销的价值主要表现在两个方面：一是数字品牌，指品牌的数字媒体表现形式，即通过数字媒体进行品牌建立、维护和提升的过程；二是效果营销，指广告主依据广告发布后的行为数量、消费额、订单数以及新会员数等与网站进行费用结算的新兴促销方式。品牌会把“数据”当成营销运营的核心部分，打造符合企业、品牌行业及企业、产品特质的具有深度的数据体系和数据应用。数字时代，一个品牌不仅在收集数据，同时也在制造和影响数据，如何塑造和运营更加有利于企业和品牌营销发展的数据流，成为今后品牌营销必须面对的重要课题。此外，在新产品的开发与推广中，完全可以借助大数据来分析预测消费者行为，设计开发出符合市场需求的新产品，进而将众多参与者即最原始的购买群体发展为新产品的使用者和忠诚者，使新产品开发的成功率得到有效提升。

延伸阅读　身边的大数据营销案例

（二）大数据营销有助于使广告程序化购买更具合理性

面对互联网媒体资源在数量以及种类上的快速增长和多样化，不同广告主的需求日益多样化，他们也意识到投放效果、操作智能的重要性。大数据营销是通过受众分析，帮助广告主找出目标受众，再对广告投放的内容、时间、形式等进行预判与调配，进而完成广告投放的营销过程。程序化购买是指借助广告技术平台，依据程序化算法，通过实时竞价（real-time bidding，RTB）和非实时竞价，自动执行广告资源购买的流程。

延伸阅读　数据显示出的消费行为

随着程序化广告发展热潮带来的效率提升，企业将会把越来越多的预算投入程序化购买。对企业来说，大数据可以使其更加明确地知道自己的目标用户并精准地进行市场定位，从而制定出极具针对性的市场营销组合策略，赢得客户的认同和参与。

（三）大数据营销推动线上线下结合后进入多屏时代

大数据营销的关键点在于如何能够实现线上线下数据的打通。一旦线上的数据和广告主的数据相结合，大数据营销便可在更精准的基础上实现受众量的迅速扩大。多屏时代的到来，正在把受众的时间、行为分散到各个屏幕上，而广告主想要更好地抓住消费者的兴趣点，就必须实现多屏的程序化购买。未来大数据营销的大趋势便是多屏整合下的数字营销。

从营销实践看，许多企业面临的最大挑战不是缺少数据，而是数据太多，散落在互不连通的数据库中，数据碎片化，并且相应的数据技术存在于不同部门中。面对这些静态、孤立、无多大参考意义的“初级品”信息数据，企业必须将孤立错位的数据库打通、互联并且实现技术共享。只有这样，才能够确保大数据价值的最优化，为企业营销决策提供最强有力的支持。

（四）大数据营销可实现大规模个性化互动

大数据营销以数据管理平台（DMP）为核心，包括 CMO 辅助决策系统、内容管理系统、用户互动策略系统、效果评估与优化系统、消费者聆听和客户服务系统、在线支付管理系统等几个方面。数据管理平台是把分散的多方数据进行整合纳入统一的技术平台，并对这些数据进行标准化和细分，以便用户可以把处理后的数据用于现有的互动营销环境。

在荧屏时代，营销的核心是品牌形象传递。在互联网门户时代，营销的核心是数字化媒介购买。而在以移动、社会化为代表的互联网 3.0 时代，营销的核心是实现大规模个性化互动。这里的互动，是指更加广义的接触点策略、更有针对性的传播内容、更加人性化的客服信息、千人千面的个性化页面等。而实现大规模个性化互动的基础就是对消费者大数据的管理。大规模代表效率，个性化代表更好的转化效果。因此，所谓大数据营销的价值就在于能够实现更加高效的转化。

（五）大数据营销可确保营销更加精准、有效

精准营销讲求围绕用户、业务场景、触点等，营销推送内容或者推荐活动，在注重用户体验的同时达到最佳的营销效果，并且可对营销进行跟踪，从而不断优化营销策略。可以利用信息系统普及、传感器网络等获取数据。企业可以通过搭建计算能力超群的系统，如 SNS 社交媒体，利用更加开放的系统，在不妨碍平台利益和用户隐私的情况下，获取每一个用户的 SNS 行为轨迹，然后存储在服务器上，形成一个庞大的数据库。这就是大数据营销的数据基础。在此基础上，还需要对数据的有效性进行过滤处理，彻底解决行为噪声、重复数据、非目标用户数据等问题。大数据时代，数据处理能力不再是主要矛盾，关键是如何从数据中获取想要的知识，也就是数据建模即挖掘能力。

延伸阅读　2019 年搜索引擎优化新趋势

|营销视角|　　多点 Dmall＋链商平台的全面数字化

商业的全面数字化是移动互联时代的必然选择和巨大变革，是在互联网、物联网、大数据、人工智能、云计算、区块链等新技术的基础上，以用户为中心，提供高品质、低价格的好商品和好服务，彻底实现线上线下一体化。零供双方共同协作提高整条供应链的效率，改善体验，真正做到顾客至上。

商业的全面数字化包括全场景覆盖、全链条联通、线上线下一体化三大要素，多点和链商平台是实现全面数字化的有效解决方案，助力实现模式最佳、流程最优、成本最低、效率最高、速度最快、体验最好的全新商业生态。

多点＋链商全面数字化 B2B 数字化平台和 OS 系统解决方案，将全面覆盖商超、便利店、社区店、餐厅外卖等全场景，实现全渠道 App 批发零售一体化。全链条联通首先是端到端的供应链全面数字化，围绕销售，以销定品、以销订货、以销定陈、以销定结，只有实现销售，才有消费者需求的实现。多点的数字化采销平台做到数据透明共享，打造阳光下的高速公路。

多点始终坚持接地气的创新，为零售商解决实际问题，提升门店 O2O 销售和运营水平，推进商品品类优化、标准化和升级，帮助零售企业实现线上线下一体化。以数字化驱动从数据到决策全流程变革，关键在于做到简化、优化、一体化。商业的全面数字化是实现线上线下一体化的基础，体现在用户、商品、供应链、营销、营运、支付六大数字化。用户、营销、运营的数字化，将能更好地洞察用户，更精准地有效营销，实现线下与线上导流，实现基于精准地理位置的全员运营。

第 2 节　大数据营销的主要模式

大数据时代的精准营销，要求以客户为中心，从市场需求着手，进行深入的洞察和分析，再结合企业自身的目标、资源、业务、品牌等进行周密营销策划，并且根据市场营销环境变化、竞争对手和顾客反应等及时优化调整营销策略。

一、大数据营销模式

目前，大数据营销具有如下几种典型模式（如图 16－1 所示）。

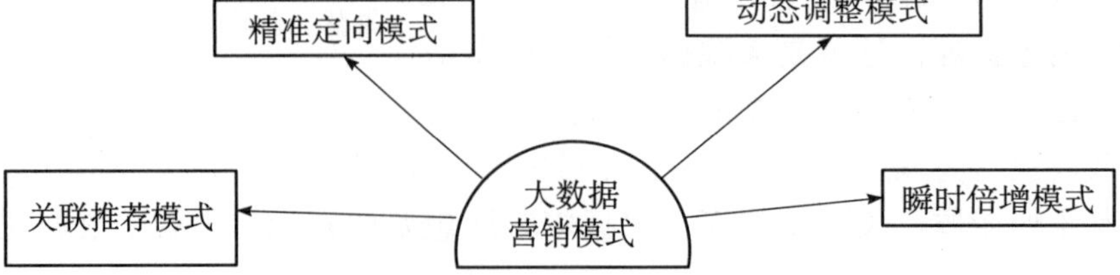

图 16－1　大数据营销模式

（一）关联推荐模式

借助人脑的视觉思维能力，通过挖掘数据之间重要的关联关系将若干关联性的可视化数据进行汇总处理，揭示出大量数据中隐含的规律和发展趋势，借以提升大数据对精准营销的预测支持能力。关联推荐模式是指由A找到B，从数据中找到关联。

例如，在美国的沃尔玛大卖场，当收银员扫描完顾客所选购的商品后，POS机上会显示出一些附加信息，然后售货员会友好地提醒顾客："我们商场刚进了两三种配酒小菜，并正在促销，位于D5货架上，您要购买吗?"这时，顾客也许会惊讶地说："啊，谢谢你，我正想要，刚才一直没找到，那我现在再去买。"

这就是沃尔玛在大数据系统支持下实现"顾问式营销"的一个实例。因为大数据系统早就计算好了，如果顾客的购物车中有不少啤酒、红酒和沙拉，则有80%的可能需要买配酒小菜。而提供这一决策分析支持的就是其位于美国的一个庞大的通过卫星与全球所有卖场实时连通的企业级数据仓库。

（二）精准定向模式

利用关联分析（conjoint analysis，也译为交互分析）等相关技术对用户社交信息进行分析，通过挖掘用户的社交关系、所在群体来提高用户的保有率，有助于企业实现交叉销售和向上销售，也有助于营销人员识别社交网络中的"头羊"、跟随者以及其他成员，识别目标市场中最有挖掘潜力的用户，从而开展更富有成效的精准营销。精准定向模式是指从A、B、C等一群人中找到企业最想要的A，这也是所有需求方平台（DSP）广告所惯用的模式。

在营销调研中一个经常遇到的问题是：在众多的产品或服务中，具有哪些特征的产品最能得到消费者的欢迎。一件产品通常拥有许多特性，如价格、颜色、款式以及产品的特有功能等，那么在这些特性之中，每个特性对消费者的重要程度如何？在同样的（机会）成本下，产品具有哪些特性最能赢得消费者的满意？联合分析就是针对这些需要而产生的一种市场分析方法。联合分析是用于评估不同属性对消费者的相对重要性，以及不同属性水平给消费者带来的效用的统计分析方法。联合分析始于消费者对产品或服务（刺激物）的总体偏好判断（渴望程度评分、购买意向、偏好排序等），从消费者对不同属性及其水平组成的产品的总体评价（权衡）中可以得到联合分析所需要的信息。

（三）动态调整模式

动态调整将用户行为列入大数据维度，以动态的运算结果来指导目标市场的选择以及营销组合策略的实施，最终目标是实现营销绩效的最大化。动态调整模式是指计划要推A，但是在实际的场景交互中，数据反馈的结果发现B更受欢迎，因此调整计划改推B。

很多人喜欢用谷歌的原因在于，它的推荐往往更符合自己的心意，提高了搜索的效率。不仅如此，你可以留心一个细节，当你在谷歌搜索引擎输入一个关键词，点击第一个搜索结果后发现不满意，又迅速返回了搜索页，点击第二个搜索结果，然后花了很长时间浏览，此时它就会默认你对第二个结果更满意，因此当你下一次搜索同一个关键词时，之前两个结果的排位会发生互换。这个普通的案例代表了谷歌在大数据领域最突出的特色，即动态性。

动态调整模式也适用于这样一种情况，当不知道哪种营销策略最合适时，可以先准备几个不同的方案，同时放到市场去检验，谷歌会很快告诉你哪个广告片更受欢迎，然后就可以主推最受欢迎的版本了。当然，动态调整的做法并不为谷歌所独有，只不过都没有它反应迅速罢了。

（四）瞬时倍增模式

瞬时倍增模式是指利用积累的大量人群数据，根据已经拥有的 A，找到更多的一群 A。

找到 1 000 个忠实的目标消费者也许不难。如何把这个数量由 1 000 变为 10 000，1 000 000 甚至更大呢？这 100，1 000 又如何从好几亿人中挑选呢？阿里巴巴集团旗下的阿里妈妈为此构建了一个 Lookalike 模型，它被形象地称为“粉丝爆炸器”，可以做到“给定一小群人，自动找到 10 倍、20 倍规模相似人群”，实现瞬时倍增。

一旦客户购买了企业的产品或服务，企业便可知道该客户的有关信息，进而可以继续沟通、促销，实现交叉销售。相对于已经成为客户的人群规模（一家中型电商每月可能有上万客户），还没有成为客户的人群规模（线上有几亿规模的客户）是非常巨大的。从上亿潜在客户中找到最忠实的消费者人群这个过程的效率和成本就成为商家制胜的关键。这也是阿里妈妈“粉丝爆炸器”所要解决的问题。

通常，某企业的客户群体具有一定的共性。例如，都是近期购房的人群，都是比较在意体重的人群等。这些共性往往在企业的已有客户中有所显现，而事实上，这些消费者的各种属性和行为与全部消费者的差异能凸显出这些共性特征。利用这些共性，通过比较全网消费者与已有消费者客户之间在这些行为上的相似程度，便可以在真正的消费行为发生之前找到潜在的目标客户。

与“啤酒和尿不湿”不同的是，“粉丝爆炸器”更注重人的综合行为特性，而不是把重点集中在产品或服务之间的关联性上。因此，“粉丝爆炸器”会找出新任父亲这样的特性，而这样的人通常会买啤酒、尿不湿、奶粉、婴儿护肤品、产后保养品等。但如果我们只考虑关联性，则会由于消费者购买了啤酒，所以推荐关联性最高的红酒、尿不湿、饮料等。抓住人的这种相似性往往会产生更精准的效果。

通过大数据算法对全网用户应用“粉丝爆炸器”，实际上更像是把全网消费者和商家的已购消费者之间的关联可能性进行精准排序。商家给定某一小部分忠实用户人群以后，系统可以给出最像这群人的前 1 万人、前 10 万人、前 100 万人或更多。此时，便可根据商业目标来选择合适规模的人群进行营销活动。

二、大数据营销平台

在国内企业中，在大数据营销领域比较成功的腾讯、百度、阿里巴巴三家，其数据特点各不相同。腾讯的优势在社交数据，阿里巴巴的优势在商品和交易数据，百度的优势在全网信息、消费者行为和主动需求数据。在开展大数据营销时，企业管理者需要对这三大数据平台各自的优势或特点有一个基本了解。

（一）数据搜集

数据搜集哪家强？百度搜索成为领头羊。使用百度搜索，当用户搜索行为被记录下来后，再去使用搜索功能时就会出现一些相关内容的广告。比如搜索“微营销”这个关键词达到一定次数时，再浏览网页就会发现一堆跟这个关键词相关的东西。在大数据领域，搜索引擎的数据搜集能力是最强的。百度在这方面炉火纯青，现在只要上网浏览输入关键词，分析出消费者的搜索行为后，就能马上匹配精准的广告，大大提高了广告的展示效果。

（二）数据分析

数据分析的最强者当属阿里巴巴云计算。面对几亿用户产生的数据，企业该如何处理？那就是借助云计算。云计算是处理这些庞大数据信息的重要工具。一方面，阿里巴巴的消费数据覆盖之广、累积之深，全球没有任何一家公司和机构能出其右。另一方面，阿里巴巴的云计算技术、数据挖掘能力位居业界翘楚，淘宝、天猫等购物网站产生的消费数据，都具有极高的商业价值。顾客在网上买了东西之后，阿里巴巴能够轻而易举地得到顾客的购物行为和浏览数据，通过云计算分析后，进行精准的行为预测，然后进行商品信息推送。例如：顾客 A 上淘宝搜索“夏季女装”这个关键词的次数是行为数据里面最高的，分析出来之后，阿里巴巴预测 A 就是喜欢这个种类的商品，然后挑一些爆款的产品将有关信息推荐给 A。

（三）数据浏览

浏览是最基础的网络行为，具有针对性和高确定性。浏览行为的数据更能反映用户的真实需求和兴趣。我们处在一个泛浏览时代。浏览器移动化之后，用户随时可以浏览，不只在浏览器里，在微信、QQ、新闻客户端甚至购物 App 里都可浏览。腾讯依靠领先的大数据技术和打通跨平台数据的浏览底层服务，推出了腾讯浏览服务（TBS）。日活跃用户超过 4 亿，日访问量超过 100 亿，TBS 已接入超过 400 款 App，涵盖 20 多个行业和领域，覆盖中国移动互联网用户 80%的页面浏览量。通过跨品类和 App 平台领域的浏览大数据，获取精准、有力的用户行为数据，形成更为完整和全面的用户画像和行为轨迹，对于实现个性化营销、提升品牌体验具有十分重要的意义。

腾讯在大数据领域，拥有社交数据、消费数据、游戏数据等，而且一直在营销实践中应用。其中的社交数据，是腾讯自身最擅长的东西。它可以通过大数据分析得知客户的社会关系、性格禀赋、兴趣爱好、隐私绯闻，甚至生理周期和心理缺陷。游戏数据和消费数据两者之间是互通的，因为腾讯的消费数据大多来源于游戏与增值服务。腾讯游戏的收费水平虽然很高，但是游戏迷们愿意付出高昂的费用来购买虚拟道具，以此满足自己的虚荣心。

一般来讲，消费者购买决策的路径是从注意、兴趣、欲望到行动。一般的互联网交易场景是：用户在社交、娱乐过程中会被吸引注意力，产生兴趣，然后才去了解、寻找想要的东西，最后在网上完成交易。阿里巴巴的大数据关注点在欲望和行动之间，百度的关注点在兴趣和欲望之间，腾讯则集中于注意和兴趣，而这才是用户行为形成的源头之所在。

三、大数据营销的业务类型

（一）实效营销

实效营销强调充分考虑消费者的特性与需求，并且运用各种方式来吸引并留住顾客。营销组合要有效地到达目标客户群，准确地传播沟通产品和服务信息，激发客户与品牌的共鸣。实效营销的结果直接体现在销量的上升和投入的下降。腾讯、百度和阿里巴巴的大数据营销主要应用于消费者的个性化广告，各大电商的各种个性化搜索和展示广告基本上都是实效营销。

延伸阅读

小红书的魅力

进入2019年，小红书借着“一带一路”的东风，让人们能以更接近原产地的价格，足不出户享受全世界的好产品。其用户数已突破1.5亿，成为年轻人喜爱的生活方式平台。

在这里，不止有传统的、常见的旅行博主，还能看到小众圈内的人士，有非常酷炫的、不大为外人所知的领域博主：跑酷运动员、自由潜运动员、击剑运动员等。有很多人在其他地方无法展现自我，但在小红书上就可以展现，甚至可以聚合自己的粉丝。例如，分享乐高爱好、书法爱好，在其他地方分享很难获得读者或者互动。但在小红书上，不仅有人夸你、赞你，可能还有人来和你聊一聊。

美好、真实、多元，小红书成为当代年轻人生活方式和消费决策的入口，这里汇聚了最有消费能力的年轻人。他们来自世界各地，对生活充满热情，有一定的经济实力，是对美好生活有着最热切追求的一个群体。他们不但代表着强大的购买力，更代表了对于潮流生活方式的创造力。小红书，不仅是品牌了解消费者需求的最好渠道，更是帮助品牌方、内容合作方和博主获取粉丝、打造品牌影响力的绝佳阵地。

（二）品牌营销

品牌营销是指借助营销活动促使客户形成对企业品牌或产品认知的管理过程。不少人误认为百度就是个搜索工具，赚钱靠搜索引擎营销（SEM），靠竞价排名，赚的是不良广告主的钱。事实上，百度除了广泛的中小企业客户，还有大量的大品牌客户，例如宝洁、奔驰、宝马、平安、欧莱雅等，收入比重很高。对这些大客户，需要进行品牌营销。这样，百度大数据的价值就体现出来了。

如前所述，百度数据的优势在于全网信息与消费者真实行为和需求的表达，覆盖的广度不是商品交易数据能比的。因此，百度擅长的是基于大数据提供品牌营销解决方案。大数据在品牌营销中的应用，主要包括消费者洞察、媒体价值研究、市场竞争分析、品牌管理。消费者洞察就是准确描述和解释消费者内心的需求、信念和态度，是产品能否满足消费者需要的关键要素。

随着众多企业的营销方式日趋综合化，实效营销者（如京东）逐渐开始做品牌，品牌营销者开始做效果，如汽车品牌借助大数据考核线下4S店的销量转化。

第3节 大数据营销的程序

大数据营销的程序分为采集和处理数据、建模分析数据、商业解读数据、定制化营销策略四个步骤。

一、采集和处理数据

大数据营销的第一步，就是对数据进行采集和处理。通过对客户特征、产品特征、消费行为特征数据的采集和处理，可以进行多维度的客户消费特征分析、目标市场细分选择、营销策略等指导分析。通过准确把握客户需求、增加客户互动的方式推动营销战略战术的实施。营销策略都是建立在市场洞察基础之上的。营销调研往往是一切营销活动的前提。成功营销的关键因素一是对用户需求做出快速反应，二是通过数据分析洞察客户行为。企业需要通过市场调研来了解用户的市场需求、购买趋势、决策过程等，著名的市场研究公司如尼尔森、TNS、Ipsos等都在营销调研方面颇有建树。但随着互联网的普及、大数据的出现，让原本以发问卷为主的市场调研开始慢慢转型。现在，大数据能够收集到客户方方面面的信息：年龄、性别、背景、收入、地理位置、社交媒体使用、购买习惯和喜好、常上哪些网站等。

传统上，一般都是采取有限的、有意识的、结构化的手段（例如问卷调查）进行数据采集，能采集到的数据一定是企业能设想到的情况，而且数据的结构化较好。一般的数据库管理系统MySQL或Excel就能满足数据处理需要。而互联网时代，大数据的采集过程基本是无限的、无意识的、非结构化的数据采集。各种纷繁复杂的行为数据都会以行为日志的形式上传到服务器。所有的生产营销过程信息都可以转化为结构化或者非结构化的数据。

大数据营销需要企业具备三大能力：

1. 数据获取能力。这需要打造一支具备分布式通用爬虫、海量数据清洗和自然语言处理（NLP）技术的国内顶尖的爬虫团队。面对国内处于成长期的数据交易市场，更需要企业具备在一些开放的数据联盟及平台上进行数据交换及购买的能力。

2. 数据处理能力。大数据基本上是大量的非结构化数据，数据量巨大，已经超过了单机Excel等工具的能力范围，同时非结构化数据的特性决定了对大数据处理能力的高要求。尤其是要求具备较强的语言分析能力，包括垃圾过滤、观点抽取、实体识别、内容分类、内容聚类、内容摘要、情感分析等。

3. 数据洞察能力。大数据时代企业要想从大数据中获得价值，就需要通过海量的数据挖掘，分析出隐藏在背后的用户行为习惯以及偏好，设计更符合用户需求的产品和服务。数据挖掘是指利用人工智能、机器学习、数理统计、模式识别等技术，从大量含有噪声的数据中提取有效信息的过程。其中涉及建立模型、探究因果、整合多源数据、建立快速反馈体系、定性与定量分析等技术手段。数据洞察是指依托运营商互联网数据、位置数据等，从用户、业务、行为三个维度进行数据挖掘，建立行业用户分析模型，提供营销解决方案的过程。

二、建模分析数据

大数据营销的第二步是对处理过的数据进行建模分析。在此过程中，所使用的数据分析模型主要涉及基本统计、机器学习以及分类、聚类、关联、预测等算法。银行、运营商、零售商等早已运用消费者的属性和行为数据来指导客户关系的维持以及营销策略的制定。随着数据量的极大扩增，算法也获得极大的优化提升空间。借助商业智能的联机分析处理（OLAP）技术对复杂的数据进行分析，可以快速灵活地进行大数据的复杂查询处理。

大型活动的数据收集要借助系统化管理来完成。为营销决策提供依据的用户行为分析至关重要。这就需要对收集到的数据进行深度挖掘。一般说来，完整的用户行为数据应包含用户的习惯、来源、服务体验度等。对大型活动的数据分析，需要了解参会人员的报名渠道来源、支付方式，人群职位分布与行业来源，人员的群体习性与特征、对不同分会场的关注度，现场服务的体验度，不同区域的人流密集度等。把这些数据完整、准确地记录下来，并依据一定的算法逻辑进行分析，可以获得许多有价值的信息。例如，在对参会人员的报名渠道来源分析中，大数据处理方式会精确地分析出该名参会人员获知活动信息的推广渠道、地域来源，不同渠道分布比例，各渠道营销成本与收益对比，以及团队报名与个人报名的比例、参会群体获取信息的行为分析等。

在建模分析数据的过程中，除了严格掌握数据挖掘的深度，还要注意数据的精确性、实时性等，充分地把数据的附加价值发掘出来。在营销观念不断创新发展的今天，基于数据分析的用户行为研究不仅可以为企业提供营销决策的依据，还会在挖掘后续营销机会、改进服务体验、优化现场资源配置等多方面给企业带来实实在在的利益和帮助。

比较理想的营销数据从功能上说应该至少是两层的，底层是一些独立的小功能模块，上层是定制化的将这些小功能模块组合起来形成的大功能群。底层的独立小功能模块一定要密切结合营销的各个场景。一般而言，场景涉及如下四个：

1. 整体市场。包含品牌所在行业的市场潜量、品牌的市场份额和增长率、品牌人群的地域分布等。

2. 品牌竞争。其主要目的是通过与竞争产品的对比找准本企业产品的定位，包括竞争产品的识别、用户在比较本品和竞品时注重的维度等。

3. 用户画像。用户画像是指根据用户社会属性、生活习惯和消费行为等信息而抽象出的一个标签化的用户模型。其核心工作是给用户贴“标签”，而标签是指通过分析用户信息而得出的高度精练的特征标识。为了全方位地描绘用户，除了人群标签以外，相关数据还会涉及目标受众的活动区域、媒体偏好、常用的 App 等。

4. 决策路径。包括用户购买行为类型、购买决策的参与者、影响购买决策的主要因素、购买决策过程所包括的具体步骤等相关数据。企业应将用户的决策视为一个动态的过程，而不是静态的画面或者场景。

营销场景中还会有很多复杂的问题，不是一个单独的功能就能支撑的，这就需要根据不同的问题，将底层的小功能进行组合，形成更大的功能群。借此，企业可以获悉目标受众是谁、在何处接触他们、用哪些内容能够打动他们等。

有了大数据而不加以整合、分析，大数据就只是体量更大的数字堆起来而已。将收集到的各种客户信息交叉组合运算，企业可以从大数据中获得更深入的洞察，某些情况下，甚至是更实时的洞察。比如：当竞品提高（或降低）价格时，用户有什么反应；雾霾天气对用户购买行为有什么影响；用户更愿意在社交网络分享哪些关于品牌的信息；电视或网络广告给企业品牌带来了哪些形象认知的变化等。

到2020年，每个网络用户每秒将产生1.7兆字节数据量，世界总量将达到44泽字节。要大规模挖掘精准的客户信息，企业就必须具备高超的数据分析能力。数据商业智能公司AtScale调查表明，出于对效率、成本和有效性的综合考虑，75%的受访者考虑借助商业智能（BI）来获取大数据中的有效信息。BI能够快速、及时和有效地清洗、整合、分析以及可视化数据，迅速将数据转换成便捷易读的图表信息，这将有助于决策者迅速、精准地获取信息，也更方便团队合作与讨论，从而使得企业营销决策更加及时有效。

三、商业解读数据

大数据营销的第三步，就是对分析处理过的数据进行商业解读，做出能够精准应用于营销实践的阐释。如前所述，大数据营销的惯常做法是，首先定义营销问题，之后采集对应的数据，然后根据确定的分析模型进行数据分析、验证假设，在此基础上进行商业解读。在商业解读数据的过程中，既可以根据营销问题，封闭性地去挖掘对应数据，也可以开放性地将外部环境数据与内部数据结合起来进行探索、验证，得出一些可能与常识或经验判断完全相异的结论。

四、定制化营销策略

在借助消费者洞察，精准了解客户之后，进行及时的、定制化的营销策略调整是大数据营销的最后一步。市场细分、市场选择、市场定位、产品开发与创新、品牌建设、渠道选择与管理、定价策略的调整、广告促销等营销策略都可以适应市场的变化并灵活变通，依据不同的市场环境、不同的客户需求、不同的客户行为来量身定制切合实际的营销策略。

在定制化营销策略层面上，真正能应用大数据的企业主要是BAT。大多数企业仍然通过网站、业务系统、外部商业数据等开展数字营销，在如下方面实现营销策略的精准定制：

1. 用户行为特征分析。基于大量的事实数据，企业可以从年龄、职业、学历、收入等维度分析用户的喜好和习惯，给用户设定“标签”，及时、精准地了解用户。

2. 精准消息推送。借助数据分析结果的支撑，在分析用户行为和特征之后，企业可以对客户群体进行细分，用邮件、短信、客户端推荐产品或服务。实体商店据此可以改善产品的组合陈列、搭配销售来向特定客户推荐特定产品，实现精准定位。

3. 挖掘重点客户。关系营销理论认为，80%的利润来源于20%的老用户，而且开发一个新用户的成本也高得多，所以维系老用户、挖掘重点用户成了营销管理的重中之重。通过分析用户行为，企业决策者可以判断哪些用户的需求恰好与企业的产品和服务相一致，哪些用户是最有价值的用户。通过调查了解网站的访问情况，企业可以判断用户关心的产品属性。借助外部的社交媒体信息，从千丝万缕的社会联系中挖掘信息，也可以帮助企业筛选重点用户。

互联网大数据具有丰富性、自发性、实时性、成本低、探索未知等特点，可以确保企业营销调研成本低、周期短、实时反馈，能够发掘自发、真实、多元的声音，探索经验外的未知信息。

第4节　大数据营销的新发展

一、场景营销

场景营销是指基于大数据找到合适的消费者群体，根据其消费行为模式和购买决策规律安排信息内容，针对不同的消费者群体，在最合适的情境下为其推送最合适的产品或服务。场景营销的核心在于预测用户行为。用户每时每刻产生的数据，都被场景营销链中的各企业用于市场细分研究、购买行为研究、客户留存研究、媒体习惯研究等，从而有助于企业更好地制定营销决策，提升营销效率。

场景营销越来越呈现出融合趋势，线上场景与线下场景往往同时出现，而且两者间的界限渐渐被打破。对用户数据的挖掘、追踪和分析越来越被企业所重视，在由时间、地点、用户关系构成的特定场景下，连接用户线上和线下行为，理解并判断用户情感、态度和需求，为用户提供实时、定向、创意的信息和内容服务，通过与用户的互动沟通，树立品牌形象或提升转化率，成为企业开展大数据营销的基本活动内容。

（一）场景营销的成功要素

目前场景营销主要涉及五大细分领域：餐饮（酒店）、购物（商场、超市）、休闲（影院）、出行（地铁、机场、公交）和家庭。未来场景营销将不断拓展新场景，逐步实现立体网状覆盖。做好场景营销离不开以下几点：

1. 瞬时性。营销活动实时化，每个时刻的营销都随场景变化。

2. 连续性。各营销环节无缝连接，不间断进行。

3. 关联性。营销决策能做预判，备有多套营销方案随场景而变。

4. 情感性。营销战略战术能够契合用户在不同场景下的情感诉求。

在场景营销实践中，围绕受众激励这一营销逻辑，衍生出更多激励式互动营销玩法，这些互动玩法以有趣的方式，有效提升了营销活动的转化率。线上线下融合是场景营销迅速发展的主要推动力。

（二）影响场景营销发展的主要因素

1. 用户。用户的生活离不开线下，用户回归线下服务成为趋势，用户的变化带来流量的变化。一般来讲，流量积聚的地方更有营销价值，更能将流量转化为消费。

2. 基础设施。互联网、信息化等基础设施越完备，所能采集的场景数据就会越丰富，对用户行为的判断和预测也就越精准。

3. 线下商家。线下商家对数字化营销的需求是场景营销发展的核心内生动力。但客观上线下商家对互联网的认知和使用能力都比较弱。这一限制使得许多商家难以实现营销升级。

（三）场景营销的有利环境因素

1. 广告主的需求变化。消费者购买行为的分散性和市场形势的发展变化，促使广告主的需求发生了巨大的变化，即从快速营销跃升到了场景化营销的时代。

2. 用户的消费行为。实践证明，用户的所有消费行为都是可以预测的。展望未来，人类将处在大数据时代，智能手机及各种传感器能够将人类的一举一动、一言一行都加以记录、存储，人类生活的社会将变成一个巨大的数据库，信息技术的发展为预测人类行为提供了可能。

3. 技术的创新发展。在物联网时代，各种信息传感设备，如射频识别装置、红外感应器、iBeacon 设备等与互联网结合形成一个巨大复杂的网络，覆盖广泛丰富的场景。语音识别、图像识别、体感互动和情绪感知等技术的发展，将帮助实现对人的全面感知。与此同时，随着 VR（虚拟现实）/MR（混合现实）/AR（增强现实）技术的发展，线下场景与线上场景间的界限将渐渐模糊，两者高度融合，真实与虚拟交织，共同构筑出新的场景，这将为场景营销的体验带来颠覆性的改变，场景营销前景十分广阔。

二、微信营销

营销视角　2019 年电商营销的五个关键词

微信营销是伴随着微信的火热而兴起的一种大数据营销方式，用户注册微信后，可与周围同样注册的“朋友”形成一种联系，订阅自己所需的信息，商家通过提供用户需要的信息，推广自己的产品，从而实现点对点营销。微信公众号是营销者在微信公众平台上申请的应用账号，该账号与 QQ 账号互通，通过公众号，营销者可在微信平台上实现和特定群体的文字、图片、语音、视频的全方位沟通、互动，从而形成一种线上线下微信互动的营销方式。

营销视角　2019 年城外圈的新战略

在微信营销迅速发展的时代背景下，企业除了要专注地把内容做好，还可借助专业的广告媒体平台来获取跟自身品牌特色相吻合的渠道资源，通过大数据技术来深度挖掘用户属性和微信账号的营销价值，制定一站式智能营销方案，使广告投放更加精准、有效。①

① 智能变革，大数据技术驱动精准广告营销．（2017－03－10）．http://tech.xinmin.cn/2017/03/10/30890870.html.

三、精准营销

精准营销是指借助现代信息技术建立个性化的顾客沟通服务体系，制定注重结果和行动的营销传播计划，以确保营销活动更准确、可测量和高回报的管理过程。日本麦当劳耗资数百亿日元，建设了一套顾客信息挖掘系统，并对门店采集的用户交易数据进行精准的挖掘分析，然后向用户推送个性化的优惠信息，大大提高了用户重复购买率。同时，7-Eleven也定制App充当终端数据搜集器，结合地点、天气和时间信息，提供给消费者最实时的商品优惠信息，从而在提高消费频次的同时，大幅提升用户体验的满意度。

重要概念

大数据　大数据营销　精准营销　微信营销
数据管理平台　场景营销　关联推荐模式　精准定向模式
动态调整模式　瞬时倍增模式　程序化购买　消费者洞察
品牌营销　数据挖掘　数据洞察　用户画像
效果营销

复习题

1. 什么是大数据？它有哪些基本特征？
2. 什么是大数据营销？它有哪些主要特点？
3. 大数据营销有哪些主要模式？
4. 大数据营销有哪些功能？其价值体现在哪些方面？
5. 大数据营销有哪些新的发展？有哪些创新的方式？

案例分析

天猫大数据的价值

在当今社会，排行榜已成为一种有效的营销方式。在很多领域，大家不惜重金参加各种排名和评比，换取各种十大、最优之类的名分，从而为自己的品牌背书。不少企业每年都要花钱去获得若干名目不一的奖项。

作为电商中的老大，天猫以其自身大数据为基础推出的诸多消费榜单无疑能带来更大的商业价值。天猫榜单带有浓厚的福布斯气息，显然是要在更高层面树立自己的权威价值。毕竟能够上福布斯排行榜的企业、品牌和个人都会大肆进行宣传和炫耀。拥有大量企业客户、产品品牌和用户消费数据的天猫要复制福布斯的套路，简直是水到渠成。

但和福布斯不同的是，天猫消费排行榜是根据消费者的选择排出来的，其实只是民意的代表，这类似美容化妆品界的“cosme美容大赏”，通过用户的选择来建立自己的权威性。排行榜作为天猫大数据的内容营销落脚点，会形成一个非常强大的内容吸引优势，相信更多人在购物之前都会参考一下天猫的榜单，这也就实现了最终引导用户消费的目的。

榜单的本质是天猫大数据的内容化体现，是用户选择的结果，这个结果首先对B端会有很强的引导意义，可以让B端企业看到消费流行的发展方向，从而及时调整自己的生产。而从另一个角度来说，这个榜单又会更好地帮助用户做出自己的购买决策。这种良性的互动会从实质上提升天猫的消费体验。在未来的运营上，天猫可能会有更深入的探索，让天猫的榜单具有更广泛的影响力。比如在屈臣氏这样的线下巨头的门店里，有可能会出现天猫的消费榜单，类似天猫销量第一的口红之类，这成为店内商品的一种宣传方式。

用线上消费数据指导线下消费者购物选择，打通线上与线下的全渠道，将成为未来美妆业的趋势。而天猫在“38 女王节”期间的 300 个消费榜单，就覆盖了全球 18 万个品牌推出的独家新品、进口货、超级尖货等，包括各品类中最高销量、最高增速、最佳口碑、最高人气等不同维度的评判。在消费升级的形势下，天猫这种优秀产品的排行榜，显然会发挥非常好的指导用户更好消费的作用。相信在不久的将来，看榜消费势必会成为消费的主流，天猫的排行榜也无疑会成为亿万客户心目中的消费圣经。

资料来源：陈新生．天猫 2019 年新品战略：将投入百亿孵化 100 款破亿新品．(2019-01-08)．联商网；晓月．天猫大数据透析女性消费：精致生活从取悦自己开始．(2018-03-02)．中国消费网；天猫大数据榜单化，渐成消费圣经．(2017-03-11)．搜狐网．

思考题

1. 天猫大数据对于企业开展卓有成效的营销活动有何价值？
2. 企业应如何借助天猫排行榜开展大数据营销？

参考文献

[1] 习近平．决胜全面建成小康社会 夺取新时代中国特色社会主义伟大胜利：在中国共产党第十九次全国代表大会上的报告．人民日报．2017-10-18.

[2]习近平．在纪念马克思诞辰 200 周年大会上的讲话（2018 年 5 月 4 日）．人民日报．2018-05-05.

[3] 习近平．在庆祝中华人民共和国成立 70 周年大会上的讲话．北京：人民出版社，2019.

[4] 中共中央宣传部．习近平新时代中国特色社会主义思想学习纲要．北京：学习出版社，人民出版社，2019.

[5] Kotler P，Armstrong G. Principles of marketing．17th ed. Harlow：Pearson Education Limited，2018.

[6] Kotler P，Kartajaya H，Huan H D. Marketing for competitiveness：Asia to the world in the age of digital consumers. Singapore：World Scientific Publishing Co. Pte. Ltd.，2017.

[7] 科特勒，阿姆斯特朗．市场营销原理：全球版：第 15 版．北京：清华大学出版社，2019.

[8] 科特勒，卡塔加雅，许丁宦．营销制胜．北京：中国人民大学出版社，2019.

[9] 科特勒，卡塔加雅，塞蒂亚万．营销革命 4.0：从传统到数字．北京：机械工业出版社，2018.

[10] 邝鸿．现代市场营销大全．北京：经济管理出版社，1990.

[11] 邝鸿．现代市场学．北京：中国人民大学出版社，1989.

[12] 邝鸿．市场学概论．北京：中央广播电视大学出版社，1986.

[13] 邝鸿，郭国庆．市场学原理．北京：中国展望出版社，1987.

[14] 吴健安，等．市场营销学．6 版．北京：高等教育出版社，2017.

[15] 王永贵．市场营销．北京：中国人民大学出版社，2019.

[16] 郭国庆．市场营销管理：理论与模型．北京：中国人民大学出版社，1995.

[17] 郭国庆．市场营销学．武汉：武汉大学出版社，1996.

[18] 郭国庆．市场营销学概论．3 版．北京：高等教育出版社，2017.

[19] 郭国庆．市场营销学．3 版．北京：中国人民大学出版社，2018.

[20] 郭国庆，陈凤超．国际营销．北京：高等教育出版社，2018.

[21] 郭国庆，陈凯．市场营销学．6 版．北京：中国人民大学出版社，2019.

[22] 郭国庆，贾淼磊．营销思想史论．北京：高等教育学出版社，2019.

[23] 郭国庆，王霞，梁栋．营销决策模型．北京：高等教育出版社，2019.

[24] 郭国庆，等．服务营销学．2 版．北京：高等教育出版社，2019.

图书在版编目（CIP）数据

市场营销学通论/郭国庆编著．—8版．—北京：中国人民大学出版社，2020.1
21世纪市场营销系列教材
ISBN 978-7-300-27786-8

Ⅰ.①市… Ⅱ.①郭… Ⅲ.①市场营销学-高等学校-教材 Ⅳ.①F713.50

中国版本图书馆CIP数据核字（2019）第284861号

"十二五"普通高等教育本科国家级规划教材
普通高等教育精品教材
全国普通高等学校优秀教材一等奖
21世纪市场营销系列教材
市场营销学通论（第8版）
郭国庆 编著
Shichang Yingxiaoxue Tonglun

出版发行	中国人民大学出版社		
社　　址	北京中关村大街31号	邮政编码	100080
电　　话	010－62511242（总编室）		010－62511770（质管部）
	010－82501766（邮购部）		010－62514148（门市部）
	010－62515195（发行公司）		010－62515275（盗版举报）
网　　址	http://www.crup.com.cn		
经　　销	新华书店		
印　　刷	北京昌联印刷有限公司	版　　次	2000年5月第1版
规　　格	185 mm×260 mm　16开本		2020年1月第8版
印　　张	19 插页1	印　　次	2021年4月第7次印刷
字　　数	412 000	定　　价	49.00元

教师教学服务说明

中国人民大学出版社管理分社以出版经典、高品质的工商管理、统计、市场营销、人力资源管理、运营管理、物流管理、旅游管理等领域的各层次教材为宗旨。

为了更好地为一线教师服务，近年来管理分社着力建设了一批数字化、立体化的网络教学资源。教师可以通过以下方式获得免费下载教学资源的权限：

在中国人民大学出版社网站 www. crup. com. cn 进行注册，注册后进入“会员中心”，在左侧点击“我的教师认证”，填写相关信息，提交后等待审核。我们将在一个工作日内为您开通相关资源的下载权限。

如您急需教学资源或需要其他帮助，请在工作时间与我们联络：

中国人民大学出版社　管理分社

联系电话：010－82501048，62515782，62515735

电子邮箱：glcbfs@crup. com. cn

通讯地址：北京市海淀区中关村大街甲 59 号文化大厦 1501 室（100872）